Mehr Lebensfreude durch
Achtsamkeit und Resilienz

Gelassener und stärker
durch die richtige Balance

Niko Kohls

PROF. DR. NIKO KOHLS

MEHR
LEBENSFREUDE
DURCH
ACHTSAMKEIT
UND
RESILIENZ

Gelassener
und stärker
durch die richtige
Balance

südwest

Penguin Random House Verlagsgruppe FSC® N001967

1. Auflage 2022
by Südwest in der Penguin Random House Verlagsgruppe GmbH,
Neumarkter Straße 28, 81673 München
Satz: GGP Media GmbH, Pößneck
Druck und Einband: GGP Media GmbH, Pößneck
Printed in Germany
ISBN 978-3-517-10100-2

– FÜR EIN KIND, DAS KEINS MEHR IST –

INHALT

EINLEITUNG

»Die Party ist vorbei!« – »Wir laufen in schwierige Zeiten hinein!« – »Es wird alles immer noch stressiger!« Aussagen wie diese hört man in der letzten Zeit immer mehr, häufig gefolgt von einem Stoßseufzer, und der ist schon ein kleiner Versuch von physiologischer Stressregulation. Für viele Menschen hat es scheinbar zunehmend den Anschein, als würden wir in eine Dauerkrise hineinrutschen, anstatt nur mit etlichen ungelösten globalen Problembereichen wie Klima und Umwelt, Gesundheit und Epidemien, aber auch Bevölkerungsentwicklung, Bildung, Wirtschaft, Finanzen, Gerechtigkeit, Armut, Migration sowie disruptiven Informations- und Biotechnologien konfrontiert zu werden.

Die Wahrnehmung einer großen, komplexen Krise der Menschheit ist sicherlich nicht von der Hand zu weisen, und die Herausforderungen sind in den Augen vieler Menschen schwindelerregend. Wohl deswegen hat der UN-Generalsekretär António Guterres (*1949) am 21. September 2021 zu Beginn der 76. Generaldebatte der UN-Vollversammlung in New York mit drastischen Worten an die Staatengemeinschaft appelliert: »Ich bin hier, um Alarm zu schlagen: Die Welt muss aufwachen.« Guterres begann seine Rede mit: »Wir stehen am Rande des Abgrunds und bewegen uns in die falsche Richtung. Unsere Welt war noch nie in größerer Gefahr und noch nie gespaltener. Wir stehen vor der größten Kaskade von Krisen unserer Lebenszeit.«

Das ist ohne Zweifel eine treffende Beschreibung des Status quo. Jedes wahrgenommene Problem ist aber auch immer direkte oder indirekte Folge des wahrnehmenden Bewusstseins oder, um es hipper zu sagen, des Mindsets. Denn die damit unmittelbar verbundenen Einstellungs-, Bedürfnis- und Wertelandkarten bestimmen unser Menschen- und Weltbild, und unsere gegenwärtige Denkweise basiert eben auf der fundamentalen Idee von positivem Wachstum. Diese Erkenntnis ist nicht neu, denn der Club of Rome hat bereits in meinem Geburtsjahr 1972 in der Studie *Die Grenzen des Wachstums* auf der Grundlage wissenschaftlich fundierter Prognosen vorausgesagt, dass es in naher Zukunft ohne dramatische Veränderungen in Einstellung und Verhalten schwierig für die Menschheit würde. Der Club of Rome ist ein im Jahr 1968 gegründeter Zusammenschluss namhafter Menschen mit unterschiedlicher Expertise, die sich für eine nachhaltige Zukunft der Menschheit einsetzen. Das Argument ist so einfach wie schlagend: Wenn die planetaren Ressourcen begrenzt sind, kann deren Verwertung eben nicht unbegrenzt wachsen. Den auf einer Computersimulation beruhenden Bericht gab die Umweltwissenschaftlerin Donella Meadows (1941–2001) mit ihrem Ehemann, dem Ökonomen Dennis L. Meadows (*1942), zusammen mit anderen Experten heraus. Sie wurden damals von nicht wenigen Kritikern als Panikmacher und Untergangspropheten abgekanzelt. In der kritischen Würdigung des Exekutivkomitees lauten die abschließenden Worte des Berichtes:

»Letztlich möchten wir nicht verzichten, darauf hinzuweisen, dass der Mensch sich selbst, seine Ziele und seine Wertvorstellungen ebenso erforschen muss wie die Welt, die er zu verändern sucht. Beides erfordert nicht endende Hingabe und Anstrengungen: Schließlich steht der Mensch nicht nur vor der Frage, ob er als biologische Spezies überleben wird, sondern ob er wird überleben können, ohne den Rückfall in eine Existenzform, die nicht lebenswert erscheint (Meadows 1972, S. 176)«.

Eine weise, aber auch nachdenklich machende Schlussbemerkung, ohne Frage! 50 Jahre später lesen wir die mahnenden Worte anders. Mitten in einer weltweiten Pandemie, mit einer globalen Klimakatastrophe, einem Krieg in der Ukraine, und vielen ungelösten gesellschaftlichen Fragen und Konflikten vor Augen, wissen wir, dass die damaligen Autoren nicht nur völlig zu Recht gewarnt haben, sondern dass sie in ihren Prognosen scheinbar bei einigen Aspekten leider noch zu optimistisch waren.

Einfach weiterwachsen – nur wohin?
Oder eine Ent-wicklung auch nach innen?

Die Menschen und die von ihnen geschaffenen Strukturen und Organisationen sollen immer weiter wachsen. Nur wohin? Der Gesamtzustand des Planeten spiegelt sich naturgemäß im Leben, im Alltag und somit auch im Bewusstseinszustand vieler Menschen wider, deren Dasein schwieriger, stressiger und anstrengender wird. Die an uns Menschen gestellten Aufgaben und Anforderungen, beispielsweise in Schule, Ausbildung, Arbeit, Gesellschaft, Familie oder Ehrenamt, sind komplexer geworden, aber viele empfinden diese nicht als sinnvoll und erfüllend. Stattdessen fühlen sie sich getrieben im Hamsterrad der Effizienz. In dem gleichen Ausmaß, wie der Leistungs- und Erfolgsdruck zunimmt, steigt das Gefühl der Unsicherheit, Entfremdung und Einsamkeit. Es fehlt dann häufig an Lebensfreude. Zudem fällt es immer schwerer, sich zu entspannen, abzuschalten, und der Schlaf stellt sich dann nur schwer ein, obwohl er so nötig wäre! All das sind ernst zu nehmende Anzeichen einer Überlastungsreaktion, die schnell zu einem chronischen Erschöpfungszustand führen können.

Insofern ist es nicht verwunderlich, dass der Ruf nach Resilienz lauter wird und Rezepte für den Umgang mit Krisen gefragt sind. Der Tübinger Philosoph Friedrich Hölderlin (1770–1843) formulierte im Jahr 1803, kurz bevor ihn seine Zeitgenossen für wahnsinnig erklärten, hellsichtig: »Wo aber Gefahr ist, wächst das Rettende auch.« Mit dieser auf den Punkt gebrachten Beobachtung wird das zentrale Merkmal von Resilienz beschrieben: Großen Herausforderungen angemessen, das heißt mit möglichst geringem Energieeinsatz, effizient begegnen zu können. Denn ohne Zweifel können Menschen an ihren Aufgaben wachsen und sich entwickeln. Allerdings hat die Idee vom positiven Wachstum kräftig auf unser zeitgenössisches Menschenbild abgefärbt. So werden die Vorstellungen von Resilienz genauso als konstruktiver Wachstumsprozess im Sinne des titanischen Überwindens von Krisen und Widerständen genährt. Das entsprach der frühen Resilienzforschung, hält sich zum Teil jedoch noch immer auf eine unreflektierte Weise. Denn Resilienz auf die Fähigkeit zu wachsen und die Überwindung von Widerständen zu reduzieren, wird der Sache nicht gerecht. Es ist vielmehr die Kompetenz, nicht nur die individuelle Existenz, sondern auch das kollektive Zusammenleben konstruktiv in der Zeit stabilisierend zu entwickeln und dem Abenteuer des Lebens – falls nötig – eine andere Richtung zu geben.

Dies führt dann statt Wachstum zu Ent-Wicklung. So verstanden, kann Resilienz eine ungeheure und bejahende Kraft zum Leben entfalten, durch die wir in die Lage versetzt werden, nicht nur individuell an Schwierigkeiten zu wachsen, sondern uns vor allem auch kollektiv weiter-zu-ent-wickeln. Wenn man sich ent-wickeln will, muss man erst einmal in sich selbst Ordnung schaffen, um basale Strukturen und Prozesse erkennen zu können, auf deren Grundlage dann Potenzialentwicklung stattfinden kann. Allerdings muss man dazu mitunter erst einmal aufhören, wachsen zu wollen, und so in einem gewissen Sinn paradoxerweise erst mal kleiner werden. Denn erst dann können wir uns achtsam und reflektierend prüfen, um uns so mit unseren bestehenden Kompetenzen und Ressourcen gegebenenfalls in eine andere, prosoziale, kooperative und möglicherweise auch existenzielle oder sogar spirituelle Richtung weiterzuentwickeln.

Bekanntlich bringen Weiterentwicklungen in Richtung Abgrund nichts! Insofern ist eine wichtige Quelle der Resilienz die Selbstreflexion des Individuums, die allerdings nicht ohne Konsequenzen bleiben darf. Leider wird dies häufig übersehen. Denn Resilienz wird auch heute nicht selten als Möglichkeit interpretiert, sich als Individuum weiter abzuhärten und somit allen dem Ego hartnäckig im Weg stehenden Problemen mit einem gestählten Selbstbewusstsein und austrainierten Kompetenzen im Sinne der Selbstoptimierung zu begegnen. Das ist in meinen Augen gleichermaßen falsch wie gefährlich, denn die eigentliche Wurzel der Resilienz ist weniger Widerstandskraft und Durchhaltevermögen, sondern die Fähigkeit zu Selbstregulation in einem ausbalancierten

Netzwerkverständnis. Nichts anderes machen sowohl unser Körper als auch unsere Psyche ein Leben lang. Das große Ökosystem, in das wir eingebettet sind, ist ebenfalls nach diesen Prinzipien organisiert. Zudem wird mit dieser unglücklichen Lesart von Resilienz als individueller Selbstoptimierung und der damit konsequenten Forderung, einfach mehr davon zu entwickeln, um die großen Probleme zu besiegen, noch mehr Stress und Verantwortung auf die Schultern des in unserer Zeit ohnehin schon ziemlich beanspruchten Individuums geladen.

Vom Burn-out zur Resilienz, zu Embodiment und Positiver Psychologie

»Hast du schon gehört, der Soundso hat schon wieder ein Burn-out, er kann halt mit Druck nicht richtig umgehen, weil er schlicht nicht resilient ist.« Das war ein vor etwa zwei Jahren kurz vor Ausbruch der Coronakrise von mir in unserer Mensa an der Hochschule Coburg zwischen zwei Vorlesungen aufgeschnappter Gesprächsfetzen. Er klingt mir noch immer im Ohr. Ich bin damals innerlich zusammengezuckt, habe aber nichts gesagt, zumal ich nicht als neugierig lauschender Zaungast eines Tischgesprächs dastehen wollte, das mich nichts angeht. Aber der aufgeschnappte Gesprächsfetzen hat in mir gearbeitet, und auf dem Weg zurück in den Hörsaal habe ich endgültig beschlossen, ein Buch zu schreiben. Ich wollte darin meine Gedanken und Einsichten zu einer Form der Resilienz darlegen, die wir eigentlich alle von Natur aus besitzen, aber häufig nicht zu nutzen wissen. Das habe ich dann in die Tat umgesetzt, während die Coronakrise ihren Lauf nahm. Ich hoffe, dass durch die Lektüre dieses Buches bei Ihnen etwas zum Klingen gebracht wird, was Ihnen hilft, eine andere Sicht auf Stress- und Lernerfahrungen zu ent-wickeln. Dadurch können Sie nicht nur eine gleichzeitig gestärkte, sondern auch gelassene Balance im Leben finden, die Ihnen außerdem mehr Lebensfreude ermöglichen wird! Denn ich bin absolut überzeugt davon, dass wir lernen müssen, mit Anomalien und Unsicherheiten auf eine angemessene Weise umzugehen, um diese als integrale Bestandteile unseres Lebens begreifen zu können.

Die Entwicklung von Resilienz hat sehr viel mit Wahrnehmung und Lernen von Anomalien zu tun, vor allem mit der Art und Weise, wie Gelerntes umgesetzt wird. In den letzten 30 Jahren hat aber nicht nur die Stress- und Lernforschung erhebliche Fortschritte gemacht. Die Gesundheitsforschung und Neurobiologie haben die Mechanismen der Positiven Psychologie ebenfalls ausreichend entschlüsseln können. Die Ergebnisse beider Forschungsfelder haben klar aufgezeigt, dass das Gefühl von Bedeutsamkeit, Verbundenheit, kooperativem Vertrauen und Sinnhaftigkeit nicht nur zentral für die Gesundheit, sondern auch für erfolgreiches Lernen ist. Damit verbundene, aber vormals durchaus skeptisch beäugten Eigenschaften wie Achtsamkeit und Spiritualität rücken somit sowohl in den Fokus der Resilienz- als auch der Lernforschung und werfen so ein neues Licht auf ein altes Phänomen: Stress.

Allerdings bedeutet dies ein neues Verständnis von Resilienz, Lernen und Stress, das offensichtlich über die alten Konzepte hinausgeht, die man mir noch in den 1990er-Jahren im Psychologiestudium beigebracht und mit denen man versucht hat, dem Phänomen Resilienz auf die Spur zu kommen. Ich hatte das große Glück, in einer Zeit großer wissenschaftlicher Erkenntnisfortschritte sozialisiert worden zu sein. Deswegen habe ich mit dem vorliegenden Buch den Versuch unternommen, im Einklang mit der aktuellen Forschung – soweit ich diese überblicke und verstehe – eine allgemein verständliche und gleichzeitig neurowissenschaftlich fundierte Leseart von Resilienz zu entwickeln, die durch die Aspekte von Achtsamkeit und Spiritualität bereichert ist. Diese Form der Resilienz entspricht weniger einer Werkzeugkiste resilienten Verhaltens als vielmehr einer psychophysiologisch informierten inneren Haltung dem Leben gegenüber, die im Sinne des Embodiments authentisch im Leben und vor allem im Umgang mit anderen Lebewesen und unserer Umwelt manifestiert wird. Die grundlegende Idee des Embodiments geht davon aus, dass Bewusstsein auf eine kongruente Weise leib- und handlungsorientiert verkörpert werden kann, indem motivationale, emotionale und kognitive Prozesse achtsam in eine Fluchtlinie gebracht und somit auf authentische und stimmige Weise manifestiert werden. Der damit einhergehende Bewusstseinszustand der Achtsamkeit in Verbindung mit Spiritualität im Sinne von transpersonalem Vertrauen fällt zwar nicht vom Himmel, aber man kann ihn systematisch entwickeln. Es braucht gar nicht so viel Aufwand dafür, denn wir bringen die Ausstattung dafür bereits mit auf die Welt. Ich glaube, dass wir uns daran erinnern müssen, wenn wir Resilienz lernen wollen.

Für all die Menschen, die über das individuelle genauso wie über das kollektive Mindset reflektieren wollen, vor allem aber auch ein paar konkrete alltagstaugliche und zudem wissenschaftlich fundierte Anregungen dafür bekommen wollen, mit Stresssituationen oder Anomalien konstruktiver umzugehen, habe ich dieses Buch geschrieben. Ich hoffe sehr, dass es einen Beitrag leisten kann, die neue Form der Resilienz in die Welt zu bringen und so vor allem zum achtsamen Aufheben von Krisen und Konflikten inspirieren kann. Ich habe in dem Buch im Sinne des Leseflusses und der Lesbarkeit bei Grundlagenwissen weitgehend auf Quellenangaben verzichtet. Dennoch habe ich für interessierte Personen ausgewählte Titel im Literaturverzeichnis angegeben.

Schließend ein Wort in eigener Sache: Die deutsche Sprache ist eine genaue und präzise Sprache mit einer nicht ganz einfachen Grammatik. Dies betrifft nicht zuletzt den Umgang mit Pronomen. Aus Gründen der Lesbarkeit, aber auch um Seitenzahlen einzusparen – und damit sogar aus Gründen der Ressourcenschonung –, habe ich an vielen Stellen das generische Maskulinum verwendet. Ich bin mir bewusst darüber, dass dies – vor allem aus in dem Buch dargelegten Gründen – keine tadellose Lösung ist, und bitte daher vor allem die geneigten Leserinnen, aber auch die Leser, die sich potenziell daran stören könnten, um Nachsicht. Am Ende des Buches wird das noch einmal relevant werden, doch lesen Sie jetzt erst mal!

Coburg und Oberammergau, Ostern 2022
Niko Kohls

ANOMALIEN

Zu Beginn müssen wir erst einmal den zentralen Begriff der Resilienz klären, um den die folgenden Ausführungen alle mehr oder weniger kreisen. Das ist nicht so einfach, wie es anfänglich scheint, denn der Begriff der Resilienz ist bei näherer Betrachtung nicht einfach nur mit Widerstandsfähigkeit gleichzusetzen, sondern facettenreich und mit impliziten Bedeutungen versehen. Klar ist: Resilienz ist ziemlich in, und das nicht erst seit der Coronakrise. Historisch betrachtet haben sich immer schon vor allem solche Individuen und Institutionen für Entwicklung und Ausbildung von Resilienz interessiert, die häufig Umgang mit Krisen und unvorhersehbaren, schwierigen Situationen hatten, also Militär, Polizei und andere sicherheitsrelevante Organisationen. Und natürlich haben sich alle Menschen gezwungenermaßen mit Resilienz auseinandersetzen müssen, die mit schweren Lebenssituationen zurechtkommen mussten oder harte Schicksalsschläge zu verdauen hatten. Auch haben sich wohl seit jeher alle verantwortungsbewussten Eltern stets die Frage gestellt, wie sie ihren Nachwuchs am besten für und auf das Leben vorbereiten können.

Überall chaotisches Gewirr – einen angemessenen Umgang mit VUCA-Welten finden

Mittlerweile hat aber die Frage nach der Entwicklung von Resilienz breite Bevölkerungsschichten und somit auch viele Organisationen wie Schulen, Hochschulen, Unternehmen erreicht, genauso wie Verbände und andere Non-Profit-Institutionen. Warum ist das so? Meiner

Ansicht nach hängt dies nicht nur mit einem gestiegenen Stresslevel und hohem Erwartungsdruck in einer beschleunigten Welt zusammen, sondern auch mit einem damit einhergehenden veränderten Verständnis von lebenslangem Lernen und dem Umgang mit Risiken. Denn viele Menschen und Organisationen wollen nicht nur widerstandsfähiger, sondern vor allem in unübersichtlichen Situationen handlungsfähiger und selbstsicherer werden. Das ist naheliegend, denn ohne Zweifel ist Widerstandsfähigkeit in Kombination mit Flexibilität oder Agilität – so lautet das neue Schlagwort dazu – eine gute Voraussetzung, um mit komplexer werdenden Problemen, hohen Anforderungen mit wachsenden Ansprüchen und dem daraus resultierenden Leistungsdruck umzugehen. Aus diesem Grund hat sich in der Unternehmenswelt der Begriff VUCA-Umgebung durchgesetzt, der ursprünglich aus dem militärischen Kontext kommt. Er steht als Akronym für die Anfangsbuchstaben der englischen Begriffe *volatility*, *uncertainty*, *complexity* und *ambiguity* und wurde Ende der 1980er-Jahre an dem United States Army War College entwickelt, um den nicht linearen, chaotischen und somit nicht prognostizierbaren Verlauf komplexer militärischer Szenarien zu bezeichnen. Gleichzeitig kann es als impliziter Appell verstanden werden, mit diesen Situationen auf eine konstruktive, dynamische und pragmatische Art spontan, kompetent, aber idealerweise auch langfristig denkend, das heißt strategisch, umzugehen. Insofern kann das Akronym VUCA zusätzlich für die Lösung der Anforderungssituation durch *vision*, *understanding*, *clarity* und *agility* gelesen werden, offensichtlich erstrebenswerte Eigenschaften. Wer wollte die nicht haben?

Interessant in diesem Zusammenhang ist auch die einschlägige Redewendung, die innerhalb von Sicherheitsorganisationen häufig benutzt wird, nämlich die Absicht, vor die Lage zu kommen. Hier will man also, wenn nicht schon prophetisch, dann zumindest aktiv vorausschauend in einer umsichtigen Weise handeln. So können zukünftige Entwicklungen in eine positive Richtung verlaufen, ohne dass dabei die bestehende Situation außer Kontrolle gerät. Kennzeichnend hierfür ist eine angemessene Ausbalancierung gegenwärtiger und zukünftiger Entwicklungsmöglichkeiten oder ein dynamisches Gleichgewicht zwischen Aktualität und Potenzialität. Insofern ist der Umgang mit VUCA-Situationen nicht nur reagierend, sondern auch immer proaktiv im Sinne einer dynamischen und konstruktiven, in die Zukunft reichenden Antwort. Aus diesem Grund ist das Auftürmen von Schuldenbergen gegenüber zukünftigen Generationen oder das Aussitzen von ökologischen Problemen kein Zeichen resilienten Handels, vor allem wenn es wider besseren Wissens geschieht. Vielmehr ist es ein Zeichen von Vogel-Strauß-Politik: Den Kopf in den Sand stecken und Probleme lieber aufschieben, bis es halt nicht mehr länger geht. Eigentlich seltsam, denn um Resilienz manifestieren zu können, muss man über ein ausreichendes Situations- oder Lagebewusstsein verfügen; im Englischen bezeichnet man dies als *situational awareness*. Dies beschreibt die Fähigkeit, die akute Lage vor dem Hintergrund relevanter größerer Rahmenbedingungen so einzuschätzen, dass bestmöglich mit Verantwortung, Entschlossenheit und Weitblick gehandelt werden kann. Diese Vorgehensweise ermöglicht es, die manifesten Anforderungen der aktuellen Mission vor dem Hintergrund der strategischen Vision abzuwägen und in eine Balance zu bringen. Somit kann sowohl aus kurz- als auch langfristiger Perspektive eine angemessene Reaktion möglich werden, um die schwierige Situation aufzuheben und diesen Zustand in der Zukunft zu stabilisieren.

Resilienz setzt also zunächst voraus, eine nüchterne und realistische Bestandsaufnahme des Status quo vorzunehmen und diese zu kommunizieren, so wie der Club of Rome es vor 50 Jahren tat. Das ist sicherlich nicht immer einfach, denn viele Menschen ziehen es vor, die Augen vor Problemen zu verschließen. Aber das reflektierte Einschätzen und konsequente Einteilen der vorhandenen Ressourcen ist ausschlaggebend dafür, um einerseits in der aktuellen Anforderungssituation bestehen zu können und andererseits noch Energien für zukünftige Veränderungsprozesse zu haben. Doch das ist nicht genug, denn das Ganze muss zwingend in eine wirksame Umsetzung gebracht werden, die sowohl effektiv als auch effizient ist. Effektiv zu sein, bedeutet, die richtigen Dinge zu tun, während effizient zu sein, bedeutet, die Dinge richtig zu tun. Damit deutet sich schon an, dass Können und Wollen zusammenspielen müssen. Häufig machen wir leider die richtigen Dinge falsch, was genauso schlimm ist, wie die falschen Dinge richtig zu machen, obwohl es häufig nicht so auffällt. Während wir das tun, haben wir häufig ein schlechtes Gefühl, machen aber trotz einer mahnenden inneren Stimme weiter. Wer aber versucht, die richtigen Dinge so gut wie möglich zu machen, ist schon nahe an der Resilienz dran.

VON PFANNEN, SCHNECKEN, SILOS, GEWÖHNLICHER MAGIE UND IHREN EIGENEN HÄNDEN

Wenn man sich mit einem Phänomen etwas systematischer auseinandersetzen will, geht man üblicherweise zu den Wurzeln des Begriffs zurück. Häufig kann man so aus der ursprünglichen Bedeutung des Wortes, beispielsweise in griechischer, lateinischer oder hebräischer Sprache, Facetten erkennen, die der heutige Sprachgebrauch nicht mehr widerspiegelt, die aber für das Verständnis von zentraler Bedeutung sein können. Der Begriff Resilienz leitet sich, wie jedem Wörterbuch zu entnehmen ist, von dem lateinischen Verb *resiliere* ab, was in der direkten Übersetzung für »abprallen« oder auch »nicht anhaften« steht. Insofern verwundert es kaum, dass aufgrund dieser naheliegenden Deutung im allgemeinen Verständnis unter Resilienz die Fähigkeit eines Menschen verstanden wird, widrige Lebensbedingungen und Schwierigkeiten ohne anhaltende psychische oder körperliche Beeinträchtigungen zu meistern.

Resilienz 1.0: Durchhaltevermögen, Selbstwirksamkeit und Kontrollüberzeugung

Fans von Boxkämpfen denken dabei natürlich an einen Kämpfer, der Schläge des Gegners scheinbar unbeeindruckt einsteckt, während kochbegeisterten Menschen vor allen die Teflonbeschichtung ihrer heiß geliebten Pfanne mit der extrem glatten Oberflächenstruktur in den Sinn kommt, an der nichts kleben bleibt. Beide Bilder stehen im Sinne von Widerstandsfähigkeit, Unbeugsamkeit und Nichtanhaften für Aspekte von Resilienz, die zwar wichtig sind, aber als alleiniger Faktor nicht mehr ganz dem aktuellen Stand der Forschung entsprechen. Verstehen Sie mich jetzt bitte nicht falsch, denn ohne Zweifel sind Nehmerqualitäten ein höchst relevanter Aspekt von Resilienz. Aus psychologischer Sicht ging es in der frühen Resilienzforschung jedoch vorwiegend um die Konzepte der Kontrollüberzeugung und Selbstwirksamkeit.

Einer der ersten Psychologen, der zwischen internen und externen Kontrollüberzeugungen unterschied, war der amerikanische Sozialpsychologe Julian B. Rotter (1916–2014), der im Zweiten Weltkrieg als Militärpsychologe für die U.S. Air Force tätig war. Er ging davon aus, dass die psychologische Annahme der Kontrollüberzeugung *(locus of control)*, ein bestimmtes Ereignis herbeiführen zu können, eine wichtige Voraussetzung für aktive Handlungsbereitschaft ist. Diese Einsicht klingt heute fast trivial, damals gehörten Rotters Bücher in den 1960er- und 1970er-Jahren zu den meistzitierten wissenschaftlichen Werken in der Psychologie.

In eine ähnliche Richtung geht das Konzept der Selbstwirksamkeitserwartung *(self-efficacy)*, das von dem kanadischen Psychologen Albert Bandura (1925–2021) ebenfalls in den 1970er-Jahren eingeführt wurde. Diese entspricht der persönlichen Überzeugung, auch in schwierigen Situationen über die Kompetenzen zu einer jeweils erfolgreichen Bewältigung zu verfügen. Beispielsweise entspricht die Annahme, Lungenkrebs sei durch Änderung von Verhalten vermeidbar, einer internen Kontrollüberzeugung. Was aber noch nicht bedeutet, dass man die Selbstwirksamkeitsüberzeugung hat, mit dem Rauchen aufhören zu können.

Aufbauend auf diesen Überlegungen hat die Resilienzforscherin Suzanne C. Kobasa in den späten 1970er-Jahren das Konzept der *hardiness* im Sinne von Widerstandsfähigkeit beschrieben und zusammen mit dem Psychologen und Stressforschungspionier Salvatore Maddi (1933–2020) auf der Grundlage einer Langzeitstudie mit Mitarbeitern einer großen amerikanischen Telefongesellschaft empirisch entwickelt, nachdem die Firma ihre Belegschaft nahezu halbiert hatte. In der Folge wurden von der übrig gebliebenen Belegschaft viele Mitarbeitende psychisch oder körperlich krank oder bekamen Leistungsprobleme. Jedoch gab es ein gutes Drittel der Belegschaft, das unter diesen schwierigen Restrukturierungsmaßnahmen förmlich aufblühte. Kobasa und Maddi fanden heraus, dass diese Angestellten über die drei Eigenschaften verfügten, die sie in der Folge die drei Cs taufte. Diese stehen für die englischen Begriffe *control, commitment* und *challenge*. Diese Menschen hatten das innere Vertrauen, die Situation zumindest teilweise kontrollieren zu können, engagierten sich aktiv darin, Lösungen zu suchen, und begriffen die belastende Situation eher als Herausforderung denn als Bedrohung.

Damit ist schon viel über wichtige Merkmale der Resilienz offengelegt worden. Allerdings muss man sich vor Augen halten, dass die frühe Resilienzforschung nach dem Zweiten Weltkrieg aufkam und dann in der Folge vor allem aktive und dynamische Wachstumskomponenten betont hat. Die wissenschaftlichen Befunde der aktuellen Resilienzforschung zeigen aber klar auf, dass Resilienz deutlich mehr ist als nur eine spezifische Form beharrlichen Durchhalte- beziehungsweise Durchsetzungsvermögens oder einer internalisierten Kontrollüberzeugung und Selbstwirksamkeitserwartung in einer bestimmten Situation zu einem gegebenen Zeitpunkt.

Resilienz 2.0: Kleiner werden und Energie über die Zeit sparen

An dieser Stelle müssen wir also noch mal einen genaueren Blick in das Wörterbuch werfen, um eine weitere Bedeutung des lateinischen Wortes *resiliere* zu finden, die ein anderes Bild von Resilienz vermittelt, als dies durch Verständnis im Sinne von »abprallen« nahegelegt wird. Denn *resiliere* bedeutet im übertragenen, poetischen Sinne mitunter auch »zusammenziehen« und »kleiner werden«. Stellen Sie sich dazu eine Weinbergschnecke mit ihren zwei großen Fühlern vorne am Kopf vor, an deren Ende die Augen sitzen, die der Schnecke vor allem zur Orientierung dienen. Sobald das Weichtier aber mit seinen Fühlern eine Gefahr wahrnimmt oder gegen ein Hindernis stößt, werden diese Stielaugen schnell eingefahren, woraufhin die ganze Schnecke beginnt, ihren weichen und verletzlichen Körper schnell in das schützende Gehäuse zurückzuziehen, bis die Gefahr vorüber ist. Diese Überlebensstrategie der Schnecke beschreibt einen anderen Aspekt von Resilienz, nämlich flexible Selbstregulation, in diesem Fall in Form der aktiven Gefahrenvermeidung durch Schrumpfung. Resilient zu sein ist also häufig eine vorsichtige, vorausschauende und nicht offensive Haltung. Also eher eine Ju-Jutsu-Bewegung als ein Schwerthieb oder eher ein Bumerangwurf denn ein Pistolenschuss.

Die Bedeutung des dritten Aspekts von Resilienz berührt den Umgang mit Ressourcen in einer längeren Zeitperspektive, der in der Auseinandersetzung mit dem Begriff VUCA schon anklang. Man kann dies erfassen, wenn man das ähnlich klingende Wort *resilere* in seinen Wortstamm *silere*, und die Vorsilbe *re* zerlegt. *Silere* bedeutet »schweigen«, aber auch »ruhen« und bezieht sich somit auf die Stabilisierung eines Prozesses über einen längeren Zeitraum. Landwirte und Nutztierhalter werden dabei naturgemäß an den Prozess der Silierung denken. Dabei werden Futterpflanzen wie Mais oder Erbsen in einem zumeist unterirdischen Gärbehälter, dem sogenannten Silo, ohne Sauerstoff eingelagert, wodurch diese einsäuern und unter weitgehender Beibehaltung ihres Nährstoffgehalts konserviert werden. So kann die Nahrung längerfristig erhalten und dann im Winter verfüttert werden. Auch das ist ein treffendes Bild für Resilienz, bei dem nicht nur der zeitliche Prozesscharakter des energiesparenden Umgangs mit Ressourcen betont, sondern gleichzeitig auf innerpsychische Verarbeitungsprozesse angespielt wird, die man mitunter als psychische Gärungsprozesse bezeichnet. Viele mentale Entwicklungen brauchen Zeit, um wirklich bewusst zu werden. Die Ausbalancierung von Aktualität und Potenzialität ist übrigens nicht nur im Umgang mit VUCA-Welten sinnvoll, sondern vermutlich eine Systemeigenschaft komplexer physikalischer und organischer Systeme, die wir leider noch nicht allzu gut verstehen.

Aus den drei herausgearbeiteten Aspekten der Widerstandsfähigkeit, Flexibilität und langfristigen Konservierung von Energie oder Essenz und somit Stabilisierung lässt sich ableiten, dass Resilienz eine durch flexible Selbstregulation getragene aktive, aber möglichst ressourcenschonende Interaktion eines Individuums mit fordernden und fördernden Faktoren, auch Stressoren und Ressourcen genannt, einschließlich der daraus resultierenden individuellen Veränderungen in Bezug auf Einstellungen und Verhalten ist. Denken Sie also bei Resilienz einfach an eine Teflonpfanne, eine Weinbergschnecke und ein Silo! Das deckt sich mit dem aktuellen Stand der Forschung: Resilienz wird mittlerweile nicht mehr nur als ein Set bestimmter Eigenschaften angesehen, sondern als ein höchst komplexes und zeitlich überdauerndes Prozessgeschehen zwischen einem Lebewesen und seiner Umwelt sowie Innenwelt.

Da bekanntlich alle Wege nach Rom führen, bringen uns auch sehr viele zur Resilienz. Insofern kann man sagen: Es gibt so viele Resilienzen, wie es Lebewesen gibt! Auf den Menschen bezogen und psychologisch ausgedrückt, kann man den Vorgang der Resilienzentwicklung als eine gelungene gesundheitsförderliche, persönlichkeitsentwickelnde und potenzialentfaltende transaktionale Interaktion einer Person mit unterschiedlichen internen und externen Stressoren und den ihr zur Verfügung stehenden Ressourcen über die Zeit auffassen. Transaktional ist dabei ein Ehrfurcht gebietender wissenschaftlicher Begriff, der immer dann verwendet wird, wenn der Sachverhalt komplex ist und die Wissenschaft es nicht so genau weiß, dies aber nicht so offen sagen will. Somit ist es ein schöner, wohlklingender Platzhalterbegriff für ein in umfassender Weise ineinandergreifendes und aufeinander aufbauendes Wechselbeziehungssystem von längerer Dauer. Klar ist: Resilienz geht tendenziell mehr in Richtung Marathonlauf als Kurzstreckensprint, obwohl die punktuelle Freisetzung von Leistungsreserven sicherlich ein Merkmal von angewandter Resilienz sein kann. Nur Wachsen um jeden Preis ist Resilienz auf keinen Fall.

Resilienz 3.0: Keine ungewöhnliche Zauberkunst, sondern gewöhnliche Magie

Resilienz beinhaltet folglich die Kompetenz, sowohl die Integrität von Körper, Geist und Seele als auch die soziale Einbettung unter widrigen Umständen durch selbstregulative Mechanismen nicht nur langfristig zu erhalten, sondern diese ebenso im Sinne eines sozial akzeptablen Wachstums- und Entwicklungsprozesses zur Entfaltung zu bringen. Das klingt so großartig und faszinierend zugleich, dass man ehrfürchtig annehmen könnte, Resilienz könne nur von einigen besonderen und begabten Menschen ausgebildet werden. Doch das genaue Gegenteil ist der Fall.

Die Forschung der letzten Jahrzehnte hat klar aufgezeigt, wie häufig es zur Ausbildung von Resilienz kommt. Die Kinderpsychologin und Resilienzforscherin Ann Masten (*1951) hat deswegen Resilienz auch sehr treffend als »gewöhnliche Magie« bezeichnet (Masten 2001). Das ist sehr passend ausgedrückt, denn resilient zu sein bedeutet, mit äußerem, aber genauso innerem Druck, Ansporn und Widerstand in einer Art und Weise konstruktiv und kreativ umgehen zu können, dass der Aufbau und die Aufrechterhaltung eines positiven Lebensentwurfs auch unter widrigen Umständen möglich bleibt oder sogar trotz dieser

Umstände entwickelt und kultiviert werden kann. Eigentlich eine ganz passende Eigenschaft für eine globale Epidemie wie Corona im Schatten der Klimakrise, oder? Andererseits: Braucht so gesehen nicht jeder Organismus eine gewisse Resilienz, um am Leben zu bleiben? Um es aber an dieser Stelle noch einmal klar auszusprechen: Resilient zu sein bedeutet keinesfalls, dass man unverwundbar oder unverletzlich ist oder wird. Klar, wie bereits ausgeführt: Widerstandsfähigkeit, Nehmerqualitäten, Kontrollüberzeugungen, Selbstwirksamkeit und sicherlich auch ein gewisses Ausmaß an Schmerztoleranz gehen damit oft einher. Aber im Kern geht es darum, auf Stressoren dynamisch, flexibel und dennoch reflektiert zu reagieren und dabei die internen und externen Ressourcen so schonend, sparsam und kreativ wie möglich einzusetzen!

Resilienz 4.0: Das Leben mit den eigenen Händen aufheben!

Wenn ich daher einen Teil des menschlichen Körpers besonders bildhaft mit Resilienz in Verbindung bringe, steht die Hand an erster Stelle. Hände sind nicht unverletzlich und Handverletzungen sind nicht gerade selten, weil wir unsere Hände immerzu einsetzen. Aber sie heilen üblicherweise auch wieder schnell, vorausgesetzt, die Wunden sind nicht zu tief und schwer. Hände sind faszinierend, denn mit ihnen haben wir ein Allroundtool, bei dem die Fähigkeit zur flexiblen Adaption auf unsere Umwelt mit struktureller Widerstandsfähigkeit gepaart ist. Möglich wird dies durch eine stabile und gleichzeitig flexible Knochenkonstruktion, die durch Muskeln, Sehnen und Bänder in unterschiedlichste Positionen gebracht werden kann, um dort je nach Bedarf sowohl sensibel zu greifen, kontrolliert zu drücken, aber auch kraftvoll zuzupacken oder sogar zu schlagen. Unsere Füße sind zwar strukturell ähnlich aufgebaut, sie haben jedoch lange nicht diese Bandbreite an Einsatzfähigkeit. So können Sie mit Ihrer Hand mithilfe eines Hammers einen Nagel kraftvoll, aber kontrolliert in die Wand schlagen, vorsichtig einen Splitter entfernen oder eine andere Person kraftvoll massieren oder liebevoll streicheln. Versuchen Sie dasselbe mal mit Ihrem Fuß!

Das Faszinierende ist, dass sich die Fähigkeit der Hand zum Greifen und Fassen nach einem erkennbaren Stufenplan ausdifferenziert. Interessanterweise erlernen Säuglinge sehr früh in ihrer Entwicklung verschiedene Grifftechniken in einer bestimmten Reihenfolge. Zunächst einmal reagiert ein Baby unmittelbar auf eine Berührung der Handflächen mit einem Greifreflex, also einer Bewegung in Richtung des Reizes. Wer das verstanden hat, hat ein fundamentales Arbeitsprinzip des Gehirns erfasst, denn alles Neue ist zunächst interessant, weil es ja auch potenziell gefährlich sein könnte. Direkt nach der Geburt nimmt die vom Gehirn angetriebene Weltmaschine ihre Arbeit auf, und das Neugeborene öffnet neugierig die Augen und streckt eifrig die Hände der Welt entgegen. Die greifende Bewegung hin zu dem Neuen und Unbekannten spricht jedoch gleichzeitig für ein angeborenes Ausmaß an Urvertrauen, wohl in der Hoffnung, dass eine andere Hand dann hilfsbereit entgegenkommt. Die erste Hand, die dann den Greifreflex des Säuglings aufmerksam und vorsichtig aufnimmt, ist im Normalfall die der Mutter, denn ohne diese wäre der Säugling nicht lebensfähig. Dann hat die Besitzerin dieser Hand Ihren Namen gesagt und damit das Fundament für Ihre Selbstidentität gelegt. Ohne die in dieser Bewegung ausgedrückte prinzipielle Offenheit wäre Entwicklung kaum möglich, und jeder Mensch hatte dieses Urvertrauen bei der Geburt, sosehr es auch im Verlauf des Lebens gelitten haben mag.

Darauf wird mit etwa vier Monaten der Affengriff erlernt, bei dem ein Objekt wie ein Greifring nur von einer Seite lose mit allen Fingern und Daumen umgriffen wird. Mit etwa acht Monaten kommt der Scherengriff dazu, mit dem Sie bereits in der Lage sind, kleine Gegenstände – wie die Schnur Ihrer geliebten Laufente oder Ihres fahrbaren Klingeltelefons – zwischen Daumen und Zeigefinger zu nehmen. Unter Einsatz des opponierbaren Daumens, also der Fähigkeit, den anatomisch um 130 Grad gegenüber den anderen Fingern gedrehten

Daumen jedem anderen Finger gezielt gegenüberzustellen, kann dann ab etwa dem achten Monat der Pinzettengriff und kurz danach auch der Zangengriff erlernt werden. Damit ist das Baby in der Lage, Objekte zunächst zwischen die Fingerkuppen von Daumen und Zeigefinger zu nehmen und später kleine Objekte zwischen den Fingerspitzen wie mit einer Pinzette gezielt einzuklemmen.

Die Greiffähigkeit entwickelt sich also ziemlich schnell und gezielt durch ineinandergreifende und aufeinander aufbauende Entwicklungsprozesse. Dabei spielt die Fähigkeit zur differenzierten Wahrnehmung und Regulation der Hand genauso eine Rolle wie das Sehen und Fühlen der Greifobjekte, denn nur so können diese gezielt bewegt und die Umwelt im Sinne des Säuglings verändert werden. Hier kommen natürlich das Gehirn und das Nervensystem ins Spiel. Die Entwicklung des Fingerspitzengefühls findet nicht nur in den Händen, sondern vor allem auch in den sogenannten sensomotorischen Bereichen des Gehirns statt, in denen eine mentale Landkarte vom eigenen Körper angelegt wird. Insofern kann die Entwicklung der Greiffähigkeit bei jedem Säugling, vor allem aber auch die stammesgeschichtliche Evolution der Hand von der Vorderpfote bis zum komplexen Greifwerkzeug in meinen Augen als nahezu perfektes Beispiel für einen Entwicklungsprozess im Sinne der Resilienz angesehen werden.

Und das Schöne daran ist: Wir alle haben diesen Prozess bereits durchlaufen. Auch wenn wir uns nicht mehr daran erinnern können, benutzen wir das Resultat dieses Prozesses täglich, denn alle unsere komplexen täglichen Verrichtungen mit der Hand bauen darauf auf. Wenn Sie also mal das Gefühl haben, den Widrigkeiten des Lebens nicht gewachsen zu sein, schauen Sie eine Minute bewusst und achtsam Ihre Hände an. Was diese schon alles aufgehoben, geordnet und geregelt haben, und bei Ihrer Geburt zunächst sogar nahezu im blinden Vertrauen …

QUELLEN DER RESILIENZFORSCHUNG UND
MERKMALE RESILIENTER MENSCHEN

Weil Resilienz immer auch eine zeitliche Dimension und somit eine Entwicklungsperspektive beinhaltet, ist sie auf jeden Fall mehr als nur ein Zurück zum Normalzustand, wofür der englische Begriff *recovery*, das heißt Wiederherstellung, steht. Dazu kann man sich einen Fußball vorstellen, der durch einen kräftigen Schuss zunächst einmal deformiert wird, dann aber wieder zu seiner ursprünglichen Form zurückfindet. Genauso findet ein Schwamm, den man fest zusammendrückt, dessen ungeachtet immer wieder zur alten Form zurück. Das ist aber etwas anderes als beispielsweise die systematische Entwicklung der Greiffähigkeit einer Hand in der aktiven Auseinandersetzung mit der Umwelt, zumal an jeder Hand ein Nervensystem samt Gehirn angeschlossen ist. Hier findet folglich eher Entwicklung als Wachstum statt. Für unbegrenztes schnelles Wachstum in biologischen Systemen gibt es ohnehin nur ein Wort: Krebs! Insofern kann aus systemtheoretischer Sicht Resilienz ganz allgemein als stabile Eigenschaft der Toleranz eines Systems gegenüber Störungen bei gleichzeitiger Offenheit für balancierte Evolution im Sinne von Entwickeln und Lernen angesehen werden. Folglich gibt es nicht nur individuelle, sondern auch familiale, institutionelle und sogar kollektive, gesellschaftliche und systemtheoretisch gesehen ökologische Resilienz, und alle bauen aufeinander auf. Und Letztere wird gerade weltweit auf allen Ebenen auf die Probe gestellt, sei es durch Viren, Umweltverschmutzung und Klimakatastrophen oder soziale, ökonomische und politische Spaltungen und Kriege.

Spielen Sie nun mal für einen Moment den Gedanken durch, dass die gegenwärtigen Krisen vielleicht nicht mehr so schnell weggehen werden, wie wir es gerne hätten. Dann wissen Sie, dass es jetzt an der Zeit ist, sich nicht nur mit der Resilienz im Allgemeinen, sondern vor allem mit Ihrer persönlichen Resilienz zu beschäftigen. Denn diese können

Sie entwickeln und so selbst einen Beitrag zur Entwicklung von gesellschaftlicher Resilienz leisten. Denn Resilienz beinhaltet den ressourcenschonenden Umgang mit Problemen, somit wird hier ein deutlicher Fingerzeig in Richtung Zukunftssicherung, auch in Form von Umweltschutz und Sozialverantwortung, gegeben!

Die Erforschung schwieriger Ent-wicklungen – drei Pioniere der Resilienzforschung

Die Anfänge der empirischen Resilienzforschung im engeren Sinn kamen weitgehend unabhängig voneinander aus drei Richtungen. Wesentliche Impulse gingen von den Ende der 1970er-Jahre erstmals veröffentlichten Langzeitstudien der deutsch-französisch-stämmigen Psychologin Emmy Werner (1929–2017) aus, durchgeführt auf der Hawaii-Insel Kauai mit Kindern im Alter von zwei, zehn, 18 und 30 Jahren, die in schwierigen Verhältnissen aufwachsen mussten (Werner & Smith 1982). Dazu zählten beispielsweise medizinische Komplikationen und Krankheiten, instabile soziale Verhältnisse wie Trennung oder Gewalt sowie Armut und schlechte Förderung und mangelhafte Bildung. Werner konnte mit ihrer Forschung klar aufzeigen, dass diese Kinder sich allgemein negativer entwickelten als Kinder, die diesen spezifischen Risikofaktoren nicht ausgesetzt waren. Im Langzeitverlauf waren sie weniger gesund und beruflich nicht so erfolgreich, hatten größere Probleme, stabile soziale Beziehungen aufzubauen und zu erhalten, und kamen deutlich häufiger mit dem Gesetz in Schwierigkeiten. Da sich allerdings auch ein Drittel der risikobehafteten Kinder in eine positive Richtung entwickeln konnte, bezeichnete Werner diese Kinder als resilient und widmete ihre Forschung in der Folge den speziellen Eigenschaften dieser Kinder.

Der 1933 im Libanon geborene britische Kinderpsychiater Sir Michael Rutter (1933–2021), der später von Queen Elizabeth (*1926) für seine Forschungsleistungen in den Adelsstand erhoben wurde, hat sich ebenfalls in den 1970er-Jahren aus entwicklungspsychologischer Sicht mit gesunder Entwicklung nach früher Mutter-Kind-Trennung auseinandergesetzt. Im Gegensatz zu früheren Bindungstheorien, vor allem in Auseinandersetzung mit den Theorien des Psychoanalytikers John Bowlby (1907–1990), der von einem angeborenen Bindungssystem ausging, konnte Rutter eine frühe Trennung von der Mutter nicht nur als Hauptursache für schwieriges Sozialverhalten, sondern als einen potenziellen Risikofaktor für spätere psychosoziale Probleme und Entwicklungsstörungen herausarbeiten. Nach dem Zusammenbruch des verbrecherischen Ceauşescu-Regimes in Rumänien konnte Rutter dann seine frühen Forschungsbefunde in den 1990er-Jahren erhärten und die Entwicklung von Resilienz bei rumänischen Waisenkindern, die unter katastrophalen Umständen aufwuchsen und dann aber nach Zusammenbruch des Unrechtsregimes in britische Adoptionsfamilien kamen, in Langzeitstudien untersuchen. Ebenso wie Werner fand auch Rutter, dass viele Kinder sich erstaunlich schnell erholten und große Entwicklungsfortschritte machten, vor allem, wenn sie vertrauensvolle Beziehungen zu ihren Bezugspersonen hatten.

Der amerikanische Psychologieprofessor Norman Garmezy (1918–2009) erforschte als klinischer Psychologe Symptome und Verlauf der Schizophrenie unter spezieller Berücksichtigung relevanter Risikofaktoren. Dabei stellte sich dann mehr oder weniger zwangsläufig die Frage nach der Bedeutung von genetischen Faktoren und der Rolle der Lebensbedingungen bei der Entstehung psychischer Erkrankungen. Daraus schuf Garmezy dann als Kombination von klinischer Psychologie und Entwicklungspsychologie ein neues Feld, das sich der Erforschung von Entwicklungspsychopathologien widmete. Das ist nichts anderes, als die nicht genetisch bedingten Ursachen für die Entstehung von psychischen Erkrankungen zu identifizieren. Auch Garmezy konnte in seiner Forschung – übrigens in Kooperation mit Rutter – zeigen, dass Kinder von Eltern mit psychischen Problemen und Störungen eine spezifische Resilienz gegen diese Vulnerabilitäten entwickeln können.

Emmy Werner, Michael Rutter und Norman Garmezy können insofern als frühe Pioniere der Resilienzforschung gelten. Alle drei Wissenschaftler konnten dabei aus ihrer jeweiligen Perspektive aufzeigen, dass Menschen nicht Opfer ihrer genetischen Ausstattung oder der Lebensumstände sein müssen. Vielmehr ist scheinbar in allen Menschen ein außerordentliches Potenzial zu einer positiven und konstruktiven Entwicklung angelegt. Manchen Individuen gelingt es, dieses selbst unter schwierigsten Bedingungen zur Entfaltung zu bringen.

Elf Eigenschaften resilienter Menschen und Ihr eigener empirischer Forschungsbeitrag

Was sind nun die Merkmale und Eigenschaften resilienter Menschen? Zunächst ist sich die Forschung darüber einig, dass Resilienz in weiten Teilen erlernbar und nicht nur genetisch determiniert ist. In der Folge wurden von der Forschung spezifische Eigenschaften identifiziert, über die resiliente Menschen verfügen beziehungsweise die sie durch einen Entwicklungsprozess im Sinne der Resilienz ausbilden können. Nach Sichtung der umfangreichen Literatur dazu habe ich die häufigsten Eigenschaften unter elf Punkten zusammengefasst, die bei resilienten Menschen häufig beobachtet werden. Resiliente Menschen …

1. … wissen, dass das Leben fragil, schwierig, riskant und auch endlich ist, verdrängen diese schmerzhafte Einsicht nicht und sind gerade aufgrund dieser Einsicht in die Beschränkungen und Verletzlichkeiten der Existenz in der Lage, ihr Leben und das Leben allgemein wertzuschätzen und mit einer gewissen Dankbarkeit, Ehrfurcht und Demut zu genießen, weil sie einen tiefen Sinn darin sehen.

2. … verfügen über eine grundsätzliche Offenheit gegenüber Veränderungen, Fremdem und Neuartigem, die wohlwollend und interessiert, aber dabei nicht unkritisch ist, weil sie wissen, dass

Veränderung das einzig Beständige im Leben ist, und nehmen dementsprechend Stresssituationen nicht nur als Belastungs-, sondern auch als Entwicklungsoptionen wahr.

3. ... können ihre inneren Zustände reflektieren und kommunizieren und sind so in der Lage, langfristige Unter-, aber auch Überforderungen zu erkennen und nach Möglichkeit zu vermeiden.

4. ... sind achtsam im Umgang mit externen, vor allem aber auch internen Ressourcen und können daher unter Stress ihre Aufmerksamkeit und ihr Handeln bewusst auf die Aspekte fokussieren, die sie in der gegenwärtigen Situation verändern können, und lernen, die Faktoren zu akzeptieren, die sie nicht verändern können.

5. ... arbeiten deswegen aktiv und engagiert an pragmatischen Lösungsansätzen für Probleme, deren Wirksamkeit sie systematisch überprüfen, und entwickeln deswegen auch realistische Überzeugungen in Bezug auf das selbstwirksame Handeln.

6. ... versuchen, ihre Vorstellungen und Visionen von der Zukunft konstruktiv und aktiv zusammen mit anderen Menschen, notfalls aber auch allein, zu gestalten, wobei sie sich konkrete, realistische und überprüfbare Teilziele setzen, ohne sich dabei jedoch zu sehr selbst einzuschränken.

7. ... praktizieren dabei ein angemessenes Maß an Selbstfürsorge, achten auf Schlaf, Ernährung und Bewegung und behandeln sich selbst, wie sie einen guten Freund behandeln würden, nämlich wohlwollend, aber auch ehrlich und kritisch.

8. ... sind in einem vertretbaren Ausmaß empathisch, kultivieren Mitgefühl und betreiben Fürsorge, unterhalten sinnhafte und stabile soziale Beziehungen.

9. … sind zu Vertrauen, Versöhnung und Vergebung fähig und übernehmen gerne Tätigkeiten, die anderen Menschen guttun und diesen helfen, um so das soziale Netzwerk zu stabilisieren.

10. … sind authentisch, stehen für ihre Meinung ein und kultivieren einen realistischen, aber trotzdem hoffnungsvollen Optimismus, der die Fähigkeit einschließt, über sich selbst lachen zu können, weswegen sie auch häufig charismatisch sind.

11. … scheinen nicht so anfällig gegenüber negativem Affekt zu sein.

12. … [Gegebenenfalls ergänzen Sie Ihre eigenen Forschungsergebnisse hier.]

Die ersten zehn der elf aufgeführten Eigenschaften resilienter Menschen sind übrigens erwiesenermaßen erlernbar. Bei der elften und zuletzt genannten Eigenschaft – Anfälligkeit für negativen Affekt – ist das jedoch nur bedingt so, denn hier gibt es zweifellos auch eine gewisse genetische Komponente. In der Persönlichkeitsforschung wird dieser mit emotionaler Labilität, Ängstlichkeit, Gehemmtheit und auf sozialer Ebene mit Schüchternheit einhergehende genetisch bedingte Faktor als Neurotizismus bezeichnet.

Aber wenn zehn von elf Eigenschaften zumindest teilweise erlernbar sind, ist das doch ein gutes Zeichen! Insofern kann man Resilienz als ein phänotypisches Merkmal bezeichnen. Denn in der Genetik bezeichnet man als Phänotyp ein Set von Eigenschaften, mit dem die individuellen Merkmale eines Organismus beschrieben werden, die über den Genotyp, das heißt die genetisch determinierten Eigenschaften und Merkmale, hinausgehen und somit entwickelbar sind. Das sind doch gute Nachrichten! Dies schließt morphologische, physiologische und psychologische Eigenschaften ebenso ein wie spezifische Verhaltensmerkmale. Beispielsweise sind das der Trainingszustand, die Ernährungsgewohnheiten oder eben auch die Art und Weise, wie mit

Stress umgegangen wird. Die positive Botschaft lautet insofern, dass die Eigenschaften der Resilienz fast alle – innerhalb gewisser Grenzen – gezielt erlernt und systematisch entwickelt werden können.

Im Verlauf dieses Buches werde ich auf die einzelnen Aspekte und Möglichkeiten, diese Eigenschaften gezielt zu entwickeln, noch genauer eingehen. Für den Moment ist es jedoch ausreichend zu wissen, dass die oben beschriebenen elf Merkmale resilienter Menschen ein Bündel von potenziellen Eigenschaften darstellen, die in unterschiedlichster Konfiguration und Ausprägung bei resilienten Menschen beobachtet werden können. Das bedeutet natürlich nicht, dass alle elf Eigenschaften bei jedem resilienten Individuum vollumfänglich vorhanden sein müssen, sondern die Merkmale der Resilienz müssen vielmehr für die jeweilige Person in ihrer spezifischen Lebenssituation passend sein. Insofern sollten wir, zumindest wenn es um die konkrete Ausprägung geht, eigentlich nicht von der Resilienz, sondern den Resilienzen sprechen. Sicherlich gibt es zwischen den einzelnen Eigenschaften Bereiche, die sich überschneiden, weswegen sie nicht immer scharf voneinander abgegrenzt werden können, denn alle beziehen sich funktional eben auf langfristige Flexibilität bei gleichzeitiger Ressourcenschonung und nachhaltige Widerstandskraft. Aber Sie können ja mal für sich durchgehen, welche dieser Eigenschaften bei Ihnen oder Ihren Angehörigen, Freunden und Kollegen vorhanden sind.

Für die Freunde der empirischen Forschungsmethodik unter Ihnen habe ich noch einen systematischeren Vorschlag: Setzen Sie sich mal abends mit einem Glas Rotwein – ich würde dann einen fruchtigen Rioja oder einen vollmundigen Portugiesen empfehlen – oder einer Tasse Tee hin und schreiben Sie eine Liste von den 30 Leuten, die Sie Ihrer Einschätzung nach sehr gut kennen. Dann versuchen Sie, diese Menschen geradeheraus in eine Rangordnung in Bezug auf ihre Resilienz zu bringen. Im nächsten Schritt schauen Sie sich die fünf Menschen an, die ganz oben oder ganz unten auf Ihrer Liste stehen, und suchen in der jeweiligen Gruppe gemeinsame Merkmale und Eigenschaften. Denn andere Methoden verwendet die professionelle Resilienzforschung im Grunde auch nicht. Wenn die von Ihnen so festgestellten Eigenschaften nicht in der Liste enthalten sind, fügen Sie diese einfach zu den elf Punkten dazu!

Allerdings eignen sich rein personenbezogene Untersuchungen von Resilienzeigenschaften ohne weitere Betrachtung der Stressoren und Rahmenbedingungen nicht allzu gut dafür, zuverlässige Prognosen der Resilienzfähigkeit für zukünftige Herausforderungen abzugeben. Resilient zu sein heißt nicht, für alle Probleme eine Lösung zu haben, sondern in einer bestimmten Situation Resilienz zu entwickeln. Das hängt damit zusammen, dass Resilienz immer ein transaktionales Kontextphänomen ist, das aus der Interaktion einer Person mit seiner Umwelt entsteht. Anders gesagt: Ohne Atemluft in Ihren Lungen gibt es nach spätestens fünf Minuten auch keine Resilienz mehr, so einfach ist das.

Die Verhältnisse können also nicht ausgeklammert, sondern müssen – ebenso wie das Individuum – als zentral angesehen werden. Das ist übrigens auch der Grund, warum die Weltgesundheitsorganisation zwischen verhaltens- und verhältnisbezogenen Faktoren der Resilienz unterscheidet und dabei den Entwicklungen auf gesellschaftlicher und struktureller Ebene immer Vorrang einräumt. Aus dieser systemtheoretischen Sicht sind eine sichere Umwelt und stabile Gesellschaft mit angemessenen Herausforderungen und Anforderungen an das Individuum die besten Voraussetzungen, um auf individueller Ebene Resilienz entwickeln zu können.

Es wäre schon eine zynische Haltung, den Bewohnern eines bürgerkriegsgebeutelten Landes ein Resilienztraining anzubieten, statt erst einmal den Versuch zu unternehmen, die Unruhen zu beseitigen und die Gesellschaft zu stabilisieren. Insofern können alle Menschen, die wie viele von uns nicht nur in eine weitgehend stabil funktionierende Gesellschaft, sondern auch in eine leidlich funktionierende Familien- und Sozialstruktur mit einigen wohlmeinenden Menschen hineingeboren worden sind, dem Zufall, dem Schicksal oder dem lieben Gott extrem dankbar dafür sein, dass sie das Licht der Welt an diesem Ort zu dieser Zeit erblickt haben. Resiliente Menschen vergessen dies nicht.

RESILIENZ LERNEN VON EXISTENZIELLEN SCHOCKS UND AUSSERGEWÖHNLICHEN ERFAHRUNGEN

Bevor wir uns mit der Neurobiologie und Psychophysiologie von Stress, Stressantwort sowie dem Lernen beschäftigen, müssen wir zunächst einen kleinen Abstecher machen und uns mit einer bestimmten Klasse menschlichen Erlebens näher beschäftigen, die in meinen Augen gut geeignet ist, einige wesentliche Merkmale der Entwicklung von Resilienz nachzuvollziehen. In der wissenschaftlichen Auseinandersetzung – zumindest im 20. Jahrhundert – wurden diese Erfahrungen jedoch über einen langen Zeitraum ziemlich vernachlässigt. Allerdings sind sie in den letzten Jahrzehnten in dem Kontext der sogenannten anomalistischen Forschung zunehmend in den Fokus des Forschungsinteresses gerückt, das sich, wie der Name schon sagt, mit Anomalien und ihren psychologischen Konsequenzen beschäftigt. Dabei handelt es sich um sogenannte außergewöhnliche Erfahrungen. Dies ist zunächst nur ein Sammelbegriff für unterschiedliche Klassen von besonderen Erlebnissen, die von ihrem Erlebnisinhalt oder ihrer Erlebensart den Konsens unserer Alltagswirklichkeit verlassen. Die Bezeichnung außergewöhnliche Erfahrungen ist weltanschaulich bewusst neutral gehalten und nicht wertend, weswegen sie terminologisch wie phänomenologisch einen weiten Bereich abdeckt. Das Spektrum reicht von Trauma-, Belastungs- oder Grenzerfahrungen bis hin zu ekstatischen Glückssituationen und Flow-Momenten.

Außergewöhnliche Erfahrungen – gewöhnliche (Stress-)Erlebnisse?

Zugegeben, die Erfahrungsinhalte dieser Erlebnisse können mitunter schon etwas seltsam sein, aber sie kommen häufiger vor, als man denkt. Viele Menschen empfinden sie aber als eine Art von weltanschaulichem oder existenziellem Schock. Dies ist genau in dem Moment der Fall, bei dem Sie sich verwundert die Augen reiben und es aus Ihnen herausfährt: »So etwas gibt es doch gar nicht, weil es so etwas gar nicht geben kann!« In dem – im anomalistischen Forschungskontext erhobenen – Psi-Report wurde eine repräsentative Stichprobe der Einwohner in Deutschland im Jahr 2002 zu ihren außergewöhnlichen Erfahrungen befragt. Die Ergebnisse zeigen auf, dass Déjà-vu-Erlebnisse (Häufigkeit: 50 Prozent), prophetische Träume (37 Prozent), das verblüffende gemeinsame Auftreten von Ereignissen wie Koinzidenzen oder Synchronizitäten (37 Prozent), außersinnliche Wahrnehmungsphänomene bei Tod und Krisen (19 Prozent), Erscheinungen (16 Prozent), außersinnliche Wahrnehmung mit/von Tieren (15 Prozent), Spuk (12 Prozent) sowie Begegnungen mit Ufos (2,4 Prozent) als die am häufigsten gemachten außergewöhnlichen Erlebnisse in Deutschland genannt werden (Schmied-Knittel & Schetsche 2003).

Vielleicht haben Sie bereits solche Erfahrungen gemacht, vielleicht auch nicht. Stören Sie sich jedoch bitte nicht allzu sehr an dem Begriff außergewöhnlich. Was außergewöhnlich und gewöhnlich ist, liegt natürlich im Auge des Betrachters. Zudem sind, existenzialphilosophisch betrachtet, diese Anomalien natürlich eingebettet in unser individuelles, unverwechselbares Leben, das wir alle so gesehen als einmaliges Abenteuer erleben, erdulden, gestalten und mit anderen Lebewesen teilen. Wie ein Film, der seltsamerweise nur für uns, von uns und mit uns gedreht wird. Wir treten darin gleichzeitig als staunende Zuschauer, Schauspieler und Regisseure, aber auch bestinformierte Kritiker auf, die genau hinter die Kulissen blicken. Ich muss dabei an einen bestimmten Satz aus dem babylonischen Talmud denken, einer der bedeutendsten Schriftensammlungen des Judentums: »Wer ein Menschenleben rettet, dem wird es angerechnet, als würde er die ganze Welt retten. Und wer ein Menschenleben zu Unrecht auslöscht, dem wird es angerechnet, als hätte er die ganze Welt zerstört.« Wie wahr, denn es stimmt auf phänomenologischer, psychologischer und neurobiologischer Ebene: Jedes Leben ist eben einzigartig und unverwechselbar! Insofern kann man Resilienz auch als die Fähigkeit verstehen, sich durch einen kontinuierlichen Entwicklungsprozess aus seinem eigenen Leben zu erretten. Denn per definitionem ist unser Leben eine einzige große Anomalie, die, ebenso wie unser Körper und Geist und sogar jeder Augenblick, den wir erleben, genau einmal existiert! So gesehen ist selbst jeder Atemzug einmalig, obwohl er den anderen natürlich ähnlich ist. Die Voraussetzung, um diese Anomalie, die mit der Existenz unseres Lebens gegeben ist, in einem positiven Sinne aufzuheben, ist jedoch, dass wir lernen, mit außerordentlichen und merkwürdigen Signalen, die wir nicht kennen und die auf unser Leben treffen, so konstruktiv wie möglich umzugehen.

Durch die Beschäftigung mit außergewöhnlichen Erfahrungen kann man deswegen nicht nur sehr viele bedeutsame Einsichten für die Entwicklung von Resilienz und Umgang mit Stress erlangen, sondern auch viel über die Rahmenbedingungen für konstruktive und kreative Lernprozesse erfahren. Das hängt unter anderem damit zusammen, dass durch all diese Erfahrungen – so unterschiedlich sie sein mögen – zumeist starke Emotionen hervorgerufen werden. Alle Anomalien wirken daher zunächst aktivierend auf das zentrale Nervensystem, weil durch sie das sogenannte physiologische Arousalsystem im Körper aktiviert und somit auch psychologische Aufmerksamkeitsprozesse gesteigert werden. Das ist aus der lernpsychologischen Perspektive eine gute Sache, weil es Aktivierungspotenzial zur Verfügung stellt, mit diesen Anomalien wirksam umzugehen. Denn wenn Anomalien auftauchen, wird der Dimmer des Bewusstseins eben auf ganz hell gedreht!

Der Begriff Anomalie kommt aus dem Griechischen und bezeichnet ursprünglich eine Unebenheit oder Unregelmäßigkeit, der sich aus der Verneinung *an* des griechischen Wortes *homalós* ergibt, das die Bedeutung von »eben«, »gleich« oder »glatt« hat. Da ist also etwas, was nicht in die gewohnte, glatte Oberflächenstruktur unserer alltäglichen Wahrnehmungsschablonen passt. Wenn also etwas nicht glatt läuft, dann liegt im Grunde eine Anomalie vor, und wir nehmen dies zunächst als belastende Stresserfahrung wahr. Warum das so ist und was man dagegen tun kann, werden wir uns später noch aus neurobiologischer und psychophysiologischer Perspektive ansehen. Zunächst müssen wir uns aber mit einigen Klassen von außergewöhnlichen Erfahrungen und der Art ihres Zustandekommens beschäftigen – gemeint sind spirituelle Erfahrungen. In einem zweiten Schritt betrachten wir dann bestimmte Krisensituationen, die potenziell zu einem Trauma führen können.

Mit den spirituellen Erfahrungen betreibe ich nun gewissermaßen ein akademisches Heimspiel. Denn in den letzten 25 Jahren habe ich mich als wissenschaftlich ausgebildeter Psychologe, beginnend mit meiner Diplomarbeit 1998 (Kohls 1998) über meine Promotion 2004 (Kohls 2004) bis hin zu meiner 2012 an der medizinischen Fakultät der Universität München im Fachgebiet Medizinische Psychologie eingereichten Habilitationsschrift *Spiritualität und Achtsamkeit als potenzielle Gesundheitsressourcen*, vor allem sehr intensiv mit der Rolle von spirituellen Erfahrungen und der Rolle von meditativen und kontemplativen Techniken beschäftigt. Mich hat nicht nur die phänomenologische Erlebnisstruktur und -form dieser Erfahrungen interessiert. Vor allem hat mich die damit zusammenhängende Frage beschäftigt, ob – und wenn ja, wie – sich spirituelle Entwicklungsprozesse von psychopathologischen Zuständen wie Psychosen, Depressionen oder Schizophrenie unterscheiden lassen. Gibt es dafür phänomenologische Kriterien oder kann man dies nur an den dauerhaften Auswirkungen auf Gesundheit, Lebensqualität, Wohlbefinden, Persönlichkeit und Verhaltensweisen sowie den Umgang mit Krankheit und Belastung festmachen? Die naheliegende Frage nach dem sogenannten ontologischen Status dieser Erfahrungen, also ob sie echt in einem naturalistischen Sinne oder epistemologisch durch das Gehirn konstruiert und fabriziert sind, möchte ich an dieser Stelle jedoch ausklammern. Denn man kann darüber aus wissenschaftlicher Sicht meines Erachtens redlicherweise nicht so viel sagen wie über die empirisch mittlerweile gut gesicherten persönlichen und gesundheitlichen Auswirkungen auf die betreffenden Individuen. Und darum soll es in diesem Buch ja vorrangig gehen. Zudem erübrigt sich diese Frage aus meiner heutigen Sicht zumindest ein Stück weit, weil – soweit wir es heute wissen – jede Form von Wahrnehmung auch aus einer aktiven Konstruktionskomponente des Gehirns besteht, doch dazu später mehr.

SPIRITUELLE ERFAHRUNGEN, DROGENMYSTIK UND DIE KRAFT DES DIONYSIUS

Was sind nun diese spirituellen Erfahrungen, die mitunter als numinose, transpersonale oder auch mystische Erlebnisse bezeichnet werden? Darunter werden allgemein solche Vorkommnisse verstanden, in denen die sie erlebenden Menschen das Gefühl haben, einer absoluten, transzendenten und allumfassenden Wirklichkeit oder einem oder mehreren sie repräsentierenden Wesen oder Entitäten begegnet zu sein. Diese Erfahrungen müssen aber nicht unbedingt im Rahmen eines traditionell religiösen Erlebnisrahmens auftreten oder im Zusammenhang mit religiösen, spirituellen oder meditativen Praktiken stehen. Häufig passieren sie auch einfach mal so. Menschen machen spirituelle Erfahrungen deutlich häufiger, als man denkt, und zwar in unterschiedlichsten Kontexten und Kulturen und zu allen Zeiten. Interessant ist, dass keinesfalls nur religiös oder spirituell orientierte Menschen oder Individuen auf einem spleenigen Esoteriktrip sind. Mitunter kommt es in ihrer Folge aber zu bedeutenden Konversations- oder Transformationsprozessen. Damit wird aufgezeigt, dass sie das Potenzial haben, eingefahrene Lebenswege von Menschen dramatisch zu verändern und Persönlichkeiten umfassend zu transformieren. Auch die Weltreligionen wissen von eindrucksvollen Transformationserlebnissen zu berichten. Im christlichen Kontext wird beispielsweise im Neuen Testament auf das bekannte Konversionserlebnis des Paulus von Tarsus (ca. 10–64) verwiesen, bei dem besagtem Apostel noch als ungläubiger Saulus zusammen mit seinen Begleitern auf dem Weg nach Damaskus in einer Lichtvision der auferstandene Jesus selbst erschienen sein soll. Unter Konversionserlebnissen versteht man im religiösen Kontext Bekehrungs- und im säkularen Bereich Transformations- oder positive Wachstumsprozesse, die jedoch mit großen psychologischen Schwierigkeiten und gesundheitlichen Symptomen einhergehen können. So wird berichtet, dass Saulus infolge dieses eindrücklichen Erlebnisses zunächst temporär erblindete. Zudem war er auch unfähig zu essen, bis ihn ein anderer Urchrist im Namen Jesu von diesen Leiden heilte. Schließlich aber wurde er durch dieses Erlebnis zum Christentum bekehrt und dadurch vom Christenverfolger zum eifrigen Missionar des Urchristentums transformiert. Lassen Sie sich diese Geschichte einmal auf der Zunge zergehen: Aufgrund eines einzigen Erlebnisses hat der Mensch Saulus seine ganze Identität verändert, zum Glauben gefunden und wurde ein neuer Mensch: die bekannte und sprichwörtlich gewordene Konversion vom Saulus zum Paulus.

Das mag nun etwas antiquiert erscheinen, und vielleicht sind Sie sogar geneigt, darüber ein bisschen zu lächeln. Jedoch sind in der Fachliteratur nicht wenige Fälle beschrieben, in denen Menschen aufgrund eines bedeutsamen und anregenden Kontextes vorübergehend psychosomatische Störungen oder Symptome einer Psychose entwickeln können. Dies ist zum Beispiel bei dem Stendhal-Syndrom der Fall. Einige häufig besonders sensible Touristen, die die Kunstmetropole Florenz besuchen, zeigen dabei aufgrund der kulturellen Reizüberflutung psychosomatische Reaktionen wie Wahrnehmungsstörungen oder Panikattacken. In der psychiatrischen Literatur ist außerdem das Jerusalem-

Syndrom bekannt. Bei diesem Phänomen identifizieren sich jährlich etwa hundert Besucher der Stadt Jerusalem für ein paar Tage mit religiösen Charakteren, die ihrem jeweiligen Sozialisationskontext entsprechen. Häufig kleiden sie sich dann auch entsprechend und predigen sogar öffentlich für einige Zeit, bevor dieses eigentümliche Verhalten dann wieder nachlässt.

Wann treten spirituelle Erfahrungen auf und wie lassen sie sich beschreiben und untersuchen?

Was wissen wir über die Bedingungen, unter denen solche außergewöhnlichen Erfahrungen auftreten? Häufig treten sie einfach spontan auf, wie im Fall von Saulus, mitunter können sie aber auch durch Reizüberflutung oder bestimmte Erwartungshaltungen ausgelöst werden. Häufig werden die jedoch durch reizarme und monotone Umgebungen hervorgerufen. Wenn Menschen diesen reizarmen Umgebungen ausgesetzt werden, kommen sie in einen Zustand, den man als Deprivation bezeichnet. Da zu wenig Reize von außen kommen, werden diese intern innerhalb des Gehirns ähnlich wie beim Träumen generiert und man interpretiert dies aus neurobiologischer Sicht als eine Art Kompensationshandlung des Gehirns. Wenn Sie das nicht glauben, setzen Sie sich mal für ein oder zwei Tage in eine dunkle Höhle und schauen, was dann passiert. Oder besuchen Sie ein einwöchiges Schweige-Retreat. Moses verbrachte 40 Tage in Einsamkeit auf dem Berg Sinai, bevor Gott aus dem Dornbusch zu ihm sprach. Die Wahrscheinlichkeit ist groß, dass Ihnen zunächst recht schnell langweilig wird, Sie dann aber relativ bald auch intensive, zumeist bildhafte innere Erfahrungen machen werden. Genauso ist es beim Träumen, nur ist da keine Langeweile, weil sie in einem veränderten Bewusstseinszustand sind und Ihr Zeitempfinden verändert ist. Oder haben Sie schon mal das Gefühl gehabt, Ihnen war im Traum fürchterlich langweilig? Allerdings kann durch bestimmte Praktiken wie Meditation oder Gebet nicht nur die Wahrscheinlichkeit erhöht werden, derartige als spirituell konnotierte Erfahrungen zu machen, sondern auch die Interpretation dieser Erlebnisse beeinflusst werden. Denn diese werden dann häufig im Sinne des spirituell-religiösen Glaubenssystems beziehungsweise der jeweiligen Weltanschauung erlebt und können dadurch besser verarbeitet und integriert werden.

In der langjährigen Forschung zusammen mit Harald Walach (*1957) und anderen Kollegen konnten wir in mehreren Studien aufzeigen, dass spirituelle Erfahrungen in Abhängigkeit vom Glaubenssystem, Selbstmodell sowie von der Art der spirituell-meditativen Praxis sowohl stabilisierender als auch destabilisierender Natur sein können (Kohls 2004; Kohls, Walach & Lewith 2009; Carmona-Torres et al. 2018). Das Erlebnis der universellen Verbundenheit kann beispielsweise als äußerst belastend erlebt werden, wenn die betreffende Person diese Erfahrungen als angstvolle Auflösung des Ichs interpretiert. Andererseits kann dieselbe Verbundenheitserfahrung als äußerst positiv, wenn nicht sogar ekstatisch erlebt werden, wenn sie im Sinne einer ozeanischen Allverbundenheit interpretiert wird. Das individuelle Referenzsystem und Selbstmodell scheint die Interpretation der Erlebnisse demnach wesentlich zu bestimmen.

Es spricht vieles dafür, dass regelmäßige spirituelle, kontemplative und meditative Praxis das Selbstmodell bedeutsam in Richtung Resilienz verändern kann. Denn viele Menschen können so eine weniger selbstzentriert ausgerichtete Sichtweise entwickeln, durch die sie aber paradoxerweise gerade besser mit Stress, Belastung und Veränderungsdruck umgehen können. Wie kann man so etwas wissenschaftlich untersuchen?, werden Sie sich jetzt vielleicht fragen. Über viele Jahre habe ich mich genau mit dieser Frage herumgeschlagen und deswegen auf der Basis von vielen qualitativen Interviews mit spirituell praktizierenden und nicht praktizierenden Menschen einen Fragebogen zur Erfassung von außergewöhnlichen Erfahrungen entwickelt. In diesem Inventar sind sowohl positive als auch negative spirituelle Erfahrungen enthalten und ich konnte zeigen, dass spirituelles Praktizieren die Häufigkeit des Auftretens von beiden Arten von Erfahrungen erhöht. Ein Beispiel für eine positive Erfahrung ist: »Ein höheres Wesen beschützt mich oder hilft mir«, während ein Beispiel für eine negative Erfahrung die knappe, aber prägnante Aussage »Ein Teil von mir stirbt« oder die Formulierung »Ich schicke jemandem, der mir übelwill, durch meine Gedanken ein Missgeschick« ist. Interessanterweise geben Menschen mit regelmäßiger spiritueller Praxis an, die Erfahrung, dass ein Teil von ihnen aufhört zu existieren, häufiger zu machen als Menschen ohne eine solche Praxis. Außerdem bewerten sie diese Aussage deutlich positiver. Auch berichten sie häufiger von der Erfahrung, anderen ein Missgeschick zu schicken, bewerten dies aber deutlich negativer. Vermutlich zeigt dies auf, dass sie sowohl ehrlicher mit sich selbst und gleichzeitig weniger nachtragend oder ablehnend gegenüber anderen Menschen sind.

Menschen können auf diese Art scheinbar lernen, nicht nur anders mit bedrohlichen Erfahrungen umzugehen, die die Integrität ihres Selbstmodells attackieren, sondern auch als schwierig wahrgenommen Menschen gegenüber eine weniger negative Einstellung aufzubringen. Anders gesagt: Indem durch spirituelles Praktizieren das Selbstmodell gezielt in Richtung Ego-Deflation und wohlwollende Zuwendung zum anderen verändert wird, lernen Menschen auf diesem Wege, resilienter zu werden! Oder um das Beispiel des angeborenen Griffreflexes beim Neugeborenen zu Beginn wieder aufzugreifen: Menschen haben das Potenzial, durch spirituelles Praktizieren eine Art existenziellen Griffreflex zu erlernen, mit dem sie die Anomalie gezielter und mit weniger Angst annehmen und so auch leichter aufheben können.

Man könnte jetzt geneigt sein, spirituelles Praktizieren vorschnell als eine Quelle für Gesundheit, Lebensqualität und Wohlbefinden anzusehen. Das können wir auf der Grundlage unserer Forschung so aber nicht bestätigen, auch wenn wir einige positive Effekte festgestellt haben. Auf der Grundlage unserer Forschungsbefunde ist es zutreffender, spirituelles Nichtpraktizieren als einen spezifischen Risikofaktor zu identifizieren, der vor allem dann zum Tragen kommt, wenn die Integrität des Selbst durch Anomalien existenziell bedroht wird. Und diese Anomalien kommen in jedem Leben – früher oder später. Denn wer von Ihnen ist noch nie im Leben enttäuscht worden oder hat noch nie mit gesundheitlichen Problemen zu tun gehabt? Es werden wohl nur die wenigsten sein.

Spirituelle Praxis – eine resilienzbildende Maßnahme?

Haben Sie schon einmal aus dieser Perspektive über Ihre fundamentale Einstellung zu Ihrem Leben und der Existenz nachgedacht und sich die Frage gestellt, welche Form von existenzieller Psychohygiene im Sinne von gezielter Ego-Deflation Sie betreiben, um sich auf die Anomalien vorzubereiten, die vor Ihnen liegen? Einige Forscher haben es getan, sogar schon recht früh.

Bereits 1904 hatte sich einer der Gründungsväter der akademischen Psychologie, William James (1842–1910), dem Zusammenhang zwischen spiritueller Erfahrung und der Ausbildung von Resilienz gewidmet und dazu auch 1904 ein epochales Buch verfasst: *Die Vielfalt religiöser Erfahrung. Eine Studie über die menschliche Natur.* In diesem Buch – das übrigens bis zum heutigen Tag als Standardwerk gilt – gibt er gegen Ende eine treffende Zusammenfassung seiner tiefgreifenden Überlegungen im Zusammenhang mit der von ihm als unsichtbare Region bezeichneten Dimension der Spiritualität. Weil dies so großartig formuliert ist, lasse ich James hier in meiner Übersetzung zu Wort kommen:

»Die unsichtbare Region, um die es hier geht, ist nicht nur imaginär, denn sie hat Auswirkungen in dieser Welt. Wenn wir mit ihr verkehren, wird tatsächlich an den Grenzen unserer Persönlichkeit gearbeitet, denn wir werden in neue Menschen verwandelt, und die Folgen unseres Verhaltens in der natürlichen Welt folgen auf unsere regenerative Veränderung. Aber das, was in einer anderen Wirklichkeit Wirkungen hervorruft, muss selbst als Wirklichkeit bezeichnet werden, und so habe ich das Gefühl, dass wir keine philosophische Entschuldigung dafür haben, die unsichtbare oder mystische Welt als unwirklich zu bezeichnen (James 1904, S. 516, eigene Übersetzung)«.

Diese Aussage steht so bis heute im völligen Einklang mit der wissenschaftlichen Forschung und berührt die geheimnisvolle Frage nach einem existenziell-spirituellen Entwicklungsprozess, infolgedessen nicht nur die Einstellung zur eigenen Person, den Mitmenschen und der Welt, sondern zur Existenz an sich fundamental verändert wird. William James war nicht nur einer der ersten Wissenschaftler, der sich an diese tiefen Fragen herangewagt hat, sondern der diese auch systematisch mit empirischen Methoden untersucht hat. Nach James' Veröffentlichung und dem damit eingeläuteten frühen Höhepunkt der Forschung wurde es aber für eine längere Zeit in der wissenschaftlichen Forschung ruhiger um Fragen zu Spiritualität und Resilienz, da der aufkommende Behaviorismus mehr an konkretem und messbarem Verhalten als an existenziellen Erlebnisdimensionen und der Erforschung der Innerlichkeit interessiert war.

Erst nach dem Zweiten Weltkrieg kam dann, wen wundert es, die Forschung zu Resilienz, diesmal vor allem in Form der Überwindung von Traumatisierungen, wieder auf. Ebenso stieg auch in den 1960er-Jahren das Interesse an spirituellen Erfahrungen infolge der Auseinandersetzung mit veränderten Bewusstseinszuständen, vor allem im Rahmen der Anti-Vietnamkriegs- und Hippie-Bewegung, wieder an. Durch das weitverbreitete Experimentieren mit bewusstseinserweiternden Drogen wurde hier die Forschung noch einmal von einer anderen Seite befeuert.

Drogen- und rotweininduzierte Mystik – der schnelle Weg zur Erleuchtung?

Man kann das Auftreten bestimmter Klassen außergewöhnlicher Erfahrungen nicht nur durch spirituelle Praktiken wie Meditation oder Kontemplation oder visuelle Deprivation herbeiführen oder intensivieren, sondern auch durch die Gabe von psychotropen Substanzen. Das im Jahr 1962 in Harvard von dem Psychiater Walter N. Pahnke (1931–1971) durchgeführte berühmte Karfreitagsexperiment zeigte auf, dass durch die Gabe von Psilocybin an freiwillig teilnehmende Studierende während einer Karfreitagsmesse bedeutsame mystische Erfahrungen erzeugt werden konnten, die viele Teilnehmenden auch nach 25 Jahren noch als eine der fundamentalsten Erlebnisse ihres Lebens ansahen und die ihren Lebensverlauf in bedeutsamen Maße beeinflusst hatten (Pahnke 1963). Auch ein Experiment um den amerikanischen Psychopharmakologen Roland Griffiths (*1946) an der medizinischen Fakultät der Johns-Hopkins-Universität hat aufgezeigt, dass ein solches durch die Gabe von Halluzinogenen herbeigeführtes außergewöhnliches mystisches Erlebnis die Kraft hat, eine als relativ stabil geltende Persönlichkeitseigenschaft wie Offenheit für neue Erfahrungen dauerhaft zu verändern (MacLean, Johnson & Griffiths 2011). Denn die teilnehmenden Menschen beschrieben sich in der Folge dieser Erfahrung als dauerhaft offener und vertrauensvoller den Prozessen des Lebens gegenüber.

Als in Fragen der Persönlichkeitsmessung versierter Psychologe kann ich diese Befunde nur mit Erstaunen zur Kenntnis nehmen, dass durch kraftvolle, einmalige und als spirituell interpretierte Erlebnisse relativ stabil angenommene Persönlichkeitseigenschaften wie Offenheit in bedeutender Weise dauerhaft verändert werden können, einschließlich der daraus resultierenden positiven Effekte auf Wohlbefinden und Lebenssinn. Das ist schon erstaunlich!

Psychedelika und Halluzinogene sind gegenwärtig wieder ein heißes Eisen in der psychiatrischen und psychopharmakologischen Forschung. So werden in der letzten Zeit im Zusammenhang mit der Überwindung von Depressionen und Traumatisierungen auch erkennbar Forschungsbemühungen im Zusammenhang mit natürlichen Drogen wie Psilocybin und synthetisch hergestellten Drogen wie dem Halluzinogen Methylendioxyamphetamin (MDA) vorangetrieben. Pharmakologisch gesehen wirken diese Substanzen in Teilen des limbischen Systems, dessen Hauptaufgabe die Steuerung von Emotionalität und psychoaffektiven Verhaltens darstellt. Interessanterweise haben einige dieser Entaktogene – das griechisch-lateinische Kunstwort bedeutet »das Innere berührend« – sehr enge strukturelle Ähnlichkeit im chemischen Aufbau mit wichtigen Neurotransmittern. Beispielsweise ist das von dem Chemiker Albert Hofmann (1906–2008) erstmals im Jahr 1939 synthetisch hergestellte bekannte Halluzinogen Lysergsäure-diethylamid (LSD) dem Serotonin nicht unähnlich. Während diese Substanzen in Mikrodosierung zur Behandlung psychischer Erkrankungen eingesetzt werden, benutzen sie einige Menschen zur Steigerung der individuellen Leistungsfähigkeit und vor allem Kreativität. Steve Jobs (1955–2011) hat in seiner Biografie bekannt, dass er seine LSD-Trips zu den drei wichtigsten Erfahrungen seines Lebens zählen würde. Auch der Tesla-Gründer Elon Musk (*1971) hat sich kürzlich auf einer Veranstaltung zu Technikinnovation dafür ausgesprochen, dass die Gesellschaft sich für den Einsatz von Psychedelika stärker öffnen sollte.

Man muss jedoch nicht so weit gehen und psychotrope Drogen am vermeintlichen Ende des substanzinduzierten Wirkspektrums zur Auslösung spiritueller Erfahrungen bemühen. Ein guter Rotwein, in der rechten Umgebung genossen, tut es scheinbar auch schon! Mein Kollege Marc Wittmann (*1966), der als einer der weltweit führenden Wissenschaftler im Zusammenhang mit psychologischer Zeitwahrnehmung gilt und am Institut für Grenzgebiete der Psychologie und Psychohygiene in Freiburg forscht, hat gerade eine interessante Studie veröffentlicht, die auf den ersten Blick etwas humoristisch angehaucht erscheint, sich aber bei genauerer Betrachtung in die bereits dargestellten Befunde einreiht. Dabei wurde der Genuss von Rotwein in einer Bar psychologisch untersucht (Costa et al. 2021). Zusammen mit seinen Kollegen von einem der fünf führenden psychologischen Forschungscentern in Portugal, dem William James Center for Research, hat Wittmann die psychologischen Auswirkungen von moderatem Rotweinkonsum in einem sogenannten naturalistischen Setting untersucht. Dabei wurden Versuchspersonen gebeten, entweder allein, mit ihrem jeweiligen Partner oder in einer Gruppe von Freunden zwei Gläser eines seidigen, vollmundigen Rotweins aus der Region Lissabon mit 14 Prozent Alkoholgehalt, *(Quinta da Lapa Reserva Syrah 2018)* in einer Lissaboner Weinbar zu konsumieren. Der Wein wurde kostenlos serviert, aber die Versuchspersonen gebeten, vor und nach dem Konsum eine Fragebogenbatterie zu dem Bewusstseinszustand auszufüllen, darunter auch zu spirituellen Entgrenzungserfahrungen.

Der Weinkonsum steigerte die Freude und Erregung, reduzierte aber das Zeit- und Körperbewusstsein und verlangsamte subjektiv das Vergehen der Zeit sowie die Geschwindigkeit des Denkens. Gleichzeitig nahm die Aufmerksamkeit für den gegenwärtigen Moment zu, die Einsichtsfähigkeit und Originalität der Gedanken waren erhöht, die Vorstellungskraft wurde angeregt und die Umgebung erschien den Teilnehmenden faszinierender. Der Rotwein steigerte aber auch das Gefühl des Einsseins mit der Umwelt sowie das Gefühl spiritueller Verbundenheit, allumfassender Liebe sowie von tiefem Frieden. Die Veränderungen waren unabhängig davon, ob allein, zu zweit oder in der Gruppe getrunken wurde, es gab keine Unterschiede zwischen den Geschlechtern, wohl aber Alterseffekte. Während ältere Menschen über eine Zunahme der Freude berichteten, nahm bei jüngeren Menschen die Faszination für die Umgebung der Weinbar zu. Wittmann und seine Kollegen schließen daraus, dass schon das Trinken von einer moderaten Menge Rotwein in einer passenden Umgebung in abgeschwächter Form Bewusstseinsveränderungen auslösen kann, die üblicherweise mit mystischen Zuständen in Verbindung gebracht werden. Dionysos ist bei den alten Griechen eben nicht nur der Gott des Weines und der Trauben, sondern auch der Freude, Ekstase und Fruchtbarkeit sowie des Wahns.

Neurotransmitter – die biochemischen Marker von phänomenologischen Erfahrungen

Wittmann und Kollegen erklären die gerade beschriebenen Befunde mit der sowohl beruhigenden als auch sedierenden Wirkung von biochemischen Botenstoffen, den Neurotransmittern. In diesem Fall wirkt der Alkohol auf das Nervensystem. Die Wirkung wird vor allem wegen der aktivitätshemmenden neuronalen Wirkung des sogenannten GABA-Neurotransmitters ausgelöst. Denn GABA bindet Gamma-Aminobuttersäure an spezifischen Rezeptoren und hemmt dadurch die Erregung von Nervenzellen, weswegen es entspannend und angstreduzierend wirkt. Andererseits kann Ethanol vor allem bei moderaten Dosen unter anderem eine Ausschüttung des aktivierend wirkenden Neurotransmitters Dopamin hervorrufen, wodurch Alkohol in gewissem Maße auch als Stimulans wirken kann. Ein bisschen so wie Gas- und Bremspedal gleichzeitig gedrückt eben. Dieses Beispiel zeigt, dass Neurotransmitter niemals allein, sondern immer in Wechselwirkung auftreten und dadurch spezifische Wirkungen entfalten können.

Ein weiteres wichtiges und evolutionsbiologisch betrachtet relativ altes Neurotransmittersystem, das Serotoninsystem, besteht aus mehr als einem Dutzend Subrezeptoren, die allesamt unterschiedliche Wirkungen entfalten. Serotonin wird vor allem durch Nahrung aufgenommen, und deswegen gibt es viele Serotoninrezeptoren im Magen-Darm-Trakt. Durch das serotonerge System wird im Körper eine Vielzahl von Prozessen wie Verdauung, Appetit, Schlaf und Temperatur gesteuert. Aber es werden auch interaktives Verhalten in Gruppen – einschließlich Sexual- und Intimverhalten –, Handlungsorientierung, Wahrnehmungsprozesse sowie die Schmerzempfindung und Schmerzverarbeitung beeinflusst. All dies geschieht, weil Serotonin unter anderem die emotionale Befindlichkeit und Gestimmtheit beeinflusst und deswegen in einem engen Zusammenhang mit Wohlbefinden, aber auch Unbehagen und Beklemmung steht. So wird bei Depressionen und Angststörungen häufig ein charakteristischer Serotoninmangel beobachtet, der dann sowohl medikamentös als auch psychotherapeutisch behandelt werden kann.

Es ist jedoch wichtig zu erwähnen, dass Serotonin und Dopamin nicht nur Neurotransmitter sind, sondern auch als Neuromodulatoren wirken. Während Neurotransmitter dafür zuständig sind, dass die Kommunikation zwischen Nervenzellen im Gehirn biochemisch gehemmt oder aktiviert wird, setzen Neuromodulatoren komplexe Interaktionskaskaden zwischen einzelnen Neurotransmittern und Hormonen in Gang. Hormone sind zwar von ihrer Wirkung langsamer als Neurotransmitter, spielen aber eine wichtige Rolle bei komplexen Anpassungs- und Lernvorgängen im Gehirn.

Aufgrund der Fähigkeit zur internen Selbstregulation des kontextspezifischen Belohnungs-, Motivations- und damit einhergehend Verhaltensteuerungssystems sind Dopamin und Serotonin im Zusammenhang mit Resilienz besonders wichtig, weil diese eine zentrale Rolle für Lern- und Anpassungsprozesse spielen. Sie färben aber auch unsere Erfahrungen und somit unsere Befindlichkeiten gleichzeitig ein, weswegen es gerechtfertigt ist, die Neurotransmitter zusammen mit den Hormonen als die biochemischen Marker der Anpassungsreaktion zu betrachten.

Wir werden uns mit dem Wechselspiel noch beschäftigen, können aber festhalten, dass durch spirituelles Praktizieren, durch die Gabe von Halluzinogenen oder einem guten Rotwein in der richtigen Umgebung Erfahrungen – natürlich in unterschiedlichster Intensivität – gemacht werden, die Offenheit, Gelöstheit und Zuwendung bewirken und die man deswegen durchaus als mystisch bezeichnen kann. Die Tatsache, dass diese Erfahrungen sowohl spontan auftreten, durch Bewusstseinstechniken wie Meditation oder Kontemplation, durch psychotrope Substanzen oder ein gutes Glas Wein herbeigeführt werden können, spricht dafür, dass spezifische neurobiologische Systeme im Gehirn involviert sind, die durch unterschiedliche Neurotransmitter-Wirkpfade und psychophysiologische Mechanismen aktiviert werden können. Aber ganz unabhängig davon, wie sie nun zustande gekommen sind: Was müssen das in der Endausbaustufe des vollumfänglichen mystischen Erlebens für kraftvolle Erfahrungen sein? Und was in aller Welt geschieht in dem jeweiligen Moment, aber auch in der Folge mit dem jeweiligen Nervensystem, wenn ein einzelnes Ereignis solch große Auswirkungen auf Persönlichkeit und Lebensentwicklung haben kann? Und was kann man daraus lernen? Manche Menschen, darunter die Mystiker, Schamanen und Seher, haben sich für solche Erfahrungen, ohne zu zögern, auf einem Scheiterhaufen verbrennen lassen oder viele Strapazen in Einsamkeit auf sich genommen.

Wie man sieht, macht es schon Sinn, sich mit diesen außergewöhnlichen und spirituellen Erfahrungen zu beschäftigen, weil sie sehr große und umfassende Auswirkungen auf die betreffenden Personen im Sinne der Ausbildung von Resilienz und Transformation von Persönlichkeit haben können. Vielleicht haben Sie auch schon solche Erfahrungen gemacht? Falls dem so ist, ist es wahrscheinlich, dass Sie eine wichtige Erkenntnis mitgenommen haben: Der Preis, den wir für Resilienz zahlen müssen, ist eine bewusste Relativierung des Ichs und der vermeintlichen Lebenssicherheit, durch die wir aber paradoxerweise für den Umgang mit Anomalien gestärkt werden. Deswegen wissen resiliente Menschen, dass das Leben gleichermaßen fragil wie kostbar ist, und verdrängen diese Einsicht nicht. Mit dieser bewussten und reflektierten Grundeinstellung kann man natürlich auch etwas offener dem Leben, anderen Menschen und etwaigen Anomalien gegenüber sein. Fast so, als hätten wir den angeborenen Greifreflex, mit dem wir als Babys auf die Welt kamen, noch einmal auf eine bewusste, psychologische Weise nachgeschärft.

Resiliente Menschen wissen das und trinken deswegen in angenehmem Ambiente mitunter achtsam ein oder zwei Gläser guten portugiesischen oder spanischen Rotweins, um so die Balance zwischen Entspannung des Körpers und Aktivierung guter Gedanken zu realisieren. Wenn wir das in guter, vertrauensvoller Gesellschaft tun, umso besser! Denn durch fast alle Formen von Entspannung wird der Neurotransmitter Serotonin im Gehirn ausgeschüttet, der außerdem schlaffördernd, antidepressiv und schmerzlindernd wirkt.

DER DREIKLANG DER KRISE: VOM AUFHEBEN
ZUM AUFGEHOBENSEIN

Im Grunde erlaubt die eben flüchtig skizzierte Geschichte vom geläuterten Saulus zum Paulus uns schon zumindest einen Einblick in die psychologischen Mechanismen von Transformationserlebnissen. Damit ist jedoch nicht gesagt, dass alle außergewöhnlichen Erfahrungen und Krisenzustände auch das Potenzial zur Transformation haben oder alle Menschen in der Lage sind, dieses Potenzial für Entwicklung und Wachstum zu realisieren. Nicht selten kommen Menschen mit den Anomalien und Krisen, denen sie im Leben begegnen, einfach nicht klar und verzweifeln an ihnen. Das ist vor allem kennzeichnend für Verlusterfahrungen wie Tod, Trennung oder Krankheit, aber auch Krieg, Job- oder Wohnungsverlust. Manchmal sind Menschen aber in der Lage, einige Anomalien ungeschehen zu machen oder selbige schlicht zu missachten, und erreichen so wieder den früheren Zustand, sodass man nicht von Wachstum im engeren Sinn sprechen kann. Wenn allerdings Entwicklungs- und Wachstumsprozesse vollzogen werden, geschieht dies schematisch immer in der dialektischen Abfolge von drei nacheinander folgenden Schritten, die man auch anschaulich mithilfe der unterschiedlichen Bedeutungen des Wortes aufheben verdeutlichen kann:

1. Auftauchen der Anomalie: Das Außergewöhnliche, namentlich die Anomalie, taucht auf und wirkt auf ein Individuum oder ein soziales System ein und erschüttert dies innerlich oder äußerlich. Der bisherige Zustand der Normalität ist aufgehoben.

2. Phase der krisenhaften Auseinandersetzung: Der betreffende Mensch beziehungsweise das soziale System reagiert emotional auf die Anomalie und ist zunächst irritiert, erstaunt, fasziniert oder mitunter auch verärgert, verunsichert oder verängstigt. Manchmal wissen die

Betroffenen schlicht nicht weiter und können daher in einen Krisenzustand geraten, der mit Gefühlen von Angst, Depression, Trauer und Erschöpfung sowie Schlaflosigkeit einhergehen kann. Dann wird ihnen aber zunehmend klar, dass es sich bei dem Beobachteten um eine unbekannte Abweichung handelt, mit der in einer spezifischen Art und Weise umgegangen werden muss, wenn sie nicht negiert oder ignoriert werden kann. In der Folge kommt es zu einer aktiven Auseinandersetzung mit der Anomalie, infolgedessen sich Wahrnehmung, Erleben und Verhalten kurzfristig verändern können. Häufig entspricht der Versuch des Umgangs – der im Kreis gehende, grübelnde Gelehrte in seiner Studierstube macht es vor – einer kreisförmigen Suchbewegung, das heißt, die Anomalie wird umrundet, um sie genauer zu untersuchen und Schwachstellen ausfindig zu machen oder mit ihr zu kommunizieren und zu verhandeln. Auch erfolgen in dieser Phase mitunter psychosomatische Reaktionen des Körpers, das heißt, es kann zum Einsetzen oder manchmal sogar zum Abklingen von körperlichen Symptomen kommen. Schlussendlich wird die Anomalie aufgehoben.

3. Phase der konstruktiven und kreativen Integration: Es gelingt schlussendlich und zumeist nach einem längeren Prozess, mit der Anomalie in konstruktiver und kreativer Weise umzugehen und einen wirksamen und dauerhaften Umgang zu erlernen. Letztlich kann durch die Auseinandersetzung mit der Anomalie diese aufgehoben und psychophysiologisch betrachtet auf eine konstruktive Weise in die eigene Existenz integriert werden, sodass zukünftig eine Koexistenz möglich ist. Die Anomalie wurde dadurch gleichsam assimiliert. Im Verlauf dieser Auseinandersetzung können sich dabei sowohl das innere Erleben einschließlich Persönlichkeit, Haltung und Weltbild als auch äußere Verhaltensweisen bis hin zum gesamten Habitus langfristig verändern. Dadurch ist ein Zustand geschaffen worden, in dem das Individuum wieder in eine neue Balance gekommen und somit in dem neuen Zustand aufgehoben, im Sinne von geborgen, ist.

Resiliente Menschen bemühen sich deswegen darum, relevante und lösbare Probleme aufzuheben, wenn sie diese wahrnehmen, während sie unaufhebbare akzeptieren. Denn sie spüren gleichsam, wie die Probleme zu ihnen sprechen und um Aufhebung bitten. Das ist nicht nur selbstlos und idealistisch, sondern bietet vor allem auch die Gelegenheit zu lernen, wo die eigenen Möglichkeiten oder Grenzen liegen. Dafür gibt es genügend Beispiele in der Geschichte.

Vor Kurzem wurde das Jubiläum zum 500. Jahrestag der Reformation begangen, die als welthistorisches Ereignis maßgeblich von dem Reformator Martin Luther (1483–1546) im Jahr 1517 durch das Anschlagen seiner 95 Thesen gegen den Ablasshandel an die Tür der Wittenberger Schlosskirche ausgelöst wurde. Luther wusste natürlich, dass er sich damit viel Ärger mit der Obrigkeit einhandelte. Berühmt geworden ist deswegen seine Entgegnung im Herbst 1521 vor dem papstfreundlichen Kaiser am Reichsparteitag in Worms auf dessen Aufforderung, er solle seine Thesen widerrufen: »Hier stehe ich. Ich kann nicht anders. Amen!« Auch unter starkem Druck und unter Androhung der Reichsacht – Luther litt zu dem Zeitpunkt unter den klassischen Stresssymptomen Schlaflosigkeit, Verdauungsprobleme, Niedergeschlagenheit und Selbstzweifel – hatte der mutige Mönch nicht widerrufen und war standhaft seiner inneren Stimme gefolgt. Auch später, als er von seinen Beschützern nach der Verhängung des Kirchenbanns auf der Wartburg unter falschem Namen versteckt an der Übersetzung des Neuen Testaments arbeitete, war er wohl ziemlich gestresst. So beklagte er sich vehement über einen böswilligen Poltergeist, der allerlei störende Geräusche verursachte, ihn vom Schlaf abhielt, sogar von seinen Haselnüssen aß und ihn so ziemlich bei seiner Übersetzungsarbeit der Bibel ins Deutsche störte. Zeitgenossen machten dafür eher Katzen, Marder, Ratten und Mäuse verantwortlich. Luthers Nervenkostüm muss aber verständlicherweise arg strapaziert gewesen sein, weil er natürlich ständig um sein Leben fürchten musste, während er seiner Arbeit inkognito als Junker Jörg nachging. Und der streitbare Kirchenmann muss fast rund um die Uhr gearbeitet haben, da er die Übersetzung des Neuen Testaments im Winter 1521 in nur vier Monaten niederschrieb.

In Luthers Theologie ist die Auseinandersetzung mit dem Bösen, personifiziert als Teufel, das zentrale Thema, und so ist es nicht verwunderlich, dass er sich in einem permanenten Kampf mit selbigem wähnte. So soll er der Legende nach eines Tages sein Tintenfass nach einer Fliege an der Wand geworfen haben, die ihn bei der schwierigen Übersetzungsarbeit störte und die er deswegen für den Leibhaftigen persönlich hielt. Basierend auf dieser Legende ist Luthers angeblicher Ausspruch, »den Teufel mit Tinte bekämpft« zu haben, natürlich zweideutig, aber treffend. Denn die Übersetzung der Bibel ins Deutsche und die Reformation änderten den Verlauf der Geschichte bedeutsam, auch wenn Luther auf der Wartburg während der Arbeit intensiv mit seinen Ängsten und Zweifeln rang. Aber genau diese Beharrlichkeit zeichnet resiliente Menschen aus.

Wenn Sie an Ihr Leben denken, in welchen Lebensbereichen heben Sie noch auf und wo sind Sie schon aufgehoben? Und wo vielleicht nicht mehr? Und zuletzt, wem helfen Sie beim Aufheben von Anomalien?

Der dialektische Dreiklang als ein universelles Prinzip: Mystik; Peer-Review und parlamentarische Debatte

Mit dem gerade beschriebenen dialektischen Dreiklang lässt sich auch der klassische Dramaturgiebogen mit den Phasen Ablehnung oder Verleugnung, Zusammenbruch und Offenbarung nachvollziehen, den suchtkranke Menschen häufig durchlaufen, bevor sie in der Lage sind, ihre Süchte langfristig zu überwinden. Die Phase der Offenbarung im Sinne der ehrlichen Beichte oder des authentischen Eingeständnisses vor sich selbst, anderen Menschen oder einer höheren Instanz wie Gott spielt dabei eine entscheidende Rolle. Denn erst durch die Anerkennung des Problems wird die Voraussetzung für dessen Lösung geschaffen. Die psychologische Botschaft lautet: »Ich bin größer als das Problem, weil ich es sehen und benennen kann, und zwar vor mir und anderen Menschen oder einer höheren Instanz!«

Interessanterweise wird die mystische Erfahrung in vielen Systemen, so auch im Christentum, strukturell ebenfalls als ein solcher Dreiklang aufgefasst. So beschreibt die englische Mystikerin und Theologin Evelyn Underhill (1875–1941) unter Bezugnahme auf die Lehren des bekannten Karmelitenmystikers Johannes vom Kreuz (1542–1591) den Prototyp einer mystischen Erfahrung in ihrem grundlegenden, erstmals 1911 erschienen Werk *Mysticism* als einen sinnvoll aufeinander bezogenen, in sich abgestuften spirituellen Entwicklungsprozess (Underhill 1967). Die zu durchlaufenden Stufen bezeichnet sie als Erwachen des Selbst, was vielleicht am ehesten dem Wahrnehmen einer inneren Anomalie infolge eines trügerischen und unehrlichen Selbstbildes entspricht. Dann folgen die Phasen der Reinigung, die im Kontext der griechischen Tragödie auch als Läuterungsprozess im Sinne einer Katharsis bezeichnet werden, also die mühsame Arbeit am Selbst, und schlussendlich die Phase der Erleuchtung.

Dieser Dreiklang findet sich genauso in der Philosophie sowohl als diskursives Denken wie auch in der Rhetorik als Argumentations- und Stilfigur, aber beispielsweise ebenfalls in der wissenschaftlichen Erkenntnistheorie. So beschreibt der Philosoph Georg W. F. Hegel (1770–1831) im Zusammenhang mit der in der Metaphysik eingesetzten Methode der Erkenntnis einen ähnlichen, logisch aufeinander folgenden dreigeteilten Prozess der Dialektik, der seiner Meinung dem »Gang des Geistes in seiner Selbsterfassung« entspricht. Der Prozess besteht aus den drei Komponenten These, Antithese und Synthese. Die These, griechisch für Ausgangsbehauptung, entspricht dabei dem mehr oder weniger unbeschwerten Ausgangszustand vor dem Auftauchen der Anomalie. Dann folgt die Antithese, also die Gegenbehauptung in Form der Anomalie, die uns kräftig durchschüttelt. Denn die Antithese widerspricht der These, und umgekehrt. Eine klassische logische und faktische Zwickmühle, denn folglich können These und Antithese weder gleichzeitig wahr oder falsch sein. Deswegen muss dann eine neue

Sichtweise durch die integrierende Synthese geschaffen werden, in der sowohl These als auch Antithese vereint werden müssen. Das impliziert eine geistig-integrierende Bewegung nach oben, die als Übergang in ein reiferes und überlegeneres System und somit auch als Wachstum gedeutet werden kann.

Wie der Wissenschaftstheoretiker und -historiker Thomas Kuhn (1922–1996) in seinen bedeutsamen Beiträgen zur Wissenschaftstheorie dargestellt hat, sind Beobachtung und Interpretation von Anomalien essenziell für Fortschritt in der Wissenschaft, die sich in Form von Paradigmenwechseln manifestieren. Im Fall von schwachen Anomalien wird das bestehende Paradigma erweitert, um die Anomalie erklären zu können, während es bei starken Anomalien zu revolutionären Paradigmenwechseln kommt, durch die die alten Modelle außer Kraft gesetzt werden. Damit weist Kuhn auf die essenzielle Rolle des Auftretens von Anomalien hin, die mit dem bestehenden wissenschaftlichen Paradigma nicht erklärt werden können, weswegen das Paradigma unter Druck gerät und infrage gestellt wird. Ist man nicht in der Lage, das Paradigma befriedigend zu verteidigen und die Anomalien zu entkräften – beispielsweise als Fehlbeobachtung oder Messfehler –, wird das Paradigma adaptiert oder ersetzt. Ohne Anomalien gibt es in der Wissenschaft folglich keinen Erkenntnisgewinn.

Ein Beispiel für eine schwache Anomalie ist die 1846 erfolgte Entdeckung des Planeten Uranus aufgrund von Beobachtung von Bahnstörungen des Uranus durch den französischen Mathematiker Urbain Le Verrier (1811–1877) sowie den deutschen Astronomen Johann G. Galle (1812–1910). Dies hatte eine Erweiterung unseres Sonnensystems auf acht Planeten zur Folge. Ein Beispiel für eine starke Anomalie ist hingegen die fast 300 Jahre zuvor erfolgte bahnbrechende Erkenntnis des Arztes und Astronomen Nikolaus Kopernikus (1473–1543), dass die Erde ein Planet ist, der sich nicht nur um seine eigene Achse bewegt, sondern sich zudem um die Sonne dreht. Aber auch die physikalischen Theorien Isaac Newtons (1643–1727) und die von Albert Einstein (1879–1955) entwickelte und durch Anomalien in der Umlaufbahn des Merkur bestätigte Relativitätstheorie sind Beispiele für wissenschaftliche Revolutionen, die zu einem bedeutsamen Paradigmenwechsel führten.

Ich bin gespannt, ob wir auch noch einen Paradigmenwechsel im Zusammenhang mit der Erklärung von Bewusstsein erleben werden und wie dieser aussieht. Übrigens muss sich auch jede ernst gemeinte wissenschaftliche Veröffentlichung einem dialektischen Qualitätssicherungsprozess stellen, in dessen Rahmen sie von anderen Experten auf Herz und Nieren geprüft wird. Wenn diese Prüfung zu negativ ausfällt, wird sie gar nicht zur Veröffentlichung angenommen. Aber auch im Fall einer positiveren Einschätzung müssen mitunter mehrere Peer-Preview-Runden durchlaufen werden, bis das Manuskript zur Veröffentlichung akzeptiert werden kann. Je abweichender die Ergebnisse von bisherigen Befunden sind, umso genauer wird geprüft, weil hier größtmögliche wissenschaftliche Bestätigung der methodologisch und inhaltlich korrekten Vorgehensweise im Sinne der Evidenz gefordert wird.

So können wir festhalten, dass es ohne eine kritisch-dialektische, kollektive Auseinandersetzung mit Anomalien und deren Aufheben scheinbar keine Erkenntnis- und folglich auch keine Entwicklungsprozesse gibt. Vermutlich ist das der Grund, warum in der europäischen Bildungs- und Kulturtradition die Fähigkeit zum konstruktiv-kritischen Diskurs so hochgehalten und kultiviert wird und letztlich im verfassten Parlamentarismus mit dem Recht auf freie Rede in die Verfassung moderner Demokratien eingegangen ist. Denn im Parlament diskutieren gewählte Vertreter des Volkes mit ihren unterschiedlichen politischen Einstellungen, ihren Welt-, Gesellschafts-, Werte- und Menschenbildern im Idealfall so lange konstruktiv-kritisch, bis sie die beste Lösung für ein spezifisches Problem gefunden haben und dies durch Abstimmung legitimiert wird. Die eine Seite des politischen Spektrums steht Anomalien aufgeschlossener gegenüber als die andere, und beide haben gute Gründe. Kultivierte Auseinandersetzung ist folglich zumindest meistens sinnvoll und zielführend und man kann dabei häufig eine Lösung – oder auch einen Kompromiss – finden, die man allein nicht hätte erreichen können. Die Voraussetzung dafür ist natürlich ein gewisses Ausmaß an Offenheit und die Fähigkeit, anderen Menschen achtsam zuhören zu können und abweichende Meinungen zu akzeptieren. Problematisch wird es vor allem, wenn andere Meinungen dämonisiert und dann der Diskurs polemisiert und schließlich völlig eingestellt wird.

Wenn man diese drei unterschiedlichen Einsatzbereiche und Wirkebenen dialektischen Denkens miteinander vergleicht, erkennt man unschwer eine strukturelle Ähnlichkeit. Vermeintlich so unterschiedliche Themen wie Krisenbewältigung, Erkenntnistheorie und Parlamentarismus bedienen sich derselben dialektischen Denkfigur, die sich in den mystischen Traditionen des Christentums aus der tiefen Auseinandersetzung mit der eigenen Existenz und Identität ableitet und dort als positiver spiritueller Entwicklungsprozess gedeutet wird. Nach meinem Dafürhalten spricht dies dafür, dass hier die Tiefenstruktur eines generischen Wirkprinzips sowohl unserer psychologischen als auch neurobiologischen Architektur identifiziert ist, die einem Organismus durch konstruktive Auseinandersetzung und Umgang mit Anomalien positive Entwicklungsprozesse ermöglicht. Wenn man so will, ist dies der Prototyp einer Lernerfahrung.

Auch die grundlegenden Mechanismen, die Evolution ermöglichen, basieren auf offenen, dynamischen Prozessen, die wiederum auf dem Dreiklang Variation, Selektion und Stabilisierung beruhen. Durch das wiederholte Durchlaufen dieses Prozesses findet nicht nur eine beständige Transformation, sondern auch eine fließende und adaptive Veränderung des Zielkorridors statt. Da wir Menschen Teil der Evolution sind, ist dieser Dreiklang eben genauso in uns und somit in unser Erleben, Verhalten, aber auch unsere inneren Erkenntnisprozesse hineingelegt, um uns nicht nur Leben und Überleben, sondern eine sinnvolle Existenz zu ermöglichen. Wir werden später noch sehen, dass man diese Verbindungen deswegen als die Brücke zwischen neurobiologischer Stress- und Lernforschung ansehen kann.

VON INDIVIDUATION, DEMIURGEN,
NEUROMODULATOREN UND SÜNDIGENDEN
BOGENSCHÜTZEN

Es ist jedem Menschen als Lebensaufgabe aufgegeben, sich über die Spanne des Lebens selbst so aufzuheben, dass er am Ende idealerweise aufgehoben ist und in diesem Aufgehobensein auch die Erfüllung seiner Lebensmöglichkeiten finden kann. Eng damit verbunden ist die Frage der Selbstwerdung, die der berühmte Schweizer Psychologe und Psychiater Carl Gustav Jung (1875–1961) in seinem Werk umfassend als Individuation beschrieben hat. Dabei wird die geheimnisvolle Frage aufgeworfen, wie sich ein Mensch im Laufe seines Individuationsprozesses so vervollständigen kann, dass er zu dem Individuum wird, das er eigentlich nach seiner impliziten Vorstellung gerne sein würde. Anders formuliert: Wie kann ein Mensch sein äußeres, vor allem aber auch sein inneres Leben so gestalten, dass – trotz aller vorkommenden Schwierigkeiten und Widerstände – das in seinem Leben und ihm als Person zur Geltung kommt, was er in seinem tiefsten Innersten erreichen will? Dazu braucht er natürlich Resilienz, und zwar sowohl in Bezug auf die aktive Gestaltung des Lebens als auch auf innere Arbeit an Haltung und Einstellung.

Hinter dieser Frage steht seit dem Philosophen Platon die Idee, dass der Demiurg – ein altgriechischer Begriff für öffentlicher Handwerker oder Arbeiter – aus den Dingen, die bereits vorhanden und angelegt sind, etwas für die Allgemeinheit Nützliches schafft oder veredelt. Das Renaissance-Genie Michelangelo Buonaroti (1475–1564) soll in ähnlicher Weise auf die Frage, wie er den berühmten David aus einem Marmorblock erschaffen konnte, verschmitzt geantwortet haben: »Der David war immer schon da, ich musste lediglich den überflüssigen Marmor um ihn herum entfernen.« Demnach ist der Demiurg kein Gott oder Schöpfer, sondern ein fleißiger Baumeister im Sinne eines aufrichtigen Umsetzers, der aus bereits Vorhandenem etwas nach einem Plan in konstruktiver Weise umsetzt und aktiv gestaltet.

Um einen Plan zu haben, braucht man jedoch eine Vision und daraus abgeleitet ein Ziel sowie das notwendige Maß. Wer das nicht hat, der kann nichts in eine authentische Manifestation im Sinne des Embodiments bringen. Daher ist es essenziell, nicht nur eine Vision, sondern auch ein ambitioniertes, aber realistisches Ziel oder mehrere Teilziele zu haben, das beziehungsweise die man für sich selbst erreichen will. So musste Michelangelo seine Vision von David im unbehauenen Marmorblock zunächst einmal wahrnehmen und diese dann in einem langen theoretischen und praktischen Prozess – übrigens auf der Grundlage von umfangreichen anatomischen Studien – herausarbeiten.

Die kleinere Sünde: Ein verfehltes Ziel ist aus lernpsychologischer Sicht immer besser als kein Ziel!

Michelangelo hatte ein Ziel vor seinem geistigen Auge, das er mit aller Zielstrebigkeit verfolgte. *To sin* heißt im Englischen »sündigen«, und der Begriff Sünde wird sprachlich eigentlich kaum außerhalb von religiösen Kontexten benutzt. Damit wird üblicherweise etwas bezeichnet, was man nicht tun sollte, da es moralisch verwerflich und deswegen sanktioniert ist. Interessanterweise ist ein entsprechendes griechisches Wort, das im Zusammenhang mit dem Begriff Sünde verwendet wird, *hamartia*. Dieser Begriff entstammt ursprünglich aus dem militärischen Kontext und bezeichnet das Verfehlen eines definierten Zieles durch einen Bogenschützen. Wenn ein Grünrock beim Übungsschießen die Zielscheibe verfehlte, rief der Schiedsrichter eben laut *hamartia*, um einen Fehler beziehungsweise die Sünde, das Ziel verfehlt zu haben, anzuzeigen. Ich finde das unglaublich faszinierend, weil es aufzeigt, wie bedeutsam das visuelle System für Prozesse der Zielfindung und Motivation ist. Das ist übrigens kein Wunder, denn wir sind eben äußerst visuell geprägte Wesen, da etwa 50 Prozent unseres Gehirnvolumens nur mit dem Sehsystem zu tun haben.

Um in diesem Verständnis sündigen zu können, muss man so gesehen also erst einmal ein Ziel haben, auf das man abzielen, zulaufen oder systematisch hinarbeiten kann. Diese Bedeutung des Wortes *hamartia* steht somit im direkten Gegensatz zu der verbreiteten Annahme, dass der Begriff sündigen damit gleichzusetzen ist, etwas zu tun, was man aufgrund von moralischer Verwerflichkeit gerade nicht hätte tun sollen. Unterlassen ist in dieser Lesart also auf den ersten Blick vermeintlich besser, als etwas zu tun. Wenn wir unser Leben aber nach der Frage ausrichten, wie viele Dinge wir – aus welchen Gründen auch immer – gerade nicht tun sollten, werden wir unweigerlich in Schwierigkeiten geraten, weil dies schlicht zu viele sind. Die entscheidende Frage ist daher, was unser wichtigstes Ziel in unserem Leben ist, und welche Mittel wir bereit sind, dafür einzusetzen.

Das ist auch die zentrale Frage von Ethik und Moral und deswegen letztlich entscheidend für unser individuelles und kollektives Schicksal. Folglich erhob Immanuel Kant (1724–1804) in seiner berühmten Selbstzweckformel die Forderung, dass Menschen stets so handeln müssen, dass sie die Menschheit sowohl in Bezug auf die eigene Person als auch in der Person eines jeden andern Menschen jederzeit zugleich als Zweck, niemals bloß als Mittel (ge)brauchen sollen. Genau dafür braucht es aber einen zuverlässigen moralischen inneren Kompass. Und resiliente Menschen haben solch einen Kompass entwickelt. Deswegen suchen sie auch ihre Ziele bewusst und treffen ihre Entscheidungen im Zusammenhang mit der Erreichung derselben auf authentische und zugleich ethisch und moralisch reflektierende Weise. Sie wissen, dass die Entscheidung für ein Ziel auch immer der Entscheid gegen alternative Möglichkeiten darstellt.

Insofern ist es nicht nur von zentraler Bedeutung, den Pfeil in das definierte Ziel zu schießen, sondern genauso relevant, die Zielscheibe am richtigen Ort aufzustellen, entsprechend Maß zu nehmen und dann den Pfeil achtsam abzuschießen. Das schließt jedoch nicht aus, dass Sie das Ziel verfehlen oder die Zielscheibe irgendwann woanders aufstellen, weil sie zu nah, zu fern oder an einem zu windigen oder zu uneinsichtigen Ort steht. Das wichtige Moment ist, in eine intentionale Handlung zu kommen, die achtsam ausgeführt wird. Jetzt wissen Sie, warum Bogenschießen in bestimmten Zen-Traditionen häufig systematisch geübt wird!

Man braucht eben nicht nur eine Vision, ein persönlich und ethisch gleichermaßen angemessenes wie auch realistisches Ziel im Leben oder ein Set von Teilzielen, auf das oder die man zuarbeiten kann. Ebenso braucht man das Handwerkszeug dazu, die Fähigkeiten und Fertigkeiten. Und zuletzt braucht man den Willen, dies umzusetzen und die Dinge nicht immer nur im Konjunktiv zu tun. Dann können die großen Ziele in Etappenziele heruntergebrochen werden, und diese, genau wie das große Ziel, angepasst werden, wenn die Umstände es erfordern. Eine dafür geeignete Frage ist: Wo wollen Sie in zehn Jahren, fünf Jahren und in einem Jahr stehen? Und was wollen Sie am Ende Ihrer Tage unbedingt erreicht haben? Sein Ziel trotz aller Anstrengung zu verfehlen, ist eben Teil der menschlichen Bedingung, und man kann dann immer noch in dem Prozess als solchem Sinn und Erfüllung finden, denn der Weg ist ja bekanntlich das Ziel. Insofern kann man Resilienz auch mit einem leichten Augenaufschlag als die Entwicklung der Lebenskompetenz ansehen, sich sinnvolle Ziele zu setzen, flexibel mit diesen umzugehen und dabei zu lernen, konstruktiv und erfolgreich zu scheitern. Sich aber kein aktives und explizites Ziel zu setzen, ist hingegen motivational desaströs und philosophisch gesehen nihilistisch, weil es dann auch keinen Weg mehr gibt, den man beschreiten kann. Resiliente Menschen wissen das und versuchen deswegen, ihre Vision von der Zukunft bewusst und aktiv zu gestalten, wobei nicht zuletzt dem Setzen von realistischen Teilzielen – mit der Bereitschaft, in einem konstruktiven Sinne zu scheitern – eine große Bedeutsamkeit zukommt.

Dopamin – biochemischer Motor für Wahrnehmung, Bewegung und Motivation

Der Zusammenhang zwischen Aktivierung, motorischer Bewegung und Wahrnehmung des Fortschritts relativ zu dem avisierten Ziel sowie Aufrechterhaltung der Motivation ist neurobiologisch tief in uns verankert. Dieser wird maßgeblich durch das älteste Neurotransmittersystem gesteuert, das wir haben, nämlich das sogenannte dopaminerge System. Dopamin, übrigens ein Kunstwort, ist ein elementarer, vorwiegend aktivierend wirkender Neurotransmitter des zentralen Nervensystems, der zu der Gruppe der Katecholamine gehört. Die Dopaminaktivität in dem Teil des Gehirns, der das Gefühlszentrum mit dem Mittelhirn verbindet, das sogenannte mesolimbische System, springt eben an, wenn wir anfangen, uns gezielt auf ein Objekt hinzubewegen, das wir erreichen wollen. Wenn wir dann feststellen, dass wir bei diesem Vorhaben auf dem richtigen Weg sind, weil wir Teilziele erreichen, bleibt das dopaminerge System aktiviert, um uns so am Laufen zu halten. Die Erwartungshaltung eines durch ein avisiertes Ziel erreichbaren Glücksgefühls ist also ausschlaggebend dafür, dass wir den Gang einlegen und in Fahrt kommen.

Das mesolimbische System ist evolutionsbiologisch gesehen relativ alt, bei allen Säugetieren vorhanden und wird auch als Motivationszentrum des Gehirns bezeichnet, weil Lust, Freude und Motivation dort maßgeblich entstehen. Denn es überwacht positive Auswirkungen von Verhaltensweisen, Handlungen oder Ereignissen und beeinflusst dadurch den damit zusammenhängenden Grad der Motivation mithilfe des Botenstoffs Dopamin. Dopamin ist also der Hauptakteur im Motivationszentrum des mesolimbischen Systems, dem *Nucleus accumbens*, dem bewohnenden Kern. Der Nucleus accumbens ist aber auch als Suchtzentrum bekannt, weil fast alle Rauschdrogen dort ihre Wirkung entfalten, indem sie ebenfalls auf den Neurotransmitter Dopamin einwirken.

Haben Sie sich mal gefragt, warum Sie häufig gehobener Laune sind, wenn Sie auf den Weg in den Urlaub sind? Es ist die Vorfreude auf ein erstrebenswertes Ziel, Sie haben sich bereits auf den Weg gemacht und Sie machen – wenn Sie nicht gerade im Stau stehen – auch erkennbare Fortschritte! Deswegen ist der Stau auf dem Weg in den Urlaub nicht ganz so schlimm wie der auf dem Rückweg am letzten Urlaubstag. Ein anderes Beispiel ist das Fasten. Denn auch durch Aufnahme externer Substanzen wie Nahrung oder Flüssigkeit wird Dopamin ausgeschüttet, sonst würden wir das Essen vergessen und irgendwann verhungern. Wenn wir aber absichtlich Nahrungsaufnahme verweigern oder reduzieren kann durch den Prozess des Fastens und der damit verbundenen Freude über den Erfolg beim Fasten – wenn es denn absichtlich erfolgt – unter anderem Dopamin ausgeschüttet werden, natürlich nur innerhalb gewisser Grenzen. Das passiert genau beim ungläubigen Blick auf die Waage: »Wieder drei Kilo runter, es hat sich gelohnt zu darben! Weiter so!« Das kann man als *mind over matter* bezeichnen.

Möglich ist dies, weil der jüngste Teil unseres Gehirns, der Frontallappen direkt hinter unserer Stirn, auf die dopaminerge Tätigkeit des mesolimbischen Systems einwirken kann und somit Tätigkeiten, die wir intentional unternehmen, stabilisieren kann, selbst wenn die Handlung anstrengend, unangenehm oder schmerzhaft ist, wie beispielsweise Joggen im Regen, Muskelaufbau mit Gewichten, aber auch Büffeln für die Klausur im Fach Statistik II. Denn anstrengende physikalische Bewegung auf ein vorsätzlich angestrebtes Ziel hin ist ebenfalls über das dopaminerge System auf das Engste mit motivationalen Prozessen verknüpft. Das ergibt ja auch sehr viel Sinn, weil unsere Vorfahren dazu motiviert werden mussten, sich zu bewegen, um ein spezifisches Ziel wie Nahrung oder eine schützende Höhle zu erreichen. Dabei wird kontinuierlich ein Abgleich zwischen Soll- und Istzustand durchgeführt, um den wirksamsten Pfad zur Zielerreichung in der Zukunft festzustellen und diesen motivational so zu stabilisieren, dass die Aktivität aufrechterhalten wird, wenn ein aussichtsreicher Fortschritt festgestellt wird. Das ist übrigens auch der Grund, warum Belohnungen am Ende einer Aktivität die damit verbundenen Tätigkeiten mühsamer erscheinen lassen, weil der mit der Belohnung verbundene Dopaminausstoß nach und nicht während der Handlung geschieht. Deswegen stimmt der Spruch »Der Weg ist das Ziel« nicht nur aus motivationspsychologischer, sondern auch aus neurobiologischer Sicht.

Dass Dopamin auf das Engste mit Bewegung verbunden ist, zeigt beispielsweise die auch als Schüttellähmung bekannte Parkinson-Erkrankung, bei der die betroffenen Patienten nicht mehr in der Lage sind, sich kontrolliert und gezielt zu bewegen. Die Motivationspfade im Gehirn hängen also aufs Engste mit intentionalen Bewegungsbestrebungen auf ein Ziel zusammen, wobei der Fortschritt engmaschig kontrolliert wird, jedoch zielbewusst durch das Frontalhirn aufrechterhalten oder abgebrochen werden kann.

Wenn ein Anreiz im Sinne von Wollen *(wanting)* besteht und zudem eine emotionale Komponente im Sinne von Mögen *(liking)* vorhanden ist, ist die Motivation, die Tätigkeit um ihrer selbst willen aufrechtzuerhalten, deutlich größer, als wenn es nur darum geht, das angestrebte Ziel zu erreichen. Wer das berücksichtigt und in der Handlung als solche schon Befriedigung findet, statt nur auf die Zielerreichung zu achten, geht natürlich auch spielerischer und insofern positiver gestimmt mit der Handlung um. In vielen Sportarten wie Tennis, Golf oder Fußball wird deswegen der kontrollierte Ablauf von Bewegungen kultiviert, es trifft aber genauso auf abstrakte, ideelle und moralische Ziele zu. Die Grundidee ist dabei immer die gleiche: Wähle intrinsisch motiviert ein erreichbares Ziel und zerlege den Weg in erreichbare und überprüfbare Teilschritte, übe, übe, übe und kontrolliere den Fortschritt, sei aber nicht nur auf die Zielerreichung fokussiert, sondern kultiviere die dafür notwendige Handlung! Denn in diesem Fall kann das mesolimbische System mit dem Frontalhirn optimal zusammenspielen und den Motivationspfad stabilisieren. Aber übertreiben Sie es nicht, sonst kann das Dopaminsystem auch erschöpft werden und sich irgendwann nicht mehr adäquat regenerieren.

Die Frage nach unserem höchsten Ziel oder unseren wichtigsten lebensbereichsspezifischen Zielen und ihrer Angemessenheit sowie die erfolgversprechendsten Strategien zu ihrer Erreichung ist uns allen aufgegeben, und zwar solange wir leben. Nur scheint sie in Krisenzeiten heller auf und wir werden vor die unmittelbare Notwendigkeit gestellt, uns mit derartig tiefen und existenziellen Fragen im Angesicht einer Anomalie zu befassen: Stimmt mein Ziel noch? Will ich das wirklich? Dies setzt die Bereitschaft voraus, mit Aufrichtigkeit, Offenheit, Demut und Optimismus, aber auch Bestimmtheit, Gestaltungswillen und Standfestigkeit diesen kontinuierlichen Prozess seines Lebens so aktiv und selbstbestimmt wie möglich zu gestalten, von der Wiege bis zur Bahre. Manche Menschen fassen dies kurz und knapp mit dem Begriff Achtsamkeit zusammen. Dies entspricht exakt der zweiten Eigenschaft resilienter Menschen, nämlich sich auf die Ziele zu fokussieren, die sie erreichen können, und unveränderbare Gegebenheiten als gesetzt zu akzeptieren.

Um uns bei der Erreichung unserer Ziele zu helfen, uns auf dem Weg zu halten und uns manchmal auch sprichwörtlich in den Allerwertesten zu treten, haben wir alle einen inneren Kritiker im Sinne einer kritisch-reflektierenden Stimme in uns, die sich als Gewissen Gehör schafft und die der antike Philosoph Sokrates (469–399 v. Chr.) schon kannte und als *daimonium* bezeichnete. Man kann diesen inneren Dialog auch als permanenten Abgleich zwischen dem idealen und dem realen Selbst ansehen, der sonst über das visuelle System vollzogen wird. Wenn Sie so wollen, ist es zu einem großen Teil der stimmhaft gewordene Anteil Ihres Motivationssystems, der Sie auf ein Ziel hinbewegen soll und deswegen häufiger mit Ihnen schimpft, als dass er Sie lobt. Aber wenn diese ich-nahe Stimme permanent sagt: »Du kannst nichts, kriegst nichts auf die Reihe und bist eben zu langsam, dumm und unbegabt!«, ist das genauso schlimm, wie wenn sie Ihnen permanent zuflüstert: »Du bist die größte, schnellste und begabteste Person von allen!« Ich kenne jedoch keinen Menschen, der nicht mit dieser inneren Stimme ringt, und vermutlich ist das auch gut so.

TRAUMA, POSITIVE PSYCHOLOGIE, POSTTRAUMATISCHES WACHSTUM UND HUMAN FLOURISHING

Wenn man sich mit den psychologischen Folgen von Krisen auseinandersetzt, kommt man an dem Phänomen von Traumatisierung nicht vorbei. Der Begriff Trauma beschreibt eine psychophysiologische Ausnahmesituation, die durch alle Ereignisse ausgelöst werden kann, in deren Folge das Leben oder die Integrität der eigenen oder einer nahestehenden Person, eines Lebewesens oder Prinzips bedroht ist oder zumindest als bedroht wahrgenommen wird. In der Folge des Traumas kann es zu schweren psychischen und körperlichen Symptomen kommen, die über einen längeren Zeitraum auftreten können.

Durch aktive und konstruktive Auseinandersetzung mit dem Trauma, beispielsweise durch empathische, geduldige und liebevolle Zuwendung, manchmal aber auch durch professionelle psychotherapeutische Behandlung, können diese jedoch abgemildert oder sogar ganz zum Verschwinden gebracht werden. Häufig gelingt das jedoch nicht, und die betroffenen Menschen bleiben über Wochen, Monate und Jahre in dem traumatischen Zustand gefangen, was für sie und ihre Angehörigen natürlich katastrophal ist. Mitunter erreichen Menschen nach einiger Zeit von allein oder mit der Hilfe anderer Menschen den Ausgangszustand vor dem Trauma wieder, sie konnten sich also regenerieren.

Gar nicht so selten kommt es aber auch in der Auseinandersetzung mit einem Trauma zu einem Phänomen, das man als posttraumatisches Wachstum bezeichnet. Man kann sich diesen Vorgang als das erfolgreiche Durchlaufen einer Traumatisierung im Sinne der drei oben beschriebenen dialektischen Entwicklungsstufen von Aufheben verstehen. Für das Phänomen des posttraumatischen Wachstums *(posttraumatic growth)* werden manchmal auch verwandte Begriffe wie stressbezogenes Wachstum *(stress-related growth)*, Gedeihen *(thriving)* oder Erblühen *(flourishing)* verwendet, die man natürlich im Zusammenhang mit der Resilienzentwicklung besser nachvollziehen kann.

Streng genommen beschreiben Resilienz und posttraumatisches Wachstum aber unterschiedliche Phänomene, die jedoch einen Überschneidungsbereich haben. Vereinfacht gesagt führt Resilienz nicht automatisch zu posttraumatischem Wachstum, und nicht jeder posttraumatische Wachstumsprozess setzt Eigenschaften der Resilienz voraus, obwohl diese sicherlich förderlich sind. Positiv besetzte Begriffe wie die gerade genannten – Erblühen oder Gedeihen – haben in den letzten Jahrzehnten im Zusammenhang mit Positiver Psychologie viel Aufmerksamkeit von Forschern, Therapeuten und Patienten erfahren. Das liegt daran, dass hier ein fundamentaler Paradigmenwechsel begründet wurde, der die alte pathogenetische Forschungsorientierung mit ihrer systematischen Suche nach den Gründen für die Entstehung von Krankheit um eine gesundheits- und wachstumsorientierte Perspektive ergänzt. Um das besser nachvollziehen zu können, muss man sich ein wenig mit den Wurzeln dieser Strömungen befassen.

Humanistische und Positive Psychologie als Wegbereiter der neuen Resilienz- und Wachstumsforschung

Die Positive Psychologie wurde in den 1950er-Jahren von Abraham Maslow (1908–1970), einem der Gründungsväter der Humanistischen Psychologie, erstmals als Begriff eingeführt und dann in den 1990er-Jahren durch den bekannten Psychologen Martin Seligman (*1942) während seiner Amtszeit als Präsident des wohl wichtigsten Psychologenverbandes der Welt, der *American Psychological Association* (APA), aufgegriffen und entwickelt. Wie der Begriff Positive Psychologie schon nahelegt, versteht man darunter im Gegensatz zur Klinischen Psychologie vor allem die Auseinandersetzung mit den positiven Aspekten des Menschseins und den damit verbundenen Wachstums- und Entwicklungsprozessen. Der Psychologe Seligman hat das Ziel der Positiven

Psychologie einmal prägnant auf den Punkt gebracht, indem er während eines öffentlichen Vortrags bemerkte, dass Menschen, die nachts wach im Bett liegen, üblicherweise nicht darüber nachdenken, wie sie ihre Lebensqualität von minus acht auf minus zwei bringen. Das wäre aber der klassische Ansatz der Klinischen Psychologie, Ängste und Depressionen abzumildern. Nach Seligman ist Menschen aber viel eher daran gelegen, herauszufinden, wie sie von minus eins oder plus zwei auf plus sechs kommen. Folglich sei es das Ziel der Positiven Psychologie, *flourishing* zu erreichen, also positive menschliche Qualitäten, Eigenschaften und Kompetenzen zum Erblühen zu bringen, ganz im Sinne der positiven Potenzialentfaltung.

Im Sinne der Positiven Psychologie versteht man unter posttraumatischem Wachstum eine positive und konstruktive Traumafolgeentwicklung, die häufig infolge von schwierigen und schmerzhaften Lern-, Läuterungs- und Klärungsprozessen auftreten kann. Aus diesen Beobachtungen sind dann leider auch verkürzte und irreführende Aussagen wie »Unter Druck entstehen Diamanten – oder halt Staub!« entstanden, die sich bis zum heutigen Tag in gewissen, zumeist neoliberal-leistungsorientiert ausgerichteten Kreisen hoher Beliebtheit erfreuen. Das klingt gut, sagt sich auch leicht, vor allem, wenn man es selbst geschafft hat, sich wie der Baron Münchhausen selbst aus dem Sumpf widriger Umstände zu ziehen. Letztlich ist es aber eine sehr zynische Haltung den Menschen gegenüber, die es – aus welchen Gründen auch immer – nicht schaffen, mit ihrem Trauma oder schwierigen Lebensumständen fertigzuwerden. Denn implizit wird damit die Schuld an der Unfähigkeit, das Trauma zu überwinden, den betroffenen Menschen zugeschoben, die häufig Opfer von Katastrophen oder Unfällen, zumeist aber von physischer und psychischer Gewalt und schlicht kranken, menschenverachtenden Handlungen sind. Mit anderen Worten: Das Opfer wird auf eine subtile Weise zumindest ein Stück weit zum Mittäter gemacht.

Dazu muss man leider sagen, dass die meisten Traumatisierungen von anderen Menschen ausgehen und die Folgen von menschengemachten Traumatisierungen für die Betroffenen als gravierender wahrgenommen werden als bei Naturkatastrophen und Unfällen, vor allem wenn die Traumatisierung absichtsvoll und bewusst erfolgte. Aber natürlich enthält diese Aussage mit dem Diamanten auch einen Kern an Wahrheit, da die konstruktive Auseinandersetzung mit schwierigen Rahmenbedingungen fundamental für persönliche Entwicklung, Wachstum, Reifung und somit auch Resilienz sein kann. Dennoch muss an dieser Stelle ganz klar betont werden, dass ein Trauma niemals ein erstrebenswerter Zustand ist! Trotzdem kann man aus den dadurch losgetretenen existenziellen Prozessen viel über Resilienz lernen.

George Bonannos bahnbrechende Forschung zu posttraumatischem Wachstum

Einer der Pioniere in dem faszinierenden Forschungsfeld des posttraumatischen Wachstums ist der Professor für klinische Psychologie an der Columbia University, George Bonanno (*1950). Er geht davon aus, dass die meisten Menschen in ihrem Leben ein oder mehrere traumatisierende Erlebnisse erfahren. Allerdings zeigt seine Forschung glücklicherweise auch, dass die meisten Personen, die eine schwierige und traumatisierende Lebenssituation oder ein Trauma erleben müssen, langfristig gestärkt aus dieser Situation herauskommen können (Galatzer-Levy, Huang & Bonanno 2018).

Die für ihre langjährige Forschung zu posttraumatischem Wachstum bekannten und an der University of North Carolina at Charlotte tätigen Psychologieprofessoren Richard G. Tedeschi und Lawrence G. Calhoun haben sich ebenfalls intensiv mit der Thematik beschäftigt. Sie verdeutlichen posttraumatisches Wachstum anschaulich anhand der Metapher von einem schweren Erdbeben. Genauso wie dieses Städte, Gebäude, Straßen zerstört, wird die Lebensgrundlage und der Lebensentwurf eines Menschen durch ein Trauma vernichtet. Danach werden aber wieder stabilere und erdbebensichere Gebäude und eine Infrastruktur aufgebaut, die mehr Schutz bieten. In Analogie dazu kann von posttraumatischem Wachstum gesprochen werden, wenn ein Mensch in der Folge neue Pläne, Werte und Ziele entwickelt und dadurch eine persönliche Reifung und Entwicklung realisiert (Tedeschi & Calhoun 2004).

Als Beispiel führen die beiden Autoren gleich zu Beginn ihres Buches einen Musiker an, den sie im Rahmen ihrer Forschung nach einer vollständigen Lähmung interviewt hatten und der dabei folgende bemerkenswerte Aussage tätigte: »Das war die eine Sache, die in meinem Leben passiert ist, die mir passieren musste, es war wahrscheinlich das Beste, was mir je passiert ist. (…) Hätte ich das nicht erlebt und durchgestanden, wäre ich heute wahrscheinlich nicht hier wegen meines Lebensstils – ich war auf einem wirklich selbstzerstörerischen Weg. Wenn ich noch einmal die Wahl hätte, würde ich wollen, dass es auf dieselbe Weise geschieht. Ich würde nicht wollen, dass es nicht geschieht (Tedeschi & Calhoun 1995, S. 1, eigene Übersetzung)«.

Die mithilfe eines Fragebogeninstruments von den beiden Autoren (Tedeschi & Calhoun 1996) in einer großen Stichprobe empirisch identifizierten und am häufigsten beobachteten Kennzeichen von posttraumatischen Entwicklungsprozessen waren die folgenden:

1. Intensivierung von persönlichen Beziehungen: Obwohl durch das Trauma bestehende Beziehungen häufig beschädigt oder sogar zerstört werden können, werden andere bestehende Beziehungen intensiviert und neu gewonnen Freundschaften bekommen häufig eine neue Qualität. Damit einhergehend werden die Betroffenen empathischer und zeigen ihren Mitmenschen gegenüber mehr Mitgefühl und Fürsorge, vor allem, wenn diese bedürftig oder Not leidend sind.

2. Entdeckung neuer Möglichkeiten: Nachdem alte Ziele, Werte und Vorstellungen zerstört wurden, suchten die Betroffenen in der Folge des Traumas nach neuen Zielen und Aufgaben, die sie für sinnvoll und relevant halten. Häufig geht dies mit einem persönlichen, räumlichen sowie beruflichen Perspektivenwechsel und auch großem philanthropischem und sozialem Engagement einher.

3. Bewusstwerdung eigener Stärken und Ressourcen: Durch das erfahrene Ausmaß an eigener Verletzlichkeit und Verwundbarkeit wächst aber auch das Bewusstsein in die eigene innere Stärke. Obwohl die Betroffenen die bittere Lektion gelernt haben, dass die vermeintliche Sicherheit im Leben zu jedem Zeitpunkt fragil ist, steigt die eigene Selbstwirksamkeit, aus der sich die Überzeugung speist, dass auch schwierigste Situationen gemeistert werden können.

4. Zunahme oder Entwicklung eines spirituellen Bewusstseins: Für die Betroffenen werden durch die erlittene Traumatisierung häufig fundamentale existenzielle und spirituelle Fragen aufgeworfen. Durch die daraus resultierende Auseinandersetzung über den Sinn des Lebens und durch die Frage nach einer höheren Ordnung oder Gott kann es zu einer vertieften spirituellen Einsicht und Erkenntnis kommen, die zu einem deutlichen Anstieg von innerer Ruhe, Zufriedenheit und Wohlbefinden führen kann.

5. Gesteigerte Wertschätzung des Lebens: Die Traumatisierung löst bei den Betroffenen einen Entwicklungsprozess aus, der die Prioritäten im Leben und die persönlichen Werte-, Einstellungs- und Bedürfnislandkarten neu ausrichtet oder komplett verändert. Die Wertschätzung für alltägliche, nicht materielle Dinge und persönliche Beziehungen nimmt dabei in erheblichem Umfang zu, und so entsteht ein Gefühl für die Kostbarkeit der eigenen Lebenszeit.

Angesichts dieser großen Veränderungen als Folge des posttraumatischen Wachstums kann man eigentlich nicht umhin, diesen transformativen Vorgang im Sinne des Aufhebens als einen tiefgreifenden, durch Stresserleben vermittelten psychophysiologischen, aber auch existenziellen Lernprozess zu begreifen, in dessen Folge sich Erleben, Einstellungen und Verhalten von Menschen tiefgreifend wandeln können. In diesem Sinne ist es sicherlich richtig, die Entwicklung von Resilienz und die Freisetzung von posttraumatischem Wachstumspotenzial als eine besondere Form eines existenziellen Lernprozesses aufzufassen, durch den die gesamte Persönlichkeit und Identität sowie damit einhergehend auch die Einstellung zur Existenz, Welt und den Mitmenschen fundamental im Sinne einer positiven Entwicklung verändert wird. Der bekannte Risikoforscher Nassim Taleb (*1960) sieht in Antifragilität die besondere Eigenschaft von biologischen und sozialen Systemen, dass trotz Unsicherheit, Unbeständigkeit und Unkalkulierbarkeit von bestimmten Situationen in deren Folge nicht nur dysfunktionale und destruktive, sondern durchaus auch funktionale und produktive und sogar positive Entwicklungen realisiert werden können. Das ist eine sehr interessante Feststellung, da es ohne diese Möglichkeit zur Potenzialentfaltung unter schwierigen Umständen evolutionäre Entwicklungsprozesse – zumindest in der Form, wie wir sie kennen – wohl nicht geben würde. Natürlich muss man dazu bereit sein, einen gewissen Preis zu zahlen, und die Währung dafür ist das Stresserleben und die Bereitschaft, sich grundlegend zu verändern, ohne sich dabei aufzugeben. Die interessante Frage ist für mich aber, warum solche tiefgreifenden Lernprozesse häufig scheinbar nur unter hohen oder sogar extremen Stressbedingungen realisiert werden und was wir daraus für unseren Alltag lernen können. Um das besser nachzuvollziehen, müssen wir uns im Folgenden etwas genauer mit den psychophysiologischen und neurobiologischen Mechanismen des Stresserlebens beschäftigen, bevor wir uns dann genauer mit Lernprozessen beschäftigen.

STRESS

»Den Stress braucht kein Mensch!«, heißt es häufig, und dieser viel gehörte, kurze Satz sagt bereits alles. Stress hat in der Wahrnehmung der meisten Menschen eine ziemlich negative Bedeutung, um nicht zu sagen einen miserablen Ruf. Es hängt vermutlich damit zusammen, dass wir auch den Begriff der Krise in der Nachfolge der Aufklärung in den letzten 250 Jahren zunehmend negativ wahrgenommen und seine ursprüngliche Bedeutung dabei fast vergessen haben. Denn, das haben wir ja bereits gesehen: Eine Krise ist in ihrer ursprünglichen Bedeutung eine fast schon schicksalshafte Zuspitzung der Ereignisse, sowohl mit der Möglichkeit einer Entwicklung zum Besseren als auch zum Schlechteren. Eine Krise ist ein Weckruf, die bestehenden Wahrnehmungen, Einstellungen und Verhaltensweisen einer kritischen Überprüfung zu unterziehen, weil die Lage ernst und bedrohlich ist. Häufig werden die Frühwarnsignale nicht beachtet und die Krise erst als solche erkannt, wenn sie unübersehbar manifest geworden ist. Und deswegen ist der stete Begleiter jeder Krise, vor allem je später sie als solche wahrgenommen wird, eben Stress.

In der modernen Welt mögen die meisten Menschen allerdings keine Anomalien und andere böse Überraschungen, bei denen sie Gefahr laufen, dauerhaft die Kontrolle zu verlieren. Vielleicht ist das auch eine Konsequenz aus der Tatsache, dass unsere unmittelbaren Lebensbedürfnisse – zumindest die von vielen Menschen in der westlichen Welt – heutzutage meistens befriedigt sind und wir in unserem täglichen durchorganisierten Leben nicht mehr so viele konkrete Bedrohungen wahrnehmen. Stattdessen sind viele unserer Stressoren – und das ist ein gutes Zeichen, das für die Stabilität unserer Kultur und Gesellschaft spricht – eher abstrakter Natur, wie Arbeitsdruck, finanzielle Sorgen oder eben Steuernachzahlungen.

Was passiert allerdings, wenn globale Krisenzustände, die Gewalt und Krieg, Gesundheit, Klima, Wirtschaft und Gemeinschaft betreffen, künftig zunehmen, und nicht mehr nur vorübergehende oder vereinzelte Ereignisse darstellen? Die einzige Antwort, die ich darauf redlicherweise geben kann, lautet: Wir müssen unsere Einstellung zu Krisen und damit auch notwendigerweise zum Umgang mit Stress in bedeutsamer Weise ändern. Und das fängt bei Erziehung und Bildung an. Das ist sicher nicht einfach, aber die gute Nachricht ist, dass unsere neurobiologische Architektur seit Anbeginn dafür ausgelegt ist, mit Stresssituationen umzugehen.

Stressreaktion – die schnelle psychophysiologische Eingreiftruppe des Körpers

Wie wir gerade am Beispiel des posttraumatischen Wachstums gesehen haben, können emotional aufgeladene Situationen wie Krisenzustände auch große Entwicklungsprozesse anstoßen, vermutlich gerade deswegen, weil es in vielen Fällen sehr konkrete und existenzielle Bedrohungen sind. Denn Stress ist nichts anderes als die subjektive Wahrnehmung von komplexen, psychophysiologischen Aktivierungsprozessen, die von unserem Zentralnervensystem im Körper ausgelöst wurden, um mit einer wahrgenommenen Anomalie besser zurechtzukommen. Also eigentlich eine freundliche Hilfestellung unseres Körpers, mit der, ähnlich einer schnellen Eingreiftruppe, zusätzliche Energieressourcen und Aufmerksamkeitskontingente zur Problemlösung bereitgestellt werden. Es werden quasi ganz schnell wirksame Spezialkräfte wie Fallschirmjäger zur Unterstützung der Armee eingeflogen.

Aus dieser Perspektive ist es ungerechtfertigt, den Stress so zu verteufeln, wie wir es gegenwärtig häufig tun. Freilich kann das körpereigene Notfallsystem mit konkreten Stressoren besser umgehen als mit abstrakten, denn vor einem Löwen kann man tatsächlich davonlaufen, vor einer Deadline oder einer Steuernachzahlung aber nicht wirklich, und vor dem Rundfunkbeitrag gibt es nun mal gar kein Entrinnen. Insofern stimmt es schon, dass unser Gehirn mit seinem Stressaktivierungssystem aus evolutionsbiologischer Sicht für eine andere, archaischere Welt mit ganz anderen Anforderungen und Herausforderungen geschaffen wurde, und dies zieht natürlich eine Reihe von Problemen nach sich.

Dennoch gibt es eine Konstante des menschlichen Lebens und dies ist nun einmal Stress, weil das Ringen mit Anomalien und Überwinden von Krisen zum menschlichen Leben naturgemäß dazugehört. Wenn man so will, kann man die archetypische Essenz der wohl ältesten Geschichte, die sich immer wiederholt, kurz und knapp so zusammenfassen: Ein System gerät in ein Ungleichgewicht, wird verletzt oder geht kaputt, weswegen zunächst naturgemäß viel Stress entsteht. Dann wird es – zumeist mit viel Mühe – auf eine spezifische Weise geheilt, repariert oder in eine neue Ordnung gebracht, sodass es am Ende jedoch in einem günstigeren und somit aufgehobeneren Zustand als zu Beginn ist. In diesem Narrativ können wir auch unsere basale Atemphysiologie deuten, denn jeder Atemzug katapultiert uns ein Stück weit in eine Zukunft, die Potenzial zur Verbesserung der Gegenwart bietet, und eine neue Balance schafft, indem frischer Sauerstoff eingeatmet und Kohlendioxid ausgeatmet wird.

Die evolutionsbiologische Variante der Geschichte lautet: Ein Organismus wird geboren, entwickelt sich und gibt die überlebensvorteilbringenden Entwicklungen an seine Nachkommen weiter, bevor er stirbt. Manche Leute, darunter der Philosoph Hegel, lesen auch geschichtliche Prozesse auf diese Weise, weswegen es ihnen angemessen erscheint, analog zu evolutionären Prozessen von Entwicklung im Gegensatz zu rein zeitlicher Veränderung zu sprechen. Angesichts der aktuellen Nachrichtenlage könnten Vorbehalte durchaus geltend gemacht werden.

Interessanterweise kommt der Begriff Stress aber ursprünglich nicht aus der Medizin oder Philosophie, sondern aus der Physik und Materialforschung. Damit wurde die Reaktion eines Werkstoffs oder Materials auf physikalische Belastungen bezeichnet. Die Frage, wie viel Druck man mit dem Pinzettengriff auf ein zwischen den Fingern gehaltenes Stück Kreide ausüben kann, bevor es zerbricht, oder bei welcher Geschwindigkeit die Fahrgastzelle eines Autos in einem Crashtest auf eine für die Insassen bedrohliche Weise deformiert ist, sind zwei Beispiele dafür. Das entspricht der ursprünglichen Bedeutung des Begriffs Stress im Sinne von physikalischer Materialfestigkeit oder Deformationsstabilität, selbst wenn man heutzutage nicht mehr nur Materialien und Autos Stresstests unterzieht, sondern auch Organisationen und Institutionen wie Banken, Versicherungen und Systemen wie Computernetzwerke. Stress ist aber genauso wie Resilienz nicht nur ein individuelles, sondern auch ein kollektives Phänomen, und jeder weiß, wie sehr Stress auf andere Lebewesen abfärben kann.

Die Frage, ob die Entstehungsfaktoren von Stress vor allem körperlicher oder psychischer Natur sind, ist ähnlich gelagert wie die Natur-versus-Umwelt-Debatte, weil Stress nicht nur ein psychologischer, sondern immer auch ein physiologischer Prozess ist. Bei näherer Betrachtung steht dahinter die Frage nach dem klassischen Leib-Seele-Problem, also wie Bewusstsein entsteht. Es wäre relativ einfach zu sagen, dass wir dies nicht aufklären können, weil bis zum heutigen Tag kein Neurowissenschaftler hinreichend präzise erklären kann, wie Bewusstsein eigentlich zustande kommt und was die Voraussetzungen dafür sind. Sollten Sie mit jemandem diskutieren, der anderer Meinung ist, fragen Sie die betreffende Person einfach, ob sie Ihnen genau erklären kann, an welcher Stelle und unter welchen Voraussetzungen physiologische Prozesse zu psychologischen Wahrnehmungen und Erlebnissen werden und mentale Emergenzphänomene im Sinne von höheren mentalen Prozessen und kognitiven Funktionen auftreten. Mit anderen Worten: Auf welche Weise müssen wie viele Gehirnzellen in selbstregulierender Weise interagieren, damit ein sich selbst beobachtendes Bewusstsein hervorgebracht werden kann, das absichtliche Handlungsabfolgen initiieren kann? Wir wissen es schlicht nicht.

Vor 50 oder auch 30 Jahren waren die Neurowissenschaftler bezüglich der Frage, wie Bewusstsein entsteht, übrigens noch deutlich optimistischer als heute. Es ist jedoch mittlerweile klar, dass diese Frage nach der Entstehung von Bewusstsein deutlich komplexer ist, als man ursprünglich angenommen hat. Als die amerikanische Regierung unter dem damaligen Präsidenten George Bush senior (1924–2018) zu Beginn der Neunzigerjahre des letzten Jahrhunderts die Dekade des Gehirns ausgerufen hatte, wurde in der Folge sehr viel Geld in die neurowissenschaftliche Forschung investiert. Zwar konnte man die große Frage nach der Entstehung von Bewusstsein aus dem Feuerwerk der Neuronen, dem sogenannten *hard problem*, nach wie vor nicht lösen. In der Zeit wurden aber mehrere äußerst relevante Entwicklungen vollzogen, ähnlich wie vor 100 Jahren die Entwicklung der Elektroenzephalografie. Beispielsweise war dies die Einführung der funktionellen Magnetresonanztomografie auf der Basis der Messung von Unterschieden in der Blutsauerstoffsättigung oder die Einführung eines neuen interdisziplinären Forschungsfeldes *computational neuroscience*, das sich der abstrakt-mathematischen Modellierung von strukturellen und funktionalen Einheiten des zentralen Nervensystems widmet. Mit diesen innovativen Werkzeugen der Neuroinformatik ist es nicht nur möglich, dem Gehirn quasi in Echtzeit bei der Arbeit zuzusehen und die betreffenden Stoffwechselaktivitäten räumlich genau zu untersuchen, sondern auch genaue Funktionsmodelle von Teilbereichen und -fähigkeiten des Gehirns zu entwickeln. Zusammen mit der Entdeckung der Fähigkeit des Gehirns zur dynamischen Veränderung seiner selbst, das heißt die Eigenschaft der neuronalen Plastizität sowie der Identifikation von kritischen Phasen der neuronalen Entwicklung, kann man die mit Stress assoziierten Prozesse im Körper mittlerweile gut nachvollziehen.

Stressforschung – ein wissenschaftliches Gebiet
mit einer langen Tradition

Die Erforschung von Stress hat sowohl in der physiologischen als auch in der psychologischen Forschung eine lange Tradition. Das ist ja durchaus nachvollziehbar, weil an dem Thema Stress kein Mensch und letztlich auch keine Organisation vorbeikommt. Der amerikanische Physiologe Walter Cannon (1871–1945) war wohl der erste Wissenschaftler, der den Begriff Stress schon im Jahr 1915 im Zusammenhang mit der Beschreibung der sogenannten Kampf-oder-Flucht-Reaktion *(fight-or-flight response)* als eine Art Notfallreaktion bei Tieren explizit gebraucht hat. Damit sind drei evolutionär in uns hineingelegte Programme gemeint: Kampf, Flucht oder das Erstarren in Furcht. Im Rahmen der gemeinsam mit seinem Doktoranden Philip Bard (1898–1977) formulierten Cannon-Bard-Theorie gingen die beiden Wissenschaftler davon aus, dass körperliche und emotionale Stressreaktionen gleichzeitig auftreten und nicht, wie William James annahm, die Emotion als psychische Konsequenz der körperlichen Reaktionen folgt. Nach Cannon ist keine der beiden Reaktionen ursächlich für die andere, da beide unabhängig voneinander als Reaktion auf einen wahrgenommenen Reiz entstehen. So können verschiedene Emotionen auf die gleiche körperliche Reaktion auftreten, wie beispielsweise Herzklopfen ein Zeichen von Angst, Beklemmung, Aktiviertheit, aber auch positiver Erregung wie Verliebtheit oder Vorfreude sein kann. Die Cannon-Bard Theorie ist übrigens schon eine relative moderne Konzeption vom Stressgeschehen, weil sie Stress als homöostatische Reaktion und damit als adaptiven Prozess versteht. Unter Homöostase – vom altgriechischen Begriff *homoiostásis* – wird ein durch selbstregulative Prozesse ausbalancierter Gleichgewichtszustand eines Systems verstanden.

Auch heute gehen wir im Rahmen der maßgeblich von dem amerikanischen Sozialpsychologen Stanley Schachter (1922–1997) entwickelten sogenannten Zwei-Faktoren-Theorie immer noch von Cannons grundlegender Annahme aus, die allerdings noch um eine mentale Interpretations- sowie eine emotionale Bewertungskomponente erweitert wurde. Folglich können nicht nur physiologische Prozesse als Reaktion auf physikalische Ereignisse Stress auslösen, sondern vor allem auch kognitive und emotionale Prozesse. Sie entscheiden darüber, ob eine Situation als indifferent, herausfordernd oder bedrohlich wahrgenommen wird. Kurz gesagt, es kommt nicht nur auf den Stressor, sondern vor allem auch auf die innere Haltung an, die man gegenüber einem spezifischen Stressor, aber auch Stressoren allgemein einnimmt. Denn die Art, wie wir über Stress denken, ist ausschlaggebend dafür, wie wir mit ihm umgehen.

Erst durch den ungarisch-kanadischen Mediziner und Biochemiker Hans Selye (1907–1982) wurde die allumfassende Bedeutung eines allgemeinen Adaptionssyndroms im Sinne einer unspezifischen Reaktion des Körpers auf jegliche Anforderung erkannt und in den 1930er-Jahren unter dem Begriff Stress in den Kanon medizinisch-physiologischen Fachwissens integriert. Durch diese Forschung wurde der Begriff so populär, dass er in fast allen Sprachen bekannt ist und in unterschiedlichsten Zusammenhängen gebraucht wird. Als Selye, der drei Doktorate und 43 Ehrendoktorate erhielt und umfassend wissenschaftlich publiziert hatte, einmal gebeten wurde, sein Lebenswerk prägnant zusammenzufassen, soll er verschmitzt geantwortet haben: »Ich habe allen Sprachen ein neues Wort geschenkt – Stress!«

EWIGER STRESS – ALLGEGENWÄRTIGES
SYMPTOM VON LEBEN UND ZUSAMMENLEBEN

Die meisten Menschen haben das Gefühl, unter Druck zu stehen, oder geben zumindest relativ häufig an, unter Stress zu leiden. Damit zeigen sie an, dass sie eine Form von Anspannung wahrnehmen, die ihnen zumeist irgendwie unangenehm ist. So erbrachte die von dem Meinungsforschungsinstitut forsa im Auftrag der Techniker Krankenkasse im Jahr 2016 erhobene repräsentative Studie »Entspann dich, Deutschland!«, dass sich sechs von zehn Erwachsenen aus privaten oder beruflichen Gründen häufig gestresst fühlten (Techniker-Krankenkasse 2016). Als Hauptursachen für Stress wurden Arbeit (46 Prozent), hohe Ansprüche an sich selbst (43 Prozent), zu viele Termine und Verpflichtungen in der Freizeit (33 Prozent), Teilnahme am Straßenverkehr (30 Prozent), ständige Erreichbarkeit (28 Prozent), schwere Krankheit eines Nahestehenden (25 Prozent), Konflikte mit Nahestehenden (24 Prozent), Arbeitsbelastung im Haushalt (23 Prozent), Kinder- beziehungsweise Enkelkindererziehung (19 Prozent), finanzielle Sorgen (19 Prozent), Betreuung von pflegebedürftigen Angehörigen (14 Prozent) sowie der Arbeitsweg (11 Prozent) genannt.

Der Grund für Stress – äußere Faktoren oder selbst gemachtes Problem?

Das ist eine ziemliche Bandbreite von Stressoren, und es wird deutlich, dass so ziemlich alles im Leben Stress verursachen kann. Die Gründe können sowohl in der externen Umwelt liegen, wie der Verkehr auf dem Weg zur Arbeit, sie können unsere Beziehung zu Mitmenschen betreffen oder auch in uns selbst entstehen. Auffallend ist jedoch, dass am zweithäufigsten gleich ein innerer Faktor benannt wird, nämlich die hohen Ansprüche an sich selbst. Das ist hilfreich, um das Verhältnis von internen und externen Faktoren für die Entstehung von Stress zu bestimmen.

Mir wird häufig die Frage gestellt, ob äußere oder innere Faktoren mehr Stress verursachen. Ich muss dann immer an die Zwei-Faktoren-Theorie von Cannon denken und sage salomonisch, dass man in halbwegs stabilen Gesellschaften wie der unsrigen davon ausgehen kann, dass interne und externe Faktoren sich die Waage halten. In anderen Ländern, in denen Bürgerkrieg, Anarchie, Gewalt, eklatante Ungerechtigkeit oder verbreitete Armut ohne soziale Sicherungssysteme vorherrschen, sieht das zweifellos anders aus. In diesem Zusammenhang kann man auch ein weiteres Ergebnis der Befragung mit einer gewissen Demut und Dankbarkeit zur Kenntnis nehmen, nämlich dass sich mit 93 Prozent fast alle in Deutschland lebenden Menschen als sehr oder immerhin ziemlich glücklich bezeichneten. Stress und Glück schließen sich also scheinbar nicht aus. Das ist doch schon einmal sehr erhellend.

62 Prozent der Befragten waren jedoch der Meinung, dass das Leben heute stressiger als noch vor 15 oder 20 Jahren ist, während 34 Prozent angaben, dass heutzutage nur mehr über Stress geredet wird. Da laut der Studie für die meisten 50-Jährigen soziale Medien heutzutage zum Alltag gehören – danach nimmt die Nutzungshäufigkeit etwas ab –, kann davon ausgegangen werden, dass die Digitalisierung hierbei einen Anteil an der wahrgenommenen Beschleunigung hat. Für die meisten jungen Menschen, zumindest in unserem Kulturkreis, gehört das Smartphone – und damit auch die Möglichkeit, permanent in Verbindung mit Menschen und Geschehnissen zu sein – mittlerweile zum Lebensalltag und -gefühl, obwohl sie interessanterweise häufig über ein Gefühl der Einsamkeit berichten. Das ist in vielen Ländern mittlerweile sowohl bei älteren als auch jüngeren Menschen ein ernst zu nehmendes Problem. So fühlen sich etwa vier von zehn älteren Menschen in den USA einsam, und ein von der britischen Regierung in Auftrag gegebener Untersuchungsbericht aus dem Jahr 2017 zeigte auf, dass sich neun Millionen von 67 Millionen Einwohnern des Landes, manchmal oder immer einsam fühlen. Die britische Regierung hat deswegen im

Jahr 2018 ein spezielles, groß angelegtes Programm zur Bekämpfung von Einsamkeit ins Leben gerufen und sogar öffentlichkeitswirksam eine Ministerin zur Bekämpfung der Einsamkeit ernannt. In Japan gibt es ähnliche Probleme und Vorgehensweisen, mit denen man auch versucht, der gestiegenen Selbstmordrate bei jüngeren Menschen zu begegnen. So setzte der japanische Premierminister Yoshihide Suga (*1948) im Februar 2021 ebenfalls einen Einsamkeitsminister ein und beauftragte ihn, wirksame Lösungsvorschläge zu erarbeiten. Auch in Deutschland fühlen sich laut einer repräsentativen Umfrage des Splendid Research Instituts aus dem Jahr 2019 knapp 25 Prozent der 18- bis 40-Jährigen ständig oder häufig einsam, während es bei den über 50-Jährigen etwa 12 Prozent sind.

Veränderung von Stress in der Coronakrise: Absehbare und überraschende Befunde

Da die meisten Menschen schon vor der Coronakrise das Gefühl von Stress hatten, häufig auch in Verbindung mit dem Gefühl der Einsamkeit, könnte man annehmen, dass dies durch die Pandemie und die damit verbundenen Sorgen, Ängste und Einschränkungen drastisch gestiegen ist. Das bestätigen die Umfragen so allerdings nicht uneingeschränkt, weswegen ein genauerer Blick auf die Veränderung der Stresswahrnehmung während Corona lohnend ist. Laut einer im April 2020 noch relativ zu Beginn der Coronakrise bei knapp 1500 Personen durchgeführten Befragung des Onlineportals YouGov berichteten 27 Prozent der befragten Personen sogar über weniger Stress und lediglich 17 Prozent über mehr Stress durch Corona, während knapp die Hälfte der befragten Personen ihren Stresslevel als unverändert bezeichneten. Das deckt sich mit anderen Studien, in denen auch explizit von positiven Effekten durch die Coronakrise berichtet wurde, weil durch den Makrostressor Corona und die damit verbundenen Lockdown-Maßnahmen für manche Menschen einige Mikrostressoren wie berufsbedingtes Pendeln, Abwesenheit von der Familie und starre Arbeitszeitregeln weggefallen sind (Kunzler et al. 2021). Auch wurde von tieferen und verbesserten sozialen Beziehungen berichtet, ein Befund, den man bereits aus früheren Epidemien kennt. In der Not rückt man eben zusammen, und geteiltes Leid ist halbes Leid! Aber hier kommt wieder einmal der berühmt-berüchtigte Matthäus-Effekt ins Spiel, denn das Ganze gilt nur für diejenigen, die andere Menschen für das soziale Zusammenrücken in ihrem Umfeld zur Verfügung haben. In dieser Umfrage wird das altbekannte Muster aus den frühen Tagen der Resilienzforschung ebenfalls wieder sichtbar, nämlich dass zu Beginn der Coronakrise etwa ein Drittel der Befragten anscheinend ganz gut mit der Anomalie und ihren Konsequenzen zurechtkam. Allerdings änderte sich das Bild im Verlauf der Pandemie deutlich.

Als die Befragung im April 2021 wiederholt wurde, berichteten nur 11 Prozent über weniger, aber 31 Prozent über mehr Stress, woraus man folgern kann, dass die Stressadaption ihre Grenzen hat. Das deckt sich mit den Ergebnissen einer großen repräsentativen Befragung zu Wohlbefinden, Resilienz und Stress innerhalb der Berliner Bevölkerung, die unter der Federführung der bekannten Neurowissenschaftlerin und Empathieforscherin Tania Singer (*1969) zu verschiedenen Messzeitpunkten währen der Coronakrise durchgeführt wurde. Singer und ihre Kolleginnen haben zufällig ausgewählte Bewohner Berlins zu sieben Messzeitpunkten im Zeitraum von Januar 2020 bis April 2021 befragt. In nahezu allen gemessenen Parametern – Stress, negative Emotionen, Ängstlichkeit, Depressivität, Einsamkeit, soziale Kohärenz und Sorge um Klopapier – zeigt sich ein einheitliches Muster in den Daten: Zuerst gab es im März 2020 einen ersten, großen Lockdown-Schock-Effekt, der nach der Aufhebung des Lockdowns aber schnell wieder zurückging. Im Juni 2020 nach der Aufhebung des Lockdowns kam es schnell zu einer sichtbaren Erholung all dieser negativen Trends, die jedoch nur in Ausnahmefällen wieder auf das Ursprungsniveau zurückgingen. Mit dem zweiten Lockdown im November 2020 setzte dann ein Ermüdungseffekt ein, der sich durch einen kontinuierlichen

Anstieg von Stress und Beanspruchung sowie einer zunehmenden Verringerung des Wohlbefindens auszeichnete. Mich hat es schon überrascht, dass dieses typische Muster einer akuten und chronischen Stressreaktion bei nahezu allen Parametern so deutlich aus den Daten zu lesen war.

Anhand einer anderen Studie lassen sich geschlechtsspezifische Unterschiede aufzeigen: Laut einer ebenfalls im Frühjahr 2021 im Auftrag der Techniker Krankenkasse vom Meinungsforschungsinstitut forsa durchgeführten Befragung fühlten sich nach mehr als einem Jahr nunmehr knapp 45 Prozent der erwerbstätigen Frauen und 40 Prozent der erwerbstätigen Männer in Deutschland durch Corona sehr gestresst oder gestresst (Techniker-Krankenkasse 2021). In der entsprechenden Vorjahresbefragung im Mai 2020 waren es nur 35 Prozent gewesen, was einem relativen Anstieg von etwa 20 Prozent über einen Zeitraum von einem Jahr entspricht. Als Ursachen wurden vor allem der mit dem Lockdown eingeführte Makrostressor der sozialen Distanzierung (89 Prozent), aber natürlich auch Sorgen und Angst um eine Corona-Erkrankung von Angehörigen oder Freunden (60 Prozent) genannt. Eltern mit Kindern nannten zudem Kita- und Schulschließungen (59 Prozent), berufstätige Personen vermehrten Stress am Arbeitsplatz (49 Prozent). Wie man sieht, steht bei vielen Menschen interessanterweise nicht so sehr die Sorge um die eigene Person, sondern vor allem die um Angehörige und Freunde im Vordergrund. Das gilt vor allem für Frauen, die sich mehr Sorgen um Familienangehörige, Verwandte, Freunde und andere Menschen machen als Männer. Dies ist aber auch bei älteren Menschen festzustellen, deren größte Sorge es häufig ist, ihren Angehörigen über Gebühr zur Last zu fallen. Befunde wie diese sprechen doch stark dafür, dass der Mensch nicht nur ein vorrangig durch soziale Interaktion lernendes, sondern vor allem ein sozial wahrnehmendes, empathisches und somit vor allem um andere besorgtes Wesen ist.

Viele Ursachen von Stress entstehen deswegen auch und gerade im zwischenmenschlichen Bereich aus der Sorge um andere Menschen oder Lebewesen. Empathie als Fähigkeit, die Gefühle anderer Menschen zu spiegeln, ist eine wichtige Voraussetzung, um Mitgefühl, aber auch Fürsorge zu zeigen. Das Empfinden von Empathie ist mitunter – beispielsweise im Fall des Erlebens von negativen Gefühlen im Sinne von Mitleid – sehr anstrengend, bietet aber aus evolutionsbiologischer Sicht sowohl für Individuen wie auch Gruppen einen wichtigen Überlebensvorteil: Denn durch die Synchronisation von emotionalen Zuständen wird nicht nur eine gemeinsame, authentisch empfundene Wahrnehmungsperspektive erzeugt, sondern auch Konfliktpotenzial deutlich reduziert. Das ist eine häufig angeführte Erklärung dafür, warum Frauen laut den Befunden von vielen großen Kohortenstudien üblicherweise empathischer, sozial verträglicher und fürsorglicher als Männer, aber damit auch anfälliger für negativen Affekt sind. Wenn mehr Frauen unter den frühen Persönlichkeitsforschenden gewesen wären, hätten diese zumindest Teilaspekte der zugrunde liegenden Persönlichkeitseigenschaft vielleicht nicht Neurotizismus, sondern möglicherweise eher Auswirkungen von Mitgefühl im Sinne von Sorge um andere genannt. Es sind eben nicht vorrangig die Gehirne der männlichen Jäger, die Menschlichkeit und Hilfsbereitschaft in die Welt bringen, sondern häufiger die auf großer Empathie gegründete prosoziale Einstellung von Frauen. Diese ist zwar teilweise als prosoziale Disposition im Rahmen eines Care-Systems angelegt, wird aber durch geschlechtsspezifische Sozialisationserfahrungen in der Ausbildung fürsorglichen Verhaltens noch verstärkt.

Empathie hingegen ist in erster Linie eine emotionale Resonanzerfahrung, die sowohl mit positiven als auch negativen Gefühlen einhergehen kann, aber aus der nicht unmittelbar eine Motivation zur aktiven Fürsorge entspringen muss. Denn Sie können sich mit Ihren Mitmenschen genauso freuen wie mit ihnen gemeinsam leiden. Gefühle werden daher empathisch geteilt, während bei der Fürsorge der Aspekt des Kümmerns und Umsorgens im Vordergrund steht, obwohl häufig sogar eine klare Trennung zwischen den eigenen und den fremden Gefühlen besteht. Wenn Sie das nicht glauben, beobachten Sie mal, wer bei Unfällen oder medizinischen Notfällen üblicherweise zuerst zur

Stelle ist und hilft, und wer die Letzte ist, die geht. Es sind häufig die Frauen, die einfach fürsorglicher orientiert sind.

Warum ist das so? Eine naheliegende evolutionsbiologische Erklärung sagt, dass Aggressivität, Streit und Konflikt eben kein guter Nährboden für die zeit- und energieraubende Erziehung des Nachwuchses sind. Es sind nun einmal naturgemäß die Frauen, die den Nachwuchs zur Welt bringen und zumindest die frühe, intensive Interaktion mit einem Baby haben, das nach neun Monaten Schwangerschaft in einem frühreifen Zustand das Licht der Welt erblickt und seine Bedürfnisse nicht spezifisch äußern kann. Um dessen Nöte und Wünsche zu erkennen und abzufedern, braucht es viel intuitives Einfühlungsvermögen, emphatische Sensibilität und achtsame Fürsorge.

Interessanterweise sind bei diesen beiden Gefühlen Empathie und Fürsorge jedoch andere neuronale Netzwerke aktiviert. Allerdings wurden bei der neurobiologischen Untersuchung von Empathiefähigkeit auf der Grundlage von Gehirnaktivität keine nennenswerten geschlechtsbezogenen Unterschiede gefunden. Männer und Frauen scheinen daher eine vergleichbare Fähigkeit zur emotionalen Schwingungsfähigkeit zu besitzen, obwohl diese bei Frauen üblicherweise deutlicher ausgeprägt ist. In jedem Fall sind Frauen im Durchschnitt fürsorglicher als Männer, was sich beispielsweise auch in dem Gender Care Gap ausdrückt. Genauso wie der Gender Pay Gap ist das ein Indikator in Bezug auf Gleichstellung, der Aussage über geschlechtsspezifische Lebensverlaufsperspektiven unter Aspekten der Chancengleichheit erlaubt. Mit der Kennzahl des Gender Care Gap wird der geschlechtsspezifische Unterschied beim täglichen Zeitaufwand für unbezahlte Sorgearbeit berechnet, indem der von Frauen erbrachte tägliche Zeitaufwand für unbezahlte Sorgearbeit zu der von Männern ins Verhältnis gesetzt wird. Laut dem zweiten Gleichstellungsbericht der Bunderegierung leisteten Frauen bezogen auf den letzten Erhebungszeitraum der Jahre 2012 und 2013 in dieser Zeit täglich fast 50 Prozent mehr unbezahlte Sorgearbeit als Männer, was einem Pensum von fast anderthalb Stunden täglich entspricht (Kocher et al. 2017).

Ohne die Fähigkeit zu Empathie und Mitgefühl sowie die Bereitschaft, aktive Fürsorge zu übernehmen, wäre individuelles und gesellschaftliches Zusammenleben nicht denkbar, von Entwicklung gar nicht erst zu reden. Doch auch diese in uns neurobiologisch hineingelegten prosozialen Anlagen haben zwei Seiten: Zum einen verleihen sie der eigenen Existenz gerade in der Zuwendung zu anderen Menschen sowohl reichlich Sinn und Bedeutsamkeit, führen aber gleichzeitig zu einer eigentümlichen Verletzbarkeit, die über die eigene Person hinausgeht. Die amerikanische Bibliothekarin und Pädagogin Elizabeth Stone (1918–2002) hat dieses Gefühl, das fast alle Eltern kennen, mit einem bestechenden Bild zusammengefasst: »Die Entscheidung, ein Kind zu haben, ist von großer Tragweite. Denn man beschließt für alle Zeit, dass das Herz außerhalb des Körpers herumläuft«. Der jüdische Arzt und Psychologe Viktor Frankl (1905–1997) beschreibt in seinem erschütternden Bericht über das Leben im Konzentrationslager, dass diejenigen seiner Leidensgenossen als Erstes aufgaben, die wussten, dass niemand auf sie wartet. Resiliente Menschen wissen, dass es vor allem die Beziehungen zu anderen Menschen sind, die ihrem Leben Sinn geben, auch wenn dies naturgemäß Stress, Belastungen, Probleme und Sorgen mit sich bringt. Sie sind sich bewusst, dass aufrichtige Fürsorge möglich ist, obwohl empathische Ressourcen nur begrenzt zur Verfügung stehen. Denn intensive, lange und tiefe Beziehungen lassen einen emotional nicht kalt, sondern gehen unter die Haut, sodass der Körper sich genötigt fühlt, die Stressantwort auszulösen.

Aus der neurobiologischen Forschung ist mittlerweile bekannt, dass normale Menschen im Gegensatz zu Psychopathen den Schmerz anderer Menschen umso intensiver wahrnehmen, je näher ihnen diese emotional stehen. Im Gehirn sind dann dieselben Schmerz-Netzwerke aktiviert wie bei der Person, die diese real verspürt. Aus dieser Perspektive kann die Anzahl enger Freunde und vertrauter Personen nur begrenzt sein, weil man sonst viel zu schnell empathisch ausgelaugt würde. Wenn Ihnen das nächste Mal jemand erklärt, wie viele wirkliche Freundschaften er unterhält, fragen Sie ihn doch, woher er die empathischen Ressourcen für all die authentische Anteilnahme nimmt. Denn Stress gehört zum Leben, insbesondere zum Zusammenleben mit anderen Menschen. Er entsteht nicht nur durch die Aufforderung zur konstruktiven, liebevollen Zuwendung, sondern gehört auch zur kultiviert-kritischen Auseinandersetzung.

Allerdings ist ebenfalls zu beobachten, dass vor allem ein niedriger Status im sozialen Gefüge und die damit einhergehende Unsicherheit in persönlicher, sozialer und finanzieller Dimension ein chronischer Stressfaktor ist, der Menschen nicht nur in ihrem Erleben und Verhalten einengt, sondern auch ein großes gesundheitliches Risiko darstellt. Deswegen ist es die Aufgabe des modernen Sozialstaates, darauf zu achten, die Rahmenbedingungen möglichst so einzustellen, dass niemand im sozialen System ins Bodenlose fällt, sich Leistung aber gleichzeitig für den Einzelnen auszahlt. Das entspricht der Bemühung, Fürsorge strukturell zu verankern, für die Entwicklung von Empathie in einem entsprechenden Ausmaß ist dann jeder selbst zuständig. Ob – und, wenn ja, wie lange – das gut geht, wird sich zeigen.

Chronischer Stress – eine der größten Gesundheitsgefahren des 21. Jahrhunderts und ein Gegenmittel

Chronischen Stress, woher er auch immer kommen mag, sollte man niemals auf die leichte Schulter nehmen. Eine chronische Form von Stress kann sich schon aufbauen, wenn Sie mehr als drei Tage schlecht oder so gut wie gar nicht schlafen. Wenn der Stresshormonregelkreis erst einmal nachhaltig gestört ist, kann seine Erholung nicht nur Tage, sondern sogar Monate oder Jahre dauern. Mittlerweile hat selbst die Weltgesundheitsorganisation WHO chronischen Stress zu einer der größten Gesundheitsgefahren des 21. Jahrhunderts erklärt. Das ist sicherlich nicht grundlos geschehen, denn chronischer Dauerstress birgt ein großes Gesundheitsrisiko, vor allem für kardiovaskuläre, neurodegenerative, aber auch für psychische Erkrankungen wie Angststörungen, Depression oder Burn-out.

Man kann allerdings lernen, den Gegenspieler des Stresses, die Entspannungsantwort, nicht nur gezielt durch zwischenmenschliche Verbundenheit im Sinne von Freundschaft und Vertrauen auszulösen, sondern auch durch sogenannte Mind-Body-Techniken (MTB) wie Yoga, Tai-Chi, Qigong, progressive Muskelentspannung oder achtsamkeitsbasierte Verfahren. Häufig setzen diese Entspannungstechniken am Atem an, und wir werden gleich noch sehen, warum das so ist.

Einer der ersten Forscher, der schon in der Mitte der 1970er-Jahre versuchte, die mit der Entspannungsantwort verbundenen psychophysiologischen Wirkpfade präventiv und therapeutisch nutzbar zu machen, war der Harvard-Mediziner Herbert Benson (1935–2022). Ausgangspunkt war, dass Benson rätselte, weshalb so viele Menschen in einer modernen Gesellschaft an kardiovaskulären Erkrankungen litten und Herzinfarkte eine Hauptursache für Todesfälle waren. Seine Annahme war, dass chronischer Stress hier eine Rolle spielte. Benson ging dabei von der Annahme aus, dass es analog zur Stressantwort auch eine Möglichkeit gibt, eine körpereigene Entspannungsantwort auszulösen, die er als *relaxation response* bezeichnete. Benson, der bis zuletzt aktiv war, konnte durch seine frühe Forschung mit meditationserfahrenen Mönchen empirisch zeigen, dass durch eine bewusst herbeigeführte Verlangsamung des Atems ein wichtiger Teil des Nervensystems, der die Entspannungsantwort auslösende Parasympathikus, aktiviert werden kann. Insofern muss Herbert Benson als einer der frühen Pioniere der Mind-Body-Medizin gelten, der nicht nur eine bahnbrechende Forschung initiierte und als einer der ersten empirisch vorgehenden Gesundheitswissenschaftler den Dialog mit religiösen Vertretern gesucht hat, sondern der seine hochrelevanten Ergebnisse auch unermüdlich einer zunehmend gestressten Nachkriegsgesellschaft in allgemeinverständlicher und alltagstauglicher Weise nahebrachte.

Heutzutage stellen, vor allem als Folge des demografischen Wandels, neben den kardiovaskulären und onkologischen Krankheiten zunehmend die neurodegenerativen Erkrankungen und dabei vor allem Demenzen ein großes Problem dar. Auch hier spielt Stress bei der Entstehung eine gewichtige Rolle. Die Demenzgrundlagenforschung hat mittlerweile chronischen Stress als einen wichtigen Risikofaktor für das Auftreten von bestimmten demenziellen Erkrankungen identifiziert. Allerdings sind neurodegenerative Veränderungen komplexe Prozesse, die auf viele Faktoren zurückzuführen sind, und Stress kommt dabei eine wichtige, wenn auch nicht immer entscheidende Rolle zu. Aber ein Gehirn, das permanent und über einen längeren Zeitraum in den stressaktivierenden Stresshormonen Adrenalin, vor allem aber Cortisol gebadet wird, hat eine höhere Wahrscheinlichkeit, sich irgendwann selbst abzubauen. Insofern ist es durchaus gerechtfertigt zu behaupten, dass der gezielte Aufbau von Stressbewältigungsstrategien – im Gegensatz zur Verteufelung oder Vermeidung von Stress – obendrein gezielte Demenzprävention ist. Ältere Gehirne haben tendenziell ohnehin größere Schwierigkeiten, mit akutem Stress umzugehen, weil sie nicht mehr so formbar und flexibel sind. In jüngeren Jahren kann man akute Stressspitzen ebenso wie eine Dauerstressbelastung noch deutlich besser kompensieren beziehungsweise sich aufgrund der höheren Neuroplastizität besser darauf einstellen als im späteren Lebensalter. Jedoch hilft im fortgeschrittenen Alter die gewonnene Lebenserfahrung, mit Stress besser umzugehen. Man regt sich mitunter gerade bei zwischenmenschlichen Konflikten nicht mehr so schnell auf, da man ja schon einiges gesehen und an Routine aufgebaut hat.

Der unterschiedliche Umgang mit Stress ist übrigens auch ein wichtiger Grund, warum altersgemischte Teams häufig einen Vorteil bei der Lösung von Problemen gegenüber altershomogenen Gruppen haben. Der Prototyp eines altersgemischten Teams ist der generationsübergreifende Familienverbund, bestehend aus Eltern und Großeltern, die Kindergehirnen authentisch einen unterschiedlichen Umgang mit Stress vermitteln. Großeltern haben häufig mehr Zeit und bringen andere Interessen mit, um sich mit jungen Gehirnen zu beschäftigen, und sie regen sich über andere Dinge auf als die Eltern. Um sich als junger

Mensch in einen älteren Mitmenschen einzufühlen, aber sicherlich genauso umgekehrt, ist aber nicht nur Empathie erforderlich, sondern auch die Fähigkeit zur Perspektivenübernahme. Genau das wird unter anderem durch den Umgang der Großeltern mit den Enkelkindern in den heranwachsenden Gehirnen systematisch entwickelt. Heutzutage versucht man, dieses Konzept mühsam wieder über Mehrgenerationenhäuser aufzugreifen, während es früher – zumeist aus ökonomischen Gründen – der Normalfall war.

PHYSIOLOGISCHER JAZZTANZ UM MANDELN, SEEPFERDE UND EINEN GEFÜHLSKALTEN THERMOSTAT

Um die psychophysiologischen Vorgänge von Stresswahrnehmung und die daraus resultierende Stressreaktion besser verstehen zu können, müssen wir uns kurz mit dem Aufbau unseres Nervensystems beschäftigen. Keine Sorge, das wird nicht zu lang und ausführlich, da es ja für Interessierte mittlerweile in jedem handelsüblichen neurobiologischen Lehrbuch nachzulesen ist. Aber wer ein Auto, Motorrad oder Flugzeug einigermaßen sicher und entspannt bedienen will, muss eben ein paar grundlegende Eigenschaften und Funktionen über Fortbewegungsmittel wissen. Dazu gehört sicherlich nicht, die Funktionsweise von Motor oder Getriebe im Detail nachvollziehen zu wollen und jedes Zahnrad beim Namen zu kennen. Aber man sollte wissen, dass es neben dem Lenkrad ein Gas- und Bremspedal, eine Kupplung sowie die Möglichkeiten zum Schalten der Gänge gibt. Und beim Flugzeug gibt es ein Seiten-, Höhen- und Querruder an den Tragflächen sowie zusätzlich noch Bremsklappen, um den Landevorgang kontrollierter steuern zu können. Ähnlich ist es mit uns, auch wenn wir keine Maschinen, sondern Lebewesen sind. Wir haben in unserem Körper auf verschiedenen Ebenen sozusagen sowohl Beschleunigungs- als auch Abbremssysteme eingebaut. Diese erlauben uns, die Vorgänge in uns und um uns zu regulieren. Das Aktivieren des Beschleunigungssystems funktioniert aus nachvollziehbaren Gründen weitgehend automatisch, unverzüglich und schnell, um wirksam auf Stressoren und Anomalien reagieren zu können. Ähnlich wie beim Flugzeug das Landen ein längerer und kontinuierlicher Prozess ist, ist es mit dem Abbremsen eines aktivierten Nervensystems. Um das besser nachvollziehen zu können und die richtigen Rückschlüsse daraus zu ziehen, muss man etwas über den strukturellen Aufbau und die funktionalen Prozesse von Gehirn und Nervensystem wissen. So können die Konsequenzen von Stress, Entspannung, Überanstrengung, aber auch von Unterforderung nicht nur besser nachvollzogen und eingeordnet, sondern ebenso Maßnahmen für einen gesünderen Umgang mit Stress erlernt werden.

Ein einfacher schematischer Bauplan von unserer neuronalen Schaltzentrale

Aber der Reihe nach: Das Nervensystem aller Säugetiere besteht aus zwei Teilen, dem sogenannten zentralen Nervensystem (ZNS) und dem peripheren Nervensystem (PNS). Das ZNS besteht aus Gehirn und Rückenmark und ist im Schädel beziehungsweise in der Wirbelsäule lokalisiert und durch eine Knochenstruktur – gemeint sind Schädel und Wirbelsäule – geschützt. Neben diesem strukturellen Schutz gibt es noch einen anderen funktionalen Schutzmechanismus, die sogenannte Blut-Hirn-Schranke. Damit soll sichergestellt werden, dass keine Viren oder Bakterien aus dem Blutkreislauf in das anfällige Gehirn und Rückenmark gelangen. Durch diese Sicherheitsvorkehrungen ist das ZNS doppelt abgesichert, was zum einen für seine besondere Bedeutung, aber auch seine spezifische Anfälligkeit spricht. Die Zentrale muss eben gut geschützt sein.

Das PNS hingegen ist dezentraler organisiert und besteht aus den Bestandteilen des Nervensystems außerhalb des ZNS, vor allem also den bis in die Extremitäten reichenden Nervenbahnen. Das Nervensystem lässt sich von seiner Funktionsweise noch einmal in das somatische beziehungsweise animalische Nervensystem und das autonome, manchmal auch vegetativ genannte Nervensystem unterteilen. Animalisch steht hier übrigens nicht für tierisch, sondern leitet sich von dem lateinischen Wort *anima* ab, das für Atem, Wind und Leben steht. Damit ist schon angedeutet, dass es um überlebensnotwendige Funktionen geht. Denn während das somatische oder animalische Nervensystem hauptsächlich bewusste und willentlich gesteuerte motorische Prozesse ermöglicht, ist das autonome Nervensystem für automatische und unbewusst gesteuerte Prozesse wie Atmen, Herzschlag und Temperaturregulation sowie für unbewusste Reflexe zuständig. Dieser Teil unseres Gehirns ist sehr alt und gemeinsam mit uns aus der Ursuppe hervorgegangen. Stellen Sie sich einmal vor, Sie müssten auch Atem und Herzschlag oder die Körpertemperatur neben allen anderen Körperfunktionen noch bewusst steuern und organisieren! Klar ist: Mit diesen überlebensnotwendigen Aufgaben betraut, kämpft es sich halt nicht ganz so wirksam gegen den Säbelzahntiger oder das Mammut. Daher leitet sich auch der Name autonom ab, denn das besagte autonome Nervensystem macht weitgehend alles selbstständig und weitgehend abgeschirmt vom Bewusstsein. Wie der nicht flüchtige Teil des Betriebssystems in einem Computer, das BIOS, dafür sorgt, dass alle Prozesse des Betriebssystems stabil laufen.

Die meisten Organe wie das Herz, die Leber oder die Niere sind dem PNS zugeordnet, folglich können ihre Funktionen nicht bewusst gesteuert werden. Die Lunge allerdings ist nicht nur vom PNS, sondern auch vom ZNS kontrolliert, denn Atmen funktioniert weitgehend automatisch, aber wir können den Atem bewusst übersteuern, indem wir beispielsweise langsamer oder schneller oder tiefer oder flacher atmen oder den Atem anhalten. Insofern bietet der Atem einen interessanten Interventionspunkt in das Stresssystem, also eine Art Portal, um den Körper bewusst zu beeinflussen. Das ist übrigens der Grund, warum viele Mind-Body-Techniken beim Atmen ansetzen, denn der Atem ist die bewusst ansteuerbare Eingangspforte zum Bewusstsein.

Im Zusammenhang mit Stress ist vor allem das autonome Nervensystem interessant, denn es besteht aus zwei entgegengesetzt arbeitenden Teilsystemen, die funktional wie Gegenspieler arbeiten, sich aber im Grunde konstruktiv ergänzen, weil sie jeweils für Aktivierung und Entspannung zuständig sind. Streng genommen kommt noch ein drittes System dazu, das sogenannte enterische System, das fast den ganzen Magen-Darm-Trakt durchzieht und mit dem folglich Verdauungsorgane und Darmaktivität noch einmal in gesonderter Weise kontrolliert werden, doch das ist ein Thema für sich. Man bezeichnet diese beiden Teilsysteme auch als Sympathikus und Parasympathikus. Anatomisch betrachtet bestehen beide Systeme aus miteinander verknüpften Nervenzellen, die sich allesamt in unterschiedlichen Abschnitten des Rückenmarks befinden. Während alle sympathischen Nerven weitgehend in der Mitte des Rückenmarks im Bereich des Hals-, Brust- und Lendenmarks angesiedelt sind, befinden sich die parasympathischen Nerven sowohl in dem darüber- und darunterliegenden Teil des Rückenmarks, genauer gesagt einmal im Bereich des Hirnstamms, quasi am unteren Ende des Kopfes, und dann im Sakralmark, also etwa auf Höhe des Steißbeins.

Die sympathischen Nerven verzweigen sich schnell zu größeren Nervenknoten, den Ganglien, die neben dem Rückenmark liegen. Viele von den damit verbundenen Nervenzellen bilden dann den parallel zum Rückenmark laufenden sympathischen Grenzstrang, der ähnlich einer Super-Autobahn quasi einen schnellen Aktivierungspfad zu allen Organen bildet. Alle sympathischen Nervenzellen, die vor den Ganglien liegen, werden durch den Neurotransmitter Acetylcholin aktiviert, während die hinter den Ganglien liegenden Zellen durch Noradrenalin angeregt werden.

Im Gegensatz dazu sind die parasympathischen Nerven mit den jeweiligen Organen nur über Ganglien verschaltet, die sich unmittelbar vor den jeweiligen Zielorganen befinden. Der sogenannte zehnte Hirnnerv, manchmal auch Vagusnerv genannt, ist der bedeutendste Bestandteil des Parasympathikus. Denn dieser Erholungsnerv steuert nicht nur Muskeln und Drüsen im Kopfbereich, sondern ist auch für Stoffwechselregulation, Erholung und Aufbau sowie Wiederauffüllung körpereigener Reserven zuständig. Er reicht vom Hirnstamm in umfassender Weise bis in den Darm hinunter und steuert die meisten inneren Organe zentral. So erklärt sich sein Name als vagabundierender, das heißt umherschweifender, Nerv. Die im unteren Sakralmark gelegenen parasympathischen Nerven steuern jedoch die Funktionen der weiter unten gelegenen Organe wie Dickdarm oder Blase. Mit anderen Worten: Die Nervenleitung ist beim Parasympathikus nicht ganz so direkt und schnell wie beim Sympathikus, und die zentralen Nervenknoten liegen näher bei den jeweiligen Organen, weswegen der Parasympathikus etwas langsamer als der Sympathikus ist und von diesem daher auch übersteuert werden kann. Also ist er eher eine gut ausgebaute, zweispurige Bundesstraße statt einer Super-Autobahn, aber immer noch schnell. Aufgrund der nicht so zeitkritischen Funktion für Entspannung fällt das allerdings nicht so sehr ins Gewicht, wird aber dann gesundheitlich relevant, wenn der Sympathikus permanent überaktiviert ist. Denn in diesem Fall ist das Gesamtsystem nicht mehr in der Balance, das heißt, der Sympathikus ist nicht wie vorgesehen nur in akuten Aktivierungs-, Stress- und Notfallsituationen und der Parasympathikus entsprechend in Entspannungssituationen aktiviert, sondern der Sympathikus überlagert den zeitlichen Gesamtzustand des Systems. Eben wie ein Raser, der permanent einen Fuß auf dem Gaspedal hat.

Neurobiologische Entgleisungen – alte Warnsysteme schlagen permanent Alarm

Aber wann und wie kommt das System neurobiologisch betrachtet so aus dem Tritt? Die Antwort gibt uns eine kleine, aber bedeutende und schon etwas betagtere anatomische Struktur in der Mitte unseres Gehirns, die als limbisches System bezeichnet wird. Manchmal spricht man auch vom Säugetiergehirn, weil dort wichtige emotionale Verarbeitungsprozesse stattfinden, die vor allem mit Stress, aber ebenfalls mit der Konsolidierung des episodischen Gedächtnisses zu tun haben. Strukturell kann man das Gehirn in drei Teile gliedern, die jedoch unterschiedlich alt sind. In einem Haus wären dies der Keller, das funktionale Erdgeschoss mit Haupteingang, Wohnzimmer und Küche sowie der private Wohnbereich im Stock darüber. Der älteste Teil ist das Stamm-, manchmal auch Reptiliengehirn genannt, von dem gerade schon die Rede war. So wie sich im Keller die zentrale Haustechnik mit Strom, Gas und Wasser befindet, liegt das Stammhirn als unterste und älteste Ebene zwischen Rückenmark und Gehirn. Es steuert unsere Reflexe und Instinkte, darunter die drei evolutionären Notfallprogramme Kampf, Flucht und Erstarrung. Dann folgt als funktional gehaltene Erdgeschosswohnung das Zwischenhirn oder limbische System, das zwischen Stammhirn und Hirnrinde liegt und gewissermaßen der barrierefreie, emotionale Haupteingang des Gehirns ist. Über das Erdgeschoss kann man dann Zugang zum Wohnbereich des Großhirns erhalten, der aber nur aufwendig über das enge Treppenhaus zu erreichen ist. Wenn Reize bewusst verarbeitet werden sollen, müssen diese, wie Ihre schweren Einkäufe, mühsam das Treppenhaus hochgeschleppt werden. Deswegen lagern Sie die schweren Getränkekisten ja auch besser in der Garage oder im Keller, um dann die Wasser-, Bier- und Weinflaschen je nach Bedarf nach oben zu tragen. In einer ähnlichen Weise werden alle unaufschiebbaren und zeitkritischen Situationen direkt im Erdgeschoss des Zwischenhirns verhandelt, indem sie dort im Sinne einer Ersteinschätzung emotional eingefärbt und dann gegebenenfalls auch als relevante Erinnerung für das Gedächtnis markiert werden. Nur in speziellen Fällen werden diese – wie die Flaschen – nach oben in die Großhirnrinde getragen, um dort vom Bewusstsein genau untersucht und gegebenenfalls auch geöffnet zu werden.

Für das Verständnis der Stressreaktion sind zwei dort ansässige benachbarte Hirnstrukturen wichtig, die man als Amygdala und Hippocampus bezeichnet. Amygdala ist der altgriechische Ausdruck für Mandelkern. Streng genommen handelt es sich bei der Amygdala um zwei

Mandelkerne, da es für jede der beiden Hemisphären einen gibt. Das limbische System sieht ein bisschen aus wie eine Schnecke und man kann sich die Amygdala als die zwei emotionalen Fühler der Weinbergschnecke vorstellen, die externe Reize grob verarbeiten und dabei als gefährlich oder ungefährlich klassifizieren. Allerdings werden auch andere emotionale Reaktionen wie Wut, Zorn und Freude sowie Sexualtrieb in der Amygdala ausgelöst. Insofern ist es falsch, die Amygdala als Furchtzentrale zu bezeichnen, da dort viel mehr geschieht. Wenn aber ein Reiz als gefährlich oder aversiv, das heißt Widerwillen hervorrufend, klassifiziert ist, schlägt die Amygdala Alarm und löst sofort die entsprechenden vegetativen Reaktionen, also die Sympathikusaktivierung, aus, ohne dabei den langsamen Umweg über den bewusst wahrnehmenden kortikalen Mantel zu gehen.

Aus evolutionsbiologischer Sicht ist es sinnvoll, dass die Amygdala eher etwas übervorsichtig eingestellt ist, um uns rechtzeitig vor Gefahren zu warnen. Als Daumenregel kann man insofern festhalten, dass etwa drei Viertel der Reaktionen der Amygdala im Sinne einer negativen Erwartungshaltung eingefärbt sind; sie ist also ein bisschen so wie ein wohlmeinender Spielverderber.

An dieser Stelle kommt der Hippocampus unterstützend ins Spiel. Der Begriff Hippocampus bedeutet im Griechischen Seepferdchen, weil der Hippocampus in der Tat aussieht wie ein solches. Genauer gesagt, sollten wir auch hier wieder von den beiden Hippocampi sprechen, denn es gibt wieder für jede Hemisphäre einen. Sie liegen jeweils direkt hinter den beiden Mandelkernen und weisen damit schon auf deren enge Zusammenarbeit hin. Über den Hippocampus werden räumliche Orientierungsprozesse vollzogen, bei denen die aktuelle Position im Hinblick auf das zu erreichende Ziel mit der inneren Landkarte abgeglichen wird und dann eine sowohl manifeste, aber auch emotional aktualisierte Version der Landkarte im Gedächtnis abgelegt wird. Das ist beim Umgang mit dem Stressor ungemein hilfreich, da der Hippocampus einem sagt, wo man sich räumlich in einem euklidischen Problemkoordinatensystem befindet und wohin man gehen kann, um mit dem gerade durch die Amygdala empfangenen Stresssignal besser umzugehen. Diese räumliche Orientierung wird außerdem auf den mental repräsentierten Problemraum übertragen. Jetzt wissen Sie auch, warum resiliente Menschen ein Ziel brauchen, um den Bogen der Motivation langfristig spannen zu können. Denn der Hippocampus ist bei der Konsolidierung von emotionalen Lernprozessen beteiligt und interessiert sich für alles, was der Zielerreichung dienlich oder eben hinderlich ist. Auch Mäusegehirne funktionieren so, aber dazu später mehr!

Aus dem Wechselspiel von Amygdala und Hippocampus – als Teil des limbischen Systems – ergibt sich allerdings, dass wir sowohl in unserer Wahrnehmung als auch in unserer Erinnerung eher auf negative Reize und Stressoren fokussiert sind und insofern einen spezifischen Negativitätsbias, das heißt eine Tendenz zur Problemwahrnehmung, haben. Dies dient unserem Schutz und letztlich unserem Überleben. Mit anderen Worten: In der mentalen Landkarte wird vor allem markiert, was der Zielerreichung als Hindernis im Weg steht. So gesehen sind Umwege nicht nur Zeitverschwendung, sondern erhöhen die Ortskenntnis, was es uns erlaubt, die Landkarte zu vervollständigen. Darum ist es mitunter gut, bewusst Umwege zu gehen!

Es gibt jedoch einige Ausnahmen, bei denen der Negativitätsbias außer Gefecht gesetzt wird, beispielsweise wenn wir in vertrauter Umgebung sind oder auch neugierig sind und in den Lernmodus schalten. In dem Moment, in dem wir neugierig und offen sind oder aufrichtig lachen, können wir nicht zornig, wütend oder aufgebracht sein. Hierbei spielt eine weitere wesentliche Instanz des Zwischenhirns, der Thalamus und der unter ihm liegende Hypothalamus mit der Hirnanhangsdrüse Hypophyse, eine wichtige Rolle. Verkürzt gesagt, wird über die Hypophyse ein Hormon ausgeschüttet, was dann über die Nebennierenrinde Adrenalin freisetzt und dadurch die Stressantwort in allen Endorganen auslöst. Der Thalamus hat aber auch Verbindungen zu fast allen Arealen der Großhirnrinde, weil hier mit Ausnahme des Geruchssinns alle eingehenden Reize gefiltert und dann an die Großhirnrinde weitergereicht werden. Deswegen nennt man ihn auch das Tor zum

Bewusstsein. Der unter dem Thalamus befindliche Hypothalamus hingegen ist die Kreuzung von vegetativem und somatischem Nervensystem, weswegen die Stressachse durch ihn läuft. Als Stressachse wird die Verbindung zwischen den drei Hormondrüsen im Hypothalamus, in der Hypophyse sowie der Nebennierenrinde bezeichnet, durch die das allgemeine Anpassungssyndrom, das heißt die Reaktion auf länger anhaltenden Stress, gesteuert wird. Der Thalamus ist hierbei von zentraler Bedeutung, denn psychische Prozesse, vegetative Vorgänge und somatosensorische Informationen werden dort integriert und führen zu wichtigen Entscheidungen bezüglich der grundsätzlichen Gelagertheit von Körperprozessen und Verhaltensprogrammen. Vereinfacht gesagt: Hier wird die Verbindung von kognitiven und motivationalen Prozessen realisiert und damit ähnlich wie bei einem Thermostat die grundsätzliche Einstellung gegenüber der Umwelt entweder im Sinne von vorsichtig-abwartend oder neugierig-offen geregelt (Petrovich 2018). Der Thalamus ist also ein bisschen so wie eine etwas zu kalt eingestellte Heizung im Winter, die uns frösteln und somit bewegen lässt. Dadurch wird sichergestellt, dass wir die Lernbotschaft aus negativen Erfahrungen extrahieren und in unsere innere Landkarte in Form von Erinnerungen so integrieren, dass wir zukünftig besser damit umgehen können. Wenn das erreicht ist, wird es in unserem Innenraum gleich wärmer und weniger negativ.

Resiliente Menschen wissen intuitiv um die Interaktion von Amygdala, Hippocampus und Thalamus beziehungsweise Hypothalamus, deshalb suchen sie ausdrücklich und bewusst neue und inspirierende, angenehme Erfahrungen, und wenn das nicht möglich ist, positive Aspekte in negativen Erfahrungen. Das reduziert den Negativitätsbias, durch den wir von dem emotional zu kalt eingestellten Thermostaten werkseitig auf eine Art Lebensqualität-Magermix gesetzt werden, wenn der Regelkreis sich dauerhaft zu negativ aufschaukelt.

Psychologischer Antikapitalismus: Risikovermeidung statt Gewinnerzielung

Auf psychologischer Ebene ist, wie die israelischen Psychologen Daniel Kahneman (*1934) und Amos Tversky (1937–1996) gezeigt haben, menschliches Verhalten normalerweise risikoaversiv. Menschen versuchen also eher, Verluste zu vermeiden, als Gewinne zu erzielen, und orientieren sich folglich vor allem daran, Angst bei Entscheidungen zu minimieren. Wenn das nicht möglich ist, weil das Risiko als zu groß und überbordend wahrgenommen wird, entsteht Angst, und es kann keine überlegte und reflektierte Entscheidung mehr getroffen werden.

Das ist übrigens genau das, was bei Menschen mit Traumatisierung passiert. Wenn Sie beispielsweise bestimmte negative Erinnerungen haben, die länger als anderthalb oder zwei Jahre zurückreichen und die bei Ihnen immer noch negative Gefühle hervorrufen, dann ist die Wahrscheinlichkeit gegeben, dass Sie zwar nicht traumatisiert sind, aber die Quintessenz dieser negativen Erfahrung noch nicht integriert haben.

Eine Möglichkeit, eine zu starke Einstellung des Thermostaten in Richtung emotionaler Negativität zu verhindern, besteht darin, zu einem festen Zeitpunkt vor dem Schlafengehen oder Aufstehen, den letzten Tag noch einmal in Gedanken durchzugehen und die positiven Höhepunkte bewusst zu erinnern. Früher hieß das übrigens Dankbarkeitsgebet. Eine andere Möglichkeit ist es, bei einer bestimmten Person, die Sie üblicherweise schnell aufregt oder sogar auf die Palme bringt, systematisch auf positive Verhaltensweisen zu achten und diese dann auch ehrlich und aufrichtig an die Person zurückzumelden. Oder Sie freuen sich aus ganzem Herzen für eine andere Person!

Letztlich gibt es viele Möglichkeiten, dem Negativitätsbias zu entkommen, solange dieser noch nicht völlig außer Kontrolle geraten ist. Denn wenn ein Stressor gar nicht mehr weggeht und man zudem das Gefühl hat, diesen weder kontrollieren noch seine weitere Entwicklung prognostizieren zu können, kann die Amygdala in einen Zustand der dauerhaften Erregung geraten. Aufgrund von Neuroplastizität kann sie dadurch anatomisch wachsen. Macht ja auch Sinn, weil Sie gerade viel Stress haben. Neuroplastizität ist also nicht immer toll, sondern kann für uns mitunter langfristig negative Konsequenzen haben, selbst wenn damit die Anpassungsfähigkeit verbessert wird. Ein gestresstes Individuum bekommt eben von der Evolution eine größere Stresszentrale spendiert, um Belastungen besser verarbeiten zu können. Und wer Stress besser wahrnehmen kann, hat dann auch mehr davon!

Im Gegensatz dazu kann der Hippocampus unter emotionaler Dauerbelastung schrumpfen und die Fähigkeit, Lernerfahrungen zu konsolidieren und im Gedächtnis abzulegen, kann beeinträchtigt oder sogar zerstört werden. Leider ist der Hippocampus ziemlich stressanfällig, filigran wie Seepferdchen nun einmal sind. Jetzt wissen Sie, warum chronischer Stress nicht nur die Gedächtnisleistung mindert, sondern gleichzeitig ein großer Risikofaktor für demenzielle Erkrankungen ist. Denn ein Frühwarnindikator für diese schlimme Erkrankung sind degenerierende Zellen im Hippocampus, bevor sie auf andere Bereiche des Gehirns übergreift.

Gleichzeitig werden vom limbischen System aber auch Signale an die Großhirnrinde gegeben, die zu negativen Gedankenkreisen, Depression und Ängstlichkeit führen können, weil die selbstwirksamkeitsrelevanten kognitiven Schemata – relativ stabile, bewusste oder unbewusste mentale Ordnungsprinzipien – dauerhaft verändert werden beziehungsweise das Anlegen neuer funktionaler Schemata unterbleibt. Dies beeinflusst dann das sogenannte Default-Mode-Netzwerk (DMN), also die Ruheaktivität in der Großhirnrinde, mit der häufig vorkommende Kognitionen und Emotionen neuronal zementiert werden und wodurch sich unsere Gewohnheiten sowie unsere Persönlichkeit formen.

Das Ruhenetzwerk können Sie sich so vorstellen, wie wenn Sie im Leerlauf mit ausgekoppeltem Gang mit Ihrem Auto vor der roten Ampel stehen und auf das Signal zur Weiterfahrt warten. Es ist also der Ruhebetrieb des Gehirns, das gerade nichts macht. Im Talmud heißt es dazu: »Achte auf deine Gedanken, denn sie werden Worte. Achte auf deine Worte, denn sie werden Handlungen. Achte auf deine Handlungen, denn sie werden Gewohnheiten. Achte auf deine Gewohnheiten, denn sie werden dein Charakter. Achte auf deinen Charakter, denn er wird dein Schicksal!« Besser kann man das auch aus neurobiologischer Sicht nicht formulieren, denn während das limbische System wie eine Art Schalter operiert, findet vor allem im vorderen, direkt hinter der Stirn gelegenen Teil des kortikalen Mantels, dem sogenannten Frontallappen, die Kontextualisierung von Wahrnehmungen eher im Sinne eines graduellen Dimmers statt. Hier kann Wahrnehmung und Verhalten situations- und kontextspezifisch eingeordnet und dann auch entsprechend adaptiert sowie mit einem Wahrnehmungsfilter versehen werden. So können Menschen nachvollziehen, dass eine bestimmte Verhaltensweise wie Aggressivität, die in vielen Kontexten verpönt oder verboten ist, in einer anderen Situation nicht nur als sozial erwünscht, sondern als vorbildhaft gelten kann, wie die Auszeichnungen eines Soldaten für Tapferkeit vor dem Feind zeigt. Diese Fähigkeit versetzt Menschen im Gegensatz zu Tieren beispielsweise in die Lage, sich deutlich mehr kontextspezifisch, manchmal auch opportunistisch zu verhalten.

Wenn jedoch die Schalter des Mittelhirns permanent Stress signalisieren, hat dies auch Einfluss auf die höheren kognitiven Prozesse, die in der Großhirnrinde realisiert werden. In der Konsequenz rutschen Menschen dann häufig von einer handlungsorientierten Vorgehensweise in eine Lageorientierung, das heißt, sie können sich zu nichts mehr aufraffen, fühlen sich energielos, unfähig und zunehmend wertlos, und dieser Teufelskreis kann nicht mehr durchbrochen werden. Irgendwann wird dann eine Depression oder Angststörung diagnostiziert, wenn die Person zum Arzt oder Psychologen geht, weil ihre emotionale Befindlichkeit und der Selbstwert durch niedrige Serotoninlevel so beeinträchtigt ist, dass der motivationale Aktivierungspfad des Dopaminsystems ebenfalls zusammenbricht. Dies kann vor allem dann passieren, wenn die Systeme für eine zu lange Zeit auf Aktivierung standen und die Neurotransmitter im wahrsten Sinne des Wortes erschöpft sind. Deswegen brauchen auch unsere Neurotransmittersysteme Regenerationszeiten. Sie können nicht permanent vollständig aktiviert sein. Achten Sie daher auf ausreichend Schlaf, alles unter fünf bis sechs Stunden ist dauerhaft kritisch!

Sympathische und weniger sympathische Körperreaktionen

Die akuten und langfristigen Folgen von Dauerstress auf körperlicher Ebene und die damit verbundenen langfristigen gesundheitlichen Folgen kann man besser nachvollziehen, wenn man weiß, wie der stress-affine Teil des autonomen Nervensystems, eben der Sympathikus, arbeitet. Denn mit der Bezeichnung Sympathikus ist nicht gemeint, dass das eine System sympathisch und das andere unsympathisch ist. Der Begriff Sympathikus leitet sich von dem griechischen Wort *sympathein* ab, was man mit den deutschen Verben »mitfühlen« oder »mitleiden« übersetzen kann. Mit dem Wort wurde schon von den antiken Medizinern auf das Phänomen angespielt, dass einige Organe bei Aktivierung des Sympathikus unter Stress ihre Funktion erhöhen, einschränken oder verändern. Seit dem großen antiken Arzt und Anatomen Galen von Pergamon (ca. 128–200) ging man – ausgehend von der spezifischen Veränderung der Aktivität einiger Organe – davon aus, dass bestimmte Teile des Körpers bei Aktivierung des Stresssystems gleichsam mitfühlen und dann entsprechend reagieren. Verkürzt gesagt: Bei Aktivierung des Sympathikus werden unterschiedliche physiologische Prozesse ausgelöst, die eine Leistungssteigerung des Organismus für den bestmöglichen Umgang mit Stressoren und Anomalien im Sinne einer *fight-or-flight*-Reaktion bewirken sollen. So steigen Herzschlag und Blutdruck, und infolgedessen auch die Durchblutung der Muskulatur. Es weiten sich zudem die Bronchien und die Atemfrequenz nimmt zu. Darüber hinaus wird der Stoffwechsel angeregt und der Abbau von Kohlenhydraten angekurbelt, um bei einem erhöhten Bedarf Energie schnellstmöglich freisetzen zu können. So werden kurzfristig die relevanten Energieträger wie Zucker und Fett im Blut erhöht, da dies die Bausteine sind, aus denen unsere Zellen Energie erzeugen. Wenn Sie sich gefragt haben, warum Sie unter Stress immer Lust auf Süßes oder Fettiges haben, kennen Sie jetzt die Antwort. Auch unsere zentrale Körpertemperatur steigt, während sich die Gefäße an der Peripherie verengen und wir deswegen anfangen, kalten Schweiß an den Handflächen zu bilden. Zudem werden die Pupillen größer, damit wir bei schlechten Lichtverhältnissen besser sehen können. Gleichzeitig werden alle Funktionen, die für Kampf oder Flucht nicht unmittelbar notwendig sind, so weit wie möglich heruntergefahren. Dies betrifft beispielsweise die Verdauung; so wird Magen- und Speicheldrüsenaktivität genauso wie die Funktion der Nieren und der Geschlechtsorgane runtergefahren. Die braucht man ja nicht unbedingt, wenn man kämpfen oder fliehen will. Kurz gesagt: Es wird Alarm ausgelöst, und die Gefechtsstationen werden besetzt, die Kombüse hingegen geschlossen. Und das geschieht bei einer Entgleisung des Stresssystems, beispielsweise aufgrund von einer Traumatisierung permanent über Jahre, tagein, tagaus, tagsüber genauso wie nachts im Schlaf! An der Stelle setzte die Forschung des kürzlich verstorbenen Kardiologen Benson an, der ein echter Pionier war.

Doch wie kommt man von der Gefechtsstation wieder runter? Hier kommt der Gegenspieler des Sympathikus, der Parasympathikus, ins Spiel. Im Gegensatz zum Sympathikus löst der Parasympathikus die sogenannte Entspannungsantwort aus. Um ein Bild zu geben: Die schnellen Eingreiftruppen, die mit dem Sympathikus möglichst schnell auf der Super-Autobahn an die Front transportiert wurden, werden durch die einsetzende Entspannungsantwort nun langsam über die Landstraße wieder zurückgebracht und können ihre Kampfmontur ausziehen und die Ausrüstung wieder einpacken. Es werden dabei auch die Stresshormone wie Adrenalin oder Cortisol heruntergeregelt und körpereigene Hormone und Endorphine, wie beispielsweise Serotonin oder Gamma-Aminobuttersäure (GABA), direkt im Gehirn ausgeschüttet, die wiederum für ein gutes und entspanntes Gefühl sorgen. Sie kennen sicher das schöne Gefühl, wenn der Stress nachlässt, das Herz langsamer schlägt und man wieder ruhiger wird. Die innere

Stimme sagt dann im besten Fall: »Na also, geschafft, Gefahr vorüber! Gut gemacht!« Infolgedessen werden die peripheren Blutgefäße wieder geweitet, die Verdauung und die Speicheldrüsen nehmen ihre Tätigkeit wieder auf und Glukose wird wieder zurück in die körpereigenen Depots transportiert.

Wenn ich mit meinen Studierenden Entspannungsübungen durchführe, fängt nach etwa einer Viertelstunde mitunter deren Magen zu knurren an, was manchen etwas peinlich ist. Ich weiß dann aber, dass diese wohl kurz zuvor noch etwas gegessen und eventuell nicht ganz so oft gekaut haben, und jetzt die Entspannungsantwort zuverlässig ausgelöst wurde.

Als eine weitere Konsequenz der einsetzenden Entspannungsantwort werden zudem durch den Anstieg von Stickoxid im Körper nicht nur zelluläre Reparatur- und immunologische Regenerationsprozesse ausgelöst, sondern auch zellschädigende freie Radikale gebunden. Wenn nach einer Stressreaktion das Stresshormon Cortisol absinkt, wird die Wahrscheinlichkeit einer dauerhaften neuronalen Codierung der Handlungsstrategie in den darauffolgenden Tiefschlafphasen erhöht, und die Strategie im Umgang mit dem Stressor wird langfristig gelernt. Insofern ist hier die dritte Phase des Aufhebens als neuronales Integrieren im Sinne der Neuroplastizität und damit einhergehend das psychologische Codieren im Sinne von Erinnern zu verorten.

Der Rhythmus des Lebens – chronobiologisch bedingte Stressprozesse und ein taktloses Herz

Die generelle Gelagertheit dieser beiden scheinbar gegenläufigen Systeme und die Tendenz zur aktivierenden oder entspannenden Funktion ist teilweise genetisch bedingt, aber auch von den Lebensumständen, der individuellen Tagesstruktur und dem Ausmaß an Stress abhängig. Unsere genetische Veranlagung können wir nicht verändern. Deswegen müssen wir lernen, unsere nicht veränderbaren, feststehenden Eigenschaften zu akzeptieren, beispielsweise ob wir groß oder klein sind, viele oder wenig Haare haben, schnell zu schwitzen anfangen, erröten oder eben rasch auf die Palme gebracht werden können.

Zu einem nicht unerheblichen Teil können wir also lernen, den Parasympathikus gezielt durch Verhaltensmodifikation anzusteuern. Zudem reguliert sich das Stress-Entspannungs-System bis zu einem gewissen Grad von selbst im Tagesverlauf, beeinflusst durch Helligkeit beziehungsweise Dunkelheit, weil unsere innere Uhr unsere Leistungsfähigkeit über einen 24-Stunden-Rhythmus reguliert. Dafür haben wir in dem sonst dunklen Schädelinneren zwei Augenhöhlen, in denen mit den Augen eigentlich nicht nur ein Sehorgan vorhanden ist, sondern auch ein Helligkeitsmessgerät, das direkt mit dem Gehirn kommuniziert. Am frühen Morgen wird durch spezifische Helligkeitssensoren im Auge – den sogenannten retinalen Ganglienzellen – mit Einsetzen der Morgendämmerung der Sympathikus über die Cortisolausschüttung aktiviert, um uns leichter aus den Federn zu holen und für den Tag bereit zu machen. Aufgrund dieser Weckreaktion steigt morgens die Cortisolausschüttung – das eher langfristig wirkende Stresshormon – extrem schnell an, um sich dann nach etwa einer Stunde auf ein Tagesplateau einzupendeln und am Nachmittag dann langsam weiter absinken. Mit Einsetzen der Abenddämmerung wird dann vermehrt das Hormon Melatonin ausgeschüttet, um uns müde zu machen. Es gibt also eine sogenannte zirkadiane Rhythmik, die durch das gegenläufige Spiel von Sympathikus und Parasympathikus gesteuert wird. Auch dieser Vorgang ist zumindest teilweise genetisch determiniert und entscheidet darüber, ob man eher eine späte Eule oder eine frühe Lerche ist. Ein weiterer Aspekt, den wir wiederum selbst in der Hand haben und beeinflussen beziehungsweise ändern können, ist die Art und Menge der Nahrungsaufnahme, die eine gewisse Rolle für die Einstellung des Systems spielen. So wird beispielsweise durch schwere, kohlenhydratreiche Kost der Parasympathikus aktiviert. In Fachkreisen heißt die Phase der Verdauungsmüdigkeit nach einem reichhaltigen Mittagessen auch postprandiales Vigilanz-Suppressionssyndrom, während der Volksmund es als Futternarkose oder Suppenkoma bezeichnet. Bei Menschen, die Vorträge halten, ist die Uhrzeit direkt nach dem Mittagessen entsprechend berüchtigt und als Zeit der toten Augen bekannt, weil das Blut mehrheitlich nicht im Gehirn, sondern in den Verdauungsorganen ist.

Wenn man gelernt hat, wie das individuelle Stress-Entspannungs-System gelagert ist, kann man anfangen, es entsprechend auszusteuern. Wenn Sie also beispielsweise ein sympathischer Typ sind und Schwierigkeiten mit dem Runterkommen oder dem Ein- und Durchschlafen haben, sollten Sie in einem möglichst abgedunkelten Zimmer ruhen, und Kohlenhydrate eher abends zu sich nehmen. Denn das aktiviert den Parasympathikus. Falls Sie aber eher ein parasympathischer Typ sind, sollten Sie morgens mit dem ersten Licht aufwachen, eine Tasse Kaffee oder Tee genießen, aber zu viel Kohlenhydrate am Tag zugunsten von eiweißhaltiger Nahrung vermeiden.

Ebenso ist eine geregelte, nicht zu sehr voneinander abweichende Tagesstruktur, wie sie beispielsweise bei Arbeiten in schnell rotierenden Wechselschichtsystemen leider nahezu unmöglich gemacht wird, für die Einstellung des chronobiologischen Regelsystems äußerst hilfreich. Denn das hormonelle System braucht einige Zeit, sich umzustellen, und die Umstellung erfolgt graduell. Wenn es überfordert wird, kann es dies nicht mehr leisten. In der Tat ist es leider so, dass vor allem durch schnell rotierende Schichtarbeitssysteme eine Chronodisruption, das heißt von außen verursachte Unterbrechung des natürlichen 24-Stunden-Rhythmus, das Risiko hormonell bedingter Krebsarten wie Brustkrebs bei der Frau und Prostatakrebs beim Mann deutlich ansteigen lässt.

Im Gegensatz dazu erweisen sich regelmäßige Schlafens- und Aufwachzeiten als gesundheitsförderlich, wobei gegen Ausschlafen am Wochenende oder an Feiertagen natürlich nichts zu sagen ist. Die meisten erwachsenen Menschen kommen mit einer durchschnittlichen Schlafdauer von sechs bis acht Stunden gut aus, wenn die Schlafqualität stimmt. Diese kann aber durch eine nächtliche Sympathikusüberaktivität empfindlich gestört werden und dadurch wichtige Regenerationsprozesse auf zellulärer, physiologischer und psychologischer Ebene beeinträchtigen. Unruhiger Schlaf, häufiges Aufwachen und morgendliche Abgeschlagenheit sind häufige Symptome. Deswegen frage ich meine Studierenden immer zu Beginn einer Vorlesung, wie sie geschlafen haben.

Man bemerkt eine solche Sympathikusüberaktivität häufig am beschleunigten Ruheherzschlag. Nicht nur die Frequenz, sondern auch die Regelmäßigkeit des Herzschlags wird durch das autonome Nervensystem, genauer gesagt durch das Wechselspiel von Sympathikus und Parasympathikus, gesteuert. Interessanterweise schlägt Ihr Herz unter Stress jedoch nicht nur schneller, wie Sie am Puls unschwer erkennen können, sondern auch regelmäßiger als im entspannten Zustand. Ja, Sie haben richtig gelesen: Wissenschaftlich ausgedrückt wird die Herzratenvariabilität (HRV) unter Stress kleiner. Mit anderen Worten: Im Stresszustand schlägt unser Herz eher gleichmäßig wie ein Metronom, während es unter Erholung und Entspannung flexibler getaktet ist. Dies hängt damit zusammen, dass das autonome Nervensystem unter Stress den Herzschlag weniger dynamisch optimieren und an andere physiologische Prozesse angleichen kann, als dies im entspannten Zustand der Fall ist. Wenn man die zeitlichen Abstände zwischen Herzschlägen mit hoher Genauigkeit misst, stellt man fest, dass diese unterschiedlich lang sind und auch im Ruhezustand fortwährenden Schwankungen unterliegen. Sie können eine Vorstellung von Ihrer Herzratenvariabilität bekommen, wenn Sie während ein paar tiefer Atemzüge Ihren Puls fühlen. Dann können Sie die sogenannte respiratorische Sinusarrhythmie fühlen: Beim Ausatmen werden die Intervalle zwischen den Schlägen länger, was Sie an einem verlangsamten Pulsschlag erkennen. Umgekehrt werden beim Einatmen die Intervalle entsprechend kürzer und der Puls wird schneller, wenn Sie einatmen. Hier haben Sie also ein Gas- und Bremspedal für die Atemphysiologie, mit der Sie Einfluss auf das autonome Nervensystem nehmen können.

Wenn ein Mensch jedoch physisch oder mental überlastet ist, kann das natürliche Zusammenspiel von Sympathikus und Parasympathikus empfindlich gestört werden. Das führt dazu, dass der Körper mitunter auch im Schlaf dauerhaft in einen sympathisch überlagerten Stresszustand mit geringer HRV und erhöhtem Stresshormonspiegel gerät. Dies kann langfristig erhebliche gesundheitliche Folgen haben, weswegen die Aussteuerung des autonomen Systems über den Tagesverlauf mithilfe der Atmung wichtig ist.

Wir brauchen zwingend Erholungs- und Ruhezeiten, und man kann diese aktiv herbeiführen. Durch gezielte Atemtechniken, wie beispielsweise der Zwerchfellatmung, kann die Entspannungsantwort ausgelöst werden. Dabei atmen Sie tief in den Bauch hinein, sodass nicht nur mehr Sauerstoff in das System kommt, sondern auch die inneren Organe durch das Zwerchfell sanft in den Bauchraum geschoben und dadurch gleichzeitig massiert werden. Dadurch entsteht im oberen Brustraum mehr Platz für das Herz, das in diesem Moment – physiologisch betrachtet – größer werden kann. Im Grunde kommt es beim Auslösen der Entspannungsantwort durch Atemtechniken immer darauf an, dass der Ausatemvorgang länger dauert als das Einatmen. Denn damit wird mehr Kohlendioxid aus dem System transportiert, was die entsprechenden Rezeptoren – im Gegensatz zum Sauerstoffgehalt – registrieren können. Auf diese Weise kann physiologisch die Entspannungsantwort ausgelöst werden. Infolge der Abgabe von Kohlendioxid während des Ausatmens wird der Herzschlag abgebremst und das kardiovaskuläre System runterreguliert.

Auch während der sogenannten Drachenatmung im Yoga macht man sich diesen simplen physiologischen Vorgang zu nutzen, der manchmal als physiologischer Seufzer bezeichnet wird. Wenn Sie einen vierbeinigen bellenden Freund haben, haben Sie vielleicht schon einmal beobachtet, dass diese beim Dösen ab und zu eine Art Schnappatmung machen. Infolgedessen atmen Hunde beispielsweise zweimal kurz aufeinander folgend ein und dann länger aus, um so die Balance zwischen Sauerstoff und Kohlendioxid im Blut wiederherzustellen. Deswegen besteht die Drachenatmung auch aus zwei schnell aufeinander folgenden abrupten Einatemvorgängen, gefolgt von einem langen Ausatemzug. Wenn Sie gestresst sind, können Sie das drei- bis fünfmal machen, beispielsweise vor einem Vortrag oder schwierigen Telefonat. Im Grunde jedes Mal, wenn Sie merken, dass Sie einen Kloß im Hals haben oder angespannt sind!

Sport und Bewegung, in vernünftigen Maßen und idealerweise draußen und bei Tageslicht ausgeführt, sind ebenfalls förderlich für die Stressregulation, weil während der Aktivität der Sympathikus, im Nachgang aber vor allem der Parasympathikus aktiviert wird. Insofern bedeutet Selbstregulation auf psychophysiologischer Ebene, den wechselnden Einfluss von Sympathikus und Parasympathikus immer wieder durch den jeweiligen Gegenspieler aufzuheben und somit einen gesunden und förderlichen Lebensrhythmus mit genügend Phasen der Stimulation, aber auch Entspannung zu finden und zu praktizieren. Bewegung und Ertüchtigung, gefolgt von Ruhepausen, am besten mit kurzen Phasen der Tiefenentspannung, sind dafür ideal.

Das Spiel zwischen Sympathikus und Parasympathikus gleicht bei resilienten Menschen der ständig variierenden Grundmelodie eines guten Jazzstücks. Es ist ein dynamischer Tanz unserer Stressphysiologie hauptsächlich um subkortikale Schalter. So erklärt sich, warum wir sowohl ein kurzfristiges als auch ein langfristiges Stressantwortsystem haben: Denn über die Zeit betrachtet kann Homöostase nur hergestellt werden, weil in der konkreten Anpassungssituation in einer äußerst dynamischen Weise auf Anomalien reagiert wird. Dadurch werden – beispielsweise durch einen sprunghaften Anstieg des Herzschlags aufgrund von Adrenalinausschüttung – schlagartige Veränderungen von relevanten Systemparametern möglich, die für eine schnelle und effektive Antwort auf den spezifischen Stressor erforderlich sind. Sie können jetzt besser gegen den Säbelzahntiger kämpfen. Aber wenn Sie nun einmal häufiger gegen Säbelzahntiger kämpfen müssen, wird Ihr gesamtes System langfristig über die Stressachse durch Hormone wie Cortisol darauf eingestellt.

Dennoch haben wir die grundsätzliche Möglichkeit in uns angelegt, über bewusst gesteuerte emotionale und kognitive Prozesse – im Sinne

von neuronal modulierter Top-down-Aktivität der Großhirnrinde –
nicht nur auf unsere Wahrnehmung und Verhaltensweisen, sondern
auch auf motivationale Prozesse erheblich einwirken zu können. Resiliente Menschen können ihre psychophysiologische Lebensmelodie
aber nicht nur wahrnehmen und absichtlich modulieren, sondern durch
die Kunst der Improvisation im Umgang mit Unsicherheiten diese aktiv in Resonanz mit anderen Menschen oder Problemen bringen. Sie
wissen, dass jeder Atemzug gewissermaßen ein Portal ist, das sie von
der Gegenwart in die Zukunft transportiert. Dabei kommt es vor allem
darauf an, wie man atmet: kurz und flach, oder tief und entspannt.
Denn dies bestimmt, wie der nächste Atemzug erlebt wird!

SENSOMOTORISCHE BRÜCKEN, COPING UND
GELERNTE HILFLOSIGKEIT

Wenden wir uns nun den psychologischen Auswirkungen von Stress
zu. Die durch den Sympathikus angeregten physiologischen Auswirkungen sind nicht nur hilfreich zur temporären Verbesserung der
körperlichen Leistungsfähigkeit, sondern sie wirken sich auch auf psychologischer Ebene unmittelbar auf Bewusstseins- und Wahrnehmungsprozesse aus. Dazu ist es wichtig zu verstehen, dass der Reiz-
Reaktions-Prozess nichts anderes ist als ein komplexer Vorgang, an
dessen Anfang immer eine Wahrnehmung und an dessen Ende häufig
eine spezifische oder manchmal eine unspezifische Verhaltensveränderung steht. Insofern kann man sich das Ganze als eine Brücke vorstellen, deren einer Pfeiler die subjektive Wahrnehmung und deren anderer das beobachtbare Verhalten repräsentiert. Deswegen erscheint der
Begriff einer sensomotorischen Brücke angemessen. Beim Überqueren
dieser Brücke wird im Übrigen auch ein physiologisches Signal sukzessive in einen mentalen Vorgang mit emotionalen und kognitiven Aspekten umgewandelt, was dann wiederum eine Verhaltensveränderung
nach sich zieht. Diese Brücke ist aber in der konkreten Situation nur

einseitig in Richtung des Verhaltenspfeilers befahrbar und wird deswegen immer in der gleichen Weise durchlaufen:

1. Ein Signal aus der äußeren oder der inneren Umgebung, wie beispielsweise ein visueller Stimulus, ein Geräusch, Geruch oder auch eine Eigenwahrnehmung wie ein Gedanke, Erinnerungsfetzen oder Gefühl – und damit einhergehend spezifische psychophysiologische Veränderungen –, wird registriert und zur weiteren Verarbeitung an die entsprechenden Hirnareale weitergeleitet,

2. dort wird die Empfindung des undifferenzierten Wahrnehmungselements auf der Grundlage von bestehenden mentalen Repräsentationskategorien klassifiziert, also beispielsweise eine Amsel als Vogel,

3. als bewusste oder unbewusste psychophysiologische Reaktionen auf das klassifizierte Wahrnehmungsobjekt entstehen körperliche Regungen, emotionale Befindlichkeiten und Gefühle,

4. welche wiederum kognitive Prozesse in Form von Gedanken nach sich ziehen,

5. woraus dann bewusst oder unbewusst eine Reaktion auf der Ebene des Erlebens und Verhaltens erfolgt.

Wie Sie sicherlich auch schon selbst festgestellt haben, ist es nahezu unmöglich, die ersten beiden Ebenen des Wahrnehmungsprozesses im jeweiligen Moment willentlich zu beeinflussen, da diese in kürzester zeitlicher Abfolge als nicht erlebbare, weitgehende autonome physiologische Prozesse durchlaufen und dann im ZNS registriert werden. Dieser Teil der Wahrnehmungsmaschine ist quasi in uns evolutionsbiologisch weitgehend fest hineinverdrahtet, eine Art von Blackbox, die man nicht ohne Weiteres beeinflussen kann. Jedoch werden diese ersten beiden Wahrnehmungsstufen ebenso wie die emotionale Reaktion erheblich durch den psychophysiologischen Arousal- und damit einhergehenden Bewusstseinszustand beeinflusst, wobei dem Stresserleben hier eine zentrale Rolle zukommt.

Es ist aber durchaus möglich, Wahrnehmungsprozesse in einem relativ frühen Stadium durch gezieltes Entwickeln von neuen mentalen Repräsentationskategorien zu beeinflussen. Das bedeutet aber nichts anderes als Lernen, und zwar durch aktive Auseinandersetzung mit einem fremdartigen Reiz. Denn die momentane Wahrnehmung der Welt und aller Lebewesen, Sachverhalte, Ideen und Dinge darin, seien sie manifest oder abstrakt, ist das Resultat von Lernprozessen, mit der die genetisch vorkonfigurierte Wahrnehmungsmaschine durch bisherige Interaktions- und somit auch Lernprozesse adaptiert, upgedatet und auffrisiert wurde. Genauso wie ein Motor Treibstoff braucht, benötigt das Gehirn Erfahrungen in Form sensomotorischer Signale, um sich entwickeln zu können: Was habe ich wahrgenommen? Kenne ich das und ist es gefährlich? Wie war meine Reaktion darauf? Und war diese angemessen? sind die Fragen, die sich das Gehirn permanent stellt. Das Resultat ist, dass die besagte Blackbox entsprechend der vererbten und entwickelten Wahrnehmungsschablonen operiert und so auf jeden Reiz auch eine emotionale Antwort erzeugt, durch die sie gleichzeitig verändert wird.

Drehen an der eigenen Wahrnehmungsschraube: Verringerung der Flimmerverschmelz-Frequenz durch Yoga

Durch verhaltensbezogene Interventionen, etwa durch Mind-Body-Praktiken, gesundheitsförderliche Techniken wie beispielsweise Yoga oder bestimmte Meditationsformen, kann man spezifische physiologische Rahmenparameter von Wahrnehmungsprozessen verändern. Gut untersucht und belegt sind beispielsweise die Auswirkungen von Yoga auf die Flimmerverschmelz-Frequenz (Vani et al. 1997). Das ist die Frequenz, ab der Menschen keine einzelnen, statisch abgehackten Bilder, sondern nur noch einen fließenden Erlebnisstrom wahrnehmen. Bei alten Filmen kann man manchmal sehen, dass diese irgendwie komisch, das heißt unrund oder abgehackt, ablaufen. Das liegt daran, dass nicht genügend Bilder in einer Abfolge gezeigt werden. Üblicherweise liegt die Schwelle bei dynamischen Bewegungsänderungen beim Menschen bei etwa 60 Bildern pro Sekunde, während Hunde beispielsweise 80 Bilder pro Sekunde wahrnehmen können. Weil unsere tierischen Gefährten so besser dynamische Prozesse in der Gegenwart wahrnehmen als wir, können sie beispielsweise auch durch einen gezielten Sprung eine Frisbeescheibe in der Luft mit ihrem Maul auffangen. Sie können die Flugbahn genauer prognostizieren, als uns das möglich ist. Wer von Ihnen sich vielleicht noch an die Anfänge der Heimcomputer mit den nicht so leistungsstarken Grafikkarten erinnert, weiß sicher noch, dass manche Menschen vor dem Bildschirm schnell rote Augen bekamen und sich dann müde, schwindelig oder unwohl fühlten. Die betroffenen Personen hatten schlicht eine höhere Flimmerverschmelz-Frequenz als die Taktung der Grafikkarte und deswegen sahen sie keinen fließenden Erlebnisstrom, sondern eine Folge von Einzelbildern. Folglich musste die Pupille des Auges von den beiden Muskeln permanent auf die statischen Bilder adaptiert werden, wodurch das Gefühl des Flimmerns entstanden ist. Dies führte in der Folge zu einer schnelleren Ermüdung des Auges und damit zur Anstrengung des gesamten Nervensystems. Ob das vor allem genetisch bedingte Unterschiede sind oder das vor allem Menschen mit regelmäßiger Mind-Body-Praxis betraf, ist eine interessante Frage, die meines Wissens wissenschaftlich noch nicht untersucht wurde. Mittlerweile ist das aber kein Thema mehr, weil die Grafikkarten heutzutage sehr leistungsfähig sind.

Es ist aber auch möglich, die emotionale Reaktion auf einen Stimulus so abzuschwächen, dass kein so langer emotionaler Nachhall entsteht. Alternativ kann die Sensibilität für einen Reiz gezielt erhöht werden. Doch beides geschieht nicht von heute auf morgen. Indem man sich aber einem unbehaglichen Reiz aussetzt und Intensität und Qualität desselben systematisch variiert wird, kann jedoch die emotionale

Reaktion auf den Reiz verändert und so dessen Wahrnehmungsqualität umgeformt werden. So können beispielsweise durch Verhaltenstherapie Veränderungen in Bezug auf die Intensität und Dauer der emotionalen Reaktion auf der dritten Stufe des gerade dargestellten Modells der sensomotorischen Brücke erreicht werden. Denn eine gezielte Ad-hoc-Kontrolle und Regulation einer spezifischen Emotion wie Furcht ist nicht so leicht zu bewerkstelligen. Gefühle – wenn sie erst einmal aufgetreten sind – kann man nicht ohne Weiteres wieder unterdrücken, aber ihre weitere Entwicklung durchaus im Sinne von emotionaler Selbstregulation beeinflussen. Mit anderen Worten: Wir sind dem Stressschalter des limbischen Systems nicht völlig hilflos ausgeliefert, wenn wir uns systematisch darauf vorbereiten, mit Stress im Ernstfall anders umzugehen.

Deutlich leichter fällt uns die Selbstregulation, wenn wir in dem dargestellten Modell der sensomotorischen Brücke bei den späteren Ebenen ansetzen – also entweder an den Kognitionen oder direkt auf der konkreten Verhaltensebene – und uns dann praktisch von hinten nach vorne zu den basalen Wahrnehmungsprozessen und den ihnen zugrunde liegenden Wahrnehmungskategorien arbeiten. Dazu ist es notwendig, eine Verhaltensänderung für einen gewissen Zeitraum aufrechtzuerhalten. In der Literatur zur Gesundheitsförderung wird hier häufig die 30-Tage-Regel angeführt, weil dieser Zeitraum als lange genug dafür erachtet wird, dass sich über die konkrete Veränderung von Verhalten nicht nur kognitive Prozesse und emotionale Zustände wandeln, sondern auch mentale Repräsentationskategorien im Sinne der Neuroplastizität dauerhaft verändert werden. So berichtete mir ein ehemaliger Raucher, dass er nach vier Wochen Zigarettenabstinenz feststellte, dass er auf einmal weniger Zigarettenautomaten sah und beispielsweise Tankstellen für ihn eine andere Bedeutung bekamen, nämlich vor allem als Orte, um sein Auto aufzutanken.

Die gezielte Veränderung von Verhalten und Gedanken ist das Wirkprinzip einer der wirkmächtigsten Psychotherapien, die wir seit den 1970er-Jahren zur Verfügung haben: Der kognitiv-behavioralen Verhaltenstherapie. Das Ansetzen an konkreten Verhaltensweisen ist übrigens auch das Vorgehen der Wahl in meinem Fach, der Gesundheitsförderung. Hier setzen wir – idealerweise bevor das Kind in den Brunnen gefallen ist – konkret an einem der drei Handlungsfelder Bewegung, Ernährung sowie Entspannung und Stressbewältigung an und versuchen, die Menschen zu motivieren, so lange an einer Verhaltensveränderung dranzubleiben, bis sie selbst konkrete Erfolge spüren. Dann sind sie nämlich motivierter, das Verhalten selbstgesteuert aufrechtzuerhalten.

Resiliente Menschen wissen dieses wirksame Prinzip der kognitiv-behavioralen Veränderung intuitiv häufig absichtlich zu nutzen. Sie sind so langfristig in der Lage, nicht nur ihre Emotionen und Kognitionen, sondern auch ihre mentalen Repräsentationskategorien und damit letztlich auch ihre basalen Wahrnehmungsprozesse im Rahmen gewisser Grenzen zu beeinflussen. Denn mentale Repräsentationskategorien sind letztlich nichts anderes als ein Klassifikationsbehältnis für sensorische Reize, die mit einem begrifflichen Label versehen werden und eine emotionale Reaktion nach sich ziehen, die wiederum unsere Gedanken und Verhaltensweisen beeinflusst. Resiliente Menschen wissen, dass die Art und Weise, wie sie sprechen und kommunizieren, nicht nur ihre eigenen Gedanken und Emotionen sowie die elementaren mentalen Repräsentationskategorien erheblich beeinflusst, sondern auch die anderer Menschen. Der Akt des Aussprechens ist so gesehen ein Akt von manifestiertem Denkverhalten, das so für den Sprecher und seine Zuhörer offenkundig wird. Im Gegensatz dazu sind Gedanken eine innere Form der Kommunikation mit sich selbst, häufig im Sinne eines Monologs, manchmal in Form einer Zwiesprache mit sich selbst. Dieser wird allerdings nicht über die Sprachorgane vollzogen, sondern innerlich erlebt. Deswegen achten resiliente Menschen nicht nur auf ihre äußere, sondern vor allem auch auf ihre innere Kommunikation, denn sie haben gelernt, sich selbst genauso achtsam zuzuhören wie anderen Menschen. Sie haben eben die weisen Zeilen aus dem Talmud im Zusammenhang mit dem Ruhenetzwerk verinnerlicht und achten auf ihre Gedanken.

Lazarus' Stresskonzept – ein psychologisches Erklärungsmodell für alle Wechselfälle des Lebens

Nach diesem kurzen Crashkurs in allgemeiner Wahrnehmungspsychologie können wir uns nun einem Stressmodell zuwenden, das aus heutiger Sicht immer noch als bedeutend gilt, weil auf seiner Grundlage nicht nur die Entstehung von Stress, sondern vor allem auch die aktive Stressbewältigung – auch Coping genannt – erklärt werden kann. Es stammt von dem amerikanischen Psychologen Richard Lazarus (1922–2002) und wird als transaktionales Stressmodell bezeichnet. Obwohl es fast 50 Jahre alt ist, wird es an Universitäten noch immer gelehrt und gilt nach wie vor als eine Art Standardmodell der Stressbewältigung.

Im Rahmen dieses Modells werden Stresssituationen als komplexe Interaktionsprozesse aufgefasst: Einerseits sind diese durch die jeweilige Anforderungssituation, andererseits durch die damit einhergehenden subjektiven Wahrnehmungsvorgänge der erlebenden Person gekennzeichnet. Letztere bestimmen wiederum in erheblichem Ausmaß, ob eine Situation letztlich als stressbeladen wahrgenommen wird oder eben nicht. Dies hängt naturgemäß nicht zuletzt von den vorhandenen Bewältigungsstrategien ab, die durch den erfolgreichen Umgang mit früheren Stresssituationen erworben wurden. Stress ist folglich auch in diesem Modell eine wahrgenommene Anomalie, die entweder durch die Wahrnehmung selbst oder durch die Reaktion auf die Wahrnehmung als Anforderung, Herausforderung oder Bedrohung entsteht. Lazarus rückte damit allerdings weniger die objektiven Faktoren, sondern vor allem die Bedeutung der subjektiven Wahrnehmung und ihre Bewertung in den Fokus der Stressreaktion. So entsteht Stress, wenn eine Anforderungssituation als Herausforderung, Beanspruchung oder Bedrohung wahrgenommen wird. Im Gegensatz dazu kommt es bei positiven oder neutralen Einschätzungen der Situationen nicht zu Stress.

Die unmittelbare Bewertung einer Situation als aversiv, das heißt potenziell gefährlich und negativ, entspricht dabei der sogenannten Ersteinschätzung *(primary appraisal)*, durch die im Grunde die Stressreaktion vorbereitet, aber noch nicht ausgelöst wird. Die Stressreaktion als solche wird Lazarus zufolge erst durch die sich daran unmittelbar anschließende Zweiteinschätzung *(secondary appraisal)* ausgelöst. Allerdings geschieht dies nur, wenn festgestellt wird, dass die Bedrohung oder Herausforderung die subjektiven Bewältigungsmöglichkeiten übersteigt. In diesem Fall wird unmittelbar eine Bewältigungsstrategie in Form eines Notfallplans entwickelt und umgesetzt, die sowohl von der Anforderung der Situation, aber auch den Fähigkeiten, Fertigkeiten und Kompetenzen sowie den Persönlichkeitseigenschaften der jeweiligen Person abhängig ist und auch als Copingstrategie bezeichnet wird. Mögliche Verhaltensreaktionen sind dann – der Hirnstamm lässt grüßen – basale Programme wie Angriff, Flucht oder Einfrieren. Es lassen sich aber ebenfalls komplexere Veränderungen von Verhalten und Einstellungen beobachten, oder die Situation wird komplett verleugnet oder uminterpretiert.

Lazarus unterscheidet dabei problemorientierte, emotionsorientierte und bewertungsorientierte Copingstrategien. Während beim problemorientierten Coping Versuche unternommen werden, die Anomalie zu überwinden beziehungsweise deren Auswirkungen so weit wie möglich zu minimieren, strebt eine Person beim emotionsorientierten Coping an, die negativen emotionalen Auswirkungen abzufedern. Beim bewertungsorientierten Coping versucht die betreffende Person hingegen, ihr Verhältnis zum Stressor und zu Umgebungsfaktoren bewusst so zu verändern, dass ein weniger kräftezehrender Umgang möglich wird. Durch den wahrgenommenen Erfolg – oder in Gegenteil dessen Ausbleiben – im Zusammenhang mit der jeweils eingesetzten Copingstrategie bekommt die betreffende Person eine unmittelbare Rückmeldung zu deren Wirksamkeit und Angemessenheit. So kann sie im Laufe der Zeit lernen, die jeweils passendste Strategie selektiv einzusetzen. In einem dritten, abschließenden Schritt *(reappraisal)* kommt es schließlich zur endgültigen Bewertung über den Erfolg der eingesetzten Copingstrategien und dadurch zu einer Neubewertung der stressauslösenden Anomalie. Diese kann dann je nach Verlauf des Copings in Bezug auf ihr Bedrohungspotenzial entweder herauf- oder herabgestuft werden. Folglich kann eine Bedrohung zu einer Herausforderung, aber eine Herausforderung auch zu einer Bedrohung werden. Hierbei kann eine aktive Adaption auf den Stressor im Sinne einer psychophysiologischen Kompensationsreaktion stattfinden; möglich sind jedoch genauso Prozesse der Habituation und Sensibilisierung. Unter Habituation versteht man die Abschwächung einer Reaktion auf einen wiederholt dargebotenen Reiz, während Sensibilisierung das genaue Gegenteil, also Verstärkung, meint.

Weil die subjektive Wahrnehmung einer Situation und damit zusammenhängende Vorerfahrungen mit dem Stressor, aber auch die Selbstwirksamkeitsüberzeugung und der aktuelle psychophysiologische Zustand maßgeblich für das Auftreten von Stress sind, kann das transaktionale Stressmodell gut erklären, warum einzelne Menschen sehr unterschiedlich auf die gleichen Anforderungssituationen reagieren. Aus diesem Grund unterscheidet die Stressforschung zwischen Belastungen und Beanspruchungen. Während Belastungen äußere, objektivierbare Einwirkungen auf eine Person beschreiben, versteht man unter Beanspruchungen die psychophysiologischen und psychoemotionalen Reaktionen des Menschen auf solche Belastungen. Daher wirken Belastungen nach dem transaktionalen Stressmodell nicht direkt und unmittelbar auf eine Person. Vielmehr werden die Auswirkungen indirekt von internen Kompetenzen, Fertigkeiten, aber auch Einstellungen einer Person sowie deren potenziellem Zugang zu externen Ressourcen unter Berücksichtigung der situationsspezifischen Rahmenbedingungen wie Handlungs- oder Entscheidungsspielraum beeinflusst. Da es aus diesem Grund immer zu einer Wechselwirkung von Belastungen und Beanspruchungen kommt, gibt es streng genommen keine Möglichkeit, die angemessene Ausprägung von Stress in einer gegebenen Situation objektiv zu bestimmen. Menschen sind eben sehr unterschiedlich, und das trifft vor allem auf ihr Stresserleben zu.

Als ich einmal versucht habe, diese Sichtweise einem sehr vom objektiv-naturwissenschaftlichen Denken geprägten Vorstandsvorsitzenden eines Technologiekonzerns nahezubringen, hat der mit Unverständnis reagiert und meinte am Ende eines längeren Gesprächs nur unwirsch: »Das ist nicht hinnehmbar, denn dann habe ich ja schlicht keine Möglichkeit, durch eine durchdachte Aufgabenverteilung den Stress auf meine Mitarbeiter objektiv und gerecht zu verteilen!« Meine Antwort darauf war: »Sehr richtig, und willkommen in der Psychologie! Weil Menschen keine genormten Maschinen sind, gibt es auch keine DIN-ISO-Normen für Stresswahrnehmung und Belastungsreaktionen. Umso wichtiger ist es, dass man die Signale von Stress bei sich und anderen bemerkt, zulässt und nicht unterdrückt, sowie entsprechend reagiert.« Er war damit sichtlich unglücklich, aber ich konnte ihm an dieser Stelle nichts anderes sagen.

Unterschiedliche Reaktionen auf Stress – Beobachtungen eines Hochschullehrers

Die Reaktion auf Stress ist selten eindimensional, sondern meistens komplex. In vielen Fällen kommt es dabei zu einer Kombination von Verhaltens- und Einstellungsänderung. Ein Beispiel aus meinem Alltag als Hochschullehrer ist die Beobachtung, dass Studierende am Anfang ihres Studiums nicht selten Bammel oder sogar Angst vor Referaten haben, die sie mündlich vor ihren Kommilitonen halten müssen. Darüber hinaus haben viele von ihnen anfangs auch keine Strategie, um relevante wissenschaftliche Literatur zu finden, qualitativ hochwertige Studien von schlechteren zu unterscheiden, diese zusammenfassend zu sichten und daraus angemessene Rückschlüsse zu ziehen.

Deswegen erkläre ich zunächst die Vorgehensweise beim wissenschaftlichen Arbeiten genau. Erst dann lasse ich meine Studierenden gemeinsam Referate zu einem Themenkomplex vorbereiten. Die Studierenden bekommen dabei Teilaufgaben zur Bearbeitung zugewiesen, die jedoch zusammenhängen und für eine erfolgreiche Bearbeitung der Fragestellung aufeinander bezogen werden müssen. Durch diese Sammelreferate können sie sich gegenseitig Feedback und soziale Unterstützung geben, denn geteiltes Leid ist ja bekanntlich halbes Leid. Gemeinsam getragen, ist alles leichter, wenn sich alle einbringen.

Spätestens nach dem zweiten oder dritten Referat fällt es den meisten deutlich leichter, sich zu strukturieren, und sie verlieren auch die Hemmung, vor dem ganzen Plenum zu sprechen. Hier ist dann schon in den ersten zwei Semestern ein klarer Lernprozess zu sehen und es macht Freude, zu beobachten, wie sich Selbstsicherheit, rhetorisches und didaktisches Geschick sowie Präsentationstechniken entwickeln.

Wenn ich sehe, dass die Studierenden deutlich an Urteilsfähigkeit und Sicherheit gewonnen haben, beginne ich, gezielt Einzelreferate zu vergeben. Andererseits habe ich feststellen müssen, dass diejenigen, die sich in den ersten Referaten schwergetan haben, im Verlauf der Zeit eine richtige Phobie vor solchen Vorträgen entwickeln konnten. Einmal ist mir jemand deswegen sogar fast in Ohnmacht gefallen, so aufgeregt war die betreffende Person.

Ein ähnlicher Prozess wie beim ersten Referat passiert dann häufig noch einmal am Ende des Studiums mit der Abschlussarbeit. Deswegen lasse ich immer zuerst ein Exposé erstellen und halte im Verlauf des Schreibprozesses in angemessenen Abständen Rücksprache mit den Studierenden. Was angemessen ist, ist dabei höchst unterschiedlich. Manche Studierende benötigen kaum Hilfestellung, andere dagegen umso mehr. Ich versuche, nach Augenmaß zu entscheiden und dabei gleichzeitig so gerecht wie möglich zu sein. Wenn ich jedoch sehe, dass ein Studierender trotz aller Bemühungen wirklich nicht weiterkommt oder der Lösungsansatz in die falsche Richtung läuft, spreche ich die betreffende Person gern gezielt an und biete eine angemessene Hilfestellung. Allerdings ist auch hier Augenmaß von mir gefordert, damit ich das von dem Psychologen Martin Seligman so bezeichnete

Phänomen der gelernten Hilflosigkeit vermeide. Das geschieht, wenn ich mehr Hilfestellung als nötig gebe, um mich dann am Ende bei der Notenvergabe selbst zu bewerten.

Es ist schon erstaunlich, wie unterschiedlich die selbstständige Arbeitsweise ausgeprägt ist. Manche Studierende kommen überhaupt nicht von allein auf mich zu und geben die Abschlussarbeit irgendwann ab. Andere melden sich hingegen alle paar Tage mit Detailfragen. Das kommt aber offen gesagt selten vor, und häufig hilft schon ein kurzes Gespräch mit einem kleinen Fingerzeig. Manchmal tun es ein paar beruhigende Worte. *Keep calm and carry on!,* sage ich – wie die Briten – dann. Wir haben aber auch schon gemeinsam stundenlang an methodologischen Fragen gebrütet, die sich im Zuge der Diskussion als extrem komplex herausgestellt haben.

Ich versuche, für meine Studierenden eine angemessene und gerechte Belastungssituation zu schaffen, denn es handelt sich bei einer Abschlussarbeit schließlich um den finalen Baustein zu einem Studienabschluss. Ich sehe aber zu, dass ich chronische Beanspruchung und Überlastung bei ihnen vermeide. Genau das ist mein Job, und dafür werde ich bezahlt. Und wenn ich eben wahrnehme, dass sich Studierende sehr schwertun, versuche ich, ihnen genau die Hilfestellung zu geben, die sie brauchen, um wieder allein weiterzukommen. Denn ineffektive und unangemessene Copingstrategien können langfristig zu einem wahrgenommenen Zustand der kompletten Überlastung führen, wodurch die betreffenden Menschen dann auch leider ernsthafte körperliche und psychische Erkrankungen wie eine Herz-Kreislauf-Erkrankung, eine komplexe Schmerzsymptomatik oder das berüchtigte Burn-out-Syndrom entwickeln können. Doch so weit muss es nicht kommen, wenn man versteht, wozu das Stresssystem da ist, wie es funktioniert und wie man es regulieren kann. Modifikationen im Verhalten, die systematisch aufgebaut über 30 Tage durchgehalten werden, wirken dabei Wunder, sei es Abstinenz von Suchtmitteln, Personen und Orten oder der Aufbau von gesundheitsförderlichen Aktivitäten.

ZWEI AUFMERKSAMKEITSNETZWERKE UND EIN UNSICHTBARER GORILLA

Stress verändert nicht nur biologische und physiologische Vorgänge, sondern er beeinflusst ebenso Bewusstseinsfunktionen und somit auch basale Wahrnehmungsprozesse. In dem gerade vorgestellten fünfstufigen sensomotorischen Brückenmodell betrifft dies vor allem die ersten beiden Stufen; also wie aus einer Empfindung auf der Grundlage von bereits bestehenden Wahrnehmungsschablonen, den mentalen Repräsentationskategorien, ein Perzept, das heißt ein aus mehreren Sinnesreizen zusammengesetztes Wahrnehmungsobjekt, entsteht. Aber auch die emotionale Reaktion ist – wie das Stressmodell von Lazarus aufzeigt – von der subjektiven Wahrnehmung des Stressors abhängig.

Die mit Stressempfinden einhergehenden psychologischen Veränderungen der Aufmerksamkeit lassen sich durch zwei wechselseitig aufeinander bezogene Aufmerksamkeitsnetzwerke beschreiben, die im Englischen als *attention-* und *awareness-*Netzwerk bezeichnet werden. Es gibt dafür – ähnlich wie für den Begriff *mind* – meines Erachtens keine wirklich passende deutschsprachige Entsprechung, außer vielleicht als Notlösung die zusammengesetzten Begriffe der spezifischen, fokussierten Aufmerksamkeit und, komplementär dazu, der unspezifischen ungerichteten Gegenwärtigkeit.

Fokussierte Aufmerksamkeit statt ungerichtete Gegenwärtigkeit und deswegen ein Bremsenstich!

Attention im Sinne von fokussierter Aufmerksamkeit bezieht sich auf den mentalen Vorgang, bei dem das Bewusstsein mit einem engen Fokus weitgehend auf ein Objekt oder Perzept gerichtet ist, was folglich alle anderen Reize weitgehend in den Hintergrund treten lässt.

Stellen Sie sich vor, wie Sie den unvorhersehbaren Zickzackflug einer

Insekten jagenden Schwalbe vor einem aufziehenden Sommergewitter ganz genau und konzentriert mit einer Kamera verfolgen. Den abrupten Flugbewegungen des Vogels zu folgen, ist zwar gleichermaßen spannend wie anstrengend, bindet aber fast alle Ihre Aufmerksamkeitsressourcen. Denn Sie müssen mit Ihrem Bewusstsein auf das Objekt zoomen und dabei mit der Kamera gleichzeitig einen angemessenen Abstand halten. Man soll ja sowohl den Vogel als auch Himmel und Horizont sehen, zudem wollen Sie einen gelungenen Film mit ausgewogener Kameraführung drehen und daher schnelle Schwenks und Größenveränderungen vermeiden. Doch die Flugbahn ist kaum zu prognostizieren und ändert sich abrupt! Daher kriegen Sie auch nicht mit, dass sich eine Bremse auf Ihrem rechten Unterschenkel niedergelassen hat und nun dummerweise ihren Stachel in Ihr Fleisch versenkt. Aua! Erst als es schlagartig unten an Ihrem Bein anfängt wehzutun, bemerken Sie, dass irgendetwas nicht stimmt. Sie setzen die Kamera ab und sehen nach Ihrem Unterschenkel, um zu ermitteln, was dort eigentlich gerade los ist.

An dieser Stelle hat ein anderes Aufmerksamkeitsnetzwerk Ihren Wahrnehmungsstrom umgelenkt und Ihre Aufmerksamkeitsressourcen auf einen alternativen, in dem gegenwärtigen Moment jedoch wichtiger erscheinenden Reiz fokussiert. Das Awareness-Netzwerk hat sich gemeldet. Denn die durch den Bremsenstich verursachte Schmerzwahrnehmung hat angezeigt, dass sich an Ihrem Bein irgendetwas abspielt, das unmittelbar die Integrität Ihres Körpers und damit Ihres Ichs attackiert. Dies bedarf jetzt Ihrer uneingeschränkten Aufmerksamkeit, denn Ihrem Gehirn wird signalisiert: Jetzt wird es ernst, es geht um Leib und Leben! Das ist deutlich wichtiger als Ihre absonderlichen Vogelflugstudien, findet zumindest Ihr Körper. Wären Sie durch das Filmen der Schwalbe nicht so absorbiert gewesen, hätten Sie die drohende Gefahr wahrscheinlich sogar schon früher mitbekommen – im Idealfall sogar bereits bevor die Bremse sich auf Ihr Bein setzte – und dann sofort entsprechend reagiert und die Bremse sanft verscheucht. In diesem Fall war das aber nicht möglich, weil der im Hintergrund Ihres Bewusstseins stets ablaufende Rundum-Aufmerksamkeitsradar nur mit wenig Aufmerksamkeitsressourcen betrieben wurde. Multitasking ist ja bekanntlich nicht möglich. Aber Sie mussten ja mit aller Aufmerksamkeit den Schwalbenflug filmen, auch wenn die Schwalbe bekanntlich noch keinen Sommer macht! Deswegen konnte das Awareness-Netzwerk, mit dessen Hilfe die Umgebung ähnlich wie ein Radarscan beständig nach potenziell interessanten, vor allem aber auch gefährlichen Stimuli abgesucht wird, nicht früher Alarm schlagen. Folglich konnte Ihr Wahrnehmungssystem nicht schnell genug von externen Signalen auf die Körpereigenwahrnehmung umschalten, weil Sie im wahrsten Sinn des Wortes in Ihrem Film waren.

Man bezeichnet diese beiden Arten der Wahrnehmung als Exterozeption beziehungsweise Interozeption. Wie Sie gerade bemerkt haben, funktioniert beides zusammen nicht wirklich gut, so wie Sie Ihren Herzschlag eben nur wahrnehmen, wenn Sie im Bett liegen, meditieren oder sich gezielt darauf konzentrieren. Sie waren aber eben gerade mit Ihrem attentionalen Aufmerksamkeitsnetzwerk sehr stark auf den wendigen Vogel fokussiert, während das Awareness-Screening eher auf Sparbetrieb lief und die Körpereigenwahrnehmung folglich weitgehend ausgeblendet war. Die Quittung kam dann umgehend, und Sie haben die Bremse viel zu spät bemerkt.

Bewusstsein im Tunnelblick –
Aufmerksamkeit, die knappste Ressource der Welt!

Die gerade beschriebene, schmerzhaft endende Erfahrung ist typisch für eine Anforderungssituation und das damit einhergehende Stresserlebnis. Wenn wir von einer kognitiven, emotionalen oder motorischen Aufgabe absorbiert oder auf einen Stressor oder ein Objekt von Interesse fokussiert sind, werden andere potenzielle Stressoren und relevanten Reize aufgrund der eingeschränkten Verarbeitungskapazität der neurobiologischen Architektur ausgeblendet oder auch komplett übersehen. Der Wahrnehmungstrichter ist entsprechend verengt.

Stresshormone wie Adrenalin, Noradrenalin oder Cortisol können dazu beitragen, den damit einhergehenden spezifischen Tunnelblick zu erzeugen. So komisch es klingt, Konzentration lenkt eben auch ab, und zwar von anderen Reizen und potenziellen Stressoren. Je größer die für eine Aufgabe benötigten und somit gebundenen Aufmerksamkeitsressourcen sind, umso stärker ist dieser Tunneleffekt bei der fokussierten Wahrnehmung. So wird der Aufmerksamkeitstrichter noch einmal schmaler werden, wenn Sie versuchen, die Schwalbe mit einem ferngesteuerten Modellflugzeug zu verfolgen, dessen Flug Sie gleichzeitig zusätzlich kontrollieren müssen. Übrigens würde Ihr Herz dabei dann noch einmal schneller und sehr regelmäßig wie ein Metronom schlagen, vor allem, wenn Sie kein sehr erfahrener Modellpilot sind und der Wind des aufziehenden Gewitters noch dazukommt!

Diese Verengung der Wahrnehmung vollzieht sich übrigens nicht nur bei externen Reizen, sondern auch bei internen Signalen des Körpers. Wie oft haben Sie beispielsweise bei der konzentrierten Arbeit an einem dringenden Projektbericht vergessen, dass Sie Hunger oder Durst verspüren, Ihr Hintern von dem vielen Sitzen eigentlich schmerzt oder Sie von der Bildschirmarbeit schon längst Kopfschmerzen haben? In der folgenden Abbildung ist das Zusammenspiel zwischen dem Attention- und dem Awareness-Netzwerk sowohl unter Normal- als auch unter Stressbedingungen grafisch dargestellt.

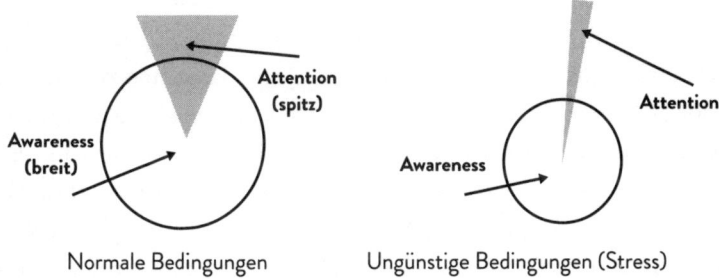

Attention
(spitz)

Awareness
(breit)

Attention

Awareness

Normale Bedingungen   Ungünstige Bedingungen (Stress)

Attention und Awareness: Zwei Aufmerksamkeitsnetzwerke im steten Wechselspiel;
Quelle: Eigene Darstellung

Wie unschwer zu erkennen ist, wird unter Stress der in der Abbildung grau eingefärbte Aufmerksamkeitstrichter schmaler, dafür aber auch tiefer, während der weiße Awareness-Kreis kleiner wird. Das gegenläufige Aufmerksamkeitsnetzwerk, das auf Stressoren anspricht und das bei Stress kleiner wird, ist der Ansatz von Mutter Natur, das Problem einer sowohl umfassenden als auch spezifischen Wahrnehmungsfähigkeit bei begrenzten Aufmerksamkeitsressourcen bestmöglich zu lösen. Die andere Lösung bestünde darin, an der Hardware aufzurüsten und unseren Schädel zu vergrößern, damit größere und somit leistungsfähigere Gehirne darin Platz finden können. Doch dann würde dieses zum einen noch mehr Energie verbrauchen, als das bei der bestehenden Größe mit circa einem Fünftel des Energieumsatzes ohnehin schon der Fall ist. Und es wäre wiederum ein evolutionärer Nachteil bei der Nahrungssuche. Der schwerere Kopf würde zudem auch größere Gleichgewichtsprobleme bereiten, weswegen Homo sapiens dann insgesamt größer sein müsste, um den schwereren Kopf tragen zu können. Vermutlich würde er dann noch mehr grübeln. Damit aber nicht genug, Frauen bräuchten breitere Becken, um Geburtskomplikationen bei den größeren Köpfen zu vermeiden, um die Kinder sicher auf die Welt zu bringen. Denn in einem noch frühreiferen Zustand kann man Babys sinnvollerweise nicht gebären. Wie man sieht, musste sich die arme Evolution doch ziemlich den Kopf zerbrechen, dies alles in so ausbalancierter Weise zu gestalten, denn eine astreine skalierte Wachstumsstrategie hätte hier schlicht nicht funktioniert. Größer ist nicht immer besser!

Das ist der Grund, warum Aufmerksamkeit mit Sicherheit die beschränkteste Ressource auf der Welt ist. Denn damit eine Person sich ganz genau auf einen Stressor fokussieren kann, müssen alle anderen Reize so weit wie möglich ausgeblendet werden. Fokussierung auf ein Ziel, und gegebenenfalls das Wechseln des Ziels, ist der eigentliche Sinn und Zweck von Bewusstsein. Weil wir sehr stark visuell orientierte Wesen sind, ist die Metapher vom zielenden Bogenschützen deswegen – im wahrsten Sinne des Wortes – sehr zutreffend. Denn so gesehen ermöglicht uns das Bewusstsein, aus der Aktualität der Gegenwart heraus mit dem Wissen der Vergangenheit vor Augen ein spezifisches Ziel in der Zukunft anzuvisieren, damit dieses sich aus dem Potenzialkorridor der Möglichkeiten manifestieren kann. Der Preis, der mit der Fokussierung der Aufmerksamkeit zu bezahlen ist, ist jedoch hoch. Denn naturgemäß ist man dann schlechter oder vielleicht sogar überhaupt nicht mehr in der Lage, andere Reize oder Signale wahrzunehmen und einordnend zu verarbeiten. Deswegen spricht man ja auch von den sprichwörtlichen Scheuklappen, die einem unter Stress die Sicht versperren.

Mit Blindheit im Zentrum der Aufmerksamkeit geschlagen – wie kann das sein?

Man kann diesen Effekt anschaulich an einem Phänomen demonstrieren, das im Deutschen etwas sperrig Unaufmerksamkeitsblindheit *(inattentional blindness)* heißt. Bekannt wurde dieses Phänomen auch außerhalb von psychologischen Fachkreisen durch eine 1999 veröffentlichte Studie mit dem markanten Titel *Gorillas in unserer Mitte*. Diese eindrucksvollen Experimente wurden um die Jahrtausendwende von damals zwei jungen Psychologen, Daniel Simons (*1969) und Christopher Chabris (*1966), an der Universität von Illinois durchgeführt (Simons & Chabris 1999). Die Versuche basierten auf Vorarbeiten des Psychologen Ulrich Neisser (1928–2012) aus den 1970er-Jahren. Versuchspersonen mussten einen kurzen, etwa anderthalbminütigen Film von zwei Basketball spielenden Teams – bestehend aus jeweils drei Spielern mit weißen und schwarzen T-Shirts – ansehen, die sich einen Ball durch Passen oder Dribbeln zuwerfen. Die Aufgabe bestand in der einfachen Version des Experiments darin, alle Pässe von einem Team, also beispielsweise der Spieler in Weiß, zu zählen. In der schweren Version mussten die Versuchspersonen noch zwischen Passen und Dribbeln unterscheiden. Folglich mussten die Teilnehmer ihre Aufmerksamkeit nicht nur auf die Pässe eines Teams fokussieren und die anderen Spieler von der Zählung ausschließen, sondern auch noch den Typ des Ballwechselns innerhalb des jeweiligen Teams getrennt registrieren. Das ist schon ziemlich anstrengend und bindet viel Aufmerksamkeit. Deswegen hatten viele Probanden Schwierigkeiten, die richtige Anzahl von Pässen und Dribblings zu zählen. Der Clou ist aber ein anderer, denn in der Mitte des Films läuft nun auf einmal eine in ein schwarzes Gorillakostüm gekleidete Frau langsam von rechts nach links durch das Bild, um in der Mitte des Spielfeldes kurz zu pausieren, eine Grimasse zu schneiden und dem Zuschauer zuzuwinken. Währenddessen spielen die zwei Basketballteams aber unbeirrt weiter mit ihren Bällen um den Gorilla herum. Dann läuft sie langsam aus dem Bild, als wäre nichts geschehen.

Wenn die Teilnehmer nach Beendigung des Experiments gefragt werden, ob sie noch etwas anderes Außergewöhnliches in dem kurzen Film bemerkt haben, verneinen das üblicherweise mehr als die Hälfe. In der einfachen Bedingung konnten nur 8 Prozent der Versuchspersonen, die die Gesamtzahl der Pässe des weißen Teams zählen sollten, den Gorilla beobachten, während dies im Fall des Teams mit schwarzen T-Shirts 67 Prozent waren. In der schweren Bedingung blieb die Zahl der Gorilla-Sichtungen beim weißen Team bei 8 Prozent, während sie im Fall des schwarzen Teams sogar auf 25 Prozent sank.

Wir können daraus den Rückschluss ziehen, dass Objekte unter gewissen Umständen selbst dann nicht gesehen werden, wenn sie sich direkt durch das Zentrum unserer Aufmerksamkeit bewegen. Dies ist immer dann der Fall, wenn wir gestresst sind oder aufgrund von bestimmten Erwartungshaltungen oder Wahrnehmungsaufgaben eine selektive Wahrnehmung haben und die entsprechenden Erscheinungen nicht in unseren Erwartungshorizont passen. Wenn Sie das nicht glauben und dies für einen konstruierten experimentellen Einzelfall halten, dann sollten Sie sich weitere Experimente aus der Gorilla-Reihe ansehen, bei denen jetzt mit dem entsprechenden Vorwissen ausgestattet zwar alle Versuchspersonen den Gorilla sehen, dafür aber viele nicht mitbekommen, dass ein Spieler des gegnerischen Teams das Spielfeld verlässt und der Vorhang im Hintergrund seine Farbe verändert.

Das Phänomen lässt sich aber nicht nur in Laborsituationen zeigen, sondern auch in echten Lebenssituationen. Vor Kurzem hat einer der Psychologen, Simons, in einer weiteren Studie gezeigt, dass bei einer simulierten Verkehrskontrolle im Rahmen des Polizeitrainings 58 Prozent der Polizeischüler, aber nur 33 Prozent der erfahrenen Polizisten eine Soft-Air-Pistole übersehen haben, die gut sichtbar auf dem Armaturenbrett drapiert war (Simons & Schlosser 2017). Auch diese Studie zeigt erneut auf, wie fehleranfällig die Wahrnehmung in Bezug auf einen unerwarteten Reiz ist, denn welcher Polizist erwartet schon ernsthaft, eine Handfeuerwaffe gut sichtbar auf dem Armaturenbrett des Autos zu sehen, das er gerade anlässlich einer Verkehrskontrolle gestoppt hat? Zum anderen zeigt sich hier deutlich, dass man durch Erfahrung lernen kann, unerwartete Dinge besser wahrzunehmen, selbst wenn die Fehlerrate mit einem Drittel bei den erfahrenen Polizisten immer noch sehr hoch ist. Wenn Sie sich jemals gewundert haben, wie es sein kann, dass Ärzte Operationsbesteck im Körper eines Patienten vergessen, wissen Sie jetzt, wie Derartiges zustande kommen kann. Manchmal sind wir im Zentrum der Aufmerksamkeit mit Blindheit geschlagen.

Einseitiges Umkippen der Wahrnehmungsnetzwerke: Craving, Hyperaktivität, und Verliebtheit

Die wechselseitig aufeinander bezogenen Netzwerke für fokussierte Aufmerksamkeit und ungerichtete Gegenwärtigkeit sollten sich idealerweise aufgaben- und anforderungsspezifisch – ähnlich Sympathikus und Parasympathikus – auf komplementäre Weise aussteuern können. Mitunter kippen diese jedoch dauerhaft zu sehr in die eine oder andere Richtung, sodass ein Mensch entweder zu engstirnig nur auf einen Sachverhalt oder eine Aufgabe fixiert ist oder aber Schwierigkeiten hat, sich längerfristig auf eine Aufgabe zu fokussieren oder auf eine Handlung zu konzentrieren. Heutzutage werden so vor allem Kinder mit einer Tendenz zur Unaufmerksamkeit, Impulsivität, Zappelei und anderen Selbstregulationsproblemen mit der Diagnose Aufmerksamkeitsdefizit-/Hyperaktivitätsstörung (ADHS) diagnostiziert und pharmakologisch mit Substanzen wie Ritalin behandelt, durch die Dopamin und Noradrenalin verstärkt ausgeschüttet werden. Denn vor allem durch Dopamin wird der Aufmerksamkeitsfokus verändert.

Auf der anderen Seite gibt es Menschen, die ihren Aufmerksamkeitsfokus nur noch auf einen Gegenstand oder – wie übrigens auch im Fall der anfänglichen Verliebtheit – eine Person ausrichten und nicht mehr davon wegkommen. Verliebt zu sein ist ja zunächst großartig, aber wenn eine Person zu lange der alleinige Fokus der Wahrnehmung bleibt, wird es schwierig. Häufig wird es der angeschmachteten Person irgendwann schlicht zu viel. In allen Fällen – unabhängig, ob es sich um stoffgebundene oder ungebundene Stimuli, Menschen, Situationen oder Gegenstände handelt – besteht dann langfristig die Gefahr, dass diese Tendenz, den spezifischen Reiz aufzusuchen, zu einem unkontrollierbaren Suchtverhalten führt, bei der die betreffende Person von dem Stimulus oder Reiz sukzessiv immer abhängiger wird, und gleichzeitig immer mehr darauf fokussiert.

Auch hier ist wieder das Dopaminsystem im Spiel, das zunächst durch schlagartige Ausschüttungen des Neurotransmitters sofort ein gutes Gefühl erzeugt, wenngleich diese Reaktion nach wiederholter Exposition anfängt, sich abzuschwächen. Irgendwann können die Dopaminspiegel nach wiederholtem Aufsuchen des Reizes sogar unter den Ursprungswert *(baseline)* absinken, sodass die betreffenden Individuen sich danach schlechter fühlen. »Es gibt mir keinen Kick mehr!« ist dann eine entsprechende Aussage, die mit körperlicher und psychischer Erschöpfung einhergehen kann. Mitunter entsteht dabei das Gefühl der inneren Leere. Trotzdem wird der Reiz wieder aufgesucht, um so seinen kläglichen Zustand zu verbessern, selbst wenn es nicht mehr wirkt.

Das diabolische Element im dopaminergen System besteht darin, dass – wenn das System überbeansprucht wird – eine Person Gefahr läuft, nach immer mehr von einem Stimulus oder einer Substanz zu verlangen, die psychophysiologisch gesehen immer weniger wirkt. Dies führt irgendwann aufgrund einer entgleisten positiven Rückkopplung in einen Suchtkreislauf mit zunehmendem Craving, das heißt nach immer intensiverem Verlangen. Wie eine Waage, die langsam von der Lust in die Schmerzseite umkippt, und dann ein Verlangen nach Mehr erzeugt. Denn wenn der auslösende Reiz nicht mehr so gut wirkt, kommt deswegen Angst oder sogar Panik auf und man muss schnell die Dosis erhöhen.

Irgendwann kippen dann aber auch die spezifischen, diesem Mechanismus zugrunde liegenden Netzwerke einschließlich der Neurotransmitter und Hormone um und entgleisen auf dramatische Art und Weise. Eine willentlich vorgenommene, selbst initiierte, dauerhafte Korrektur der damit zusammenhängenden Verhaltensweisen ist dann so gut wie ausgeschlossen. Stattdessen hat sich der Suchtkreislauf wie ein stetig wachsendes autonomes Monster in der neuronalen Maschinerie etabliert, bei der immer mehr Aufwand betrieben werden muss, um es beruhigen zu können. Fast wie die Finanzmärkte, die immer mehr Schulden anhäufen müssen, um ihre Bedürfnisse zu befriedigen, weswegen dann die Notenpresse angeworfen wird. An einer bestimmten Stelle kommen die Systeme so aus dem Gleichgewicht, dass sie gar nicht mehr intern selbst reguliert werden können. Deswegen bedürfen neben schwerwiegenden Erkrankungen wie Schizophrenie oder Psychosen auch viele weitere psychologische Symptomatiken wie Süchte, Zwangshandlungen, Ängste, Depressionen ab einem gewissen Schweregrad neben einer psychotherapeutischen Intervention häufig einer zusätzlichen externen Regulation der Neurotransmitter wie Serotonin mithilfe von Medikamenten.

Man kann allerdings auch lernen, die Selbstregulationskompetenz des Gehirns – und damit verbunden die Selbststeuerungskompetenz des Aufmerksamkeitsnetzwerks – gezielt durch nichtpharmakologische Interventionen zu entwickeln. Dadurch kann man die Fähigkeit aufbauen, die zugrunde liegende Neurotransmitteraktivität durch interne, selbst gesteuerte Mechanismen positiv-balancierend zu beeinflussen und so das psychoemotionale System stabiler zu machen. Sie merken dies dann daran, dass Sie die Anomalien zwar wahrnehmen, aber sich nicht mehr so darüber emotional aufregen.

Idealerweise lernt man diese Form der emotionalen Erleichterung präventiv, bevor die zugrunde liegenden Mechanismen entgleist sind. Funktional gesprochen bedeutet dies nichts anderes, als die Neurotransmittersysteme intern an- und auszusteuern. Das funktioniert vor allem beim dopaminergen System gut und man spricht deswegen bei der internen Regulation auch von intrinsischer Motivation.

Resiliente Menschen haben gelernt, dass interne An- und Aussteuerung möglich ist, und können ihr Wahrnehmungs- und Selbststeuerungspotenzial besser nutzen, weil sie die komplementären Wirkweisen der Aufmerksamkeitsnetzwerke im Sinne von fokussierter Aufmerksamkeit und ungerichteter Gegenwärtigkeit verinnerlicht haben. Deswegen erkennen resiliente Menschen auch, wann die Selbststeuerungsfähigkeit aufgrund von zentralnervöser Ermüdung nachlässt. Dann legen sie sich erst einmal schlafen, legen eine Pause ein, gehen einmal um den Block oder lehnen noch ein Glas Wein ab! So richten sie – selbst wenn sie eine sehr klare Vision von der Zukunft haben – häufig ihre ganze Aufmerksamkeit nicht nur auf die Erreichung eines Ziels, sondern widmen diese bewusst dem achtsamen Aufspüren von potenziell auftauchenden Anomalien – innen wie außen. Je nachdem, welche Anomalien auf ihrem inneren Armaturenbrett der Selbstwahrnehmung auftauchen, müssen sie unter Umständen eine entsprechende Veränderung ihres Zielkorridors vornehmen oder sich erst mal um ihre eigene Selbstregulation kümmern, vor allem wenn die Anomalien wie Müdigkeit, Abgeschlagenheit oder Frustration von innen kommen. Dabei behandeln sie sich selbst so, wie sie einen guten Freund behandeln würden: mit Selbstfürsorge, aber durchaus auch konstruktiv-kritisch! Durch diese Herangehensweise könne resiliente Menschen Anomalien nicht nur besser und früher erkennen und sich mit entsprechender Vorlaufzeit auf diese einstellen, sondern sie trainieren gleichzeitig ihre Aufmerksamkeitsnetzwerke für die Erkennung von Anomalien. Denn Störungen haben Vorrang und müssen beachtet werden, bevor weiter an der ursprünglichen Zielerreichung gearbeitet werden kann oder sich jemand bewusst dagegen entscheidet, ein avisiertes Ziel weiterzuverfolgen.

Wer auf das frühe Wahrnehmen von Anomalien trainiert ist, kann mit diesen besser und souveräner umgehen. Resiliente Menschen haben deswegen häufig den sprichwörtlichen Blick für bedeutsame Details, ohne dabei jedoch das eigentliche Problem aus den Augen zu verlieren. Im richtigen Moment haben ihre Aufmerksamkeitsnetzwerke umgeschaltet. Man fragt sich dann augenreibend: Warum hat die betreffende Person das schon damals so gesehen? Die einfache Antwortet lautet: Resiliente Menschen benutzen ihr Gehirn genau für das, wofür es gemacht ist, nämlich als Anomaliendetektor. Sie sind, wie der Club of Rome bereit, ihre Mitmenschen auf diese Anomalien hinzuweisen, wenn diese selbige noch nicht erkannt haben. Damit fungieren sie als Frühwarnsysteme, machen sich jedoch nicht immer beliebt. Ein amerikanisches Sprichwort lautet: »Wer die Wahrheit spricht, braucht ein schnelles Pferd.«

KOMPLEMENTÄRE WAHRNEHMUNGS-GENERATOREN – EIN SPRACHLOSER GENERAL UND EIN BEFLISSENER SOLDAT

Mich faszinieren solche Befunde wie die Unaufmerksamkeitsblindheit aus der visuellen Wahrnehmungspsychologie ungemein. Denn sie zeigen auf, dass wir alle einen blinden Fleck in unserer Wahrnehmung haben, dem wir letztlich zwar nicht entkommen können, mit dem wir aber lernen können zu leben. Zudem können wir daran arbeiten, ihn kleiner und seine Konsequenzen weniger verhängnisvoll zu machen. Genau aus diesem Grund habe ich mich ja in meiner Doktorarbeit mit außergewöhnlichen Erfahrungen beschäftigt und versucht, diese Anomalien beziehungsweise ihre psychologischen Auswirkungen besser zu verstehen (Kohls 2004). Ich habe dabei gelernt, dass die meisten Themen, über die nicht gesprochen wird oder vielleicht gar nicht gesprochen werden kann, häufig die interessantesten sind.

Unter Aktivierung und Stress verändert sich allerdings nicht nur der visuelle Wahrnehmungstrichter, sondern Stress beeinflusst auch unser zeitliches Wahrnehmungserlebnis, also wie wir im wahrsten Sinne des Wortes in der Zeit oder, im Gegenteil, aus der Zeit gefallen sind. Die Frage, wie der Mensch in die Zeit kommt, ist naturgemäß existenzieller und deutlich schwieriger zu beantworten als das Problem, wie die Zeit in den Menschen kommt.

Aus der Perspektive der Zeitwahrnehmung betrachtet sind wir schon absonderliche Lebewesen: Obwohl wir mit unserem Körper und Gehirn in der Gegenwart verankert sind, kann unser Geist auf einem Zeitstrahl sowohl zurück in die Vergangenheit als auch nach vorn in die Zukunft reisen. Das macht er ja ständig, wenn wir beispielsweise im Bett liegen und grübeln, was wir machen, wenn der Projektbericht fertig ist, oder uns in einem langweiligen Meeting damit beschäftigen, wie wir das nächste Wochenende mit den Freunden gestalten werden. Man nennt das Präsenzeskapismus.

In der Tat scheint der Mensch nur in etwa 15 bis 20 Prozent der Fälle im Hier und Jetzt zu sein, weil er ansonsten über eine – der eingetrübte Thermostat lässt grüßen – zumeist dunkel gefärbte Vergangenheit grübelt oder eine unsichere Zukunft plant. Aus negativen Erlebnissen die Quintessenz im Sinne von Lernerfahrungen zu destillieren und mit Unsicherheiten bestmöglich umzugehen, ist evolutionsbiologisch betrachtet der Zweck von Bewusstsein. Wie wir uns in der Zeit verorten, beeinflusst deswegen nicht nur unser Wohlbefinden, sondern auch unsere Selbstregulationsfähigkeit. Eine negative Vergangenheitsperspektive kann so zu Depression und Traurigkeit führen. Das lässt sich bei traumatisierten Patienten häufig beobachten. Genauso kann eine fatalistische Gegenwartsperspektive, bei welcher der Betroffene davon ausgeht, dass externe Einflüsse wie das Schicksal, die Sterne oder der Staat das eigene Leben maßgeblich kontrollieren, zu Fatalismus und Demotivation führen. Eine hedonistische Gegenwartsorientierung hingegen wird mit einer gering ausgeprägten Selbstregulationskompetenz in Verbindung gebracht. Eine mangelhafte, mitunter sogar nur rudimentär ausgeprägte Fähigkeit zum Belohnungsaufschub, frei nach dem Motto: Man lebt eben nur einmal und zur Hölle mit den Konsequenzen!, ist häufig zu beobachten. Zudem ist nicht selten die Impulsivität erhöht, was bedeutet, dass die betreffenden Individuen stark von situativen Reizen und sozialen Konstellationen beeinflusst und getriggert werden. Beobachten Sie Ihre Zeitreisen achtsam, denn diese sagen viel über die eigen Befindlichkeit. Eine angstbesetzte oder, im Gegenteil, eine zu optimistische Zukunftsorientierung ist ebenfalls nicht förderlich, weil die betreffenden Menschen der Gegenwart nicht genug Aufmerksamkeit schenken.

Demgegenüber verfügen resiliente Menschen häufig über eine zukunftsorientierte Zeitperspektive, die sich durch einen realistischen Optimismus auszeichnet und mit der auf ein erstrebenswertes Set an Zielen hingearbeitet wird. Dabei werden die Erfahrungen der Vergangenheit konstruktiv berücksichtigt, um die Erwartungshaltung realistisch zu bilden. Mit anderen Worten: Sie können balanciert mental in der Zeit reisen. Dazu ist es jedoch zwingend erforderlich, den gegenwärtigen Moment so achtsam wie möglich wahrzunehmen, denn er ist immer da und notwendig, um den Tatsachen und ihren weiteren Entwicklungen ins Auge zu sehen.

Wie sind Sie eigentlich so in der Zeit verortet? Sind Sie mehr in der Vergangenheit oder in der Zukunft verhaftet oder versuchen Sie, alles in der Gegenwart mitzunehmen? Lernen Sie achtsam aus Vergangenem, um so die Gegenwart bewusst zu gestalten, sodass eine gelungene Zukunft entstehen kann? Denken Sie dabei auch an die kommenden Generationen?

Mentale Zeitreisen, auseinanderklaffende Säbelzahntiger und phänomenale Zeitgestalten

Die Fähigkeit, die Zukunft mental zu bereisen, um sie dadurch zu antizipieren, ist eine wichtige Eigenschaft, um das Potenzial der Gegenwart bestmöglich zu entfalten. Allerdings können wir – wie die grammatikalische Konstruktion des Futur II zeigt – bei unseren Zeitreisen in die Zukunft sogar Ereignisse als abgeschlossen vorwegnehmen, die noch gar nicht stattgefunden haben. Vermutlich sind wir deswegen irgendwann auf die Möglichkeit gekommen, die Zukunft zu verpfänden und beispielsweise Optionen auf Viehherden zu kaufen, die noch gar nicht geboren sind.

Aber auch unser Zeitempfinden in der Gegenwart ist nicht statisch, sondern dynamisch variierend. Körperliche Signale wie Schmerz, Hunger und Stress, genauso wie emotionale Zustände wie Langeweile verlängern normalerweise unser Zeitempfinden, wodurch unser Zeithorizont in der Wahrnehmung kürzer wird. So nehmen wir unter Stress viele Ereignisse nicht nur weniger bewusst, detailreich und damit weniger achtsam wahr, sondern planen auch weniger vorausschauend in die Zukunft: »Ich habe jetzt keinen Kopf dafür, lass uns nach meinen Prüfungen reden!« ist so eine typische Aussage dafür, dass wir unter Stress das Koordinatensystem unserer zeitlichen Planung deutlich verkleinern. In der konkreten Stresssituation wird der Zeitverlauf normalerweise verlangsamt, manchmal sogar wie in Zeitlupe wahrgenommen. Im Fall von Traumatisierungen können die traumatisierenden Bilder sogar einfrieren und als Flashbacks immer wieder in das Bewusstsein hineindrängen, ohne dass wir dies verhindern können. Man spricht im Fall von menschlichen Grenzüberschreitungen von Täterintrojektionen. Das sind die inneren Bilder, die die Opfer aufgrund von Grenzüberschreitungen der Täter und den damit verbundenen Ohnmachtsgefühlen entwickeln. Diese Bilder tauchen plötzlich im Bewusstsein auf, ohne dass die betreffende Person etwas dagegen unternehmen kann, und es kommt zu Reaktionen wie Angst oder sogar Panik. In abgeschwächter Form kennen wir dies alle: Denken Sie einmal darüber nach, wie viele Menschen häufig Ihre mentale Innenwelt bevölkern, die Sie dort gerade gar nicht gerne hätten. Häufig ist das der Fall, wenn wir uns in reizarmen Umgebungen befinden, so beispielsweise nachts im Bett grübelnd.

Wie kommt es nun zu diesen unterschiedlichen Zeitwahrnehmungen? Genau wie alle anderen Wahrnehmungsprozesse auch, ist das Zeiterleben kein passives Empfangen von Reizen, sondern ein durch neurobiologische Vorgänge und sensomotorische Aktivitäten des gesamten Körpers erzeugter aktiver Konstruktionsprozess. Allerdings gibt es für die Zeitwahrnehmung kein objektives und gleichsam sensorisches Signal, sondern das Gefühl der Zeit wird intern generiert. Auf unser Gehirn treffen permanent sensorische Reize, die über gegenwärtig nicht vollständig geklärte neuronale Prozesse zu kohärenten Sinneseindrücken verarbeitet werden, die dann phänomenologisch gesprochen konsistente Raumzeitgestalten erzeugen.

Lassen Sie mich das an einem Beispiel erklären: Stellen Sie sich vor, Sie stehen als Steinzeitmensch in der Steppe Patagoniens. Auf einmal hören Sie hinter sich ein gefährliches Fauchen. Adrenalin schießt in Ihre Adern und Sie drehen Ihren Kopf schnell in die Richtung des Geräusches, bis Sie in etwa 150 Meter Entfernung ein muskulöses, katzenartiges Tier mit langen Säbelzähnen und geflecktem Fell sehen. Das visuelle Signal des Raubtieres reist gleichsam mit Lichtgeschwindigkeit bis zum Auge des Steinzeitmenschen und wird dort dann im Gehirn weiterverarbeitet, bis es durch den Abgleich mit bestehenden mentalen Repräsentationskategorien als Säbelzahntiger und somit als ernst zu nehmende Bedrohung identifiziert wird. Wenn unsere Augen anders konstruiert wären und der spektrale Empfindlichkeitsbereich des Lichtsensors Auge über die Wellenlängen von 400 bis 750 Nanometer hinausreichen würde, könnten Sie – wie einige Tiere – kürzere ultraviolette und längere infrarote Wellenlängen auch visuell wahrnehmen. Im Gegensatz dazu wird das akustische Signal nur mit Schallgeschwindigkeit zum Ohr des Steinzeitmenschen transportiert. Sie hören, sehen und riechen das gefährliche Tier aber irgendwie gleichzeitig und nehmen es insofern als ganzheitliche Gestalt wahr, die sich zudem nahtlos in die wahrgenommene Umgebung einfügt. Das ist eine Leistung des Gehirns, die unterschiedlich schnelle und komplexe sensorische Wahrnehmungsprozesse auf unterschiedlichen temporalen Plattformen innerhalb des Gehirns so verschaltet, dass vor Ihrem Bewusstsein der Eindruck eines phänomenologisch bruchlosen und fließenden Gegenwartserlebens entsteht.

Mein früherer Chef und Mentor, der Neurowissenschaftler Ernst Pöppel (*1940), hat in zahlreichen Experimenten aufgezeigt, dass das Gefühl der Gegenwärtigkeit etwa eine Zeitspanne von drei Sekunden umfasst. Alles, was innerhalb dieses Zeitfensters geschieht, wird subjektiv als gleichzeitig und somit als gegenwärtig erlebt. Das bedeutet in dem konkreten Fall, dass der Steinzeitmensch den Säbelzahntiger eben gleichzeitig sieht, riecht und fauchen hört, obwohl die Erfahrung auf unterschiedlichen Sinnesmodalitäten beruht. Diese werden vom Gehirn eben zu einer konsistenten phänomenalen Zeitgestalt integriert, weil die einzelnen Verarbeitungsprozesse unterschiedlich lange brauchen, um sensorisch wahrgenommen, innerhalb des Gehirns weitergeleitet und verarbeitet zu werden. Diese Wahrnehmungsgestalt wird dann beim Durchlaufen des sensomotorischen Bogens auf der Grundlage von Klassifikationsalgorithmen zu bestehenden mentalen Repräsentationskategorien zugeordnet, oder es werden neue Kategorien angelegt. Dies erlaubt es dann, mit einem spezifischen Set an erprobten Verhaltensweisen darauf zu reagieren, die sich in der Vergangenheit bewährt haben.

Allerdings hat auch die Wahrnehmung zeitlicher Abfolgen ihre Grenzen, weil zwei Reize, die zu schnell aufeinanderfolgen, nicht mehr in eine zeitliche Ordnung gebracht werden können. So werden beispielsweise auditive Reize als gleichzeitig auftretend wahrgenommen, wenn sie in einem zeitlichen Abstand von weniger als zwei Millisekunden folgen, während die Schwelle für visuelle Reize bei etwa 20 Millisekunden liegt. Um aber die zeitliche Abfolge zweier als ungleichzeitig erlebte Reize verlässlich bestimmen zu können, braucht man üblicherweise 30 bis 50 Millisekunden physikalischen Zeitabstand zwischen den Reizen. Wie wir bereits mit den Befunden zur Reduzierung der Flimmerverschmelz-Frequenz gesehen haben, kann man durch bestimmte Maßnahmen wie Mind-Body-Techniken die Fähigkeit zur Reizschwellendiskriminierung und Zuverlässigkeit der Zeitwahrnehmung sogar aktiv trainieren (Wittmann & Schmidt 2014).

Zwei Perspektiven für ein Gehirn: Mittelprächtig gut verbundene Hemisphären und schmale Brücken

Welchen Sinn hat diese bewusstseinszustandsabhängige Veränderung der Zeitwahrnehmung? Und raten Sie, wer dafür verantwortlich ist? Richtig, auch hierbei spielt das Dopaminsystem eine wichtige Rolle! Denn Tierversuche belegen, dass einhergehend mit der Dopaminausschüttung reale Zeitintervalle kürzer eingeschätzt werden, als sie wirklich sind. Dies legt nahe, dass das subjektive Zeitgefühl vermutlich auch beim Menschen nicht nur ein psychologisches Phänomen ist, sondern vielmehr auf einer neuronalen Basis entsteht.

Aktuelle Forschungsbefunde zeigen auf, dass bei der individuellen Zeitwahrnehmung das Körpergefühl eine zentrale Rolle spielt. Neurobiologische Prozesse im Zusammenhang mit Selbstwahrnehmung und Zeiterleben werden über ein bestimmtes Areal im Schläfenlappen des Gehirns, der Insula, zusammengeführt und so vermutlich zu einer untrennbar miteinander verbundenen Körper-Raum-Zeit-Figur verschmolzen. Das erzeugt für uns ein konsistentes Bild von unserem Körper in einer bestimmten Umgebung und definiert so die Grenzen zwischen uns und der Außenwelt. Denn es geht dem Gehirn niemals darum, die Welt so wahrzunehmen, wie sie ist, sondern in erster Linie darum, das Überleben sicherzustellen.

Unter akutem Stress werden deswegen die Zeithorizonte im Zusammenhang mit vorausschauender Planung verkleinert, um dadurch den Problemraum besser abstecken, das entsprechende Problem besser fokussieren und angehen zu können. Die dabei wahrgenommenen Zeiteinheiten werden langsamer erlebt, fast wie in Zeitlupe. Denn Entscheidungen in der Gegenwart werden wichtiger, weil die Anomalie eben gerade dort eine angemessene Verhaltensantwort erfordert, weswegen berechnungsintensive Zukunftsszenarien zunächst nicht mehr mit einbezogen werden. Diese Vorgehensweise ist effizient, sie hat aber auch eine Achillesferse: Denn sie beeinflusst unsere gesamte Identitätskonstruktion und somit unsere Art, in der Welt zu sein, weil unsere gesamte Wahrnehmung unter Stress in bedeutsamer Weise verändert wird. Denn die Wahrnehmung akuter Stressoren verengt unseren Erlebniskorridor auf die Gegenwart. Vergangenheit und Zukunft sind in dem Moment nicht mehr so relevant.

Das ist ein wenig erklärungsbedürftig, es hängt aber wohl unter anderem mit der Tatsache zusammen, dass unser Gehirn aus zwei Hälften besteht und, von oben betrachtet, aussieht wie eine Walnuss. Warum haben die meisten höheren Säugetiere so wie wir zwei Hemisphären, die nur an ein paar Stellen wie beispielsweise am Balken *(Corpus callosum)* oder an der Brücke *(Pons)* eher leidlich miteinander verbunden sind, und nicht schlicht ein ganz normales, ungeteiltes Gehirn? Warum trennt Mutter Natur das Gehirn umständlich in zwei Hälften, die nur an ein paar Stellen über Brücken und Stege verbunden sind, wenn es doch beim Bewusstsein vor allem um effiziente Verarbeitung von sensorischen Informationen geht? Die Antwort, die wir auf der Basis des gegenwärtigen Forschungstandes geben können, lautet höchstwahrscheinlich: weil wir die Welt und alles darin nicht auf eine, sondern auf zwei Arten wahrnehmen können. Statt einem Prozessorkern eben zwei, in der Computertechnologie heißt diese Erfindung Mehrkernprozessor.

Im Verlaufe dieses Buches haben wir das dialektische Wirkprinzip schon kennengelernt, bei dem durch zwei vermeintlich gegenläufige, faktisch aber komplementäre Mechanismen, durch konstruktive Zusammenarbeit – systemisch gesprochen – ein dynamischer Gleichgewichtszustand erzeugt werden kann. So beispielsweise beim Sympathikus und Parasympathikus, den Attention- und Awareness-Prozessen des Bewusstseins; aber natürlich gilt das Komplementaritätsprinzip gleichermaßen für alle Muskeln und – wie wir gesehen haben – sogar im Parlament. Muskeln können sich nur selbsttätig zusammenziehen, nicht aber dehnen. Deswegen müssen sie von einem anderen, entgegenarbeitenden Muskel wieder in die Länge gezogen werden. Genauso braucht die Regierung einen Kontrollmechanismus, der diese im Sinne von *checks and balances* kontrolliert, und das ist die Opposition.

Eine ähnliche Wechselwirkung scheint auch zwischen den beiden Hemisphären des Gehirns zu bestehen, weil sie die Welt gewissermaßen aus unterschiedlichen Perspektiven wahrnehmen und dann zu einem Gesamtbild zusammenfügen. Die Verteilung von Prozessen und Funktionen auf die rechte und linke Hemisphäre des Gehirns wird in der Medizin als Lateralisation bezeichnet. Etwas Ähnliches haben wir bereits mit den autonomen Reflexen und der willentlichen Beeinflussung bei den sich ergänzenden neuronalen Bottom-up- und Top-down-Prozessen gesehen, nur eben anatomisch in vertikaler Hinsicht. Dies bedeutet, dass der kortikale Mantel und vor allem der Frontallappen in der Lage sind, ältere und schnellere, unbewusste Kreisläufe willentlich zu übersteuern, die von weiter unten liegenden und somit auch evolutionsbiologisch betrachtet älteren Gehirnregionen realisiert werden. Eine ähnliche Aufgabenteilung scheint es zwischen den beiden Hirnhälften zu geben, denn alles, was strukturell oder funktional ungleich zwischen den beiden Hemisphären ist, spricht für eine Spezialisierung der Großhirnhemisphären.

Das ganze Phänomen der Lateralisation ist nach wie vor nicht allzu gut verstanden, und die Hemisphären haben viele gemeinsame Aufgaben, die in einigen Fällen allerdings gespiegelt sind. So ist die rechte Hemisphäre beispielsweise für die sensomotorische Kontrolle der linken Körperhälfte einschließlich des linken Auges zuständig und die linke entsprechend umgekehrt. Aber es gibt spezifische Funktionen, für die vorrangig eine Hemisphäre zuständig ist. Die zwei wichtigen

Sprachzentren, das Broca- und das Wernicke-Areal, befinden sich beispielsweise bei Rechtshändern – und auch den meisten Linkshändern –
auf der linken Seite des Gehirns. Darüber hinaus scheint es aber so zu
sein, dass jede Hemisphäre auf eine bestimmte Art von Wahrnehmung
spezialisiert ist. Häufig wird dies in der versimpelten Annahme ausgedrückt, die rechte Gehirnhälfte sei für kreatives und die linke für logi-
sches Denken zuständig. Das ist nicht völlig falsch, aber irgendwie
doch, weil es hoffnungslos vereinfacht.

Der britische Psychiater, Neurowissenschaftler und Philosoph Iain
McGilchrist (*1953) hat vor einigen Jahren in einer meiner Ansicht
nach sowohl theoretisch überzeugenden als auch durch empirische Daten gestützten Theorie postuliert, dass die linke Hemisphäre eher de-
tailorientiert ist, während sich die rechte am Ganzen orientiert. Ein
bisschen so wie die Attention- und Awareness-Netzwerke, die Sie bereits kennengelernt haben. Nach McGilchrists Auffassung besteht der
Unterschied jedoch nicht so sehr darin, was die beiden Hemisphären
tun, sondern vielmehr in der Art und Weise, wie sie es tun. Mit anderen
Worten: Beide Hemisphären sind für die Wahrnehmung zuständig, nur
die Partitionierung der Wahrnehmung ist höchst unterschiedlich.

Aufgrund von Grundlagenforschung und weiterer spezieller klinischer Studien geht McGilchrist davon aus, dass Gedanken als implizite
Prozesse in der rechten Hemisphäre entstehen, aber dann von der linken Hemisphäre verarbeitet und explizit in Sprache umgewandelt werden, während deren umfassende Bedeutung in einem bestimmten Kontext wiederum von der rechten Hemisphäre reflektiert und dann
integriert wird. Insofern hat die rechte Hemisphäre nach Ansicht von
McGilchrist eine unmittelbare Beziehung zur Erfahrungsebene, weil sie
gleichsam am Anfang und Ende von mentalen Prozessen steht.

Das ist natürlich auch schon eine Partitionierung der Wahrnehmung,
weil Bewusstsein im Grunde ein kontinuierliches Prozessphänomen ist,
weswegen William James bereits vom Bewusstseinsstrom *(stream of
consciousness)* sprach. Wenn wir also – aus Gründen der Anschaulichkeit – einen Gedanken als eine mentale Komponente von begrenztem

Umfang ansehen, ist die rechte Hemisphäre nach McGilchrist näher an den dabei beteiligten Sinneserfahrungen als die linke Hemisphäre, die die Wahrnehmungen abstrakter und somit spezifischer im Sinne sprachlicher Begrifflichkeiten fassen kann. Man kann vielleicht sagen, dass die linke Hemisphäre eher trennend wahrnimmt, während die rechte verbindend erlebt. Denn um ein System zu erkennen, muss man sowohl die einzelnen Teile als auch das Ganze wahrnehmen.

Es ist jedoch immer schwieriger, das Ganze zu sehen, als einen Ausschnitt, weswegen die Spezialisierung der linken Hemisphäre aus evolutionsbiologischer Sicht entstanden sein könnte, um den rechten ganzheitlich wahrnehmenden Teil vor sensorischer und empathischer Überforderung zu beschützen. Mit einer Lupe sieht man eben von weniger mehr.

Generalist und Spezialist: Vom stummen Meister und seinem redseligen Emissär

Diese beiden unterschiedlichen Wahrnehmungsmodi spiegeln sich in vielen Bereichen unseres Lebens wider, etwa in der Trennung von Natur- und Geisteswissenschaften, aber auch in der Unterscheidung von Generalisten und Spezialisten. Und während ein Heilpraktiker oder Naturheilkundler häufig unspezifisch-holistisch vorgeht, arbeitet ein spezialisierter Facharzt mit sehr spezifischen Diagnosen und punktuell wirkenden Interventionen. Vor etwa zehn Jahren hat McGilchrist seine umfassende Theorie in einem meiner Einschätzung nach faszinierenden Buch mit dem vielsagendem Titel *The Master and His Emissary* (Der Meister und sein Emissär [Gesandter]) dargelegt, in dem er die neuropsychologischen Konsequenzen auf die Gestaltung der westlichen Kultur, basierend auf der Beziehung der beiden Gehirnhälften, analysiert hat (McGilchrist 2019). Seiner Ansicht nach haben wir seit der Antike zunehmend eine Dominanz der linken Hemisphäre entwickelt, die darauf spezialisiert ist, wie ein beflissener Soldat taktische Missionen von begrenztem Umfang zu erledigen, während der General – metaphorisch für die rechte Hemisphäre – für den Verlauf der gesamten Kampagne zuständig ist. Denn diese hat wie ein strategisch denkender General das große Ganze zeitlich wie räumlich im Blick. Weil der General aber nicht sprechen kann – das Sprachzentrum ist ja nur links im Gehirn verortet –, muss er seinen beflissenen Soldaten, das heißt die sprachbefähigte linke Hemisphäre, mit einer konkreten Aufgabe in die jeweiligen operativen Einsätze schicken.

Man kann sich das vorstellen wie kleinere taktische Missionen, die im Laufe einer strategischen Kampagne erfüllt werden müssen, aber im Angesicht der Gesamtereignisse nur von einer begrenzten Bedeutung sind. So soll beispielsweise der General und spätere Staatsmann Charles de Gaulle (1890–1970) kurz vor der französischen Kapitulation im Juni 1940 bei einer von der BBC in London ausgestrahlten Rundfunkansprache gesagt haben: »Frankreich hat die Schlacht verloren! Aber Frankreich hat den Krieg nicht verloren!« Wie recht er behalten sollte. Denn mehrere Schlachten entscheiden über den Ausgang des Krieges.

In der Arbeitswelt wurde für diese Partitionierung von Problemen seit dem letzten Jahrhundert der Begriff Projekt eingeführt. Die moderne Arbeitswelt wäre ohne diesen temporären und konzeptionellen Aufgabenzuschnitt nicht mehr denkbar. Ein Projekt besteht aus einer klaren Aufgabe, die innerhalb einer zeitlichen Begrenzung und eines definierten Problemraums zu lösen ist, um die dabei anstehenden Entscheidungen überschaubar sowie die notwendigen Schritte realisierbar zu machen. Dafür werden spezielle Projektmanager eingesetzt, die aber von der übergeordneten Instanz gesagt bekommen, was ihre Aufgabe ist. In der Wahl der Mittel sind sie unter Beachtung der zur Verfügung gestellten Ressourcen zumeist relativ frei, wenn die Organisation bereits einigermaßen agil arbeitet. In hierarchischen Organisationen hingegen bestehen klare Vorgaben bis hin zum Mikromanagement.

Die Aufgabe einer Geschäftsführung ist es nicht, einzelne Projekte zu verantworten, sondern diese zu initiieren und deren Zusammenspiel zu koordinieren. Eine Führungskraft ist vor allem dafür zuständig, den

Überblick zu behalten und in der Folge sicherzustellen, dass die vielen Einzelunternehmungen in die richtige strategische Richtung laufen. Dafür braucht man aber eine andere Art der Wahrnehmung, die in Bezug auf Problemraum und Zeithorizont, vor allem aber auf die grundsätzliche Zielvorstellung und die Atmosphärizität der Gesamtunternehmung in einer umfassenden Weise ausgerichtet ist und somit eine Art von globalen Interpretationsrahmen für die Kontextualisierung der Projekte ermöglicht.

Das ist anstrengend und scheint auf den ersten Blick auch nicht sonderlich effizient zu sein. Insofern erklärt sich die Spannung, die zwischen Management und ausführenden Instanzen in Organisationen häufig besteht – ebenso wie der damit verbundene Wunsch nach räumlicher Trennung von der Leitungsebene, um besser und vor allem unbeobachtet arbeiten zu können. Wie die zwei Hemisphären getrennt voneinander sind, sollen Leitungsebene und Projektteam ebenfalls nicht zu nah räumlich miteinander arbeiten.

Projekte lassen sich im Gegensatz zu strategischen Tätigkeiten aufgrund ihrer Begrenztheit hingegen gut managen, das heißt strukturieren, organisieren und die Ergebnisse anschließend dokumentieren. Das ist der Grund, weshalb manche Menschen sich gerne Listen machen, die sie dann abarbeiten. Sie erleichtern nicht nur den Überblick und organisieren sie in der Zeit, sondern man kann auch ein gutes Gefühl haben, weil nach jedem abgearbeiteten Punkt auf dem Aufgabenzettel ein bisschen was von dem Neurotransmitter Dopamin ausgeschüttet wird. So gesehen ist eine Liste nichts anderes als eine Aufgabenlandkarte, in der Anforderungen im Sinne von Wegpunkten enthalten sind, quasi kleine Teilziele, auf dem Weg zu einer größeren Kampagne. Das können Tages-, Wochen-, Monats- oder Jahreszeiträume sein, und viele Menschen machen sich sogar eine *bucket list*, das heißt eine Wunschliste für Lebensziele. Nebenbei gesagt liegt darin auch die Antwort auf die Frage, warum mittlerweile viele Menschen so stark auf Computerspiele und soziale Medien fokussiert sind, bei denen ständig das Dopaminsystem durch externe Anreize oder *incentives* in Form von Likes, Boni oder Extras getriggert wird, die aber nur gewährt werden, wenn man regelmäßig mit dem System interagiert.

Insofern ist es kein Wunder, dass wir uns im Laufe der Zeit immer mehr auf unsere linke Gehirnhälfte verlassen haben, die sehr gut strukturieren, organisieren und vor allem abgrenzen kann, jedoch deswegen augenscheinlich nicht das große Ganze im Blick behält. Auch eine Kamera kann ja mit der Zoomfunktion einen Bildausschnitt größer oder kleiner machen, beides zugleich geht aber eben nicht. Insofern kann man die beiden Hemisphären schon als zwei unterschiedliche Weltgeneratoren betrachten, die in ihrem komplementären Wechselspiel zu einer balancierten Wahrnehmung kommen und langfristig unser Leben und Überleben sicherstellen sollen, weil sie uns auf unterschiedlichen Zeithorizonten organisieren.

Auf ähnliche Art und Weise sind die Pyramiden und die Kathedralen des Mittelalters entstanden, an denen viele Menschen mitgearbeitet haben. Es braucht dazu die Baumeister, die den großen Plan im Kopf haben und die diesen an die ausführenden Menschen kommunizieren können, sodass alle Beteiligten motiviert bleiben. Vergessen wir nicht, dass der Bau von Kathedralen und Schlössern Jahrhunderte gedauert hat. Sie erinnern sich? Gedanken werden zu Handlungen, und Handlungen zu Gewohnheiten, und diese werden schlussendlich zu unserem Schicksal. Deswegen spielt die Musik im Zusammenspiel vieler Personen und Entitäten, also in den Projekten und den dabei Beteiligten. Denn aus vielen kleinen Projekten wird irgendwann ein erfolgreiches Unternehmen, wenn diese Einzelprojekte sinnvoll in eine Beziehung zueinander gesetzt werden.

Nebenbei gesagt sind Schädigungen an der linken Hemisphäre, beispielsweise durch Schlaganfälle, häufig offensichtlicher als solche auf der anderen Seite, weil sie mit konkreten funktionellen Einschränkungen einhergehen. Schädigungen der rechten Hemisphäre hingegen machen sich häufig nicht so augenscheinlich bemerkbar, weswegen Neurologen eine Zeit lang sogar davon ausgingen, dass die rechte Hemisphäre nahezu vernachlässigbar sei.

Aus nachvollziehbaren Gründen hat sich laut McGilchrist in der westlichen Welt eine Dominanz der linken Hemisphäre entwickelt, die dazu geführt hat, dass wir eine holistischere Erfahrungsweise zugunsten einer spezifischen Wahrnehmungsperspektive zurückgestellt haben, die uns räumlich, zeitlich und zwischenmenschlich einschneidend von der Welt und unseren Mitmenschen abgrenzt und so auch vor zu viel empathischer Resonanz beschützt. Insofern ist es kein Wunder, dass wir zwar recht gut konkrete Probleme lösen können, aber Gefahr laufen, die Perspektive der Ganzheitlichkeit, der Verbundenheit und damit einhergehend schlussendlich der Sinnhaftigkeit zu verlieren.

Wie wir gesehen haben, ist das Umschalten von dem weiten Panorama- in den fokussierten Projektwahrnehmungsmodus genau das, was passiert, wenn ein Gehirn gestresst ist. Denn es ist sehr hilfreich, seine Aufmerksamkeit völlig auf den Stressor zu konzentrieren und alles andere weitgehend auszublenden. Mit anderen Worten: Die Anomalie wird so weit wie möglich dekontextualisiert, um mit ihr besser umgehen zu können. Wenn dann die Zeiträume für die Erfolgskontrolle im Umgang mit dem Stressor aufgrund der zeitlichen und räumlichen Horizontverschiebung immer weiter zusammengeschoben werden, kommt irgendwann der Punkt, ab dem man sich nur noch für kurzfristige und lokal messbare Wirkungen interessiert. Aus ökonomischer Sicht könnte man sagen, dass sich die linke Hemisphäre aus ihrer engen Perspektive nicht für die langfristigen Folgen ihres eigenen Handelns interessiert, sondern die Konsequenzen bedenkenlos zugunsten einer positiven Projektbilanz externalisiert. Wie könnte das auch anders sein, wenn die relevanten Kontroll- und Entscheidungsspielräume nur im Bereich von Monaten oder maximal einigen Jahren liegen? Wenn es nur auf messbare Erfolge im Sinne von Wachstum ankommt, dann ist es natürlich schwierig, langfristige und ganzheitliche Entscheidungen zu treffen, die der Balancierung des Gesamtsystems über die Zeit dienen. Wenn Politiker und Vorstände aber nach vier Jahren wiedergewählt werden beziehungsweise ihre Aktienoptionen einlösen wollen, denken sie naturgemäß anders, weil sie im wahrsten Sinne des Wortes umfassender in der Zeit und der Welt sind. Denn warum sollten sie sich um die Konsequenzen ihrer Entscheidungen in zehn, 50 oder 100 Jahren oder das Schicksal von Menschen am anderen Ende der Welt interessieren?

Nun sind wir aber gesellschaftlich an dem bedeutungsvollen Punkt, dass junge Gehirne dieses etablierte Mindset zunehmend infrage stellen und die damit einhergehenden Verhaltensweisen nicht mehr mittragen wollen. Vor dem Zeithorizont ihrer Existenz gehen sie völlig zu Recht auf die Straßen, um das einzufordern, was für die Nachkriegsgenerationen weitgehend selbstverständlich war: Sie wollen ihr Leben in einer halbwegs lebenswerten Welt verbringen, die nicht völlig aus den Fugen gerät. Weil sie in der Lage sind, auf ihre stumme rechte Hemisphäre zu hören, und sich dennoch mit der linken Hirnhälfte Gehör verschaffen können, denken sie nicht nur wie resiliente Menschen, sondern handeln auch entsprechend. Angesichts der exponentiellen Entwicklung der Weltbevölkerung, rapider technologischer Entwicklung sowie einer zunehmenden sozio-ökonomischen Heterogenität signalisiert ihnen ihre noch dominante rechte Hemisphäre, dass ein Fortsetzen der Wachstumspolitik in ihrer Lebenszeit weder realistisch noch erstrebenswert ist. Mit anderen Worten: Sie sind zu Recht gestresst!

DAS YERKES-DODSON-GESETZ – ENDLICH EINE HANDFESTE GESETZMÄSSIGKEIT FÜR STRESS!

Mich hatte schon als junger Student in meinem Grundstudium an der Friedrich-Schiller-Universität Jena Anfang der 1990er-Jahre der Eindruck beschlichen, dass es in der Psychologie als Wissenschaft vom Erleben und Verhalten der Menschen wenig Handfestes, Solides und Zuverlässiges gibt, an dem ich mich orientieren und festhalten konnte und das auch anderen Menschen anschaulich zu vermitteln war. Ehrlich gesagt habe ich zu dem Zeitpunkt öfters darüber nachgedacht, zur Medizin zu wechseln, wo ich hoffte, handfestere Tatsachen zu finden. Ich habe dies dann doch unterlassen, was aus heutiger Sicht gut so war.

Zurückgeblieben ist bei mir allerdings ein gewisser Minderwertigkeitskomplex gegenüber den vermeintlich exakteren Wissenschaften. Allerdings habe ich seit einigen Jahren das Gefühl, dass sich die Spezifität der Aussagen auch in der Psychologie durch die mit innovativen Methoden gewonnenen Erkenntnisse in den Neurowissenschaften doch verbessert hat. Vielleicht bin ich aber auch nur älter und sicherer geworden? Möglicherweise war darin aber auch ein Hauptmotiv dafür zu sehen, dass mich ein vor mehr als einhundert Jahren erstmalig beschriebener psychologischer oder genauer gesagt psychophysiologischer Zusammenhang seit dem Zeitpunkt fasziniert hat, als ich diesen erstmals von meinen Professoren erläutert bekommen habe.

Das nach ihren Entdeckern benannte Yerkes-Dodson-Gesetz hat mich – genauso wie viele andere Psychologen – bis zum heutigen Tag auf eine spezifische Art in seinen Bann gezogen, dass ich es in fast jeder meiner Vorlesungen, Vorträge und Seminare an prominenter Stelle erwähne, um den Zusammenhang zwischen Lernen, Leistung, Anstrengung, Motivation und Stress anschaulich zu erläutern. Man kann den damit beschriebenen Zusammenhang zwischen Anstrengung und Leistung zur Erklärung von fast allem gebrauchen, und ich habe bisher nur wenige Menschen erlebt, die damit nichts anfangen konnten. Das kann ich nunmehr mit einer gewissen Sicherheit sagen, da ich über einen Zeitraum von fast 30 Jahren beobachten konnte, wie erstaunlich Menschen unterschiedlichsten Geschlechts und Alters auf die Vermittlung dieser scheinbar einfachen, um nicht zu sagen fast schon banal anmutenden Erkenntnis in Form einer invertierten U-Funktion reagieren, die in der Abbildung auf Seite 159 wiedergegeben ist.

Mich überrascht dabei immer wieder aus Neue, wie tief und sogar existenziell manche Menschen durch die persönliche Auseinandersetzung damit berührt werden und welche Rückschlüsse sie daraus für sich ziehen. Warum ist das so? Ich habe dazu – sowohl direkt nach Vorträgen, aber auch Tage, Wochen oder manchmal sogar Monate später – viele interessante, nachdenkenswerte und mich auch nachdenklich machende mündliche und schriftliche Rückmeldungen erhalten. Eindrücklich im Gedächtnis geblieben ist mir beispielsweise der kopfschüttelnde Kommentar eines älteren Herrn, der zu mir nach einem öffentlichen Vortrag sichtbar bewegt sagte: »Können Sie mir sagen, warum ich dies nicht schon in der Schule beigebracht bekommen habe? Es hätte meiner Familie und mir viel Leid, Ärger, Kummer und Krankheit ersparen können. Denn ich habe jahrelang nicht verstanden, warum meine Leistung mit Anfang 30 immer schlechter wurde, obwohl ich mich immer mehr angestrengt habe! Schließlich habe ich frustriert meinen Beruf aufgegeben, und etwas anderes gemacht, was mich am Ende nicht nur meine Gesundheit sondern auch meine Ehe gekostet hat!« Dies ist eine berechtigte Frage, auf die ich leider auch keine gute Antwort habe, denn eigentlich wäre der Sachverhalt einfach zu vermitteln, denn es ist ja wahrlich keine Quantenmechanik. Ich glaube aber, es geht hierbei nicht um das theoretische Reflektieren, sondern vielmehr um das persönliche Nachvollziehen, und das ist naturgemäß nicht so einfach.

Eine krude Rattenpsychologie für alle menschlichen Lebenslagen

In Erinnerung geblieben ist mir auch der abfällige Kommentar eines Kollegen auf einem Fachkongress zu Stress in der Arbeitswelt, der direkt nach meinem Vortrag sprach und einleitend folgende Bemerkung über den Beitrag seines Vorredners machte: »Da versucht mal wieder ein Kollege, Rattenpsychologie überzustrapazieren und daraus eine krude Menschenpsychologie zu zimmern.« Und obwohl mich diese Bemerkung nicht unberührt gelassen hat, habe ich sie in der damaligen Situation unkommentiert gelassen, wenngleich ich sie unangebracht und unkollegial fand. Jedoch muss ich mit der gebotenen akademischen Integrität und einem gewissen zeitlichen Abstand zugestehen, dass in dieser Aussage ein Stück Wahrheit enthalten ist. Sonst hätte sie mich wahrscheinlich auch nicht so beschäftigt, denn obwohl mich Evolutions- und vergleichende Verhaltensbiologie faszinieren, ein beinharter materialistischer Reduktionist wollte ich nie werden. Auf der anderen Seite finde ich es sehr verlockend, aus einer Rattenpsychologie ein Modell mit quasi universeller Gültigkeit abzuleiten, das nicht nur empirisch bestätigt ist, sondern für viele Menschen auf unterschiedlichen Interpretationsebenen sehr viel Bedeutsamkeit erzeugen kann.

Tatsächlich ist das Yerkes-Dodson-Gesetz ursprünglich auf der Grundlage von Tierversuchen beschrieben und dann erst auf den Menschen übertragen worden. Allerdings waren es keine Ratten, sondern mutierte Mäuse mit einem starken Bewegungsdrang, sogenannte Tanzmäuse, die in dem berühmt gewordenen Experiment aus dem Jahr 1908 verwendet wurden. Tanzmäuse sind eine zwergwüchsige Variante der chinesischen Hausmaus mit dem lustig klingenden wissenschaftlichen Namen *Mus musculus wagneri*. An den Tieren selbst ist aber wenig lustig, denn die Mäuse leben mit einem genetischen Defekt, der aufgrund von Fehlbildungen im Innenohr zu Taubheit sowie einem gestörten Gleichgewichtssinn führt. In der Konsequenz kommt es zu einem starken, aber unkoordinierten Bewegungsdrang der bemitleidenswerten Nager. Dieser manifestiert sich in wiederholten tanzförmigen Zwangsbewegungen im Kreis, weswegen die kleinen Tiere kaum in der Lage sind, eine längere Strecke gezielt geradeaus zu laufen. Weil man deswegen Veränderungen im Bewegungsverhalten aufgrund von Stress und Angst gut beobachten und registrieren konnte, wurden Tanzmäuse in der ersten Hälfte des 20. Jahrhunderts gern als Modelltiere für genetische Fragestellungen und die Verhaltensforschung verwendet. Inzwischen ist die Zucht und der Verkauf der Tiere aus Tierschutzgründen aus gutem Grund verboten.

Gefunden und beschrieben worden ist das Gesetz von dem Psychologieprofessor Robert M. Yerkes (1876–1956) und seinem damaligen Masterstudenten John D. Dodson (1879–1955), zu deren Ehre es dann später nach ihnen benannt wurde. Im Jahr 1908 veröffentlichten die beiden Psychologen in dem angesehenen *Journal of Comparative Neurology and Psychology* einen wissenschaftlichen Artikel mit dem eher langweilig klingenden und allgemein gehaltenen Titel *The relation of strength of stimulus to rapidity of habit-formation* – auf Deutsch Die Beziehung zwischen der Stärke des Reizes und der Schnelligkeit der Gewohnheitsbildung –, in dem die beiden Wissenschaftler zum ersten Mal ihre Ergebnisse für ein Fachpublikum beschreiben (Yerkes & Dodson 1908). Yerkes war Professor in Harvard und ausgebildeter Biologe und Zoologe. Er interessierte sich zunächst vor allem für Intelligenz- und Lernleistungen von Tieren, was damals en vogue war. Später begann er dann auf der Grundlage seiner Tierexperimente damit, menschliche Intelligenz zu untersuchen und messbar zu machen. Als die Vereinigten Staaten 1917 in den Ersten Weltkrieg eintraten, war Yerkes übrigens der erste Psychologe, der Gruppen-Intelligenztests für Armeerekruten bei den Eingangsuntersuchungen einführte, um diese auf Tauglichkeit in unterschiedlichen militärischen Einsatzbereichen zu testen. Dabei entwickelte er den *Army-Alpha-test* für Englisch sprechende Rekruten und den *Army-Beta-test* für Migranten und Personen, die der englischen Sprache nicht mächtig waren.

Diese Testbatterie stellte in der Folge die Grundlage für Intelligenztests in vielen Bereichen in Amerika dar, was naturgemäß unter anderem sozialpolitische Konsequenzen hatte. Denn die festgestellten Leistungsunterschiede in der Testbatterie zwischen Einwanderern und Nichteinwanderern wurden – trotz aller Probleme, die von Yerkes auch eingestanden wurden – auch für eugenische Argumente benutzt. Diese wurden dann ab Mitte der 1920er-Jahre in den USA als Begründung für die Einführung von Einwanderungsbeschränkungen verwendet.

Den Nachhall dieser Diskussion kann man übrigens bis zum heutigen Tag spüren, vor allem in der in den 1990er-Jahren geführten Debatte, in deren Folge der Zusammenhang zwischen ethnischer Herkunft, sozioökonomischer Klasse und vererbtem Intelligenzanteil diskutiert wurde und die deswegen als Glockenkurvenkriege bezeichnet werden. Darin spiegelt sich auch die Tatsache wider, dass seit frühesten Tagen der Psychologie mit psychologischen Testverfahren vor allem kognitive Leistungsvergleiche zwischen einzelnen Individuen gemacht werden, nicht aber die Veränderung innerhalb einzelner Individuen über die Zeit gemessen und vor allem gefördert wird. Ein modernes Bildungssystem müsste jedoch beide Aspekte gleichermaßen berücksichtigen und die individuelle Potenzialentfaltung immer vor die Selektion stellen.

Zurück zum Yerkes-Dodson-Gesetz: Von dem Juniorautor des Artikels, dem damaligen Studenten John Dodson, ist nicht so viel bekannt. Aber anscheinend hatte er nach Beendigung seines Masterstudiums in Harvard Schwierigkeiten, zunächst ein Promotionsstipendium und später auch eine akademische Festanstellung zu finden. Nichts ungewöhnliches, lediglich das ewig leidige Problem in Academia. Aus diesem Grund musste sein ehemaliger Mentor Yerkes mit einigen Empfehlungsschreiben nachhelfen, obwohl sein Urteil zugegebenermaßen etwas verhalten ausfällt. So schrieb Yerkes im Jahr 1917 an den Dekan der Kunsthochschule in Minnesota in einem Empfehlungsschreiben über seinen ehemaligen Studenten Dodson: »Obwohl er kein Mann mit brillanten intellektuellen Fähigkeiten ist, halte ich ihn in der gezielten experimentellen Arbeit für außergewöhnlich stark (Brothen 2012, S. 102, eigene Übersetzung)«. Schreibt ein professoraler Meister so über seinen studentischen Assistenten? Empfehlungsschreiben kann man sicherlich auch positiver verfassen. Aufgrund dieser Einschätzung kann man sich aber gut vorstellen, wie die Verteilung der Aufgaben in dem berühmten Experiment aussah. Wohl eine andere Arbeitsteilung als bei Sherlock Holmes und Dr. John H. Watson, aber das ist ja nicht ganz selten im akademischen System.

Mittelstarke Elektroschocks für arme Tanzmäuse – empirischer Beweis der goldenen Mitte?

Doch jetzt wieder zurück zum Yerkes-Dodson-Gesetz. Was beschreibt es denn nun eigentlich? Bei der Studie handelte es sich um ein klassisches Tierexperiment – damals gab es eben noch keine Ethikkommissionen, schon gar nicht für Tierversuche.

1908 untersuchten Yerkes und Dodson den durch wiederholte Lernerfahrungen geprägten Informationsverarbeitungs- und Entscheidungsfindungsprozess in einer Studie mit Tanzmäusen. Sie sollten lernen, in einem einfachen Labyrinth zwischen einer schwarzen und einer weißen Box zu unterscheiden. Jedes Mal, wenn die Nagetiere in die weiße Box hineinliefen, bekamen sie einen schwachen, nicht lebensgefährlichen Elektroschock verpasst, der in der schwarzen Box jedoch ausblieb. Dann gelangten sie durch einen hinteren Ausgang wieder aus der jeweiligen Box heraus in den Vorhof mit den zwei Eingängen, wo sie erneut vor die Entscheidung gestellt waren, in welche Box sie diesmal gehen wollten. Die Fragen, die die Forscher sich nun stellten, waren: Wie lange würde es dauern, bis die Mäuse verlässlich lernen, welche Box die sichere ist? Kann dieser Lernprozess durch Veränderungen der Rahmenbedingungen verlangsamt oder beschleunigt werden? Lernen war in dem Fall definiert, dass die Mäuse zehnmal hintereinander nur in die weiße Box laufen würden. Die beiden Wissenschaftler gingen davon aus, dass die Lernleistung der Mäuse vor allem direkt von der Intensität der Elektroschocks abhängen und mit deren Stärke zunehmen würde, frei nach dem Motto »Aus Schaden wird man klug«, und je größer der Schaden, umso schneller wird man eben klug! Interessanterweise zeigte sich jedoch, dass die Mäuse gerade bei Schocks von mittlerer Stromstärke am schnellsten lernten.

Zunächst verabreichten die Forscher den Mäusen nur sehr schwache Schocks. Die Mäuse brauchten hier sehr lange, bis sie darauf kamen, die schwarze Box der weißen vorzuziehen. Als dann die Intensität der Schocks erhöht wurde, verringerte sich die Anzahl der Versuche, die die Mäuse benötigten, um verlässlich die weiße Kammer aufzusuchen. Allerdings stieg die Zahl der Versuche, die die Mäuse brauchten, um zu lernen, in welche Box sie gehen sollten, wieder an, als die Elektroschocks auf die stärkste Intensität gestellt wurden. Es gab also einen Punkt, an dem die Lernleistung der Mäuse wieder stetig abfiel, nachdem sie anfangs kontinuierlich angestiegen war: Die Abnahme der Fehlerrate beziehungsweise der Aufbau der Lernkurve unter den Bedingungen der starken und schwachen Elektroschocks dauerte deutlich länger als bei der Verabreichung von mittelstarken Elektroschocks.

Als Yerkes und Dodson ihre Ergebnisse in ein einziges Diagramm überführten, zeigte sich die typische umgekehrte, das heißt invertierte, U-förmige Kurve, die später berühmt geworden ist und seitdem fast in jedem Lehrbuch der Psychologie abgebildet wird. Das Gesetz ist deswegen noch einmal in der nachfolgenden Abbildung in schematischer Form wiedergegeben, die ich seit mehr als 20 Jahren verwende und die auch in vielen Lehrbüchern zu finden ist.

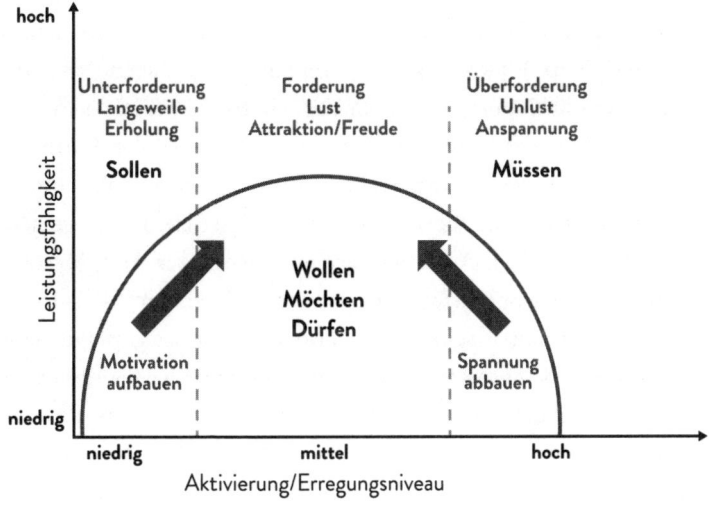

Das Yerkes-Dodson-Gesetz: Zwischen Unter- und Überforderung;
Quelle: Eigene Darstellung

In dieser komprimierten Abbildung ist die scheinbar banale, aber auch fundamentale Erkenntnis beschrieben, dass ein umgekehrt U-förmiger Zusammenhang zwischen dem psychophysiologischen Erregungszustand, der Lernfähigkeit, der Motivation und der Leistungsfähigkeit besteht, der sich für unterschiedliche Lebewesen einschließlich Mäusen und Menschen aufzeigen lässt. Ein mittleres Ausmaß an Beanspruchung, zwischen Unterforderung und Überforderung, scheint wohl am besten für Leistung und Produktivität zu sein.

An dieser Stelle kommen physiologische Forschung und philosophische Analyse endlich einmal zur selben Erkenntnis. Denn aus Sicht der Philosophie scheint das Vermeiden von Extremen ja nicht wirklich etwas grundlegend Neues zu sein. Bereits für den griechischen Philosophen Epikur (ca. 341–271 v. Chr.) ist Ataraxie, also Unerschütterlichkeit, für den Seelenfrieden maßgebend. Es wird sich wohl kaum jemand finden, der dieser Idee von Seelenruhe im Sinne von Unerschütterlichkeit grundsätzlich ablehnend gegenübersteht. Aber wie ist diese Form innerer Standfestigkeit zu erreichen? Bereits der römische Dichter Horaz (65–8 v. Chr.), der ein bekennender Fan von Epikurs Philosophie war, empfahl die Mäßigung als *aurea mediocritas*, das heißt goldene Mittelmäßigkeit. Er warnte mit dem Ausruf *ne quid nimis!*, das heißt nichts im Übermaß! –, vor den Extremen und empfahl stattdessen, den rechten Mittelweg einzuschlagen zwischen zu hohem und überzogenem Geltungsstreben und verachtenswerter Niedrigkeit. Auch der berühmte Schweizer Arzt, Mystiker und Philosoph Theophrastus Bombast von Hohenheim (1493–1541), besser bekannt unter seinem Pseudonym Paracelsus, prägte eine grundlegende Erkenntnis von Heilkunde und Pharmazie: »Alle Dinge sind Gift, und nichts ist ohne Gift; allein die Dosis macht's, dass ein Ding kein Gift sei.«

Ist das nun alter philosophischer Wein in neuen, empirischen Schläuchen der experimentellen Psychologie? Warum fasziniert uns dieser einfache nicht lineare Zusammenhang, der in dem Yerkes-Dodson-Gesetz beschrieben wird, dennoch so sehr? Denn sowohl aus philosophischer, heilkundlich-pharmazeutischer wie auch psychophysiologischer Sicht erscheinen Unter- sowie Überforderung beziehungsweise Unter- und Überexposition eines Organismus suboptimal, ein mittleres Anforderungsniveau dagegen optimal. Diese Erkenntnis durchzieht seitdem die Psychologie, beispielsweise die in den 1930er-Jahren begründeten Stresstheorien, die von einem psychophysiologischen Erregungszustand, dem Arousal, ausgehen. Hier erscheint ein mittleres Stressniveau als vorteilhaft, um auf der einen Seite Monotonie und auf der anderen Seite Überforderung, Burn-out oder sogar den Tod durch Überlastung zu vermeiden. Aber auch lerntheoretische Überlegungen gehen von dem Gesetz aus und postulieren, dass ein gehobenes, mittleres Anforderungsniveau, zumindest bei sehr vielen Lernaufgaben, die besten Lernresultate erbringt.

Die zwei Seiten eines Gesetzes – positive Lernerfahrungen, Fehlersignale und Überforderung

Im Zusammenhang mit Lernprozessen wird die linke Seite in den Darstellungen des Lernfortschritts nach dem Yerkes-Dodson-Gesetz positiver erfahren als der rechte Teil. Denn die aufsteigenden Lernerfahrungen sind zwar anstrengend, stellen aber im Grunde positiv konnotierte Wachstumsprozesse dar. Das liegt in der Natur der Sache und ist der Tatsache geschuldet, dass wir in der Lage sind, mit viel Einsatz und Mühe eine Aufgabe zu bewältigen, die die Grenze unseres bisherigen Kompetenzbereichs berührt. Der durch die Auseinandersetzung mit den dort auftretenden Anomalien entstehende Kompetenzzuwachs ist jedoch ferner im Sinne der Selbstwirksamkeit sehr förderlich.

Doch durch die positiven Feedbackprozesse wachsen wir nicht nur psychologisch in der jeweiligen Kompetenz, sondern auch physiologisch durch die entsprechende neuronale Codierung. Dazu gehören vor allem die Bedeutsamkeit von Fehlern, die damit inbegriffene Erfahrung des Scheiterns sowie die damit unausweichlich verbundenen negativen Feedbackprozesse. Diese sind aber deutlich schwieriger zu integrieren als die positiven Zuwachserfahrungen auf der linken, aufsteigenden Seite der in den Grafiken abgebildeten Kurven, die das Yerkes-Dodson-Gesetz sichtbar darstellen. Aber gerade Fehler eröffnen immer Möglichkeitsfenster, einerseits für Korrektur und andererseits für den

Umbau des Gehirns und seiner neuronalen Verbindungen im Sinne der Neuroplastizität. Die Botschaft des Gehirns an seinen Bewusstseinsträger ist klar: »So wie du das gerade versuchst, funktioniert das schlicht nicht! Probier was Anderes!«

Das Gehirn lernt am schnellsten und tiefsten durch nicht fatale Fehler. Denn ein Fehlersignal aktiviert sofort neuroplastische Umbauprozesse im Gehirn. Bis zu einem gewissen Grad ist deswegen gerade der Akt des Scheiterns essenziell für Lernprozesse, freilich nur insofern dieser nicht katastrophal oder sogar tödlich ist. Streng genommen ist der Tod zwar auch aus evolutionärer Sicht für zukünftige Entwicklungsprozesse erforderlich, da damit nicht nur das Überleben anderer Lebewesen sichergestellt wird, sondern auch Platz für neues, junges, dynamisches Leben mit frischen neuroplastischen Entwicklungsfenstern geschaffen wird. So hat der legendäre Apple-Gründer Steve Jobs bei einer im Jahr 2005 vor Absolventen der Universität Stanford gehaltenen Rede lapidar bemerkt: »Der Tod ist wahrscheinlich die beste Erfindung des Lebens.« Biologisch betrachtet hat er auf jeden Fall recht, denn Leben und Tod gehören auf das Engste zusammen. In jeder Sekunde sterben etwa 50 Millionen Zellen in unserem Körper ab, werden aber gleichzeitig immer wieder neu gebildet. Geschädigte und verbrauchte Zellen machen Platz für neue. So wird der programmierte Zelltod, die Apoptose, beispielsweise bei Wassermangel in der Zelle oder durch genetische Schädigung von der Zelle selbst herbeigeführt, um dadurch das Entstehen von Mutationen und folglich auch Krebserkrankungen zu verhindern. Auch wenn es uns schwerfällt, das zu akzeptieren, muss ständig ein kleiner Teil in uns vielzelligen Organismen sterben, damit wir weiterleben können. Aber dadurch erneuern wir uns sozusagen permanent selbst, zumindest solange unser Herz schlägt und dadurch unsere zahlreichen Zellen mit frischem Sauerstoff versorgt werden. Das ganze System ist aber sehr anfällig: So können schon nach drei Minuten ohne Sauerstoffzufuhr bleibende Schäden am Gehirn entstehen. Nach zehn Minuten ist ein Großteil der Gehirnzellen abgestorben, während die Darmaktivität noch fast einen ganzen Tag

ohne Herzschlag weitergehen kann. Ohne Aufrechterhaltung der Vital-
funktionen bricht die Selbstregulationsfähigkeit des Gehirns sehr
schnell zusammen. Gut, dass wir regelmäßig atmen, da machen wir
doch gleich mal eine tiefe Bauchatmung!

Aber auch wenn ein Organismus nicht stirbt, sondern aufgrund von
chronischer Überforderung in eine spezifische Überlastungssituation
hineinrutscht, sodass keine Adaption an die Umwelt mehr möglich ist,
ist dies immer problematisch. Unter der Voraussetzung, dass man nicht
zu weit auf der rechten Seite der grafischen Darstellung der Yerkes-Dodson-Kurve heruntergestürzt ist, scheint also der direkte Weg
zurück zum Scheitelpunkt der Kurve der beste Ausweg aus der missli-
chen Situation der stressbeladenen Überforderung zu sein.

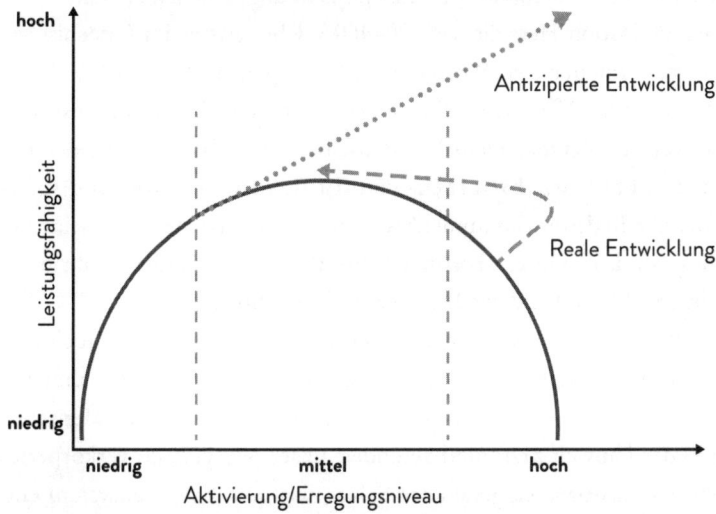

Antizipierte und reale Entwicklung im Yerkes-Dodson-Gesetz;
Quelle: Eigene Darstellung

Dies ist in der oben stehenden Abbildung durch den gestrichelten
Pfeil auf der rechten Seite der Abbildung skizziert, während der obere
gepunktete Pfeil die durch Lernerfolge antizipierte Entwicklung darstellt. Wer den durch die gestrichelte Linie repräsentierten Pfad nimmt,

geht, beladen mit den Einsichten, die er während des Scheiterns erlangt hat, den Weg zurück, den er im Vorfeld genau im Prozess des Fehlermachens und Scheiterns hinuntergerutscht ist. Dann kann man am Scheitelpunkt der Kurve mit erweiterter Erfahrung dank neu erlebter und schmerzlich gewonnener Erkenntnisse noch einmal seine Handlungsoptionen abwägen und gegebenenfalls eine andere Entscheidung treffen, um mit der Anomalie besser umzugehen. Aus Schaden wird man klug, weiß der Volksmund dazu.

Obwohl dieser Lösungsansatz direkt und schlüssig erscheint, muss berücksichtigt werden, dass ein Prozess – zumindest im Zusammenhang mit menschlichem Erleben – niemals vollständig rückgängig gemacht werden kann, weil die gemachte Erfahrung der Überforderung und Fehlerhaftigkeit schlicht nicht ungeschehen zu machen ist. Der Philosoph Heraklit (ca. 520–460 v. Chr.) hat es im Griechischen prägnant mit den zwei Worten *panta rhei* ausgedrückt, die man wohl am ehesten mit »Alles ist im Fluss« übersetzt. Alles ist ein Prozess, und deswegen steigt man niemals in denselben Fluss. Das gilt auf jeden Fall für den Fluss des (Er-)Lebens und (Er-)Lernens – davon wird später noch die Rede im Zusammenhang mit dem Kohärenzgefühl sein. Zurück auf Los gibt es eben nur beim Monopoly, allerdings gibt es da dann auch kein Geld wie bei einer regulären Spielrunde.

Im realen Leben kann man, anders als im Spiel, jedoch nicht einfach zurückgehen, dafür verdient man als Währung aber Lern- und Lebenserfahrung. Jede Erfahrung und Interaktion mit anderen Menschen und der Umwelt prägt und verändert unser physikalisch verkörpertes und psychosozial eingebettetes Selbst, weil unser Nervensystem entsprechend darauf reagiert und sich gleichzeitig verändert. Die gemachten Erfahrungen mit ihrer subjektiven Bewertung und Interpretation hat man – zumindest implizit – immer im biografischen Gepäck dabei, jedenfalls solange keine psychopathologischen Phänomene wie Dissoziation oder neurologischen Erkrankungen wie Demenz entstehen. Freilich, man mag die Lektion vermeintlich vergessen haben, sie möglicherweise auch nicht direkt abrufen können, aber implizit ist sie da, weil sie im wahrsten Sinne des Wortes ihren Abdruck im Nervensystem hinterlassen hat. Es wird eben im wahrsten Sinne des Wortes in-formiert. Andernfalls wären Lernprozesse nicht möglich.

Bei leichten bis mittleren Überforderungssituationen ist es aber durchaus eine angemessene Vorstellung, dass man einfach die rechte Seite der Yerkes-Dodson-Kurve wieder hochsteigen kann. Dabei wird die Erkenntnis, wann und warum die Überforderungssituation einge-setzt hat, mit ihren kognitiven, emotionalen, motivationalen, körperli-chen Aspekten im Sinne des Embodiments verinnerlicht und in unsere biografische Identität integriert. Insofern fangen wir auch an, eine in-nere Landkarte für Überforderungssituationen anzulegen, und bekom-men dadurch ein zunehmend besseres intuitives Gespür dafür, wann ein Problem für uns zu groß oder zu schwer und deswegen nicht mehr aufhebbar ist. Die innere Stimme sagt dann sowas wie: Lass das besser, das ist eine Nummer zu groß für dich.

Unser Gehirn ist von Natur aus dafür geschaffen, die Rückschlüsse aus unseren Erfahrungen mit all ihren Facetten neuronal zu integrieren. Das Gehirn kann nicht anders, denn es ist ein Beziehungsorgan, ein offenes, lernendes System, das sich und den ganzen Organismus über Feedbackprozesse reguliert und bestmöglich an die Umwelt anpasst. Im Fall von leichten oder mittleren Überforderungssituationen ist der neurophysiologische Abdruck der Erfahrung allerdings nicht so stark, dass er den Organismus dauerhaft verletzt oder verformt. So ähnlich wie ein Muskelkater nach intensivem Training eben, der nicht, wie ur-sprünglich angenommen, aufgrund von Übersäuerung entsteht, son-dern vielmehr auf Mikrotraumata in Form kleiner Risse im Muskelge-webe zurückzuführen ist, die zu Entzündungen des Gewebes führen. Die charakteristischen Risse können beim Abbremsen und Stoppen von Bewegungen, wie beispielsweise beim Abstieg eines Berges oder Abfedern eines Sprungs, übrigens deutlich schneller entstehen als bei spezifischen Beschleunigungsprozessen wie dem Bergaufgehen. Ähn-lich ist es bei Lernprozessen mit durch moderates Scheitern bedingten Mikrotraumatisierungen. Diese sind nicht schön und tun weh, aber sie helfen beim Kompetenzaufbau ungemein und man kann hinterher sagen: »Ich habe meine Lektion am eigenen Leib erfahren und so wahrhaft gelernt!«

Im Grunde kann man diesen angedeuteten Absturz bis zur rechten gestrichelten senkrechten Linie in dem Yerkes-Dodson-Diagramm und den sich daran anschließenden Wiederaufstieg sogar als ein Kernelement von Lernprozessen und Kompetenzaneignung betrachten. Denn es wurde ein Versuch unternommen, das gesetzte Ziel zu erreichen, was zunächst auch gut funktioniert, dann aber nicht mehr das gewünschte Resultat im Verhältnis zum eingesetzten Aufwand gebracht hat und irgendwann in eine zunehmend dysfunktionale Negativspirale überzugehen droht. Dabei entsteht unweigerlich Stress. Das Aufrechterhalten oder sogar die Intensivierung der Bemühungen ist ab diesem Zeitpunkt also keine gute Strategie mehr. Folglich kehrt man durch Reduzierung des Einsatzes zu dem Scheitelpunkt des Problems zurück und probiert es in leicht veränderter Form und mit neuer Energie noch einmal. Die basale Idee ist einfach, aber hochwirksam: »Schau, dass du einen Weg findest, es leichter zu machen, um Energie zu sparen!« Wer dabei erschöpft oder genervt ist, tut gut daran, sich zu erholen, sei es durch Entspannung, Schlaf oder Ablenkung. Anschließend kann man mit neuer Energie und einem neuen Ansatz an das Problem oder die Anomalie herangehen.

Der ursprünglich aus der Mathematik stammende wissenschaftliche Fachbegriff, der diesen Prozess beschreibt, heißt Iteration. Damit wird allgemein gesprochen ein Prozess beschrieben, bei dem durch mehrfaches Wiederholen minimal veränderter oder ähnlicher Handlungsschritte die Annäherung an eine Lösung oder ein bestimmtes Ziel im Sinne der Annäherung in kleinen Schritten erreicht wird. Beispielsweise haben wir alle auf diese Art und Weise gelernt, das Gleichgewicht beim Fahrradfahren zu halten und Kurven richtig anzufahren. Die erfolgreichsten Strategien beziehungsweise diejenigen mit dem geringsten Ausmaß an negativem Feedback werden dann weiterverfolgt und verfeinert. Anders macht es die Evolution auch nicht, denn genau das passiert seit Jahrmillionen mit dem am Dreiklang von Variation, Selektion, Stabilisierung orientierten Entwicklungsprozess, der Leben ermöglicht hat. Dieser Entwicklungsprozess – Charles Darwin (1809–1882) hat es als Erster gezeigt – hat uns Menschen als eine besondere Spezies von unbehaarten, aufrecht gehenden Affen mit einem im Vergleich zu anderen Säugetieren großen Vorderhirn hervorgebracht. Um eine derartige Gattung hervorzubringen, muss im Laufe der Evolution schon einiges an schwerwiegenden, aber nicht fatalen Fehlern stattgefunden haben, durch die äußerst wirksame Lernprozesse angestoßen wurden. Natürlich haben diese Lernprozesse durch Iterationen auch schon auf der links dargestellten Seite des Yerkes-Dodson-Gesetzes ihren Anfang genommen. Dort hatten sie aber ein positives Resultat zur Folge. Erinnern Sie sich beispielsweise daran, wie Sie Fahrradfahren gelernt haben: erst mit Stützrädern, zunächst gehalten von den Eltern und dann eigenständig. Zuerst haben Sie Geradeausfahren gelernt und dann das Kurvenfahren. In die ersten drei Kurven sind Sie langsam und unsicher hineingefahren, dann bei der vierten und fünften mit mehr Zuversicht und Tempo, vielleicht waren Sie auf einmal zu schnell und Sie lagen auf der Nase! Das war eine Erfahrung, die auf der rechten Seite des Yerkes-Dodson-Gesetzes stattfand. Zwar nicht schön, aber essenziell, um das Radfahren zu lernen und das eigene Können zu steigern. Solch eine Lektion vergessen wir eben nicht, genauso wenig wie den Griff auf die interessant und geheimnisvoll erscheinende, rot glühende Herdplatte.

Resiliente Menschen wissen, dass Scheitern essenziell für Lernprozesse ist, und lernen deswegen erfolgreich zu scheitern. Denn so gesehen ist das Leben nichts anderes als eine Kaskade des Scheiterns, aus der wir die dem Stresserleben abgetrotzte Lernessenz extrahieren, ohne uns dabei komplett zu überfordern. Und am Ende liegen wir alle auf der Nase – die Frage ist nur, ob nach einem erfüllten oder unerfüllten Leben.

BURN-OUT: HÖLLENSTURZ IN EINEN KERKER
AUS EIS UND VERRAT AN SICH SELBST

Zur besseren didaktischen Veranschaulichung und Kontextualisierung von biologischen und psychologischen Entwicklungs- und Veränderungsprozessen habe ich es mir in Vorlesungen, Vorträgen, Workshops und Seminaren zur Angewohnheit gemacht, Lerninhalte, Konzepte und Methoden auch bildlich mithilfe von metaphorischen und symbolischen Narrativen verständlich und nachvollziehbar zu machen. Menschliche Wahrnehmung lebt nun einmal von einprägsamen Bildern und Geschichten. Denn im Verlauf der Jahre habe ich die Erfahrung gemacht, dass es meinen Studierenden, aber auch unterschiedlichsten Zuhörern dadurch leichter fällt, eine Botschaft für sich mitzunehmen. Ich bediene mich dabei des reichhaltigen Fundus, den die Weltreligionen und spirituellen Systeme im Verlauf der Menschheitsgeschichte hervorgebracht haben. Vornehmlich nutze ich dazu fundamentale Erzählnarrative, die das Christentum hervorgebracht hat, manches habe ich aber auch in den buddhistischen oder jüdischen Weltanschauungen gefunden. Ich bin sicher, dass es in anderen Weltreligionen und Weltanschauungen genauso geeignete Geschichten gibt, nur kenne ich mich darin leider viel zu wenig aus. Den gleichen Kunstgriff werde ich jetzt auch anwenden und das Yerkes-Dodson-Gesetz in einen anderen Kontext setzen.

Biblische Narrative als phänomenologische Metaanalysen
menschlichen Erlebens

Zunächst möchte ich erläutern, wie ich als Psychologe über biblische Geschichten denke und wie ich mit ihnen in meiner praktischen psychologischen Arbeit umgehe. Für mich sind viele religiöse Erzählungen – unabhängig von ihrem historischen Wahrheitsgehalt – faszinierende Blaupausen menschlichen Lebens, die von unterschiedlichen

Menschen zu verschiedenen Zeitpunkten in einem iterativen Prozess geschrieben, verändert und verfeinert wurden. Vorstellungen, Überzeugungen, Einstellungen, Werte und Moralansichten, aber auch Kulturpraktiken, symbolische Verhaltensweisen und außergewöhnliche Erfahrungen und Taten einzelner Menschen werden durch den Prozess der Kanonisierung – aus dem Hebräischen *qana* für »Stab«, »Messrohr« – in einem langwierigen Kristallisationsprozess gesammelt, geordnet und dann in veränderter Form an die nächsten Generationen weitergegeben. Das auf diesem Weg kanonisierte Material verliert im Laufe dieses Prozesses leider oft den direkten Lebensbezug. Die Verbindung muss durch Zurückverbindung, lateinisch *religare*, wiederhergestellt werden.

Resilienz durch eine solche Zurückverbindung herbeizuführen, ist ein Sinn und Zweck von Religion. Anders gesagt: Hier ist ein reichhaltiger Wissensschatz vorhanden, um prototypische Konstellationen menschlicher Erlebniswelten, Verhaltensweisen und Entwicklungsbahnen zu verstehen. Es handelt sich um strukturell ähnliche Lebenserfahrungen, die jeder Mensch im Laufe seines Lebens auf individuelle Art und Weise macht. Die Urheber dieser Geschichten konnten sich und andere faszinierend genau und ehrlich beobachten, vermutlich auch, weil sie in der eigenen Innenschau geschult waren und ihre Erkenntnisse an die Nachkommen weitergeben wollten. Man kann in dem Kanonisierungsprozess deshalb die strukturelle Quintessenz ganz vieler gelebter Leben sehen, die in den Geschichten übereinandergelegt wurden, um darin universale Muster und Strukturen menschlicher Lebensthemen, -aufgaben und -schwierigkeiten zu identifizieren und einen konstruktiven Umgang damit aufzuzeigen.

In der Wissenschaft gibt es ein statistisches Verfahren, die Metaanalyse, bei dem man eine sehr ähnliche Herangehensweise nutzt. Bei dieser Methode werden möglichst viele empirische Studien von hinreichender Qualität statistisch so aufbereitet, dass sie vergleichbar sind und man mithilfe dieser neu kreierten, großen Stichprobe auch solche Zusammenhänge sehen kann, die ein einzelner kleiner Datensatz naturgemäß nicht liefern kann. Methodisch bewerkstelligt wird dies, indem man die empirischen Rohdaten jeder einzelnen geeigneten Studie aufbereitet und diese dann in einen gemeinsamen Datenpool zusammenführt und den dadurch gewonnen Metadatensatz mit geeigneten Methoden statistisch auswertet. Metaanalysen gelten als qualitativ hochwertigste Form des empirischen Evidenznachweises, weil einzelne Studien beispielsweise aufgrund von Berechnungsfehlern, falschen Ansätzen und Verzerrungseffekten potenziell falsche Aussagen liefern können. Unbemerkte Muster in einzelnen Datensätzen werden aber durch das sogenannte Poolen deutlicher erkennbar. Anders als bei der Froschperspektive der Einzelstudie – mag sie qualitativ noch so hochwertig sein –, wird bei der Metaanalyse eine Art Vogelperspektive eingenommen, wodurch aus einer hohen Flughöhe verborgene Muster wahrgenommen werden können. Eine einzelne wissenschaftliche Studie liefert keinen stichhaltigen und eindeutigen empirischen Beweis; das gelingt nur durch ein Set von Studien mit Wiederholungen und Modifikationen, die dann synoptisch, das heißt zusammenschauend, betrachtet werden. Das ist übrigens auch der Grund, warum Wissenschaft manchmal so strukturkonservativ und langsam erscheint, aber es ist die einzige Möglichkeit, Voreiligkeit und somit vor allem falsche Rückschlüsse zu vermeiden. Gut Ding will eben Weile haben.

Ich tendiere dazu, Geschichten religiöser, mythologischer und symbolischer Art wie eine Form phänomenologischer Metaanalyse zu lesen, die unsere Altvorderen angefertigt haben. Denn in religiösen Narrativen werden häufig auf einer symbolischen Ebene Strukturen, Themen und Prozesse adressiert, die in jedem menschlichen Leben eine Rolle spielen und die jeder Mensch für sich irgendwie lösen muss. Einige der essenziellsten Aufgaben bestehen darin, mit der eigenen Sterblichkeit, Verletzlichkeit und Unvollkommenheit, aber auch mit Ungerechtigkeit, Bösartigkeit und Verrat umgehen zu lernen. Diese Aufgaben und Herausforderungen sind naturgemäß Bestandteil der allgemein menschlichen Erfahrung, die sich auch in jeder individuellen biografischen Geschichte und Identität finden lässt. Der Schweizer Psychologe und Psychiater C. G. Jung hat solche kollektiven Herausforderungen, die sich im individuellen Leben spiegeln, als Archetypen bezeichnet. Dabei ist es hilfreich, einen interpretativen Rahmen zur Verfügung zu haben, der die Inhalte der Geschichten, die wir erleben und in denen wir leben, kontextualisiert.

Genau das stellen in meinen Augen die in kanonischer Form dargebotenen religiösen Narrative dar. Deren Tradierung hat sich als nützlich erwiesen, sonst hätten unsere Vorfahren ihre Zeit damit nicht vergeudet, diese Geschichten von Generation zu Generation weiterzugeben und dabei stetig psychologisch zu verfeinern und den Sinngehalt weiter zu destillieren. Mit dieser psychologisierenden Lesart möchte ich den Wahrheitsgehalt der religiösen Geschichten weder nivellieren noch relativieren, sondern nur das für mich relevante psychologische beziehungsweise psychophysiologische Destillat in pragmatischer Weise herauslesen und jedem freistellen, was er damit macht. Ich räume jedoch sofort ein, dass es sicherlich noch andere Interpretationsmöglichkeiten religiöser Narrative gibt.

Rubens Höllensturz der Verdammten – ein malträtiertes Kunstwerk der menschlichen Überforderung

Schleichende Verschlechterungsprozesse, wie sie der Spitze der Yerkes-Dodson-Kurve folgen, sind schwierig als solche zu erkennen. Häufig wollen wir es aber auch einfach nicht wahrhaben, dass die Entwicklungslinie nun nicht mehr nach oben zeigt. Dies gilt vor allem für die Identifikation von Scheitelpunkten. Denn dies setzt die Wahrnehmung und bewusste Reflexion der vermeintlichen Paradoxie voraus, dass die alten und erprobten Lern- und Lebensregeln aus dem aufsteigenden Bereich des Yerkes-Dodson-Gesetzes nun plötzlich nicht mehr gelten. Stattdessen ist da jetzt auf einmal ein Fehlersignal. Häufig ist man an diesen Stellen im Leben auf die Hilfe anderer wohlmeinender Menschen angewiesen, die mitunter die Veränderungen in Erleben und Verhalten leichter erkennen können, weil ihr Blick von außen unverstellter ist. Meistens kennen einen diese Menschen gut und lange, also Eltern, Partner, Freunde und Verwandte. Das betreffende Individuum selbst steht jedoch vor einem Rätsel. Auf einmal ist es jetzt an einem Punkt angelangt, wo es trotz erhöhter Anstrengungen immer weniger Leistung und Wirksamkeit entfalten kann und gleichzeitig Fehler, Unzufriedenheit und Erschöpfung zunehmen. Zuerst fällt das nicht auf, doch zunehmend wird klarer, dass man jetzt den Boden der Überforderung betreten hat und sich nun die Spielregeln verändert haben.

Die rechte, absteigende Seite des Yerkes-Dodson-Gesetzes hat augenscheinlich nicht die positive Beschaffenheit wie die linke, aufsteigende Seite, die wir mit positiven Begriffen wie lernen, entwickeln und wachsen assoziieren. Trotzdem ist gerade dieser Teil des Gesetzes für uns essenziell, weil uns durch die absteigende Kurve graduell aufgezeigt wird, was die Konsequenzen von Fehlern aufgrund von mangelnden Kompetenzen und ausgehenden Ressourcen sind. Fehlersignale sind nun einmal der bedeutsamste Auslöser für die strukturelle und funktionale Umorganisation des Gehirns im Sinne der Neuroplastizität. Alles, was die damit einhergehende Stressreaktion zum Verschwinden bringt, wird als wirksame Strategie neuronal codiert und erinnert. Wenn es wehtut, lernen wir eben am schnellsten, nur darf es eben auch nicht zu weh tun! Insofern könnte man das Über-den-Höhepunkt-der-Lernkurve-Sein auch als einen kontinuierlichen Prozess beschreiben, in deren Folge wir zunehmend die Grenzen unserer Fähigkeiten und Fertigkeiten kennenlernen und sukzessive in den Kontrollverlust hineinrutschen. Somit dürfen – besser gesagt müssen – wir hier unsere Begrenzungen erfahren. Nur dies erlaubt uns, eine realistische Verortung unserer Selbstwirksamkeitserwartung vorzunehmen und diese gegebenenfalls zu korrigieren. Das ist essenziell für die Entwicklung und das Überleben. Denn wenn diese charakteristischen Veränderungen, die mit zunehmender Überforderung einhergehen, nicht erkannt oder sogar verleugnet werden und die bisherige Erfolgsstrategie nun weiter mit erhöhtem Einsatz vorangetrieben wird, nimmt die Dynamik des Prozesses immer mehr an Fahrt auf. Und zwar so lange, bis wir in

Peter Paul Rubens, Höllensturz der Verdammten
Quelle: AKG Images

einen chronischen Erschöpfungszustand fallen, den wir als Burn-out kennen.

Betrachten wir dazu ein Gemälde, das von dem bekannten holländischen Meistermaler Peter Paul Rubens (1577–1640) stammt und den Namen *Höllensturz der Verdammten* trägt. So finster, wie das Motiv ist, ist auch die Zeit, in der es entstanden ist, nämlich zu Beginn des Dreißigjährigen Krieges um 1620. Es hängt in der Alten Pinakothek meiner Geburtsstadt München und wurde im Jahr 1959 fast durch eine wirre Vandalismustat zerstört. Der Philosoph und Schriftsteller Walter Menzl (1906–1994) hatte einen Säureanschlag auf das Rubens-Gemälde verübt, um damit auf seine kruden philosophischen Ideen aufmerksam zu machen. Warum hatte er sich wohl genau für dieses Gemälde entschieden?

Ebenso wie die Vertreibung aus dem Paradies ist auch der Höllensturz ein traditionsreiches Motiv christlicher Eschatologie – der Lehre vom Endschicksal des einzelnen Menschen und der Welt – und folglich der darstellenden Kunst. Eine Version des Bildes ist übrigens auch ein wiederkehrendes Motiv in der deutschsprachigen Netflix-Serie *Dark*, die im Jahr 2017 das erste Mal ausgestrahlt wurde. Das meisterhafte Gemälde von Rubens beschreibt einen Aspekt des Jüngsten Gerichtes, bei dem realistisch dargestellte und vom Maler in opulenter Manier gemalte menschliche Leiber vom Himmel herab in die Hölle stürzen. Bei genauerem Betrachten des Gemäldes finden wir oben links, in einen roten Umhang gekleidet, den mächtigen Erzengel Michael. Aus einem Lichtstrahl, der sich zwischen dunklen, bedrohlichen Wolken auftut, stürzt der Himmelsprinz herab und schleudert große Mengen nackter Leiber in die Unterwelt, wo drachenhafte Gestalten und Dämonen auf die armen Seelen warten. Das Motiv ist düster, Perspektiven der Rettung finden sich in diesem Bild absolut keine.

Drei Auslegungen eines tiefen Fall(e)s und seine psychophysiologischen Konsequenzen

Was hat es mit diesem furchterregenden Motiv des Höllensturzes auf sich? Bevor wir es psychophysiologisch ausdeuten, sollten wir es uns einmal in der Schöpfungsgeschichte genauer ansehen. Interessanterweise spielt es sowohl zu Beginn als auch am Ende der christlichen Schöpfungsgeschichte eine zentrale Rolle. Zum einen geschieht dies in der Version des gefallenen Engels, der in grauer Vorzeit im Zusammenhang mit der Erschaffung des Menschen gegen Gott aufbegehrte und daraufhin von diesem in den Abgrund verbannt wurde. Gemeinhin wird dieser gefallene Engel unter dem Namen Luzifer oder Satan mit dem Teufel in Verbindung gebracht, der nach dem Lukasevangelium (Lk 10,18) ebenfalls vom Himmel auf die Erde gefallen sein soll. Allerdings beschreibt der Geschichtsschreiber in der im Johannesevangelium beschriebenen Apokalypse am Ende der Zeiten den Höllensturz des Teufels als Folge des finalen Kampfes zwischen dem Teufel und den Engeln Gottes. So erscheint in der Offenbarung des Johannes plötzlich ein Furcht einflößender Drache mit sieben Häuptern und zehn Hörnern, der oftmals mit dem Teufel identifiziert wird. Nach einem langen und harten Kampf gelingt es schließlich dem tapferen Erzengel Michael, den Drachen vom Himmel hinabzustoßen und in einen See von brennendem Schwefel zu werfen. Das Motiv des Höllensturzes stellt also den Rahmen für die Erzählung des Christentums – Anfang und Ende, Alpha und Omega!

Darüber hinaus bezeichnet der Höllensturz zudem den Akt der Verdammung der armen Sünder beim Jüngsten Gericht und ist somit das Gegenstück zur Aufnahme der Gerechten ins Paradies. Insofern können wir hier auch von den persönlichen Höllenstürzen einzelner Menschen sprechen. Genau in diesem dritten individualpsychologischen Sinne möchte ich die Kontextualisierung des Gemäldes im rechten Teil des Yerkes-Dodson-Gesetzes psychologisch interpretieren.

Als Medizinpsychologe interessiere ich mich primär für die Psychophysiologie der Menschen, und erst in zweiter Linie für ihre Dämonen und Engel.

Bevor wir uns dem Höllensturz zuwenden, wird es jedoch relevant, darüber nachzudenken, wann und warum genau Entwicklungsprozesse an einem bestimmten Punkt in Abbauprozesse übergehen. Mit anderen Worten: Wann geht Aufstieg in Abstieg und Forderung in Überforderung über?

Zu diesem Zweck ist es sicherlich hilfreich, in einem ersten Schritt über die gestrichelte Linie zu reflektieren, die in der Abbildung vom linken Teil des Yerkes-Dodson-Gesetz-Kurve auf Seite 163 aufsteigend, den Scheitelpunkt des Gesetzes streifend diagonal nach rechts in den Himmel zeigt. Im Grunde ist dies die prognostizierte lineare Entwicklung, die jeder von uns antizipiert, nachdem er aus der Zone der Unterforderung herausgegangen ist. Im Laufe unseres Lebens mussten wir lernen, mit Unsicherheiten und Problemen umzugehen, haben dies auch weitgehend erfolgreich getan, sonst wären wir nicht am Leben und würden weiterhin atmen. Diese Entwicklung wird nun weiter linear in die Zukunft projiziert, unter der Annahme, dass der Lernprozess und der damit verbundene Kompetenzzuwachs sich in dem bisher wahrgenommenen Sinne weiter entfalten wird, wenn man sich nur weiter anstrengt.

Das mag naiv klingen, ist aber so. Denn Menschen machen ja zunächst die Erfahrung, dass durch Lernen, Üben und Anstrengen scheinbar alles besser wird. Folglich können sie reifen und wachsen. Kompetenzen und Fertigkeiten und damit auch die Selbstwirksamkeit nehmen zu. Das Ganze gilt allerdings nur so lange, bis der Scheitelpunkt der Möglichkeiten und damit auch der Bereich der Überforderung noch nicht erreicht ist. Am Scheitel der Kurve, die das Yerkes-Dodson-Gesetz beschreibt, befindet sich genau dieser prägnante und folgenreiche Übergangs- oder auch Transitionspunkt, bei dem Wachstums- und Entwicklungsprozesse fließend in Überforderungssituationen übergehen können.

Es ist sehr interessant, dass manche Menschen den Übergang zur Überforderung an einem spezifischen Ereignis festmachen können, während andere hier kürzere oder auch längere Zeiträume oder die Abfolge von Ereignissen angeben. Wem es also zu eingeengt erscheint, von einem Übergangspunkt zu sprechen, kann natürlich auch gerne einen ausgedehnten Transitionsbereich annehmen. Spätestens an dieser Stelle beginnt das Spiel mit dem Feuer: Denn wenn man zu weit in diesen Bereich der Überforderung hineingerät, droht eine Verselbstständigung des Abstiegsprozesses im Sinne von chronischer Erschöpfung oder Burn-out.

In den letzten Jahren wurde dieser Begriff vor dem Hintergrund der Zunahme von psychischen Erkrankungen zunehmend thematisiert, vor allem auch, weil sich Burn-out zu einer der Hauptursachen für Arbeitsunfähigkeit entwickelt hat. Das Krankheitsbild des Burn-out-Syndroms ist bis zum heutigen Tag nicht klar umrissen, auch wenn es zunehmend im Kontext beruflicher Stressbelastung und resultierender chronischer Überlastung verwendet wird. In der Medizin wird der Begriff Syndrom gerne verwendet, wenn man keine wirkliche Vorstellung davon hat, wie ein Bündel von Symptomen zu erklären ist. Fast alle Experten sind sich jedoch darüber einig, dass chronischer Stress letztlich dieses Ausbrennen verursachen kann. Dabei gerät eine Person in einen Teufelskreis aus vermehrter Anstrengung und Enttäuschung, in dessen Folge die körperliche und psychische Leistungsfähigkeit immer weiter abnimmt. Am Ende steht dann häufig der totale Zusammenbruch. Aktuellen Schätzungen zufolge leiden etwa eine halbe Millionen Menschen in Deutschland unter einem Burn-out-Syndrom, obwohl sich – gerade inmitten einer weltweiten Pandemie – sicherlich deutlich mehr Menschen chronisch gestresst und vom Burn-out bedroht fühlen.

Bislang ist das Burn-out-Syndrom auch nicht in der aktuellen, zehnten Version der *Internationalen Statistischen Klassifikation der Krankheiten und verwandter Gesundheitsprobleme* (ICD-10) enthalten, sondern es wurde entweder als Anpassungsstörung, Depression oder unter der Zusatzcodierung Z.73, »Probleme mit Bezug auf Schwierigkeiten bei der Lebensbewältigung«, diagnostiziert. In der gerade erschienen Version des ICD-11 ist Burn-out jedoch als eigenständige Diagnose als Folge von chronischem Stress am Arbeitsplatz enthalten.

Auf psychologischer Ebene sind Symptome wie Erschöpfung, Depression, Angst, Verbitterung, Schmerz sowie Gefühle von Auswegslosigkeit und Sinnlosigkeit dafür kennzeichnend. Gegenwärtig ist jedoch nur wenig über biologische und psychophysiologische Faktoren bekannt, die einem Burn-out-Verlauf vorausgehen oder einen solchen begleiten können. Ein häufig diskutierter Erklärungsansatz ist dabei die Annahme einer dauerhaften Überaktivierung der endokrinen Stressachse im Organismus, die auch als Hypothalamus-Hypophysen-Nebennierenrinden-Achse bekannt ist. Deren permanente Aktivierung geht mit einer chronischen Erhöhung des Stresshormons Cortisols einher, als Reaktion auf chronische Stresszustände und Überforderung. Vermutlich spielen darüber hinaus immunologische Adaptionen als Folge von chronischem Stress bei Burn-out eine Rolle, durch welche die Anfälligkeit für infektiöse Erkrankungen sowie Entzündungsprozesse gesteigert wird. Dazu passt beispielsweise die Beobachtung, dass bei bestimmten Arten von Depression Entzündungsprozesse eine Rolle spielen. Derzeit kann als gesichert gelten, dass ein Burn-out mit ernsthaften körperlichen Symptomen und der Entwicklung von chronischen Erkrankungen einhergehen kann. Schlaflosigkeit, Gereiztheit, Stress und Grübeleien sind häufig die Vorboten des Burn-outs, und all das beeinflusst naturgemäß das Immunsystem.

Zwölf Stufen des (Aus-)Brennens: Vom Entfachen des motivationalen Feuers über glühenden Eifer bis zur verglühenden Glut

Über die einzelnen Stadien der Burn-out-Problematik ist viel geschrieben worden, an seinem manifesten Endpunkt steht jedoch der völlige Zusammenbruch. Gehen wir deswegen an die Anfänge der

Erforschung zurück. Der Psychologe und Psychoanalytiker Herbert Freudenberger (1926–1999) hat schon im Jahr 1974 in einem wissenschaftlichen Artikel als Erster den Begriff Burn-out verwendet, in dem damit einhergehende Symptome bei Pflegekräften beschrieben wurden (Freudenberger 1974). Wer war dieser Mann und warum interessierte er sich für dieses Thema?

Der in Frankfurt in eine deutsch-jüdische Familie geborene Freudenberger musste als Kind mitansehen, wie seine Eltern und seine Familie zunehmend beängstigenden Repressalien der Nazis ausgesetzt waren. Nach der Reichskristallnacht beschloss er, das drohende Unheil wohl erahnend, im Alter von zwölf Jahren nach Amerika zu fliehen, was ihm durch die Unterstützung seines Vaters und später auch dank einer Hilfsorganisation gelang. Nach einem kurzen Aufenthalt bei einer Stieftante in New York schlug er sich ohne größere Hilfe eine Zeit lang auf der Straße durch, konnte aber dann aus eigenem Antrieb die Highschool mit Auszeichnung abschließen. Freudenberger wusste also aus seiner eigenen Biografie heraus nur zu gut, wie Zustände von Belastung, Härte, Verzweiflung und Ungerechtigkeit sich anfühlen. Am Brooklyn College begann er ein Psychologie-Abendstudium. Tagsüber ging er arbeiten, um seinen Lebensunterhalt zu verdienen. Er traf dort auf den bekannten Psychologen und Vertreter der Humanistischen Psychologie, Abraham Maslow, der sich seiner annahm und später sein Mentor wurde. Damit waren die Weichen für Freudenbergers psychotherapeutische Arbeit und sein Weg in die Forschung auf der Grundlage einer Humanistischen Psychologie gestellt. Aus der psychosozialen Arbeit mit suchtkranken Menschen und seinem Engagement in der Freiwilligenarbeit entstand schließlich die Grundlage für die Entwicklung seines Konzepts des Burn-out-Syndroms. In der Folge begann Freudenberger sich für berufliche Belastung und Überforderungssituationen, insbesondere vor dem Hintergrund einer starken Motivationslage und Leistungsorientierung, zu interessieren. Mit geschultem klinischen Blick konnte er dieses Muster von Engagement und Überforderung vor allem in der Freiwilligenarbeit beobachten, aber auch bei leistungsorientierten Menschen feststellen, die nicht selten auffallend selbstunsicher waren und dies durch Leistung zu kompensieren versuchten.

Im Jahr 1992 hat Herbert Freudenberger dann zusammen mit der Journalistin Gail North auf der Grundlage seiner Forschungsergebnisse das bekannte 12-Phasen-Modell entwickelt, das den Burn-out-Zyklus von Beginn bis Ende anschaulich beschreibt.

1. Entwicklung von starkem Willen und Ehrgeiz, eine bestimmte Aufgabe oder Tätigkeit zu erfüllen.

2. Zunehmende Steigerung der Anstrengung beim Ausbleiben von Erfolgserlebnissen. Wahrnehmung anderer Menschen als nur mäßig motiviert und leistungsfähig.

3. Zunehmendes Brennen für die Aufgabe und weiteres Engagement auf Kosten von Erholung sowie Vernachlässigung sozialer Kontakte, daraus resultierend anfängliche Konflikte im Privatbereich.

4. Verdrängung von Auseinandersetzungen, Bedürfnissen und Schwierigkeiten. Offensichtliche Konflikte treten auf, werden aber genauso wie die eigenen Anliegen und Interessen verdrängt. Es kommt zu ersten Fehlleistungen wie vergessenen Terminen, Unpünktlichkeit und Ungenauigkeiten.

5. Einengung des persönlichen Horizonts und damit einhergehend Verschiebung der persönlichen Werte-, Einstellungs- und Bedürfnislandkarte, zunehmende Vernachlässigung relevanter Personen.

6. Völlige Fokussierung auf die eng umrissene Aufgabe bis hin zur Abkapselung; Unterordnung anderer Aktivitäten unter das angestrebte Ziel; Verleugnung daraus resultierender Probleme und offener Zynismus, Aggressivität und Härte gegenüber sich selbst, dem

sozialen Umfeld und der Umwelt. Leistungseinbußen nehmen ebenso zu wie körperliche Beschwerden.

7. Beginnende Verzweiflung aufgrund der Situation, Beschreibung der eigenen Situation als hoffnungslos und katastrophal; daraus resultierend zunehmend Gleichgültigkeit und Desinteresse an der Aufgabe, stattdessen Entwicklung von Ersatzbefriedigungen. Das soziale Umfeld wird nur noch als Belastung wahrgenommen, dann folgt Abschottung.

8. Manifeste Veränderung des Verhaltens, Dünnhäutigkeit bei gleichzeitiger Kritikunfähigkeit bis hin zur Ausbildung von Paranoia; Arbeitsanforderungen werden nur noch als Belastung wahrgenommen, es wird darauf dementsprechend ablehnend, apathisch oder mit Wut reagiert.

9. Erste Depersonalisationserfahrungen: Betroffene haben nicht mehr das Gefühl, sie selbst zu sein; sie beschreiben sich als leere Hüllen oder wandelnde Hautsäcke, für die alles sinnlos ist, und vernachlässigen nicht nur die eigene Gesundheit, Befindlichkeit und Bedürfnisse, sondern auch die der anderen Menschen.

10. Zustand von innerer Leere. Betroffene verhalten sich weitgehend defensiv und passiv, fühlen sich völlig mutlos, erschöpft und ausgezehrt, Phobien und Panikattacken treten vermehrt auf.

11. Entwicklung einer manifesten Depression, einhergehend mit Verzweiflung, Selbsthass und tiefer Verzweiflung, möglicherweise sogar verbunden mit dem Wunsch, nicht mehr existieren zu wollen, und daraus resultierend häufig auch Suizidgedanken und -handlungen.

12. Zustand der völligen Erschöpfung und emotionaler Zusammenbruch, Entwicklung manifester körperlicher Symptome wie Verspan-

nungen, Kopfschmerzen, Verdauungsprobleme und Schlafstörungen ohne organische Ursachen; die Verrichtung alltäglicher Tätigkeiten ist nicht mehr möglich. Ein Gefühl von totaler Leere und Sinnlosigkeit macht sich breit, dem Leben fehlt jeglicher Inhalt. Oder in einem Wort: Höllensturz!

Auch wenn die beschriebenen zwölf Stadien nicht immer klar voneinander abgegrenzt werden können und nicht alle Symptome bei allen Verläufen in dieser Reihenfolge auftreten, ist das Modell doch sehr geeignet, einen anschaulichen Überblick über den Verlauf von Burn-out zu vermitteln. Es war auch von Freudenberger hauptsächlich zu dem Zweck entwickelt worden, Menschen im Arbeitsleben zu helfen, potenzielle Überlastungssituationen rechtzeitig zu erkennen und vor allem Führungskräfte für diese Thematik zu sensibilisieren.

Das Burn-out-Syndrom beschreibt eine komplexe psychophysiologische Reaktion auf einen länger anhaltenden Stresszustand, der auch mit ganz bestimmten Veränderungen im hormonellen und endokrinologischen System einhergeht. Neurobiologisch lässt sich der Endzustand des Burn-outs mit der zwölften Stufe als Einfrierreaktion auf chronische Stressoren verstehen. Durch diese wird die Homöostase – das innerliche Gleichgewicht auf körperlicher, psychischer und seelischer Ebene – dauerhaft gestört und erheblich verletzt. Insofern kann man es auch als eine Form der Traumatisierung durch einen oder mehrere akute oder chronische Stressor(en) ansehen. Auf körperlicher Ebene ist diese Reaktion im Zusammenhang mit der Kataplexie zu sehen, einer reversiblen tonischen Unbeweglichkeit, durch die man vorübergehend nicht zu Körperbewegungen in der Lage ist: die sprichwörtliche Schockstarre. Aber auch psychische Phänomene wie dissoziative Prozesse – also die Ab- und Aufspaltung von bestimmten, häufig als belastend empfundenen mentalen Anteilen – können damit einhergehen. Im Extremfall kann das sogar zur Aufspaltung von Persönlichkeits- und Bewusstseinsanteilen führen, weswegen dissoziative Identitätsstörungen in früheren Zeiten vielfach als Zustand der Besessenheit gedeutet wurden.

Stresserfahrungen verengen eben zunächst unseren Wahrnehmungstrichter. Wenn der Stress so groß wird, dass er nicht mehr erträglich ist, kann es in Extremfällen dazu kommen, dass nicht nur betreffende Erinnerungen oder Handlungen abgespalten werden, sondern der ganze damit zusammenhängende psychische Komplex als Fremdkörper empfunden und abgestoßen, das heißt vom Ich dissoziiert, wird. Wenn die emotionale Last zu groß wird, zerbrechen manche Menschen auch innerlich. Wer aber innerlich zerbricht, besteht aus keiner ganzheitlichen Persönlichkeit mehr, sondern wird mitunter in unterschiedliche Persönlichkeitsanteile fragmentiert.

Gebrochener Serotoninspiegel: Flackernde Blicke, gefühlte Unsicherheit und sozialer Rückzug

Wenn intensive Stresszustände chronisch werden, kann dies zur depressiven Symptomatik oder gar Ausbildung einer vollumfänglichen Depression führen, weswegen Burn-out häufig als Erschöpfungsdepression bezeichnet wird. Auf neurobiologischer Ebene spiegelt sich das oft in einem Ungleichgewicht von Neurotransmittern wie Noradrenalin, Dopamin oder Serotonin. Vor allem die mit einem spezifischen Serotoninmangel einhergehenden Veränderungen im Erleben und Verhalten wie Niedergeschlagenheit, Energiemangel, Antriebslosigkeit und Rückzug decken sich mit den Anzeichen von depressiven Zuständen. Deswegen werden Depressionen pharmakologisch auch häufig mit einer bestimmten Klasse von Antidepressiva, den sogenannten selektiven Serotonin-Wiederaufnahmehemmern, behandelt. Diese Medikamente wirken selektiv auf einen bestimmten Transporter für Neurotransmitter – den sogenannten Monoamintransporter –, durch den nur die Konzentration von Serotonin in der Gewebsflüssigkeit des Gehirns erhöht wird, während andere Transportkanäle wie für Noradrenalin oder Dopamin nicht beeinflusst werden. Durch eine Vielzahl von Studien belegt ist in diesem Zusammenhang, dass das bedeutende

5-Hydroxytryptamin-Serotoninsystem (5-HT) in einem engen Zusammenhang mit prosozialem Verhalten und sozialem Status steht (Kiser et al. 2012). So wurden in einem verblindeten Experiment mit gesunden Versuchspersonen nach einer zweiwöchigen Verabreichung von Serotonin-Wiederaufnahmehemmern in einem standardisierten Setting Veränderungen im prosozialen und dominanten Verhalten untersucht. Es zeigte sich, dass die Personen, denen das Antidepressivum verabreicht wurde, nicht nur dominanteren Blickkontakt mit einer fremden Person halten konnten, sondern sie von ihren Mitbewohnern auch als weniger submissiv beschrieben wurden. Gleichzeitig verhielten sie sich deutlich kooperativer und waren weniger selbstbezogen auf den eigenen Vorteil bedacht.

Obwohl das serotonerge System sicherlich deutlich komplexer ist und sich Verhaltensweisen nicht so einfach auf ein bestimmtes Neurotransmittersystem zurückführen lassen, kann man in der gerade geschilderten Studie bereits die Konturen erkennen, mit denen der Status in sozialen Hierarchien neurobiologisch organisiert und stabilisiert wird. Im Tierreich sind das klar erkennbare Hierarchiepyramiden, beispielsweise Affenhorden, Pferdeherden oder Wolfsrudel. Bei diesen steht das Leittier an der Spitze, das nicht nur stark, geschickt und dominant, sondern vor allem auch prosozial, kümmernd und gerecht sowie vorausschauend ist. Denn nur mit diesen balancierenden Kompetenzen kann das soziale Gefüge stabil durch die Zeit gebracht werden. Wäre das Leittier nur dominant und dementsprechend aggressiv, aber nicht prosozial, würde es seine Position nicht lange halten können. Die anderen Tiere würden das nicht dauerhaft tolerieren, sich zusammenschließen und den tyrannischen Despoten stürzen. Ist das Leittier zudem gerecht, mitfühlend und fürsorglich, finden sich am unteren Ende der Pyramide rangniedrigere Tiere, die ein unterwürfiges und unterordnendes Verhalten zeigen, dem Leittier vertrauen und sich deswegen in die hierarchische Struktur einfügen, die die Gruppe als soziales System stabilisiert. Das Ganze funktioniert nur auf der Basis des gegenseitigen Vertrauens.

Was den Serotoninspiegel – neben Erschöpfungszuständen – zusammenbrechen lässt, ist Entzug des Vertrauens durch Enttäuschung, an deren Ende im menschlichen Verhaltensspektrum der absichtlich begangene Verrat steht. Denn Meineid, also absichtlich begangener Vertrauensbruch, zersetzt und zerstört die wichtigen Verbindungen zu anderen Menschen und somit den bedeutendsten Bedingungsfaktor für soziale Kohärenz. Mit den berühmten Songzeilen *We can't go on together with suspicious minds and we can't build our dreams on suspicious minds* brachte der King of Rock 'n' Roll, Elvis Presley (1935–1977), dieses Phänomen auf den Punkt.

Psychophysiologischer Selbstverrat, Erstarrung und eine späte Einsicht

Sie haben es sicherlich bereits erahnt: Phänomenologisch betrachtet kann man das Abrutschen in einen Burn-out-Zustand auch als den Prozess einer entgleisten Stressreaktion im Sinne des Höllensturzes ansehen. Bei näherer Betrachtung berührt das biblische Narrativ vom Fall des Teufels in die Hölle den Beginn der Stressreaktion. Denn beim Auftreten einer Anomalie wird zunächst über Noradrenalin das Stresssystem aktiviert, Energie bereitgestellt, Bewusstsein aktiviert und es werden entsprechende Aufmerksamkeitsprozesse angekurbelt.

Luzifer ist in der ursprünglichen lateinischen Bedeutung des Namens der Lichtträger – von lateinisch *lux*, »Licht«, und *ferre*, »tragen«, bringen. Metaphorisch gesehen ist Luzifer derjenige, der mit dem Licht auch Bewusstsein bringt. Wohl deswegen ist Luzifer auch der lateinische Name des Morgensterns, der Venus, die als hellster Morgenstern westlich der Sonne am Himmel steht, wenn nach dem Aufwachen unsere Cortisolspiegel am höchsten sind. Wenn Sie sich gefragt haben, warum Sie morgens häufig so klar strukturiert sind – vorausgesetzt, Sie hatten genug Schlaf und haben nicht über den Durst getrunken –, kennen Sie jetzt die Antwort. Der Schlaf regeneriert unsere Psychophysiologie, weswegen wir morgens frischer sind. Um uns bereit für den Tag zu machen, hilft uns unser hilfsbereiter Körper zusätzlich mit einer wohldosierten Cortisolausschüttung beim Aufwachen in den Tag. Ein bisschen Cortisol ist also gar nicht so schlecht. Im weiteren Verlauf der Stressreaktion verengt sich der Wahrnehmungstrichter dann aber zunehmend auf den Stressor, und die Aufmerksamkeitsnetzwerke können nicht mehr umgeschaltet werden. Der Teufel betrachtet zunehmend nur noch sich selbst und seine Bedürfnisse, das haben wir bereits als ein Symptom der Depression kennengelernt. Er achtet nicht mehr auf seinen Auftrag gemäß der göttlichen Ordnung und wird in der Konsequenz Opfer seines eigenen verengten Wahrnehmungstrichters, weil er nichts anderes mehr sehen kann als sich selbst und seine Begierden. Folglich muss der Erzengel Michael den schweren Kampf gegen den Teufel führen, an dessen Ende er ihn schließlich in die Hölle stürzt, um damit die göttliche Ordnung wiederherzustellen. Insofern ist die Beschreibung der von Burn-out Betroffenen vom Ausgebranntsein überaus passend, wenn man den Höllensturz als eine Beschreibung eines psychologischen Zustandes interpretiert.

Aber wie verortet man diese Interpretation in dem gewählten kontextualisierenden Rahmen, dem guten alten Yerkes-Dodson-Gesetz? Für mich entspricht die von Freudenberger beschriebene erste Stufe genau dem Scheitelpunkt der Yerkes-Dodson-Kurve, weil eine hier verortete Lernerfahrung am wirksamsten zu sein scheint und somit geradezu dazu auffordert, jetzt mit noch mehr Engagement und Motivation weiterzumachen. Die Fackel des Bewusstseins wurde angezündet, Adrenalin schießt ein, und aufgrund der resultierenden Stressreaktion sind nun Lernprozesse möglich. Die anderen elf Stufen schließen sich an, bis die zwölfte Stufe, die dem totalen Zusammenbruch entspricht, genau dann eintritt, wenn die betreffende Person auf der rechten Seite der Yerkes-Dodson-Kurve vollständig abstürzt und auf der Abszisse aufschlägt. Hier ist psychologisch und phänomenologisch gesprochen die Hölle verortet, in die die armen Sünder in Rubens Gemälde vom Erzengel Michael hinabgestürzt werden.

Gibt es etwas Schlimmeres, als solchen Hass und Groll gegen sich selbst, sein ungerechtes Schicksal und seinen Schöpfer zu hegen, sodass man deswegen in einen intensiven und dauerhaften Erschöpfungszustand gerät? Schlussendlich hat dies am Ende eines langen Prozesses zur vollständigen Handlungsunfähigkeit durch Kraftlosigkeit und wahrgenommene Sinnlosigkeit geführt. Wenn sich daran noch die Einsicht anschließt, dass dieser Zustand zumindest teilweise oder gar ganz selbst verschuldet ist, weil man auf die zunehmenden Anzeichen von Überforderung und das gute Zureden anderer, gut meinender Personen nicht gehört hat, wird es natürlich doppelt schlimm. Wahrscheinlich ist das sogar die Erkenntnis, die am bittersten aufstößt.

Im Zusammenhang mit dem Aspekt der kompletten Handlungsunfähigkeit ist es aufschlussreich, sich noch einmal die drei prototypischen Reaktionsweisen auf Stressoren zu vergegenwärtigen, die in alle komplexeren Organismen genetisch hineingelegt sind: Im Englischen bezeichnet man diese auch prägnant als *the three f's: fight, flight, freeze* – Kampf, Flucht oder eben Einfrieren infolge von Furcht. Wenn man eine bedrohliche Anomalie weder bekämpfen kann noch vor ihr davonlaufen kann, bleibt nur noch die Möglichkeit zu erstarren, also *freeze*, gleichsam als Notfallreaktion des Organismus. Wie ein in die Enge getriebenes Kaninchen vor lauter Furcht in Ohnmacht fallen kann, wenn es keinen Ausweg mehr sieht, kann chronischer Stress zu Erstarren führen. Wer, wie ich, eine Katze besitzt, kann mitunter beobachten, dass diese Tiere manchmal für einen kurzen Moment quasi einfrieren, wenn sie etwas sehen, was sie irritiert. Manchmal machen Sie dann einen Katzenbuckel, erstarren dabei für eine kurze Sekunde, und dann ist es auch schon wieder vorbei. Klinisch versierte Experten sprechen im Zusammenhang mit dem Auftreten von Depressionen davon, dass betroffene Personen häufig einen charakteristischen Schwenk von einer handlungsorientierten Vorgehensweise in eine passiv-reaktive, lageorientierte Sichtweise vollziehen – und anders als die Katzen darin stecken bleiben. Dadurch erklären sich auch die andauernden Grübeleien und Sinnlosigkeitsgefühle, die viel mit Hadern und Zaudern einhergehen und keine Kraft zum Agieren übrig lassen. Wer dann einer an einer Depression leidenden Person erklärt, sie solle sich zusammenreißen, weniger ängstlich und einfach aktiver werden, hat die Dimension der Problematik völlig verkannt.

Psychische Erkrankungen wie Burn-out, Depressionen oder Angstzustände sind keine Zeichen von Willensschwäche, sondern ernsthafte medizinische Probleme und müssen als solche auch anerkannt und behandelt werden! Das Nationale Institut für Exzellenz in Gesundheit und Pflege in Großbritannien empfiehlt in seinen überarbeiteten Behandlungsrichtlinien für Patienten mit leichten bis mittelschweren Formen von Depression als alternative Behandlungsoption zur medikamentösen und psychotherapeutischen Behandlung seit Kurzem auch achtwöchige achtsamkeitsbasierte Gruppenprogramme.

Shell Shock im Inferno und der Vagusnerv – Erkenntnisse der Militärpsychiatrie

Dass Überlastung, Depression und Angst häufig mit Verlust der Bewegungsfähigkeit einhergehen, ist keine völlig neue Beobachtung. Während des Ersten Weltkriegs und in der Zeit darüber hinaus trat bei vielen Soldaten das Phänomen des Granatenschocks *(shell shock)* auf, bei dem sie abrupt anfingen zu zittern und sich nicht mehr auf den Beinen halten, geschweige denn ihre Waffen benutzen konnten. Führende Nervenärzte und Militärpsychiater der damaligen Zeit machten primär die durch Granatenexplosionen ausgelösten Druckwellen und Explosionsgeräusche verantwortlich, als deren Folge Gehirnerschütterungen und physikalische Überlastungen des Nervensystems entstehen würden. Mit dieser Theorie konnte man zwar das unmittelbare Auftreten der Symptome im Schlachtfeld erklären, aber nicht die in ungefährlichen Situationen nach dem Krieg scheinbar plötzlich und grundlos bei ehemaligen Soldaten auftretenden Symptome. Die traumatisierten Männer wurden als Kriegszitterer oder Schüttelneurotiker bezeichnet. Die aktuelle Filmserie *Babylon Berlin* gibt hier einen eindrucksvollen Einblick. Damals wurden die betroffenen Personen auch häufig als Simulanten und feige Kriegsdienstverweigerer gebrandmarkt. Aus heutiger Sicht werden diese Symptome als eine spezifische Form von posttraumatischer Belastungsstörung mit dissoziativen Anteilen aufgrund einer vorausgegangenen Traumatisierung angesehen, die durch bestimmte Triggerreize aktualisiert werden können.

Interessanterweise hatte man ein ähnliches Ausmaß von Kriegszittern im Zweiten Weltkrieg und nachfolgenden Kriegen so nicht mehr beobachtet, wenngleich andere Symptome von Traumatisierungen auftraten. Man vermutet, dass dies vor allem mit der veränderten Art von Kriegsführung und der Aufgabe des Stellungskriegs zusammenhängt, durch die die betroffenen Personen nicht mehr ihrem natürlichen Fluchtinstinkt nachkommen konnten. Die feindlichen Soldaten mussten sich nicht mehr wie in den aufreibenden Stellungskriegen wochen- oder sogar monatelang in Schützengräben gegenüberliegen, aus denen sie auch bei schwerem Artilleriebeschuss und Trommelfeuer nicht entfliehen konnten. Jedoch stellte man bei auf brutalste Weise geführten Kesselschlachten – wie beispielsweise der Schlacht um Stalingrad – fest, dass es wieder zu Shell-Shock-ähnlichen Symptomen kam. Die Soldaten saßen in der Falle und konnten weder fliehen noch weiterkämpfen.

Wer sich nicht bewegen kann, kann aber auch nicht motorisch ableiten. Erinnern Sie sich? Das dopaminerge System ist mit Zielfindung, Motivation und Bewegung assoziiert. Wie äußert sich eine Traumatisierung durch Krankheit, Scheidung, Jobverlust oder Ähnliches in unserer gegenwärtigen Kultur? Beispielsweise wenn wir bestimmten Gewohnheiten oder Tätigkeiten, die wir gerne verrichtet haben, nicht mehr nachgehen können oder dürfen? Oder wenn wir nahestehende Personen verloren haben? Wo sollen wir nun hingehen?

Das Einfrieren als Reaktion des Nervensystems im Zusammenhang mit Überlastung und Traumatisierung wird aber bereits in früheren literarischen Quellen thematisiert. In seinem um 1300 entstandenen Hauptwerk, der *Göttlichen Komödie*, beschreibt der berühmte italienische

Schriftsteller und Dichter Dante Alighieri (1265–1321) in der Ich-Form eine Reise durch die drei Reiche der jenseitigen Welt. Im ersten Teil des Gedichtes, dem Inferno, beschreibt Dante den Abstieg in den Ort ewiger Verdammnis, die Hölle, die er zunächst zusammen mit dem Philosophen Vergil (70–19 v. Chr.) unternimmt, der ihm als kenntnisreicher Reiseführer dient. Kenntnisreich, weil Vergil in seinem Epos *Aeneis* die Irrfahrten des Helden Aeneas nach seiner Flucht aus Troja beschreibt, in deren Folge er unter anderem die Unterwelt bereist. In diesem Sinne ist Vergil dem späteren Dante im wahrsten Sinne des Wortes vorausgegangen. Dante beschreibt die Hölle dabei als eine geometrisch geordnete Anordnung von neun konzentrischen Kreisen von zunehmender Qual, die sich immer tiefer unten in der Erde auftun. Die neun Kreise entsprechen dabei dem Schweregrad der sündhaften Verfehlungen, und Dante baut dabei auf Ideen von Aristoteles (384–322 v. Chr.) und Marcus Tullius Cicero (106–43 v. Chr.) auf. Die Vorhölle, der erste Kreis, ist dabei für diejenigen gedacht, die Christus nicht annehmen konnten, weil sie ungetauft oder im heidnischen Glauben zumindest moralisch gut waren. Die hier hinbeorderten Seelen kommen noch verhältnismäßig gut weg, zumal sie nicht die Schuld an ihrem Schicksal tragen. Dann folgen die vier Kreise der Oberhölle mit den Sünden Lust, Völlerei, Gier und Zorn, die noch einmal weiter unterteilt werden. Daran schließen sich die vier Hauptkreise der Unterhölle an, die für Häresie, Gewalt, Betrug und Verrat stehen. Bemerkenswert ist, dass im Epizentrum der Hölle ausgerechnet der Verrat geahndet wird, weswegen Dante und Vergil hier, im neunten Kreis der Hölle, auch Luzifer vorfinden, den gefallenen Engel. Der Teufel, der von Gott abgefallen ist und damit Erzverrat schlechthin begangen hat, steht hüfttief in einem Block aus Eis gefangen und erleidet unbeweglich schrecklichste Qualen.

Als ich Dante das erste Mal las, habe ich diese Stelle – ebenso wie viele andere seiner Bilder und Symbole – schlichtweg nicht verstanden. Mir schien es völlig absurd, dass sich im Zentrum der Hölle ein Eisblock befindet, in dem der Teufel eingeschlossen ist. Eis in der Hölle? Nicht ernsthaft, oder? Nach der Auseinandersetzung mit der Literatur zur Psychophysiologie der Traumatisierung, zum posttraumatischem Belastungssyndrom und zu Burn-out fing ich an, die Beschreibung Dantes anders, nämlich als ein Symbol für einen chronischen Erschöpfungszustand, zu lesen, der zudem noch selbst herbeigeführt war.

Bei der vom amerikanischen Neurowissenschaftler Stephen Porges (*1945) entwickelten Polyvagal-Theorie wird zwischen einem hinteren und vorderen Vagusnerv unterschieden. Der vordere Teil des Nervs reagiert schneller als der hintere und ist für Regeneration, Entspannung, Verdauung sowie einträchtige soziale Interaktion zuständig. Wenn es einem gut geht und man entspannt ist, kann man auch besser auf die Gefühle und Bedürfnisse anderer Menschen achten. Aktivität im vorderen Bereich des Vagus ist also bei einem nicht gestressten Organismus, der sich sicher fühlt, der Normalzustand. Im Fall von Stress wird aber der Sympathikus aktiviert, der den Organismus entweder in den Kampf- oder Fluchtmodus versetzt. Für den Fall, dass beide Aktivitäten nicht möglich oder zielführend sind, übernimmt der Parasympathikus wieder, aktiviert diesmal aber den hinteren Teil des Vagusnervs. Damit einhergehend werden alle Funktionen heruntergefahren – Blutdruck und der Herzschlag sinken ab – und der Organismus erstarrt, stellt sich tot und verliert vor Schreck sogar das Bewusstsein. Also eine Art Notabschaltung, wie bei Ihrer Heizung.

Wollte Dante damit aufzeigen, dass der Teufel selbst verschuldet aus Erschöpfung und Verrat in einen Zustand der Erstarrung geraten war? Der ehemals stärkste Engel – nachdem er sich aus freien Stücken gegen die Ordnung Gottes auflehnte und ihn in der Folge verriet, weil er meinte, stärker und wissender zu sein als der Schöpfer der Ordnung – endet in einem Zustand von großem selbst verschuldeten Schmerz und Leid, aus dem es keinen Ausweg gibt. Die Konsequenzen der Willensfreiheit und die Schuldfrage in Bezug auf das eigene Schicksal waren in der Schöpfung, wie es scheint, schon früh ein gewichtiges Thema!

Ist der Teufel in dieser Leseart des Höllensturzes nicht irgendwie sowohl Urheber des Burn-outs als auch sein erstes prominentes Opfer? Wegen zu viel selbst gemachtem Stress in der Folge des Aufbegehrens gegen Gott und der dadurch bedingten Entgleisung des Kontrollsystems für Stresshormone sind in seinem Hirnstoffwechsel die Nervenbotenstoffe Dopamin und Serotonin durcheinandergeraten und haben zu viel von den Stresshormonen Noradrenalin und Cortisol produziert. Das hat nicht nur seinen Wahrnehmungstrichter völlig verengt, sondern den armen Kerl zu einem untätigen Leiden in den Flammen verdammt, noch dazu in einem Block aus Eis gefangen. Die Hölle eben! Der halb im Scherz getätigte Ausspruch vom armen Teufel hat also durchaus seine Berechtigung, weil dieser, nach dem begangenen Verrat in einem Eisblock gefangen, unfähig ist, sich zu wehren. Damit ist er seiner schmerzhaften, aber selbst verschuldeten Situation hoffnungslos ausgesetzt.

Wie die Altvorderen wussten oder ahnten, laufen viele Seelen in der von Gott geschaffenen Welt Gefahr, dem bedauernswerten Schicksal des Teufels zu folgen. Sei es, weil sie zu viel wollten, sich über die göttliche Weltenordnung hinwegsetzen wollten, oder sei es, weil sie sich dadurch versündigten, nicht auf die mahnenden Stimmen im Inneren und eventuell auch Äußeren gehört zu haben. Die Bibel beschreibt es, Rubens Bild macht es bildhaft: Wenige sind es nicht! Die Opfer des Höllensturzes – alles frühe Fälle von Burn-out!? Sind sie vergleichbar mit den heutigen Menschen, die häufig zu sehr auf ein zu enges Ziel vor einem unnatürlich verengten Zeithorizont – woher kommt sonst der Begriff Deadline – fokussiert sind? Die viele komplexe Projekte gleichzeitig bearbeiten müssen und deswegen Gefahr laufen, sich selbst und dann auch irgendwann das große Ganze aus dem Blick zu verlieren? Haben sie deswegen auch nicht die Zeit gefunden, den Bericht des Club of Rome zu lesen, obwohl 50 Jahre Zeit war? Alle Menschen, die vielleicht irgendwann ihr Leben selbst nur als ein komplexes, aber vom großen Ganzen abgetrenntes Individualisierungs- und Selbstoptimierungsprojekt mit bedeutsamen Teilprojekten wie Heiraten, Kinderkriegen, Karriere, Hausbauen und aufregenden Hobbys gesehen haben? So gesehen ist die Hölle seit Langem gut ausgebucht, und das aus einem guten Grund. Denn viele Studien und Alltagsbeobachtungen belegen eindeutig, dass Burn-out infolge von Stress und Überforderung – genauso wie andere Emotionen – sozial ansteckend sein kann und ganze Familien, Teams und Unternehmen in kürzester Zeit erfassen kann. Mit anderen Worten: Ebenso wie bei infektiösen Vorgängen kann es auch bei psychologischen Prozessen zu einer Art von Clusterausbruch kommen. Wissenschaftliche Studien zum Infektionsgeschehen im Krankenhaus belegen nicht nur einen Zusammenhang zwischen Pflegeschlüssel und Häufigkeit von Infektionen bei stationären Patienten, sondern bestätigen auch den chronischen Stresslevel der Pflegekräfte als unabhängigen Faktor für Infektionen (Cimiotti et al. 2012). Die Erklärung ist einfach: Hohe Stresslevel aufgrund von Überlastung, vor allem durch personelle Engpässe, führen zu geringerer Aufmerksamkeit und Achtsamkeit für den einzelnen Patienten, was sich schließlich in den Infektionsraten widerspiegelt. Denn es bleibt natürlich auch keine Zeit zum Desinfizieren der Hände. Wie sollte es anders sein?

Psychosozial induzierte Stressinfektionen – Abstand zu sich selbst und anderen

Aber zurück zur sozialen Ansteckung. Wie ein roter Faden ziehen sich sozialpsychologische Massenphänomene durch die Geschichte der Menschheit. Im Lauf der Jahrhunderte zeigt es sich, dass Genozide, Religionskriege, Verschwörungstheorien, Hexenverfolgungen und die daraus resultierenden brutalsten Auseinandersetzungen sich mit beunruhigender Regelmäßigkeit wiederholen. Es können sich dabei schnell psychoemotionale Felder und Atmosphären der Irrationalität aufbauen, die unter bestimmten Bedingungen eine nahezu unkontrollierbare Eigendynamik entwickeln und sich im Sinne von selbstverstärkenden Rückkopplungsschleifen schnell unkontrolliert aufschaukeln können. Aus diesem Grund dachte man anfangs übrigens wohl auch, vermehrte Häufungen von Burn-out-Fällen in einer Gruppe seien auf infektiöse Prozesse zurückzuführen, bis man schließlich erkannte, dass diese Häufung eine Reaktion auf chronischen Stress ist, der wechselseitig verstärkt wurde. Stress ist in dieser Leseart als hochansteckendes psychologisches Virus zu verstehen.

Woran liegt das? Emotionen haben nun einmal die Tendenz, auf andere Menschen abzufärben. Wie die Hypnose-, Dissoziations- und Suggestionsforschung aufgezeigt hat, ist eine Person mit hohem Empathievermögen und der damit einhergehenden Fähigkeit zu Mitgefühl empfänglicher für fremde Emotionen und somit auch für chronischen Stress. Einige Erklärungsansätze – davon war schon die Rede – versuchen aus evolutionsbiologischer Sicht zu erklären, warum Frauen tendenziell etwas anfälliger für emotionalen Stress und damit für psychische Folgesymptomatiken wie Ängstlichkeit und Depressivität als Männer sind. Zudem zeigen Frauen nicht nur weniger aggressive Verhaltensweisen, sondern agieren üblicherweise auch deutlich sozialverträglicher als Männer. Dazu muss man nur die Geschlechtsverhältnisse in Gefängnissen irgendwo auf der Welt betrachten. Aus Sicht einiger Neurobiologen sind die Gehirne von Frauen vor allem darauf spezialisiert, sich um das Wohl von Säuglingen und Kindern zu kümmern, die ihre Bedürfnisse und Anforderungen noch nicht selbst ausdrücken können. Dafür braucht frau zum einen viel Empathie, das heißt die Fähigkeit, die Gefühle anderer Lebewesen spontan und intuitiv nachvollziehen zu können.

Die Neurowissenschaftlerin Tania Singer hat mit ihrer bedeutsamen Forschung aufgezeigt, dass Empathie nicht mit Mitgefühl und Fürsorge gleichgesetzt werden sollte. Denn Mitgefühl beinhaltet im Gegensatz zu Empathie bereits den konkreten Wunsch und die Motivation, anderen Menschen zu helfen. Insofern ist es eher eine Persönlichkeitseigenschaft und weniger eine emotionale Schwingungsfähigkeit, wenngleich es natürlich Überlappungen gibt. Doch Mitgefühl reicht nicht aus als Antrieb, um Fürsorge zu praktizieren, die anderen Menschen gerecht wird. Es braucht dazu vor allem die Fähigkeit, sich in die jeweilige Gedanken- und Gefühlswelt hineinversetzen zu können, um so Bedürfnisse, Anforderungen, Absichten, Erwartungen und Wünsche anderer Menschen einerseits zu erkennen und andererseits die dazugehörigen Verhaltenssignale zu dechiffrieren. Man bezeichnet diese Fähigkeit als *theory of mind*. Dieser Begriff ist mittlerweile eingedeutscht, und das damit in Verbindung stehende Netzwerk wird im Deutschen als soziales neuronales Netzwerk bezeichnet. Dies bedeutet mitunter auch, seine eigenen Bedürfnisse zwar zugunsten anderer Menschen zurückzustellen, sich aber im Sinne der Selbstfürsorge nicht empathisch zu überfordern.

Frauen sind im Durchschnitt empathischer und fürsorglicher als Männer, allerdings macht es sie in der Rückwirkung vermutlich anfälliger für Leid und Schmerz anderer Menschen, wodurch sich eine spezifische Vulnerabilität ergeben kann. Wenn man mehr gibt, als man nimmt, kann das außerdem langfristig zu Erschöpfung führen. Empathie setzt aber auch die Fähigkeit und Bereitschaft voraus, sich mit Gefühlen zu beschäftigen, diese zuzulassen und darüber zu kommunizieren. Ärzte verschreiben Frauen zwei- bis dreimal häufiger Antidepressiva als Männern, vermutlich aus der Konsequenz, dass diese eher in der Lage sind und eine größere Bereitschaft als Männer haben, über ihre psychischen Probleme zu sprechen. Frauen suchen deswegen vermutlich auch eher Rat beim Arzt oder Therapeuten.

Mitgefühl und Empathie haben naturgemäß ihre Grenzen und man kann nicht mit allen Menschen seine Gefühle teilen, dies wäre emotional zu anstrengend und überfordernd. Die Neurowissenschaftlerin Tania Singer macht deshalb unter anderem darauf aufmerksam, dass die Fähigkeit, mitfühlende Empathie in kompetente und professionelle Fürsorge zu transformieren, in vielen sozial fordernden Berufen eine wichtige Voraussetzung ist, um emotionale Überforderung und letztlich auch einen Burn-out zu vermeiden. Aber Frauen haben nun einmal – aus welchem Grund auch immer – eine höhere Empathiefähigkeit und zeigen aufgrund einer höheren Fürsorgebereitschaft prosozialere Einstellungen und Verhaltensweisen als Männer. Dies geht einher mit einer größeren Bereitschaft, helfende Berufe zu ergreifen, denen leider immer noch nicht genügend Wertschätzung entgegengebracht wird. Denn für den Zusammenhalt einer Gesellschaft sind gerade die sozialen Berufe von besonderer Bedeutung, weil dort Fähigkeiten im Vordergrund stehen, die uns als prosoziale, empathische, mitfühlende und fürsorgliche Spezies auszeichnen. Die gegenwärtig um eine Abwendung des Klimawandels ringende Menschheit könnte diese Fähigkeiten gut gebrauchen – hier dominieren aber leider immer noch Einzelinteressen und Wettbewerbsdenken.

Die Beobachtung von Verhaltensweisen anderer Menschen dient aber auch als Referenzrahmen, weswegen es häufig unbewusst und auf implizite Weise nachgeahmt wird. In der kognitiven Psychologie heißt das dann Modelllernen. So kann ein Mensch von einem Burn-out-Opfer lernen, dass man durch die Offenbarung von Überforderung und Belastung psychosoziale und finanzielle Unterstützung erfahren kann, und dieses Verhalten dann unbewusst imitieren. Das bedeutet keinesfalls, dass die vom Burn-out betroffene Person nicht leidet und die Problematik nur entstanden ist, um den sogenannten sekundären Krankheitsgewinn abschöpfen zu können. Darunter versteht man die Vorteile, die ein kranker Mensch aufgrund der zugeschriebenen Erkrankung in Anspruch nehmen kann, wie vermehrte Aufmerksamkeit und Fürsorge oder die Freistellung von Verpflichtungen. Wäre dies der Fall, müsste man die Erkrankung als bewusst oder unbewusst herbeigeführte Simulation verstehen. Ich würde das niemandem von vornherein unterstellen, aber es ist ein Aspekt, der die Problematik des angemessenen Umgangs zusätzlich erschwert.

Menschen zeichnen sich durch eine starke Tendenz aus, sich mit anderen zu vergleichen und Verhalten, das in irgendeiner Form belohnt wird, nachzuahmen. In der digital-technologischen Welt, in der wir leben, braucht es für die Übertragung und Erzeugung von Gefühlen nicht mehr die direkte Anwesenheit von Menschen, sondern diese kann allein durch die mediale Präsenz eines Themas bedingt sein. Die mediale Blase, in der wir leben, die wir uns auch selbst schaffen, präkonfiguriert uns emotional. Es ist nicht so schön zu sehen, dass alle anderen tolle Urlaube machen, interessanten Hobbys nachgehen, athletische Körper besitzen oder obendrein den zweiten Masterabschluss geschafft haben, wenn man selbst arbeitslos, einsam und mit 20 Kilo Übergewicht und der Chipstüte in der Hand motivationslos auf der Couch sitzt.

Dennoch ist es wichtig zu betonen, dass uns nicht nur positiv überzeichnete, unrealistische (Selbst-)Darstellungen von anderen Menschen psychische Probleme bereiten können. Vor allem trifft diese Übertragbarkeit von Gefühlen sowohl auf negative Emotionen als auch auf Burn-out und chronische Erschöpfungszustände zu. Diese Zusammenhänge sind seit Langem in der Medienwirkforschung und Soziologie bekannt. So weiß man beispielsweise aus der Suizidforschung, dass die Wahrscheinlichkeit für einen nachfolgenden Suizid deutlich erhöht ist, wenn in den Medien bereits über einen ähnlichen Vorgang berichtet wurde. In Anlehnung an den von Johann Wolfgang von Goethe (1749–1832) im Jahr 1774 verfassten Roman *Die Leiden des jungen Werther*, in dem das Leiden eines jungen Mannes aufgrund einer unglücklichen Liebschaft eindrücklich beschrieben wird, wurde das Phänomen gehäufter Suizide von dem amerikanischen Soziologen David P. Phillips im Jahr 1974 – genau 200 Jahre später – auch als Werther-Effekt bezeichnet. Denn nach Erscheinen des vom Dichterfürsten verfassten Briefromans wurde berichtet, dass etliche junge Menschen nach der Lektüre den Freitod gesucht haben sollen. Teilweise kam es bei der jungen Leserschaft zum Wertherfieber, was sich darin äußerte, dass Werther-Fans sich mit der im Roman beschriebenen Werther-Tracht kleideten, die charakteristisch aus einer knielangen gelben Hose und Weste bestand, über der ein blauer Tuchfrack zu Stulpenstiefeln und Filzhut getragen wurde. Influencer gab es also schon zu Goethes Zeiten, allerdings war der Dichterfürst über die Auswirkungen seines Buches auf die junge Generation genauso wenig entzückt wie die Obrigkeit. Man stelle sich nur vor, Goethe hätte einen eigenen Twitter-Account gehabt oder wäre auf Facebook und Instagram aktiv gewesen!

Doch zurück zum Verrat: Hat Dante ihn deswegen ins Zentrum der Hölle gestellt, weil er wissentlich, willentlich und berechnend, wider besseren Wissens begangen wird? Ohne auf die innere Stimme zu hören, wird das Vertrauen derjenigen zerstört, die einem vertraut haben.

Das ergibt in meinen Augen schon durchaus Sinn, denn gibt es für den sozialen Zusammenhalt Schlimmeres als den Verrat? Wer Vertrauen durch Verrat absichtlich zerstört oder verspielt, hat letztlich die Basis für jegliche Form des freundschaftlichen und kooperativen Miteinanders, ja für soziale Beziehungen als solche nahezu unwiderruflich verspielt; auf jeden Fall sind diese nur extrem schwierig wiederherzustellen. Vertrauen kommt eben zu Fuß und geht zu Pferd!

An welcher Stelle im Burn-out-Verlauf fängt der Vertrauensbruch mit sich selbst und somit der Selbstverrat an, weil man weder auf die innere Stimme noch die äußeren Mahner hört und sehenden Auges sich selbst zugrunde richtet? Ist dies der Grund, der William Shakespeare (1564–1616) in seinem Theaterstück *Der Sturm* dazu veranlasste, zu schreiben: »Die Hölle ist leer und all die Teufel sind hier!«? Das stimmt in zweifacher Hinsicht: Zum einen wohnt der menschlichen Natur als selbst deklarierter Krone der Schöpfung nicht nur ein erhebliches Gewaltpotenzial inne, das die häufig nur dünne Deckschicht von Zivilisation, Kultur, Ethik und Mitmenschlichkeit innerhalb eines Moments wegfegen kann. Um Vergleichbares zu finden, muss man im Tierreich schon einige Zeit suchen, denn ganz im Gegensatz zu vermeintlich niederen Tieren existiert beim Menschen ein unverkennbarer Hang zur Bösartigkeit, zu Sadismus, Zerstörung, Intrige und Verachtung. Zum anderen manifestiert sich dies bei manchen Menschen in einer ausgeprägten Form der Misanthropie, die sich gegen andere Menschen genauso wie gegen sich selbst richten kann. Insofern sind wir sowohl Teufel als auch arme Teufel!

Im Gedächtnis geblieben ist mir hier die Aussage eines Workshop-Teilnehmers während eines Seminars zur Achtsamkeit vor ein paar Jahren, das im von dem kürzlich verstorbenen Benediktinermönch und Zen-Meister Willigis Jäger (1925–2020) gegründeten spirituellen Zentrum Benediktushof bei Würzburg stattfand. Nachdem wir über die rechte Seite der Yerkes-Dodson-Kurve und die Phasen der Überlastung gesprochen hatten, sagte dieser Mann in das Schweigen hinein: »Im Grunde richten wir uns doch alle selbst!« Lange Zeit herrschte

Stille. Die Art, wie der Mann es sagte, machte uns alle erst mal sprachlos. Ich habe dann in der Folge sehr lange über diesen Satz meditiert.

Ja, es scheint häufig zu stimmen, vor allem im Arbeits- und Leistungskontext, aber auch im persönlichen Leben. Viele durchaus unverschuldete Situationen im Leben – sei es durch Krankheit, Unfälle, Scheidung, Trennung, Kündigung, Verbrechen – haben das Potenzial, Menschen die Yerkes-Dodson-Kurve herunterrutschen und in einen Zustand geraten zu lassen, der psychologisch gesprochen die Hölle ist. Dennoch können sie sich – wenn überhaupt – nur selbst wieder befreien, gleichgültig, ob sie schuldig, teilschuldig oder gänzlich unschuldig an der schmerzlichen Situation sind. Warum das so ist und ob dies letztlich gerecht ist, ist eine Frage, die mich sehr beschäftigt, auf die ich aber bisher keine befriedigende Antwort gefunden habe. Sicherlich liegt dies nicht allein in unserer Hand, sondern setzt die Akzeptanz von etwas voraus, das nicht in der eigenen Macht liegt. Ein Akt der Gnade also?

Was ich aber im Laufe der Jahre infolge meiner Beschäftigung mit den Themen Stress und Bewusstsein zunehmend erkannt habe, ist die Bedeutung von bewusst herbeigeführten Wechseln der Wahrnehmungsfokusse, die uns erlauben, uns zu reflektieren und so – von Zeit zu Zeit – auch neben uns zu treten. Dadurch können wir eine offenere, ungerichtete Gegenwärtigkeit im Sinne einer wohlwollend-neugierigen Wachsamkeit entwickeln, mit deren Hilfe wir erkennen können, was wir individuell, aber auch auf der Ebene der uns einbettenden Gesellschaft eigentlich tun und wie wir gerade in der Welt sind. Denn dies erlaubt uns, selbstschädigende Prozesse als solche zu erkennen und abzubrechen, wenn wir nicht Gefahr laufen wollen, den individuellen oder kollektiven Höllensturz zu erfahren. Deswegen steht an einer Säule der Vorhalle des Apollontempels in Delphi auf Griechisch *gnothi seauton* oder auf Lateinisch auch *respice te ipsum* – »Erkenne, was du bist«. Wer das kann und es regelmäßig betreibt, beginnt zu verstehen, dass der Mensch kein gottgleicher Übermensch ist, sondern im besten Fall ein begabter, zuverlässiger und kreativer Baumeister mit einem unverkennbaren Hang zu Opportunismus, Schadenfreude und Bequemlichkeit, der die vorhandene Essenz aber bestmöglich einsetzen kann, aber durchaus seine Grenzen sowie die der anderen beachten muss. Ansonsten läuft der Mensch Gefahr, nicht nur zu sich selbst, sondern auch zu anderen Menschen wie ein Wolf zu sein, wie der Dichter und Philosoph Lukrez (ca. 94–53 v. Chr.) schon wusste: »Denn der Mensch ist dem Menschen ein Wolf, kein Mensch. Das gilt zum Mindesten so lange, als man sich nicht kennt.«

Manchmal hilft eben nur Abstand zu sich selbst und seinen Mitmenschen, um eine so spezifische, offene Panoramaperspektive zu entwickeln, mit deren Hilfe man den Blick für das große Ganze bekommt. So ist es nur nachvollziehbar, wenn der bekannte deutsche Astronaut Alexander Gerst (*1976) sich mit allen Kräften für den Umweltschutz engagiert, seit er bei seinen Aufenthalten auf der internationalen Raumstation ISS die Möglichkeit hatte, die Verletzlichkeit der Biosphäre und die bereits angerichteten Umweltschäden mit eigenen Augen aus der Panoramaperspektive des Weltraums zu sehen. Einen Tag bevor er auf die Erde zurückkehrte, verbreitete Gerst im Dezember 2018 ein Video von der ISS, bei dem er sich im Namen seiner Generation bei seinen zukünftigen Enkeln für das Ausmaß des Raubbaus an dem Planeten entschuldigte, das einige egoistische und kurzsichtige Generationen von Menschen in einem relativ kurzen Zeitraum angerichtet haben. Auch der israelische Historiker Yuval Noah Harari (*1976), der nach eigenen Angaben etwa zwei Stunden täglich meditiert, hat mit seinen makrohistorischen Betrachtungen zur Geschichte der Menschheit und deren potenziell zukünftigem Schicksal einen dystopischen Panoramablick entwickelt.

Werden wir all diese Warnungen – wie schon 50 Jahre zuvor – wieder in den Wind schlagen, weil wir zu gestresst und engstirnig mit uns selbst und unseren kleinen, aber ach so wichtigen Projekten beschäftigt sind? Doch wir sind diesen Untergangsszenarien nicht hilflos ausgeliefert, sondern können lernen, unsere Einstellungen und unsere Verhaltensweisen zu ändern! Dazu ist es hilfreich zu wissen, wie das Gehirn Resilienz lernt.

LERNEN

Unser Gehirn samt angeschlossenem Nervensystem ist fürs Lernen ausgelegt. Ohne die dafür benötigte neuronale Architektur wären wir in unserem Umgang mit der Welt äußert eingeschränkt, bewusste Lernprozesse wären schlicht nicht möglich. Das Nervensystem, aber vor allem das aus zwei Hemisphären bestehende Gehirn ist ein äußerst effizientes, selbstlernendes Beziehungsnetzwerk, das zwischen der psychischen Innen- und der physikalischen Außenwelt vermittelt. Je bewusster Prozesse ablaufen, umso mehr Energie wird dabei verbraucht. Es saugt alles Neue wie ein Schwamm auf, um es dann zu klassifizieren, zu interpretieren sowie in angemessener Weise darauf zu reagieren. Aber damit nicht genug, anschließend wird das resultierende Ergebnis dieses sensomotorischen Prozesses einer kritischen Prüfung unterzogen und mit dem bisherigen Erfahrungsschatz abgeglichen, um das modifizierte mentale Destillat irgendwo in dem etwa 1,2 bis 1,5 Kilogramm schweren Organ abzuspeichern. Das Gehirn trägt folglich seine eigenen Wahrnehmungen in geordneter und bewerteter Form als Erfahrungen, Erlebnisse, Werte, Einstellungen und Erinnerungen sowohl auf mentaler wie auch neuronaler Ebene in sich.

Gegenwärtig haben wir noch keine umfassende wissenschaftliche Theorie, um zu erklären, wie das Gehirn akute Wahrnehmungsprozesse mit Gedächtnisinhalten so verbindet, dass dadurch Selbstbewusstsein und vor allem ein biografisches Selbst erzeugt wird, das uns räumlich, zeitlich und psychologisch organisiert und strukturiert. Deswegen sind manche Philosophen und Neurowissenschaftler der Ansicht, dass Bewusstsein eine Illusion ist, und demzufolge der freie Wille nicht existiert. Allerdings wären wir ohne diese Bewusstseinsprozesse nicht in der Lage, eine Situation so wahrzunehmen, dass wir diese auf der Basis von bestehenden Erfahrungen verarbeiten und dann entsprechend intentional, das heißt bewusst und absichtsvoll, reagieren können.

Sind Sie sicher, dass Sie jetzt weiterlesen und nicht ein bisschen joggen gehen wollen, oder ein Stück von dem leckeren italienischen Käse oder dem griechischen Joghurt aus dem Kühlschrank essen? Na, sehen Sie, Sie lesen weiter, und noch dazu aus eigenem Antrieb! Für solche bewussten Entscheidungsprozesse ist es notwendig, ein offenes, lernendes System an der Hand zu haben, das aus neuartigen Signalen seine Lernbotschaften bezieht, aber gleichzeitig Anknüpfungspunkte zu bekannten Strukturen hat, weil es sich seiner selbst bewusst ist. Warum sollten Sie sonst weiterlesen? Aus diesem Grund wird der Mensch von allem Neuen und von Anomalien angezogen. Allerdings ist er als soziales Wesen auch stark auf andere Lebewesen und vor allem auf Menschen bezogen. Denn von und mit anderen Menschen lernen wir üblicherweise am besten, weil sie uns am ähnlichsten sind und wir stark auf sie reagieren.

Die neurobiologischen Prozesse, die uns selbst organisiertes Lernen ermöglichen, sind allerdings Jahrmillionen alt und elektrischer sowie biochemischer Natur. Man hat aber erst vor etwa 150 Jahren angefangen, diese Mechanismen zunächst ansatzweise und dann graduell immer besser zu verstehen. Die grundlegenden Einsichten sind auf den ersten Blick gar nicht so schwer zu erkennen, wie immer steckt der Teufel allerdings im Detail. So steuert und reguliert sich das Gehirn zum einen durch komplexe biochemische Vorgänge selbst, die hauptsächlich über Neurotransmitter, -modulatoren und Hormone realisiert werden. Neurotransmitter beziehungsweise -modulatoren sorgen für eine schnelle Reizweiterleitung oder -blockade zwischen Nervenzellen. Die bekanntesten sind neben dem Dopamin, das wir schon kennengelernt haben, Serotonin, Noradrenalin, GABA oder Glutaminsäure. Unterschieden werden die Neurotransmitter grundlegend nach ihrer aktivierenden oder hemmenden Wirkweise in Bezug auf nachgeschaltete

Nervenzellen. Hormone – der Begriff leitet sich von dem griechischen Wort *hormán* für »in Bewegung setzen«, »antreiben«, »anregen« ab – sind von ihrem chemischen Aufbau den Neurotransmittern oft recht ähnlich, geben ihre Wirkung aber über die Blutbahn an die entfernten Zielorgane weiter, die nicht unmittelbar an das Nervensystem angeschlossen sind. Sie sind also ein bisschen langsamer. Mitunter ist die Frage, was ein Neurotransmitter und was ein Hormon ist, ein bisschen verwirrend, weil manche Neurotransmitter wie Serotonin, Dopamin oder Adrenalin auch als Hormone wirken – je nachdem, an welcher Stelle im Körper sie wirken. Das erste Hormon, das man übrigens im Jahr 1901 strukturell identifizierte, war das Adrenalin – welch ein passender Auftakt für ein Jahrhundert des Stresses und der Beschleunigung!

Die elektrischen Gehirnwellen entstehen, wenn einzelne Nervenzellen sich zu sogenannten Ensembles zusammenschalten und dann gemeinsam anfangen, in einem bestimmten Rhythmus zu schwingen. Dabei entstehen durch elektrochemische Entladungen der Nervenzellen im Gehirn elektromagnetische Felder mit einer Frequenz, die im Normalfall – abhängig vom Bewusstseinszustand – im Bereich zwischen 1 und 40 Hertz, das heißt Schwingungen pro Sekunde, liegt. Die Summe der elektrischen Aktivität ergibt die Gehirnwellen. Wenn ein gesundes Gleichgewicht im Gehirn herrscht, sind aktivierende und hemmende Prozesse im Verlauf der Zeit weitgehend ausgeglichen, man spricht dann von Homöostase oder Equilibrium. Das Gehirn ist ein Meister in der Herstellung und Aufrechterhaltung von Gleichgewichtszuständen und erreicht dies durch eine dynamische Strategie, durch die es auf unterschiedliche Weise über multiple Selbstregulationsprozesse das gleiche Ziel erreichen kann. Das ist so wie ein Fluss, der einen Berg runterfließt und sich bei Hindernissen ein neues Flussbett sucht. Egal, wohin er fließt, das Wasser gelangt auf jeden Fall nach unten. Genauso arbeitet das Gehirn, wenn es nicht massiv geschädigt wird, auch bei Bewusstseinsprozessen. Und das ein Leben lang, tagsüber und auch nachts im Schlaf, wo es im Traum Schwerstarbeit leistet, während Sie sich erholen dürfen. Doch wer ist eigentlich Sie?

Die Elektroenzephalografie – eine Apparatur zur Untersuchung telepathischer Phänomene

Die Fähigkeit zur Selbstregulation kann man sowohl biochemisch über die Analyse von Neurotransmitterausschüttungen und hormonellen Prozessen, vor allem aber auch mit Elektroenzephalografie (EEG) und neuerdings bildgebenden Verfahren untersuchen. Das EEG ist schon ziemlich alt und es wurde von einem oberfränkischen Wissenschaftler entwickelt. Bitte verzeihen Sie mir, als ein an der Hochschule Coburg tätiger Hochschullehrer, diesen kleinen Anfall von Lokalpatriotismus, aber der erste Elektroenzephalograf wurde vom aus dem kleinen Ort Neuses bei Coburg stammenden Neurologen Hans Berger (1873–1941) in den 1920er-Jahren zunächst mit dem Ziel entwickelt, das Phänomen der Telepathie, also der Gedankenübertragung zwischen zwei Menschen, wissenschaftlich untersuchen zu können. Ja, Sie haben richtig gelesen: Telepathie! Denn Berger hatte mit knapp 20 Jahren bei einer militärischen Übung ein einschneidendes Erlebnis, infolgedessen er von seinem Pferd fiel und fast von dem nachfolgenden Kanonenwagen überrollt wurde. Am Abend des besagten Tages erhielt er dann von seinem Vater – das erste und einzige Mal in seinem Leben – eine telegrafische Anfrage um sein Wohlergehen. Wie sich später herausstellte, war diese auf das Bestreben seiner Schwester erfolgt, zu der Berger eine sehr enge Beziehung hatte. Aus einer Ahnung heraus hatte sie ihren Vater so lange bearbeitet, bis dieser das Telegramm an seinen Sohn aufgab. Diese erlebte Anomalie der empathischen Distanzkommunikation hat Berger zeit seines Lebens nicht losgelassen. Folglich beschloss er, die Möglichkeit der Gedankenübertragung empirisch zu untersuchen, indem er anfing, Gehirnströme zunächst bei Tieren und dann später auch beim Menschen abzuleiten. Dazu schloss er Elektroden an unterschiedlichen Stellen am Kopf an, um die Ableitung der elektrischen Gehirnaktivität auf der Schädelfläche zu messen und zu vergleichen. Denn er ging davon aus, dass zur Gedankenübertragung ein spezifisches Signal zwischen

Sender und Empfänger existieren müsste, das er nun versuchte, mithilfe des EEGs in den Gehirnwellen der vermeintlich telepathisch verbundenen Personen aufzuspüren. Seine Erfindung wurde anfangs von der medizinischen Zunft jedoch nur zögerlich aufgenommen, weil zum damaligen Zeitpunkt sowohl niemand etwas mit der Methode als auch der etwas schrägen Forschungsfrage anfangen konnte. Erst in den 1930er-Jahren konnte das EEG seinen Siegeszug über das Ausland antreten, als man dort das Potenzial für medizinische Diagnostik erkannte, freilich ohne die ganze schummrige Frage der Telepathie zu berühren; gleichwohl wird damit auch heute viel Forschung zu Empathie und Theory of Mind betrieben. So hat man zwar keinen eindeutigen wissenschaftlichen Beweis für telepathische Signale in der EEG-Signatur gefunden, wohl aber empathische Resonanzphänomene.

Berger, der später noch vom Leiter der Psychiatrischen Klinik zum Rektor der Universität Jena befördert wurde, war gegen Ende seines Lebens offensichtlich ein sehr unglücklicher Mensch, der den Freitod suchte und sich in den frühen Morgenstunden des Jahres 1941 im Westflügel seiner Klinik erhängte. Ob es an Gewissenskonflikten lag, weil er, der ein ganzes Forscherleben lang einer besonderen Form menschlicher Verbundenheit nachspürte, im Nationalsozialismus nicht nur förderndes Mitglied des SS war, sondern auch als ärztlicher Beisitzer am Erbgesundheitsobergericht mit Fragen der Rassenhygiene beauftragt wurde, weiß nur er allein. Denn wir wissen nicht, welche Zwiesprache er in seinen letzten Stunden mit seiner inneren Stimme, dem Daimonium, hielt.

Wie dem auch war, Bergers Begeisterung für die Hirnforschung, vor allem im Zusammenhang mit seiner Erfindung des EEG, und sein lebenslanger Elan für Fragen der Verbundenheit zeigen ein ganz wichtiges Merkmal von Lernprozessen, und das ist die emotionale Beteiligung, wie sie nun mal beim Erleben einer Anomalie häufig vorkommt. Berger war nicht zuletzt aufgrund seines außergewöhnlichen Erlebnisses, das er als mitfühlende Gedankenübertragung in einer Gefahrensituation deutete, zeit seines Lebens ein Psychodynamiker, der interessiert war, die geheimnisvolle Beziehung zwischen Körper und Seele durch physikalische Methoden zu objektivieren. Auch in diesem Fall gab es ein Schlüsselerlebnis, welches das ganze weitere Leben prägte. Viele bedeutende, aber nicht so bekannte Personen haben so ein Schlüsselerlebnis gehabt. Sie vielleicht auch? Bei mir gab es so ein Ereignis übrigens ebenfalls, denn eine Erkrankung meines rechten Knies, in deren Folge ich als Teenager fast ein ganzes Jahr lang nicht richtig laufen konnte, brachte mich zu der Frage, wie innere Selbstheilungsressourcen gefördert und Resilienz entwickelt werden können. Sie scheinen ja auch an dieser Frage interessiert zu sein, sonst hätten Sie dieses Buch ja jetzt nicht so weit gelesen, oder? Auf jeden Fall tat sich durch Bergers Erfindung ein riesengroßes Portal für die Entwicklung des Feldes auf, das man erst später als Neurowissenschaft bezeichnen sollte. Infolge dieser Entwicklung wurde es erst möglich, die fundamentale Anlage-Umwelt-Frage, im Englischen besser bekannt als Natur versus Umwelt-Debatte, besser nachzuvollziehen, also zu klären, welche Eigenschaften vorwiegend genetisch determiniert und welche vor allem durch Lernprozesse entwickelt werden. Das Tor für die moderne Neurowissenschaft wurde weit geöffnet.

GENETIK UND EPIGENETIK – FESTE BAUPLÄNE UND IHRE FLEXIBLEN INTERPRETATIONEN

Bis zu welchem Ausmaß ist Resilienz erlernbar und inwieweit ist diese durch unsere Gene bestimmt? Diese Frage haben wir im ersten Kapitel schon gestreift, als wir uns mit den Eigenschaften resilienter Menschen beschäftigt haben. Dabei fiel die Antwort mit zehn zu eins recht eindeutig im Sinne der Lernfähigkeit aus. Jedoch spielen bei der Frage der Veränderbarkeit unsere Erbanlagen schon eine gewichtige Rolle. Um zu verstehen, in welchem Umfang dies der Fall ist, müssen wir uns nun etwas mit Genetik und Epigenetik befassen.

Es besteht heute kein Zweifel mehr daran, dass bestimmte Aspekte von Resilienz – wie Schmerzwahrnehmung, das grundlegende Temperament oder eine Anfälligkeit für negativen Affekt – auch genetisch bedingt sind. Was unter bestimmten Rahmenbedingungen ein Resilienzfaktor sein kann, kann jedoch in einer anderen Situation auch zum Risikofaktor werden. So gibt es beispielsweise Menschen, die genetisch bedingt eine veränderte Schmerzwahrnehmung haben. Es kann dabei sogar vorkommen, dass Schmerzwahrnehmung so gut wie nicht vorhanden ist, weil bestimmte Ionenkanäle – wie beispielsweise der spezifische Subtyp 1.7 –, die für die Weiterleitung von Schmerzsignalen zum Gehirn zuständig sind, nicht richtig funktionieren oder sogar vollständig blockiert sind. Denn schmerzhafte Reize werden von spezialisierten Nervenzellen, den sogenannten Nozizeptoren, registriert und in Aktionspotenziale übersetzt, die entlang aufsteigender Bahnen in das Gehirn gelangen und dort als Schmerz interpretiert werden. Wenn diese Kanäle vollständig blockiert sind, ist keine Schmerzwahrnehmung möglich, was für die betroffenen Personen natürlich fatale Folgen hat. Denn sie können keine Warnsignale des Körpers mehr empfangen, durch die auf Verletzungen und Gefahren hingewiesen wird. So können sie zwar stundenlang auf einem harten Hocker oder unbequemen Stuhl ausharren, bekommen dabei aber gar nicht mit, wie einseitig und schädlich das Sitzen für ihre Knochen, Muskeln oder Gelenke ist. Somit unterbleiben Kompensationsbewegungen, die den Körper entlasten. Zudem können deswegen auch elementare Reparaturprozesse wie beispielsweise mit Gewebeerneuerung einhegende entzündliche Reaktionen des Körpers nicht ausgelöst werden, weil die spezifischen Schmerzwahrnehmungen fehlen, durch die diese getriggert und gesteuert werden. Es ist also kein Wunder, dass diese armen Menschen relativ schnell große Schwierigkeiten mit ihrer Gesundheit bekommen. Denn Schmerz ist nicht unbedingt schlecht, sondern zunächst nur ein Warnsignal, um weiteren Schaden abzuwenden. Das kennen wir ja auch schon vom Stresserleben. So gesehen ist Schmerz eine Körperanomalie, mit der uns signalisiert wird, dass mit der Integrität unseres psychophysiologischen Systems etwas in Disbalance geraten ist!

Phänotypische Expression – pragmatischer Trade-off der Evolution mit Nebenwirkungen!

Bei rothaarigen Menschen ist beispielsweise die Schmerzwahrnehmung verändert. Verantwortlich für die roten Haare sind spezifische genetische Mutationen auf dem 16. Chromosom des Erbguts. So kann durch eine minimale Mutation der sogenannte Melanocortin-1-Rezeptor (MC1R) blockiert werden. Menschen mit einer solchen MC1R-Genvariation haben rote Haare, eine helle Haut und häufig auch Sommersprossen und sie leben häufiger in Nordeuropa. Aufgrund ihrer blassen Haut und der höheren Konzentration roter Farbe in ihrem Haar sind rothaarige Menschen in der Lage, im Sonnenlicht mehr Vitamin D herzustellen als Menschen mit anderen Haarfarben und dunklerer Haut. Das damit deutlich erhöhte Risiko, an Hautkrebs zu erkranken, wird in nordeuropäischen Ländern nivelliert durch die Tatsache, dass dort der Winter lang, die Tageslichtdauer in dieser Zeit kürzer als in südlicheren Gefilden und die direkte Sonneneinstrahlung deswegen weniger intensiv ist. Schwierig wird es jedoch, wenn sie ihre ursprüngliche Heimat zugunsten sonnigerer Gefilde verlassen. Darüber hinaus ist aber auch die Schmerzwahrnehmung rothaariger Menschen anders. So reagieren rothaarige Frauen empfindlicher auf Kälte- und Hitzereize, sprechen sensibler auf morphinhaltige Schmerzmittel an, aber weniger gut auf lokale Narkosemittel, wie sie beispielsweise in der Zahnmedizin zur lokalen Betäubung verwendet werden. Wissenschaftler konnten so auch zeigen, dass rothaarige Frauen mehr Angst vor Zahnbehandlungen haben als Frauen mit anderen Haarfarben (Binkley et al. 2009). Wie dieses Beispiel zeigt, sind evolutionäre Prozesse sehr kontextspezifisch, und aus einem Vorteil kann schnell ein Nachteil werden, wenn sich die Rahmenbedingungen verändern oder ein Zahnarztbesuch ansteht.

Manchmal scheint die genetische Ausbildung von Resilienz aber auch eine Art Trade-off zu sein. Denn das Nichtvorhandensein eines als normal angenommenen genetischen Merkmals ermöglicht die Entstehung anderer Eigenschaften. Ein faszinierendes Beispiel dafür ist das sogenannte Laron-Syndrom. Dies ist eine seltene Form von genetisch bedingtem Kleinwuchs, der durch einen angeborenen Mangel an funktionstüchtigen Rezeptoren für ein bestimmtes Wachstumshormon mit dem Namen Somatotropin zustande kommt. Weil besagtes Hormon deswegen nicht den sogenannten insulinähnlichen Wachstumsfaktor IGF-1 aktivieren kann, bleibt der dadurch normalerweise mit Einsetzen der Pubertät ausgelöste Wachstumsschub aus oder setzt nur verzögert und abgeschwächt ein. Damit einhergehend kann es zu Gesichtsmissbildungen, Stämmigkeit und auch zum Minderwuchs kommen. Die stark verminderte Ausschüttung von IGF-1 hat aber nicht nur die gerade genannten Symptome zur Folge, sondern hat auch eine Reihe von erstaunlichen positiven Effekten. So ist nicht nur die Wahrscheinlichkeit, an Krebs, Akne, Stoffwechselerkrankungen wie Diabetes und Bluthochdruck zu erkranken, selbst bei übergewichtigen Menschen mit Laron-Syndrom drastisch reduziert, sondern auch deren Alterungsprozesse scheinen verlangsamt abzulaufen. Systematisch untersucht hat man das Laron-Syndrom in einer kleinen Gemeinschaft von Nachfahren spanischer Juden in Ecuador, die zum Katholizismus übertraten und auswanderten, um der Inquisition zu entgehen. Diese bezeichnen sich selbst als *small people* und leben abgeschieden in einer Bergregion. Eine interessante Frage ist nun, ob die *small people* wirklich als krank zu bezeichnen sind oder ob ihre besondere genetische Disposition ihnen nicht auch eine besondere Form der identitätsstiftenden Immunität gegen bestimmte Krankheiten verleiht, über die andere Menschen eigentlich sehr froh wären. Stellen Sie sich einmal vor, Sie wären als Elternteil in der Situation, dass bei Ihrem Kind ein hohes genetisches Risiko für die Entwicklung einer unheilbaren Krebsart relativ früh im Leben festgestellt wird. Die Ärzte teilen Ihnen nun mit, dass sie diese Erkrankung zwar nicht direkt behandeln können, wohl aber indirekt das Erkrankungsrisiko durch künstliche Beschränkung der Wachstumshormone dramatisch verringert werden kann. Wie würden Sie entscheiden?

Wenden wir uns jetzt wieder ein bisschen mehr den psychologischen Fragen zu. Auch unser grundlegendes Temperament, also ob wir extrovertiert oder introvertiert sind, eher ängstlich oder wagemutig, empathisch oder distanziert und dadurch gleichzeitig anfälliger für negative Emotionen, wird durch unsere Gene mitbestimmt. Jedoch prägt vor allem die Lebenswelt, in die Säuglinge hineinwachsen, die individuelle Entwicklung ungemein. Wie wir seit einigen Jahrzehnten wissen, haben diese Rahmenbedingungen einen erheblichen Einfluss darauf, welche für unseren Bauplan verantwortlichen Gene an-, um- oder ausgeschaltet werden oder wieder eingeschaltet werden. Dadurch wird gesteuert, wie unsere genetische Ausstattung mit der Umwelt interagiert, in der wir leben. Das Fachgebiet, das sich mit den systematischen Veränderungen von Genfunktionen beschäftigt, heißt Epigenetik. Der Begriff stammt aus dem Griechischen. *epi* bedeutet »über«, in Kombination mit dem Wort Genetik könnte man neudeutsch vielleicht auch Genetik+ oder Genetik 2.0 sagen. Mit der Entwicklung dieses Forschungsgebietes ist die althergebrachte Erkenntnis der Genetik, dass die einen Organismus definierenden Merkmale fest verdrahtet in den genetischen Bauplan hineingeschrieben sind, infrage gestellt. Denn es ist klar geworden, dass die zugrunde liegenden Prozesse noch einmal deutlich komplizierter, aber auch dynamischer sind als ursprünglich angenommen.

Das Prinzip der flexiblen Auslesung von genetischer Information macht sehr viel Sinn. Es gibt einen genetischen Bauplan, dieser wird durch das Erbgut von leiblicher Mutter und leiblichem Vater bestimmt. Er bleibt weitgehend unveränderbar, außer natürlich durch Mutationsprozesse, die im Laufe des Lebens unweigerlich auftreten und die wir als Alterungsprozesse erfahren. Aber bei der Manifestation des genetischen Bauplans gibt es Gestaltungsspielraum – das ist die individuelle Umsetzung oder phänotypische Expression des genetischen Bauplans. So ist beispielsweise bekannt, dass Stressempfinden, Bewegungs- und Ernährungsgewohnheiten gewissermaßen genetische Schalter anschalten beziehungsweise umlegen können und dass auf diesem Wege auf die Epigenetik eines Individuums eingewirkt werden kann. Es ist so, als würden wir mit einem genetisch vorkonfigurierten, möglichst offenen Entfaltungsmöglichkeitsrahmen auf die Welt kommen, der unser Entwicklungspotenzial, aber gleichzeitig auch unsere Vulnerabilitäten bestimmt. Dieser Bauplan kann kontextspezifisch angepasst und optimiert werden, sodass im Laufe des Lebens gewisse Anpassungen möglich sind. Etwa, als würde man ein Flugzeug in der Luft auftanken, um seinen Aktionsradius zu erweitern. Das kann man mittlerweile technisch problemlos machen, einen Propeller- oder sogar Motorwechsel führt man im Flug jedoch nicht durch. Insofern hat auch die Epigenetik ihre Grenzen.

Resilienz als phänotypisches Phänomen öffnet Gestaltungsspielräume des Lebens

Die epigenetischen Forschungsbefunde belegen ohne Zweifel, dass unsere Wahrnehmungen, Einstellungen und Verhaltensweisen, also wie wir uns bewegen, ernähren, lieben, lachen, fürchten, kommunizieren und interagieren, einen bedeutenden Einfluss auf die konkrete Ausgestaltung unseres genetischen Bauplans haben können. Forscher konnten darüber hinaus nachweisen, dass nicht nur die durch die Eltern vererbte und in der Desoxyribonukleinsäure (DNS) abgespeicherte genetische Information selbst, sondern auch bestimmte epigenetische Instruktionen zur Steuerung der Genexpression der Nachkommen vererbt werden können. Das trifft auf Traumatisierungen genauso zu wie auf Resilienzeigenschaften. Epigenetik ist also ein zweischneidiges Schwert, wobei die Vorteile überwiegen, sonst gäbe es diesen adaptiven Mechanismus in der Evolution wohl nicht.

Es ist sicherlich zutreffend, dass dieser epigenetische Spielraum begrenzt ist und uns nicht überdeterminiert, sonst würde die Evolution sich in ihrem fortwährenden Entwicklungsspiel ja selbst beschneiden. Es geht darum, der nächsten Generation die besten Startbedingungen für eine passgenaue Entwicklung mit auf den Weg zu geben, und nicht darum, sie zu restringieren. Zugegeben, wir haben wohl erst angefangen, einen Bruchteil der komplexen Wechselwirkungen zwischen Genetik und Umwelt wirklich zu verstehen. Diese faszinierenden Prozesse haben ihre Grenzen, so werden epigenetische Prozesse aus einem kleinen Mann mit schmächtigem Körperbau durch intensives körperliches Training – im Sinne von drei bis vier Stunden Muckibude täglich – sicherlich keinen Zwei-Meter-Hünen werden lassen. Gleichzeitig sollte man die Rolle epigenetischer Prozesse aber nicht unterschätzen, sondern ihnen genau den Stellenwert zuweisen, der angemessen ist. Im Zweifelsfall, das heißt solange wir es nicht besser wissen, sollten wir hier vielleicht sogar ein bisschen aufgeschlossener für präventives Gesundheitsverhalten sein, denn hier zeigt sich wieder die Verbindung von Aktualität und Potenzialität. So gesehen können wir Resilienz auch als eine Aufforderung verstehen, unsere genetische Expression im Sinne der Epigenetik bestmöglich an unsere Lebensumstände anzupassen, sodass Entwicklungsprozesse leichter realisiert werden können.

Sollte dies die ermutigende Botschaft sein, die wir aus dem faszinierenden Wissenschaftsgebiet der Epigenetik mitnehmen können, haben wir eine wichtige Grundlage verstanden, die für die Ausbildung von Resilienz hilfreich ist. Da wir nicht aus unserer Haut herauskönnen, müssen wir mit den Veranlagungen und Eigenschaften, die uns mitgegeben wurden – mögen es Stärken oder Schwächen sein –, zurechtkommen. Aber wir können anfangen, diese genau wahrzunehmen, wertzuschätzen und anzunehmen und im Sinne eines achtsamen Aufhebens schöpferisch entwickeln! Das bedeutet jedoch, zunächst Frieden mit sich selbst und seinen potenziell angeborenen Schwachstellen zu schließen und sich vielmehr auf die vorhandenen Entwicklungspotenziale zu konzentrieren. Resiliente Menschen wissen das und handeln dementsprechend. Selbst wenn sie keineswegs Architekten ihres Lebens sind, die alleinverantwortlich am Zeichentisch den Plan ihres Lebens entwerfen, wissen sie doch auch, dass sie nicht sklavische Geiseln eines vorgeschriebenen Schicksals sind.

Das Buch des Lebens, so dick, dünn, anschaulich oder prunklos es auch sein mag, wurde uns zwar geschenkt, aber hineinschreiben müssen wir selbst. In diese Richtung deutet zudem die Erkenntnis aus der Krebsforschung, dass etwa 70 Prozent der Krebserkrankungen vor allem lebensstilbedingt und nicht primär aufgrund einer genetischen Disposition oder einer Zufallsmutation entstehen. Das heißt natürlich nicht, dass es keine verheerenden genetisch bedingten oder einem unglücklichen Zufall geschuldeten Erkrankungen gibt. Vielmehr lautet die ermutigende, aber auch zur Verantwortungsübernahme rufende Botschaft der Epigenetik: Wir können die Entfaltung unseres genetischen Bauplans, das heißt, wie wir gemeint sind, und streng genommen sogar den unserer Nachfahren, ein Stück weit zum Besseren oder Schlechteren beeinflussen. So gesehen haben wir, wenn wir uns als Demiurgen und somit als Baumeister unseres Lebens verstehen, einen konstruktiven Gestaltungsspielraum zur Entfaltung unseres Lebens.

Damit ist allerdings nicht gesagt, dass alle Menschen die gleichen Chancen und Möglichkeiten zur Ausbildung und Realisierung von Resilienz haben, denn das Leben ist bekanntlich nicht immer fair. Aber die Chance ist immer vorhanden, zumindest den Versuch zu unternehmen, daraus das Beste zu machen. Viktor Frankl hat dies einmal äußerst prägnant auf den Punkt gebracht: »Zwischen Stimulus, Reiz und Reaktion gibt es einen Raum. In diesem Raum liegt unsere Möglichkeit, unsere Reaktion zu wählen. In unserer Reaktion liegt unser Wachstum und unsere Freiheit.« Treffender kann man das nicht ausdrücken, und es trifft auch auf die Epigenetik zu.

Das altehrwürdige Bild vom Demiurgen als achtsamer und wohlmeinender Umsetzer eines angelegten Bauplans unter den jeweiligen Rahmenbedingungen passt insofern erstaunlich gut auf epigenetische Prozesse, die somit als Adaptionsvorgänge eines Individuums an seine Umwelt im Sinne von Resilienz verstanden werden können. Und der Demiurg ist vor allem dann ein Baumeister seiner selbst, wenn er sowohl die Möglichkeiten, aber auch die Grenzen seines Gestaltungsraumes erkennt.

FRONTALLAPPEN, MARSHMALLOWS UND KRITISCHE ENTWICKLUNGSFENSTER

Auf psychologischer Ebene beeinflussen die gerade skizzierten epigenetischen Prozesse in einem nicht unbeträchtlichen Ausmaß nicht nur, welche Wahrnehmungsschablonen wir konstruieren, sondern auch welche Werte-, Einstellungs- und Bedürfnislandkarten wir im Laufe unseres Lebens entwickeln. Diese wiederum bestimmen als Folge unserer Sozialisation und lernbiografischen Geschichte, zu welchen Menschen und Persönlichkeiten wir im Laufe unseres Lebens werden. Natürlich stellt unser genetischer Bauplan ein zentrales Fundament dar, das wir – zumindest auf natürliche Weise – nicht verändern können. Nebenbei gesagt kommt aber auch diese lang etablierte Gewissheit gerade ins Wanken, beispielsweise durch die von der französischen Mikrobiologin Emmanuelle M. Charpentier (*1968) und der amerikanischen Biochemikerin Jennifer A. Doudna (*1964) entwickelten Genschere CRISPR-Cas9, die eine Art molekulares Skalpell ist. Das ist keine Science-Fiction: Im Jahr 2018 hatte der chinesische Forscher He Jiankui (*1984) für viel Aufsehen und Kritik gesorgt, als er zugab, das Erbgut von zwei Babys, deren Vater das HI-Virus in sich trug, mithilfe besagter Genschere so verändert zu haben, dass der Ausbruch der Immunschwächekrankheit Aids verhindert wurde. Nur zu welchem Preis? Vielleicht wird es zukünftig so sein, dass man Resilienz in die DNS hinein- oder herausschneiden kann? Aber für den Moment können wir die Frage, auf welche Weise dieser Bauplan sich realisiert und, um es mit den Worten des Neurowissenschaftlers Gerald Hüther (*1951) zu sagen, welche Möglichkeiten der Entwicklungspotenzialentfaltung sich darin befinden, noch wie folgt beantworten: Es liegt zu einem nicht unbeträchtlichen Teil in unseren Händen, uns in einem schöpferischen Sinn positiv zu entwickeln, falls wir denn bereit sind, das Entwicklungspotenzial, das in uns und anderen Menschen liegt, achtsam aufzuheben.

Gerade die frühen Jahre vom Kleinkindalter bis zur Pubertät sind hierbei von zentraler Bedeutung, weil sich entscheidende Zeitfenster für Entwicklungsprozesse auftun, die später nicht mehr oder nur suboptimal und mitunter auch gar nicht mehr nachentwickelt werden können. Deswegen empfinden wir genau diese frühen Jahre häufig als die prägenden Jahre, obwohl wir dort naturgemäß noch erheblich von anderen Menschen abhängig sind.

Seit einigen Jahrzehnten kann man das auch aus neurobiologischer Sicht besser nachvollziehen. Die Gehirnentwicklung, die sich anatomisch-strukturell bis etwa zum 21. Lebensjahr vollzieht, ist in diesem frühen Stadium besonders formbar. Es entstehen kritische Zeitfenster, um das an Entwicklung mithilfe von Neuroplastizität zu realisieren, was als Möglichkeitspotenzial in uns angelegt ist. Erst im Alter von Anfang 20 ist die neuroanatomische Entwicklung des Gehirns, mit der Entfaltung des Frontallappens direkt hinter der Stirn, abgeschlossen.

Der Frontallappen ist ein evolutionärer Anbau an ältere Gehirnstrukturen, der erst relativ spät in der evolutionären Entwicklung auftaucht. Und obwohl er nur etwa fünf Prozent unseres Gehirnvolumens ausmacht und die Tendenz hat, schnell zu ermüden, spielt er eine zentrale Rolle für willentliche Prozesse im Zusammenhang mit bewusster Handlungssteuerung. Wir haben seine Rolle im Wechselspiel mit dem mesolimbischen System bereits kennengelernt, als wir uns mit den sündigenden Bogenschützen befasst haben, die kein Ziel haben. Der Frontallappen ist deswegen vor allem für die Unterdrückung von Handlungen verantwortlich, die aus älteren Gehirnarealen aufsteigen und zumeist auf unmittelbare Bedürfnisbefriedigung ausgelegt sind. »Mach noch eine Flasche Rotwein auf!«, »Hol noch mal vom Buffet nach!« oder »Schau noch ein YouTube-Video!« sind Beispiele für solche Anwürfe aus dem Reptiliengehirn, die der Frontallappen aber erfolgreich zurückweisen kann. Daraus folgt eigentlich eine Negativdefinition des freien Willens, also – um es mit den Worten meines amerikanischen Kollegen James Giordano (*1959) zu sagen – eher *free won't* als *free will*. Das bedeutet, dass der Frontallappen es uns ermöglicht, Gedankenimpulse nicht in Handlungen umzusetzen, sondern Belohnungsaufschub und Impulskontrolle kontextabhängig zu realisieren.

Eine Süßigkeit (er)fordert den freien Willen! Die Erforschung der Selbstregulationsfähigkeit in der frühen Kindheit

Der bekannte Psychologe Walter Mischel (1930–2018) hatte Anfang der 1970er-Jahre mit seinen später berühmt gewordenen Marshmallow-Experimenten begonnen, die Fähigkeit zur Selbstregulation bei kleinen Kindern im Alter von etwa vier Jahren zu untersuchen. Bei diesem einfachen Experiment wurden die Kinder – anfangs waren es die des Psychologen Mischel selbst – vor ein Objekt der Begierde wie dem berühmten Marshmallow oder vor einen Riegel Schokolade gesetzt. Der Versuchsleiter erklärte, dass er gleich den Raum verlassen würde, und wies die Kinder an, diese nach Möglichkeit nicht zu essen, bis er zurückgekommen war. Nach seiner Rückkehr würden sie dann als Belohnung noch eine zweite Süßigkeit bekommen. In der Folge wurde schlicht die Zeit gestoppt, bis die Kinder der Versuchung nachgaben und die Nascherei verdrückten, oder eben auch nicht.

In vielen Abwandlungen des Experiments konnte so gezeigt werden, dass die Selbstregulationsfähigkeit von Kindern bereits im Alter von etwa vier Jahren vorhanden ist, aber individuell stark abweicht. Später konnte Mischel dann in den bekannten Langzeitstudien den Zusammenhang zwischen der Fähigkeit zum Belohnungsaufschub im zarten Alter von vier Jahren und späteren privaten und beruflichen Lebenserfolgen sowie den Zusammenhang zu Gesundheit, Wohlbefinden und prosozialem Verhalten aufzeigen. Der springende Punkt war für Mischel jedoch nicht, achselzuckend auf die vermutlich sowohl genetisch bedingten als auch auf früheste Lernerfahrungen zurückzuführenden Unterschiede hinzuweisen, sondern zu unterstreichen, dass die Selbstregulationsfähigkeit gezielt und systematisch entwickelt werden kann. Und zwar das ganze Leben lang, nur mit zunehmendem Alter eben nicht mehr ganz so leicht wie in den frühen Jahren.

Belohnungsaufschub ist also die Fähigkeit, hedonistischen Impulsen in der Gegenwart widerstehen zu können, um so eine bessere Zukunft zu gestalten. Auch das Aushalten und Erdulden von Misserfolg, Leid und Unglück sowie der Umgang mit negativen Erfahrungen ist eine besondere Fähigkeit resilienter Menschen, die sie von anderen unterscheidet. Gute Dinge kommen eben häufig zu denjenigen, die warten können, heißt es nicht zu Unrecht. Die jüdisch-deutsche Philosophin Hannah Arendt (1906–1975) meinte sogar: »Das Höchste, was man erreichen kann, ist zu wissen und auszuhalten, dass es so und nicht anders gewesen ist, und dann zu sehen und abzuwarten, was sich daraus ergibt.«

Man darf aus Mischels Versuchen jedoch nicht den Rückschluss ziehen, mit vier Jahren wären die Gehirne von Kindern bereits vollständig zur Selbstregulation befähigt. Denn erst wenn der Frontallappen vollständig ausgebildet ist, kann man davon ausgehen, dass das neuroanatomische Fundament für Selbstregulationsprozesse, Handlungssteuerung und Risikoeinschätzung umfassend entwickelt ist. In dem benötigten Zeitraum von 20 Jahren hat das Gehirn genügend Zeit gehabt, sich bestmöglich für seine ökologische Nische zu entwickeln und neuronal einzuschleifen. Dadurch kann das Potenzial, das in jedem Lebewesen angelegt ist, im Sinn einer optimalen Passung von Individuum und Umwelt zur Entfaltung vorbereitet werden, um so den Umgang mit den voraussichtlich auftretenden Anomalien bestmöglich vorwegzunehmen. Dieser Sozialisationsprozess und die damit verbundenen Bildungs- und Erziehungsprozesse sind zwar mühsam und anstrengend – nebenbei gesagt für alle Beteiligten, auch für Eltern, Erzieher und Lehrer –, aber auch ziemlich effektiv. Um es lerntheoretisch auszudrücken: Auf biologisch in uns hineingelegte Fähigkeiten werden auf der Basis von komplexen, dynamischen und interaktiven Lernprozessen Fertigkeiten entwickelt, die man dann im Sinne von Kompetenzen entfalten kann.

Ein Beispiel: Die meisten Menschen – wenn sie nicht von Geburt an blind sind – haben die Fähigkeit zu sehen, aus der sie dann die Fertigkeit des Lesens entwickeln können. Allerdings werden nicht alle, die lesen und schreiben können, auch begnadete Schriftsteller. Der Erwerb dieser Fertigkeiten ist aber der Grundbaustein für jede moderne Kultur und die Eintrittskarte in eine Gesellschaft, die große Teile des kollektiven Gedächtnisses zunächst verschriftlicht und dann in Büchern und Datenbanken abgelegt hat. Ähnlich ist es mit dem Hören, denn es können ja nicht alle ein Musikinstrument spielen oder Noten lesen; ich gehöre leider auch zu den musikalischen Illiteraten, was ich im starken Kontrast zu meinem früheren Ich mittlerweile sehr bedaure. Aber ich habe mein Zeitfenster verpasst, weil ich meine Blockflöte damals einfach langweilig und Klavierspielen zu anstrengend fand. Vielleicht probiere ich mein Glück später im Leben noch mal, wie mein Großvater. Nach seiner Pensionierung im Alter von 65 Jahren hatte dieser mit dem Gitarrenspiel angefangen und es dabei mit viel Fleiß noch zu einer beeindruckenden Meisterschaft gebracht, die er an Weihnachtsabenden gerne mit einem zufriedenen Gesichtsausdruck zum Besten gab.

Aber zurück zu der Frage, ob Resilienz nun eher ein Bündel von angeborenen Fähigkeiten oder erworbenen Fertigkeiten ist. Vermutlich werden Sie nun auf der Grundlage der bisherigen Ausführungen sagen, es ist eine Mischung aus beiden, aber überwiegend erlernbar. Das stimmt zwar, greift aber noch zu kurz, denn Resilienz beinhaltet immer auch die Bereitschaft, mit einer förderlichen und verantwortungsbewussten Haltung dem Leben und seinen Anforderungen konstruktiv zu begegnen. Ähnlich ist dies übrigens auch mit selbst motiviertem Lernen und der Kompetenz zum eigenständigen Problemlösen, denn diese entstehen durch eine Kombination von Können und Wollen. Herauszufinden, was man eigentlich will, ist häufig auch das eigentliche Problem, vor allem, wenn es sehr viele Wahlmöglichkeiten gibt. Der Philosoph Arthur Schopenhauer (1788–1860) hat es prägnant auf den Punkt gebracht: »Der Mensch kann zwar tun, was er will, aber er kann nicht wollen, was er will.« Offen gesagt kann man viele Erkenntnisse der neurowissenschaftlichen Forschung schon bei Schopenhauer nachlesen, es fehlen nur die eindrucksvollen bunten Gehirnbilder! Resiliente Menschen wissen aber in der Regel, was sie wollen und welchen Preis sie dafür bereit sind zu zahlen, oder eben nicht. Deswegen können Sie den Bogen des Willens nicht nur intentional spannen, sondern mit dem scharfen Pfeil der Handlungssteuerung auch kontrolliert auf ein Ziel schießen.

Insofern ist Resilienz nicht nur ein Bündel an Fähigkeiten oder Fertigkeiten, sondern vielmehr eine spezielle Form von Kompetenz, genauer gesagt Lebenskompetenz. Und die essenziellen Bestandteile dafür sind neben Lernbereitschaft, Frustrationstoleranz und sozialer Bezogenheit auch der Impuls nach Entwicklung und Reifung. Während das Können in unserer Gesellschaft immer im Vordergrund steht und beispielsweise durch Intelligenztests abgeprüft wird, haben wir bis zum heutigen Tag kein wirkliches Verständnis dafür, wie Wollen und Mögen gezielt gemessen und auch entwickelt werden kann. Sicherlich bietet hier das Resilienzkonzept einen guten Ansatzpunkt, denn, wie es der Philosoph Friedrich Nietzsche (1844–1900) prägnant formuliert hat: »Wer ein Warum hat, erträgt jedes Wie.« Vor dem Hintergrund der neurobiologischen Erkenntnisse im Zusammenhang mit dem mesolimbischen System ist dies eine schlüssige Aussage, weil resiliente Menschen aufgrund ihrer internen Selbstregulationskompetenz in der Lage sind, auch anstrengende und schmerzhafte Prozesse intentional auszuhalten und so an ihnen zu wachsen, wenn sie dies für sinnvoll und lohnenswert halten. Häufig macht man diese Erfahrung erst in einer großen Krise, in der alles sicher Geglaubte fundamental ins Wanken gerät. Wer will, findet einen Weg, wer nicht will, hat einen Grund. Wie wahr!

LERNEN ALS SOZIALE WELTKONSTRUKTION
IM ZENTRUM DES SWEET SPOTS

Wie lernt man nun diese Lebenskompetenz? Lernen ist nicht nur ein kognitiver, sondern auch ein psychosozialer Prozess, da der Mensch als soziales Lebewesen nun einmal zwingend auf die wechselseitige Kommunikation und fürsorgliche Interaktion mit seinen Mitmenschen angewiesen ist. Findet diese Interaktion – zumindest in einem aus Sicht der Entwicklungspsychologie kritischen Zeitfenster – nicht oder nur eingeschränkt statt, kann es aufgrund von mangelnder Fürsorge und lieblosem Umgang zu Entwicklungsstörungen wie Hospitalismus kommen. Am bekanntesten ist in diesem Zusammenhang sicherlich der historisch verbürgte Fall des jungen Kaspar Hauser (1812–1833), der als 16-jähriger Knabe im Frühjahr 1828 – im verwahrlosten Zustand und kaum der Sprache mächtig – in Nürnberg aufgegriffen wurde. Der Knabe erzählte, dass er jahrelang in einem Raum bei karger Nahrung und in vollständiger Dunkelheit ohne Beziehung zu anderen Menschen weitgehend im Liegen aufgewachsen sei und erst mit seiner Freilassung gehen und sprechen gelernt hätte. Die Aussagen Hausers, den manche sogar für den Erbprinzen von Baden hielten, sind allerdings aus unserer heutigen medizinischen und psychologischen Sicht nicht haltbar.

Ein Kind ist auf Beziehungen zu anderen Menschen angewiesen, denen es vertraut und die als kompetente und authentische Rollenmodelle fungieren. Kinder lernen üblicherweise am schnellsten durch die Nachahmung authentischer Verhaltensweisen. So wie ich auch von meinem Großvater, der sich spät berufen das Gitarrenspiel aneignete, gelernt habe, dass man noch spät im Leben mit viel Freude etwas nachholen kann. Er war aber auch ein authentisches Rollenmodell für mich, denn er war mir zugetan und mochte mich, ich hingegen bewunderte ihn und vertraute ihm. Man lernt in jungen Jahren einfacher und anstrengungsfreier, doch auch hier gelten ein paar fundamentale Gesetzmäßigkeiten. So muss zunächst die Schwierigkeit der Lernaufgabe angemessen sein. Und in diesem Zusammenhang sind wir in jungen Jahren noch verstärkt auf die Mithilfe anderer Menschen angewiesen. Einem Vierjährigen ein Lehrbuch über Quantenmechanik in die Hand zu drücken, macht wenig Sinn. Und einem 14-Jährigen ein Mathematikbuch mit den Grundrechenarten zum Lesen zu geben, wird auch auf wenig Begeisterung stoßen.

Natürlich bemühen wir uns als verantwortungsvolle Eltern, Erziehungsberechtigte oder auch Lehrende und Dozierende, große Stolpersteine aus dem Weg zu räumen, um die bestmögliche individuelle Entwicklung unserer Schützlinge zu gewähren. Nur was ist die angemessene Größe für einen Stolperstein, mit dessen Hilfe Kinder wichtige zentrale Lernerfahrungen machen können, und ab wann ist eine Lernaufgabe zu groß, komplex oder schwer und überfordert die Lernenden? Was ist also noch eine angemessene Herausforderung, wo beginnt die Überforderung und wie stellt man das fest? Und wann sollte man die Anstrengungen belohnen? Und sollten diese Belohnungen materielle oder immaterielle Formen der Anerkennung sein? Hier kommt die bedeutsame Frage nach dem Menschen nicht nur als ichbezogenes, kognitiv verstehendes, sondern auch als empathisches, mitfühlendes und fürsorgliches Wesen ins Spiel. Damit einhergehend wird in modernen sozialen Lerntheorien vor allem die Bedeutsamkeit der kollegial-konstruktiven Zusammenarbeit auf der Grundlage von Mechanismen wie Imitation, Modelllernen oder Reziprozität, also wechselseitiger Kooperation, betont. In diesem Zusammenhang wird auch die Rolle der sogenannten Spiegelneuronen immer wieder thematisiert, durch die eine Art empathisches Resonanzsystem im Gehirn entsteht, das Gefühle und Stimmungen anderer Menschen im Beobachter selbst abbildet. Man kann sich das so ähnlich vorstellen, wie eine angespielte Gitarrensaite auch die anderen Saiten des Instruments zum Schwingen bringt. Dazu werden Körpersprache, Gesichtsausdruck und anderes Verhalten genau analysiert und dann ähnliche Gefühle durch empathische Resonanzprozesse bei einem selbst ausgelöst.

Wir haben die Resonanzeigenschaften ja schon im Zusammenhang mit sozialpsychologischen Theorien zur Stressansteckung kennengelernt. Wahrscheinlich stellt dieses System von Spiegelneuronen auch die neuronale Basis für Empathiefähigkeit und Theory of Mind dar, das heißt die Fähigkeit, Gedanken und Emotionen anderer Menschen im Sinne eines Resonanzphänomens mitzuempfinden oder zu erahnen. Freilich man kann nie mit Gewissheit wissen, was im Kopf eines anderen Menschen oder Tieres vorgeht, aber man kann sich wohl ein- und auch mitfühlen. Die Neigung zur Imitation kann mitunter – zumindest für neurobiologisch uninformierte Zeitgenossen – erstaunliche Züge annehmen, so beispielsweise bei dem Couvade-Syndrom – von dem französischen Verb *couver*, das heißt ausbrüten –, bei dem ein Mann ähnliche Schwangerschaftssymptome wie seine Partnerin zeigt.

Psychosoziale Lerntheorien – gemeinsam geht's häufig besser und beseelter!

Mit diesem Basiswissen ausgestattet, können wir uns nun der vom russischen Psychologen Lew Wygotski (1896–1934) entwickelten Lerntheorie von der *Zone der nächsten Entwicklung* nähern. Diese Theorie nimmt in der Entwicklungspsychologie nach wie vor eine zentrale Rolle ein, zumindest im Rahmen der soziokulturellen Lerntheorien. Manchmal wird diese auch als Zone der proximalen Entwicklung oder im hippen Edutainment-Jargon auch als Sweet Spot des Lernens bezeichnet. Wygotski galt damals in Russland als einflussreicher Psychologe. Als seine psychologischen Theorien jedoch zunehmend vom Menschenbild der materialistischen Psychologie abwichen, wurde es für ihn schwieriger, wissenschaftlich zu arbeiten und zu veröffentlichen. Da er recht früh an Tuberkulose verstarb, konnte er seine Theorien nicht mehr systematisieren, somit auch kein einheitliches Gesamtwerk hinterlassen. Vermutlich ist das auch der Grund, warum er bis in die

1970er-Jahre außerhalb Russlands in psychologischen und pädagogischen Fachkreisen weitgehend unbekannt war.

Wygotski konnte in seiner Forschung zeigen, dass Lernprozesse vor allem dann eine Aussicht auf Erfolg haben, wenn sie Menschen vor angemessen schwierige, aber gleichzeitig sozial eingebettete Herausforderungen stellen, die diese weder unter- noch überfordern. Die Zone der nächsten Entwicklung stellt folglich die Höhe des Lernpotenzials dar, das mithilfe von wohlwollender sozialer Unterstützung unter Aufbietung aller Kräfte erreicht werden kann. Dieses hängt einerseits von dem aktuellen Entwicklungsstand eines Kindes ab, bestimmte Probleme durch vorhandene Fähigkeiten, Fertigkeiten und Kompetenzen selbstständig zu lösen. Andererseits wird der potenziell erreichbare Entwicklungsstand aber auch durch das Lernniveau definiert, das das Kind zwar nicht allein, wohl aber mit der Unterstützung und unter der Anleitung von hilfsbereiten und kundigen Menschen gerade noch erreichen kann. Die Differenz zwischen dem aktuellen und dem potenziell mit sozialer Unterstützung erreichbaren Lernniveau verstand Wygotski als Zone der proximalen, das heißt nächsten Entwicklung. Die folgende Abbildung einer modifizierten Zielscheibe verdeutlicht dies mit den drei Kreisen.

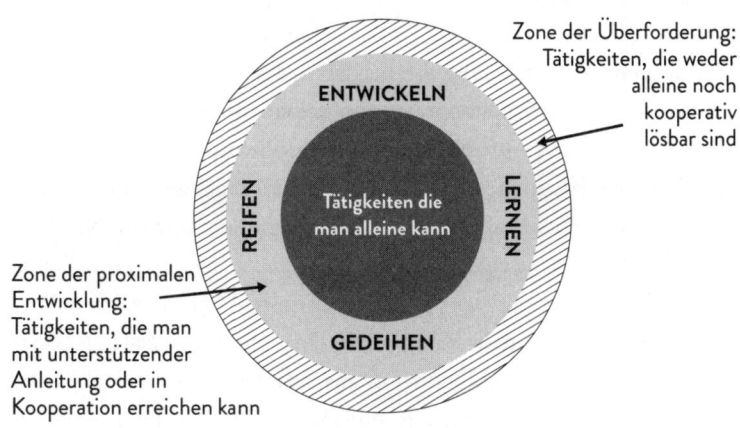

Sweet-Spot: Die Zielscheibe des psychosozialen Lernens;
Quelle: Eigene Darstellung

Während der schraffierte Außenkreis die Zone der absoluten Überforderung markiert, in der Probleme weder allein noch in Kooperation mit anderen bewältigt werden können, markiert der dunkelgraue Kreis in der Mitte die Problembereiche, die allein und ohne Hilfe anderer Menschen gelöst werden können. Interessant ist der zwischen dem schraffierten Außenkreis und dem dunkelgrauen Innenkreis liegende hellgraue Bereich, der die Zone der proximalen Entwicklung markiert, in der Probleme nur gemeinsam in kollegial-vertraulicher Zusammenarbeit gelöst werden können.

Wenn Bogenschützen im psychosozialen Sinne lernen wollen, sollten sie auf den mittleren Kreis abzielen. Denn der dort repräsentierte Bereich der proximalen Entwicklung vermag das inhärente, aber sozial vermittelbare Lernpotenzial eines Individuums im Hinblick auf eine bestimmte Anforderungssituation unter Berücksichtigung des biologischen und psychologischen Entwicklungsstandes auszuloten. Das setzt natürlich voraus, dass es wohlwollende Experten gibt, die bereit sind, ihr Wissen in geeigneter Form weiterzugeben. In der Regel sind das die Eltern, Großeltern, Verwandte oder Freunde. Oder wer hat Ihnen damals das Fahrradfahren beigebracht?

Wenn es einen Zielkorridor in der Pädagogik gibt, sollte man diesen Bereich anstreben. Irgendwie ist das schon eine eigentümliche Zielscheibe, denn Wygotski erinnert uns daran, dass man das Ziel nur treffen kann, wenn man nicht immer unmittelbar auf die eigenen Bedürfnisse, Wünsche und Anforderungen abzielt. Vielmehr geht es im Sinne der Zone der proximalen Entwicklung darum, gemeinsam mit anderen Menschen vertrauensvoll einen Entwicklungsprozess anzustreben. Wer nur auf sich und seine eigenen Bedürfnisse abzielt, hat eine hohe Wahrscheinlichkeit, die Zone der proximalen Entwicklung zu verfehlen!

An dieser Stelle wird die komplexe Befähigung zum sozialen Kooperieren bedeutsam, die evolutionär in uns zwar genauso angelegt ist wie das Streben nach Kompetitivität, uns aber zumindest unter gewissen Umständen einen großen Handlungsvorteil gegenüber anderen Spezies verschaffen kann. Denn wir können nicht nur mithilfe anderer Menschen, sondern vor allem auch am Modell von anderen lernen und die daraus abgeleiteten Erkenntnisse und Handlungsskripte dann internalisieren. Nach Wygotskis Ansicht sollten sich die jeweiligen Lern- und Unterrichtungsstrategien genau aus diesem Grund weniger an dem aktuellen Lernniveau orientieren. Vielmehr sollten sie auf einen durch konstruktive soziale Interaktionsprozesse potenziell gerade noch erreichbaren Entwicklungsstand des Lernenden abzielen. Der Level wird also für alle beteiligten Personen – Lehrende und Lernende – ziemlich hoch angesetzt, aber dies ist äußerst wirkungsvoll.

Der russische Psychologe ging davon aus, dass aufgrund der Bedeutung des sozial vermittelten Lernens in jedem Menschen die Neigung angelegt ist, nicht nur von anderen Menschen zu lernen, sondern auch andere durch Unterweisung zu lehren. Resiliente Menschen wissen um diese Wechselwirkung und geben deswegen ihr häufig mühsam erworbenes Wissen und ihre Kompetenzen gerne und selbstlos an andere Menschen weiter, ohne daraus einen unmittelbaren Vorteil für sich zu ziehen. Sie ziehen Zufriedenheit und Lebensfreude daraus, die Entwicklung anderer Menschen konstruktiv anzustoßen und zu begleiten.

Die aktuelle Forschung gibt ihnen und Wygotski recht, denn sie zeigt klar auf, dass altruistisches Verhalten nicht nur Gesundheit und Wohlbefinden steigert, sondern auch Zufriedenheit, Freude und sogar Glück erzeugen kann. Ich kann mich beispielsweise noch sehr gut daran erinnern, wie erleichtert und frohgemut ich war, als meine Kinder das erste Mal allein auf ihrem Kinderfahrrad im Kreis fahren konnten. Wir hatten gemeinsam geübt und irgendwann ging es von allein, weil sie mir vorher vertraut hatten, wie ich seinerzeit meinem Vater. Das ist nicht nur sinnstiftend, sondern auch gesund!

Bei Menschen, die sich aus freien Stücken empathisch, prosozial und altruistisch verhalten, werden bestimmte mit chronischem Stresserleben assoziierte CTRA-Gene *(conserved transcriptional response to adversity)* bedeutsam herunterreguliert. Durch diese CTRA-Gensequenzen werden ansonsten aufgrund einer kontinuierlichen Aktivierung der chronischen Stressachse entzündliche Prozesse begünstigt. Gleichzeitig werden damit spezifische Wirkpfade der Immunantwort, also Mechanismen zur Bekämpfung von viralen Infektionen, wie die Antikörpersynthese abgeschwächt. Zudem kommt es zu spezifischen Immunreaktionen – wie der Bildung von Typ-1-Interferone –, die zu chronischen Entzündungsprozessen führen können. Langfristig können durch mangelnde Verbundenheit und Sinnhaftigkeit gefährliche Erkrankungen wie Arteriosklerose, Herzinfarkt oder eine demenzielle Erkrankung entstehen.

Durch prosoziales und empathisches Verhalten wird aus evolutionsbiologischer Sicht nicht nur das individuelle Immunsystem, sondern auch die Gemeinschaft stabilisiert, was für das kollektive Überleben sehr sinnvoll und wichtig ist. In der Konsequenz gibt es einen positiven Rückkopplungseffekt zwischen individueller Gesundheit und kollektivem Wohlbefinden, weil sinnvolle soziale Beziehungen und das Gefühl, für andere da sein zu können, nicht nur Bedeutsamkeit, Zufriedenheit und Glück erzeugen, sondern auch das individuelle Stresserleben weniger schädliche Konsequenzen nach sich zieht. Denn aufrichtige Fürsorge um ein anderes Wesen gibt dem dabei entstehendem Kraftaufwand eine andere Qualität. So werden Handlungen, die freiwillig zum Wohle anderer Lebewesen unternommen werden, zwar als anstrengend, aber gleichzeitig bedeutungsvoll erlebt. Darüber hinaus ist geteiltes Leid halbes Leid! Resiliente Menschen wissen das und handeln entsprechend, weil sie empathisch, mitfühlend und fürsorglich sind. Dem entsprechend verhalten sie sich gerne in einer prosozialen, aber nicht berechnenden Weise, ohne sich dabei jedoch zu überfordern. Weil diese Haltung anderen Menschen positiv auffällt, sind sie natürliche und authentische Führungskräfte. Denn Menschen strecken gerne ihre Hand aus, nicht nur um zu lernen, sondern auch um zu lehren, was daran liegt, dass Fürsorge und Sich-Kümmern um andere Menschen ein basales emotionales Bedürfnis ist.

Neben dem Überlebens- und Konkurrenzmotiv ist auch dieses Bedürfnis nach sozialer Nähe sowie der Wunsch, sich um andere zu kümmern, in uns genetisch verankert. Dass dies nicht nur beim Menschen so ist, lässt sich durch Tierversuche zeigen. So rettete in einem Tierexperiment mit 20 Käfigratten, von denen jeweils zwei Ratten 14 Tage vorher gemeinsam in einem Käfig verbracht hatten, eine Ratte durch Aufstoßen einer Tür die jeweils andere Ratte vor dem Ertrinken aus einem Pool. Der rettende Nager war dafür sogar bereit, auf ein Stück heiß begehrte Schokolade zu verzichten (Sato et al. 2015). Interessanterweise waren die Ratten, die vorher bei dem Experiment fast selbst ertrunken wären, am schnellsten bereit, ihren in Not geratenen Artgenossen zu Hilfe zu kommen. Scheinbar zeigen sich auch Ratten mitunter altruistisch und kooperativ, vor allem, wenn sie aus eigener Erfahrung wissen, wie sich eine Notlage anfühlt.

Respekt muss man sich durch Zuwendung erarbeiten – wenn Kompetitivität das soziale Gefüge beschädigt

Können wir daraus aber den Rückschluss ziehen, dass alle Säugetiere stets hilfsbereit, prosozial und zugewandt sind? Sicherlich nicht, das wissen wir alle aus eigener Erfahrung. Es kommt vielmehr auf den Kontext an, wie sich Säugetiere zueinander verhalten und miteinander umgehen. Dabei spielt neben Fragen der Autonomie, Ressourcenverfügbarkeit und Kompetitivität vor allem das Einhalten von sozialen Regeln, dem hierarchischen Rang in der Dominanzpyramide entsprechend, eine wichtige Rolle. So wird vorausgesetzt, dass an der Spitze einer funktionierenden, stabilen sozialen Pyramide die Person steht, welche nicht nur besonders durchsetzungsstark, sondern vor allem auch sozial kompetent, umsichtig, gerecht, verlässlich und zugewandt ist. Denn nur so können die Pyramide und ihre Mitglieder am besten durch die Zeit gebracht werden. Der Leitwolf ist ein geschickter und fähiger Jäger, der die Beute gerecht verteilt und sich um sein Rudel sorgt. Durch sein altruistisches Verhalten macht er klar, dass er nicht nur daran interessiert ist, das Beste für sich selbst aus der Situation zu holen, sondern dass ihm vor allem daran gelegen ist, seine Führungsrolle innerhalb des Rudels mit der entsprechenden Verantwortung zu übernehmen. Ist das nicht der Fall, weil der Anführer nur auf Einschüchterung, Unterdrückung und Aggressivität setzt, so ist die Pyramide beschädigt und korrumpiert. Insofern ist das Resultat keine kompetenzbasierte hierarchische Struktur zum Wohle aller Beteiligten, sondern nur noch eine deformierte Dominanzpyramide, und im Extremfall sogar eine nepotistisch konstituierte, tyrannische Machtpyramide. Früher oder später werden derartige soziale Gebilde instabil und brechen schließlich zusammen.

Aus Verhaltensstudien mit unseren nächsten Anverwandten, den Affen, aber natürlich auch vom Menschen selbst, ist bekannt, dass es nicht selten zu einer Form von koalitionärer Aggression kommt, die sogar tödlich ausgehen kann. Gut dokumentiert ist dies vor allem bei Schimpansen, die ohnehin dafür bekannt sind, gegen nicht zur eigenen Gemeinschaft gehörige Artgenossen mitunter ziemlich aggressiv vorzugehen. Das ist dann der Fall, wenn sich einander vertrauende rangniedrigere Tiere zusammenschließen, um den für ungeeignet, ungerecht oder unfähig erachteten Anführer der Gemeinschaft mit vereinten Kräften zu stürzen. Indem sie gemeinsam seine Macht brechen, statuieren sie nicht nur ein Exempel, sondern errichten gleichzeitig eine neue und bessere hierarchische Struktur für die Affenhorde. Dabei gehen sie allerdings alles andere als zimperlich vor. Der anführende Kopf einer Gruppe ist also gut beraten, wenn er oder sie sich nicht nur kompetent, sondern auch authentisch fürsorglich und hilfsbereit zeigt, weil sonst die soziale Akzeptanz und Glaubwürdigkeit gefährdet ist. Das Oberhaupt kann dann aufgrund des engen Selbstbezugs selbst Opfer sozialer Stigmatisierung und Ächtung werden. Forscher haben kürzlich bei einer Langzeitbeobachtung einer Schimpansengemeinschaft im Senegal beobachten können, wie ein junges, sehr dominantes und aggressives männliches Alphatier von seinen Konkurrenten angegriffen, getötet und dann sogar noch nach dem Tode von dem Rudel verstümmelt und geschändet wurde (Pruetz et al. 2017). Was muss hier für ein Hass im Spiel gewesen sein und über welche Zeit hat er sich wohl aufgebaut?

Resiliente Menschen wissen, dass es nicht ausreicht, durchsetzungsfähig und kompetent zu sein, sondern, dass es auch das Vertrauen und den Respekt anderer Menschen braucht, um langfristig in der Zeit bestehen zu können. Das geht nur gemeinsam in einer von Respekt und Verantwortung getragenen stabilen Beziehungsstruktur, in der das aufrichtige Interesse am anderen im Vordergrund steht. Und Respekt muss man sich nicht nur durch Können, sondern auch durch Vertrauen und Ehrlichkeit aufbauen, was wiederum viel sowie intensiv miteinander verbrachte Zeit benötigt.

Lernen nach innen: Eine Balance zwischen bekannten und neuen mentalen Schemata

Alle Lernprozesse, vor allem aber die sozial vermittelten, sind langwierig und anstrengend, zumal sie auf eine gewisse Art zweimal stattfinden. Denn aus einem im Außen beobachteten Verhalten wird dann in der Psyche ein entsprechendes inneres Verhaltensschema im Sinne eines Entwickelns nach innen erzeugt. Dies kann dann im weiteren Entwicklungsverlauf zur internen Selbstregulation verwendet werden. Wygotski bezeichnete diesen Vorgang, mit dem er auch den Spracherwerb erklärte, passenderweise als Interiorisierung.

Erinnern wir uns, wie wir sprechen gelernt haben, indem wir Mama oder Papa zunächst etwas nachgeplappert und es dann irgendwann verinnerlicht haben. Wissen Sie noch, was Ihr erstes Wort war? Durch diesen Vorgang des mentalen Abspeicherns eines Begriffes wird ein Gleichgewichtszustand zwischen Außenwelt und Innenwelt erzeugt: Da draußen ist etwas, was ich jetzt auch innerlich benennen kann. Der Schweizer Biologe und Entwicklungspsychologe Jean Piaget (1896–1980), aus meiner Sicht ein intellektuelles Universalgenie, erklärte den weiteren Verlauf des Lernprozesses nach dem Anlegen eines Initialschemas durch die zwei Prozesse der Assimilierung und Akkommodation. Wahrnehmungsinhalte und -formen, sogenannte Perzepte, werden zunächst in bekannt oder unbekannt kategorisiert. Bei der Assimilierung werden dann neue Merkmale und Eigenschaften eines Objektes einem bestehenden Schema hinzugefügt, beispielsweise dass eine Eule ein Vogel ist. Ist das nicht möglich, weil die wahrgenommene Anomalie nicht in eines der bestehenden Schemata passt, muss durch den Prozess der Akkommodation mithilfe von bestehenden Wissensstrukturen ein neues Schema ausgebildet werden, um die Anomalie innerpsychisch beherbergen zu können. So ist das beispielsweise, wenn Sie zum ersten Mal eine Fledermaus sehen. Dieses Tier fliegt, ist aber kein Vogel, sondern ein Säugetier mit Flügeln. Das muss Ihnen aber auch erst mal jemand erklären. Dann haben Sie gelernt, dass das Schema fliegende Tiere weiter unterteilt werden muss, weil es nicht nur Vögel gibt, sondern auch fliegende Säugetiere. Das ist nebenbei gesagt auch sehr gerechtfertigt, denn den schnellsten Horizontalflug in der Tierwelt schafft kein Raubvogel, sondern die zwölf Gramm schwere brasilianische Freischwanz-Fledermaus, die mit mehr als 160 Sachen durch die Nacht braust! Kleine Tiere können schnell sein – wieder ein Merkmal von Resilienz.

Wann haben Sie denn zuletzt ein neues Initialschema in Ihrer Binnenpsyche angelegt? Lassen Sie mich raten: gerade jetzt eines über schnelle Fledermäuse aus Brasilien? Hoffentlich ist das vorletzte von Ihnen angelegte Initialschema noch nicht so lange her, denn nur durch das fortwährende Ausbalancieren von Assimilierung und Akkommodation kann so ein innerpsychischer Gleichgewichtszustand entstehen, durch den ein stabiles Verstehen der sich ständig im Wandel begriffenen Welt möglich wird.

Piaget bezeichnete diesen Prozess als Equilibration. Anhand des angeborenen Greifaktes kann man dies anschaulich verdeutlichen: Ein Objekt, vom Baby anfangs rein zufällig berührt, wird zwar reflexbedingt automatisch ergriffen, existiert aber in dessen Vorstellung noch nicht als isolierter Gegenstand, sondern nur als umgriffenes Greifobjekt, beispielsweise ein Spielring. Die Assimilationsbewegung wird nun an dem Objekt so lange geübt, bis sie verinnerlicht ist. Wenn das Kind dann aber an ein anderes Objekt gerät, das nicht mehr auf die gleiche Weise umfasst werden kann wie der Spielring – sagen wir die Schnur der geliebten gelben Spielzeugente –, muss über einen Akkommodationsprozess ein anderes, passenderes Griffschema angelegt werden, wie beispielsweise der Zangengriff. Wenn das Baby dann aber auch mit Flüssigkeiten wie Wasser konfrontiert wird, lernt es, dass es eine Schöpftechnik braucht, um die Lippen zu benetzen und zu trinken. Im ersten bewusst erlebten Winter lernt es dann erstaunt, dass der weiße Schnee, den es gerade in den Mund genommen hat, eigentlich durchsichtiges Wasser ist. Dann kann das Gehirn des Babys das korrespondierende Schema dementsprechend assimilieren.

Das Lernen am Modell und das Entwickeln kognitiver Schemata ist also ein langwieriger und kontinuierlicher Prozess, der permanent im Gleichgewicht gehalten werden muss. Das ist auch der Grund, warum das menschliche Gehirn etwa 20 Jahre braucht, bis es neuroanatomisch nahezu vollständig ausdifferenziert ist. In dieser Zeitspanne von etwas über 7000 Tagen haben wir unseren psychischen Apparat mit der Hilfe enger Bezugspersonen und anderer Menschen in unserer Umgebung auf eine spezielle soziokulturell-ökologische Nische spezialisiert, die durch unsere psychosozial vermittelte Lebenswelt geformt wird. Im Grunde ist diese wundersame Entwicklung möglich geworden durch die stetige Auseinandersetzung mit Lernaufgaben in Form von kleinen Mikroanomalien, die wir zuerst mithilfe anderer Menschen, dann aber zunehmend auch aus eigener Kraft aufgehoben haben. Wenn wir Vertrauen und somit eine positive emotionale Bindung zu anderen Menschen aufbauen, wird der mittlerweile besser als Kuschelhormon bekannte Neurotransmitter Oxytocin ausgeschüttet. Über diesen Vorgang wird indirekt das dopaminerge System aktiviert, das für motivationale Prozesse zuständig ist. Der Name Oxytocin leitet sich aus den altgriechischen Begriffen *ōkys* für »schnell« und *tokos* für »Geburt« ab, weil Oxytocin bei der Einleitung der Geburt vom Körper vermehrt ausgeschüttet wird, um den Entbindungsvorgang zu beschleunigen. Das ist der neurobiologische Grund dafür, warum Sie nach der Geburt als Erstes vertrauensvoll Ihre kleine Hand ausstrecken konnten. Nämlich mit der Gewissheit, dass Ihre Mutter diese liebevoll entgegennehmen würde, um Sie fürsorglich in ihre Obhut zu nehmen und mit Ihnen eine vertrauensvolle Gemeinschaft zu bilden, die sich gemeinsam aktiv und schöpferisch entwickelt. Oxytocin und Dopamin sind eben ein starkes Team!

So haben wir den unschätzbaren Wert von kooperativer Gemeinschaft direkt nach der Geburt kennengelernt, obwohl wir später aus eigenem Antrieb vom Greifen über Begreifen zum Schöpfen gekommen sind. Und Schöpfen ist so gesehen nichts anderes als das achtsame Aufheben von flüssigen Wassermolekülen. In dem bei Kindern während des sozialen Lernverhaltens ablaufenden dialektisch-komplementären Wechselspiel von Kompetitivität und Kollegialität spielt sich der Entwicklungsprozess eines jeden Menschen als hochsozialem Wesen ab. Übrigens ist das der Grund, warum Kinder so gerne miteinander im Spiel wetteifern und ihre Kräfte messen.

Der estnisch-amerikanische Psychologe Jaak Panksepp (1943–2017) war einer der ersten Forscher, der in den 1970er-Jahren anfing, den Zusammenhang von Emotionen, Sozialverhalten und Hirnaktivität systematisch zu untersuchen. Er konnte dabei einen gesonderten neuronalen Schaltkreis für spielerische Aktivität nicht nur bei Menschen, sondern auch bei anderen Säugetieren wie Ratten, Wölfen oder Affen identifizieren, der beim spielerischen Raufen und Rangeln der jungen Tiere aktiviert wird. Panksepp fand beim Beobachten des Spiels von kleinen Ratten mit ihren Rattenvätern heraus, dass sie das Interesse an dem Spiel dann nicht verlieren, wenn die väterliche Ratte sie etwa bei jedem dritten Spiel gewinnen lässt. Durch das intensive, spielerische und körperbetonte Kräftemessen kitzeln sich die Tiere gegenseitig und empfinden dabei nicht nur positive Emotionen, sondern sind sogar in der Lage, lachähnliches Verhalten zu zeigen. Panksepp fand so heraus, dass Ratten lachähnliche Geräusche – allerdings in einem für Menschen nicht hörbaren Ultraschallbereich von 50 Kilohertz – von sich geben, wenn sie in entspannter Stimmung gekitzelt werden. Wenn Sie das Gelächter der Nagetiere hören wollen, müssen Sie es aufnehmen und langsamer abspielen. Eine männliche Ratte, die in ihrer Jugend viel gespielt hat, ist als ausgewachsene Ratte erfolgreicher bei der Fortpflanzung, weil sie gelernt hat, wie man das rivalisierende Männchen vom Weibchen abhält, ohne die Rattendame dabei zu verschrecken. Mit anderen Worten: Die Ratte ist durch das Spiel im Kindesalter selbstsicherer und somit auch sozial kompetenter und gleichzeitig durchsetzungsfähiger geworden.

Genauso sind erfolgreiche und anerkannte Menschen häufig humorvoll, schlagfertig, lustig und lachen gerne, ohne dabei jedoch in Zynismus und Sarkasmus zu verfallen. Resiliente Menschen verfügen ebenfalls häufig über diese Form der zwischenmenschlichen Souveränität und können gut über sich selbst lachen, da dies gleichermaßen Relativierung des Ichs sowie Sicherheit und Unbeschwertheit aufzeigt. Mitunter können sie mit ihrem Humor auch an die Grenzen des gesellschaftlich Akzeptablen gehen.

Wenn man die gesamten Erkenntnisse zu sozialem Lernen zusammenfasst, ist es gerechtfertigt zu sagen, dass wir erst durch die Interaktion mit anderen Menschen zu einem Eigenformungsprozess befähigt wurden, der uns zu den Menschen gemacht hat, die wir nun einmal geworden sind. Oder um es mit Frankl kurz und prägnant zu sagen: »Das Ich wird Ich erst am Du.« Wir sind insofern schon aus evolutionsbiologischen Gründen nicht nur Demiurgen unseres Lebens, sondern beeinflussen das Lernen und somit auch das Leben anderer Menschen in erheblichem Ausmaß.

Resiliente Menschen sind sich dieser Tatsache und der damit einhergehenden Verantwortung sehr bewusst und verhalten sich entsprechend. Das verhindert, dass sie zu narzisstischen Selbstoptimierern werden! Resiliente Menschen wissen außerdem, dass Belohnungsaufschub und Impulskontrolle nicht nur über das ganze Leben entwickelt und kultiviert werden müssen, sondern dass auch Initialschemata jederzeit neu angelegt werden können. Indem Sie dieses Buch lesen, kombinieren Sie gerade beides, weil Sie entweder neue Initialschemata über Resilienz anlegen oder Ihre mentale Wissenslandkarte der Resilienz verfeinern. Das ist eine bedeutende Voraussetzung für die praktische Umsetzung resilienten Verhaltens, für die Sie freilich selbst die alleinige Verantwortung übernehmen müssen! Eine gute abschließende Frage vor dem Schlafengehen ist daher: Welches Initialschema habe ich heute angelegt, gab es heute Neues und Gutes, von dem ich lernen kann? Wo ist ein blinder Fleck in meiner inneren Landkarte?

LEBENSLANGE LERNFÄHIGKEIT, EXPONENTIELLER FORTSCHRITT UND MENTALE ZEITREISEN

Wie das Beispiel meines Gitarre spielenden Großvaters zeigt, hat das schlummernde Potenzial in uns, das seiner Entfaltung und Entwicklung harrt, in modernen Gesellschaften deutlich mehr Zeit, sich zu entfalten, als dies noch vor drei oder vier Generationen der Fall war. Im Jahr 1889 wurde mit der Einführung der Rentenversicherung unter Otto von Bismarck (1815–1898) der moderne Sozialstaat aus der Taufe gehoben. Zu dieser Zeit lag die durchschnittliche Lebenserwartung in Deutschland bei etwa 44 Jahren für die Männer und 46 für die Frauen. Genau 100 Jahre später, im Jahr der deutschen Wiedervereinigung, lag die durchschnittliche Lebenserwartung dann bei circa 75 Jahren. Das geringe durchschnittliche Lebensalter zu Bismarcks Zeiten ging vor allem auf die hohe Kindersterblichkeit und die suboptimalen Hygienebedingungen zurück. Beide Faktoren haben sich jedoch im Laufe der Zeit zumindest in unserem Kulturkreis deutlich verbessert, sodass wir heute eine durchschnittliche Lebenserwartung von 79 Jahren für Männer und 83 Jahren für Frauen erreicht haben. Kinder, die in diesem Jahr das Licht der Welt erblicken, haben sogar gute Aussichten, 100 Jahre alt oder sogar noch älter zu werden, vorausgesetzt, es kommen nicht noch ein paar unvorhergesehene Katastrophen dazwischen. Allerdings hat sich durch die gestiegene Lebenserwartung auch in einem Zeitraum von knapp 50 Jahren die Rentenbezugsdauer nahezu verdoppelt. So werden vor dem Hintergrund des demografischen Wandels neue Anforderungen und Probleme geschaffen, die nur im gesellschaftlichen Konsens gelöst werden können und die Fragen in Bezug auf unsere gesellschaftliche Resilienz aufwerfen.

Gestiegene Lebenserwartung und technologische Entwicklungen fordern die Neuroplastizität heraus

Während ich diese Zeilen schreibe, ist gerade der Gatte der englischen Königin, Prinz Philipp, Herzog von Edinburgh (1921–2021), fast 100-jährig, in der St. George's Chapel beigesetzt worden. Es ist beeindruckend, welche welthistorischen Ereignisse in Philipps Lebensspanne gefallen sind. Von seiner Geburt in Korfu 1921, ein Jahr nach Ende der Spanischen Grippe, über den Zweiten Weltkrieg bis hin zur Entscheidung für den Brexit im Jahr 2016 hatte er am Ende noch die Coronakrise erlebt. Eine lange Lebensspanne, eingerahmt von zwei Epidemien.

Die technologischen Neuerungen vom Computer bis hin zum Smartphone oder teilautonom fahrenden Autos, die er als alter Mann noch erleben konnte, waren in seiner Kindheit wohl kaum absehbar. Jedoch war Prinz Philipp schon als junger Mann neuen Technologien aufgeschlossen. So gelang es ihm im Jahr 1953 zusammen mit seiner Frau Elizabeth, der zukünftigen Königin von England, Premierminister Winston Churchill (1874–1965) davon zu überzeugen, dass die Krönungszeremonie live im Fernsehen übertragen wurde. Der erfahrene und weltkriegserprobte Stratege Churchill war der Ansicht, dass dieser heilige Akt nicht durch das Fernsehen in seiner Erhabenheit gestört werden durfte. Am Ende konnte sich das junge königliche Paar jedoch mit der Meinung durchsetzen, auch die Krone müsse mit der Zeit gehen und für das Volk nahbar sein. So wurde erstmals die Krönung von Elizabeth II. zum Staatsoberhaupt im Fernsehen ausgestrahlt, wohlgemerkt über acht Stunden lang und in Schwarz-Weiß. Um dieses historische Ereignis auch in dem zum Commonwealth gehörenden Kanada ausstrahlen zu können – dessen Staatsoberhaupt Elizabeth II. schließlich an dem Tag der Krönung ebenfalls wurde –, hat man damals eigens die Filmaufnahmen mit Flugzeugen über den Atlantik gebracht. So wurde ein zeitversetztes Zuschauen für die Bürger Kanadas möglich, denn Echtzeitübertragungen via Satellitenfernsehen gab es damals natürlich noch nicht, von Social Media oder YouTube gar nicht zu reden. Wenn man bedenkt, dass Prinz Philipp mit seinen weit über 90 Jahren fast sieben Dekaden im Dienst der Krone aktiv tätig war und welche technologischen Entwicklungen in dieses Zeitfenster gefallen sind, ist diese Anpassungsleistung wirklich erstaunlich. Zumal er als Person des öffentlichen Lebens mit all diesen Veränderungen zusammen mit seiner Frau souverän umgehen musste. Prinz Philipp war aber auch für seinen mitunter derben Humor bekannt, den er bis zum Schluss behielt. So soll er, schon sehr schwach, einen Tag vor seinem Tod bei dem letzten Telefonat mit seinem Sohn, Prinz Charles (*1948), auf die heikle Frage nach einer Feier für seinen 100. Geburtstag in unnachahmlicher Weise geantwortet haben: »Aber dafür muss ich doch noch am Leben sein, oder?« Vermutlich hat ihn diese Form von Selbstironie auch durch die nicht immer leichten Zeiten getragen.

Aber wie viele solch tiefgreifender technologischer Innovationen kann ein Mensch und seine neuronale Architektur im Laufe eines Lebens verkraften? Ab wann wird es schwer, sich damit auseinanderzusetzen, und an welchem Punkt ist man schlicht überfordert? Diese Fragen berühren auch die gesellschaftlich höchst relevante Problematik, inwieweit lebenslanges Lernen und damit zusammenhängende Weiterqualifizierungsbemühungen langfristig erfolgreich sein können, wenn die technologische Entwicklung immer schneller und exponentiell erfolgt. Im Grunde genommen sind technologische Neuerungen für ältere Gehirne immer zunächst einmal Anomalien. Dies betrifft jedoch weniger kontinuierliche technologische Entwicklungen als vielmehr umfassende Entwicklungssprünge, wie beispielsweise die Einführung des Internets oder des Smartphones einer waren. Stellen Sie sich vor, wir könnten mit einer Zeitmaschine moderne Computer, Smartphones, Autos, Atomkraftwerke oder Flugzeuge immer in Zehnjahressprüngen rückwärts in die Vergangenheit transportieren. Bis zu welchem Zeitpunkt könnten die Menschen damit etwas anfangen und ab wann wären die Zeitgenossen bei einer Technologie schlicht überfordert? Wo ist der Zeitpunkt, ab dem sie diese Technologien für etwas Übernatürliches oder Zauberei halten würden? Wie würde beispielsweise ein Informatiker des frühen Apollo-Programms auf ein modernes Smartphone reagieren? Angesichts des damals eingesetzten 32 Kilo schweren *Apollo Guidance*-Navigationscomputers, der umgerechnet auf die heute gängige Terminologie mit einem 0,043 Megahertz getakteten Prozessor und einem internen Speicher von vier Megabytes ausgestattet war, würde er wohl große Augen machen. Moderne Smartphones haben heute nicht selten mehr als zehn Gigabyte internen Speicher und ihre Prozessoren sind teilweise mit mehr als drei Gigahertz getaktet. Und was würde der Universalgelehrte und Physiker Hermann von Helmholtz (1821–1894) oder die Nobelpreisträgerin Marie Curie (1867–1934) über einen zeitgenössischen Atommeiler denken? Und was die Jungfrau von Orleans, Jeanne d'Arc (1412–1431), oder der berüchtigte Feldherr und Kriegsmanager des Dreißigjährigen Krieges, Albrecht von Wallenstein (1583–1634), über einen schicken hybriden Off-Road-Geländewagen mit zuschaltbarem Allradantrieb?

Dieses Gedankenspiel können wir natürlich auch in Richtung Zukunft machen und uns fragen, an welcher Stelle ein älteres Gehirn mit einer bestimmten Technologie überfordert sein wird, sich diese nicht mehr aneignen kann oder will. Denn möglicherweise wird ein älteres Gehirn die Neuerung als bedrohliche Anomalie ansehen, weil das kritische Entwicklungsfenster seines Besitzers in eine andere Zeit mit anderen technologischen Möglichkeiten fiel. Der letzte deutsche Kaiser, Wilhelm II. von Preußen (1859–1941), soll angeblich die Einschätzung »Ich glaube an das Pferd, das Automobil ist eine vorübergehende Erscheinung« gegeben haben. Von Bill Gates (*1955) ist bekannt, dass er das Internet anfangs für eine spleenige Sackgasse hielt. Vielleicht ist dies ein guter Punkt, um sich selbst zu fragen, welche Entwicklung wir nicht haben kommen sehen oder die wir nicht sehen wollten? Möglicherweise wollten wir sie nicht sehen, weil sie uns zu unheilvoll, modern oder anstrengend erschien, und wir beschlossen deswegen, selbige lieber zu ignorieren? Seien wir ehrlich: Haben wir vor der Heimsuchung durch das Coronavirus Masken tragende Asiaten nicht insgeheim zumindest ein bisschen belächelt? Hand aufs Herz: Hätten Sie vor zwei Jahren damit gerechnet, die nächsten Jahre mit Masken, Einschränkungen und Sorgen und Ängsten zu leben? Und seit wann nehmen wir das Thema Hochwasserschutz ernst und achten wieder darauf, ob wir Sirenen auf den Dächern von Gebäuden sehen? Nicht alle Menschen, die besonders vulnerabel sind oder sich im fortgeschrittenen Alter befinden, haben nämlich ein Smartphone mit Push-Benachrichtigung durch eine digitale Katastrophen-Warn-App griffbereit neben dem Bett liegen. Wer von uns hätte damit gerechnet, dass es im 21. Jahrhundert wieder einen Krieg in Europa gibt? Hatten wir eine Vorahnung oder waren wir schlicht blauäugig?

Wann ist es an Fortschritt zu viel? Gesellschaftlicher Umgang mit Disruption und Technikfolgeabschätzung

Zurück zu den Fragen, die wir anfangs aufgeworfen haben: Wie viel Fortschritt und Veränderung passt eigentlich in ein Menschenleben hinein und wie vermittelt man dies den Menschen? Wenn sie immer länger arbeiten sollen und der technologische Fortschritt exponentiell zunimmt, wie ist damit angesichts der Perspektive einer Verlängerung der Lebensarbeitszeit umzugehen? Und wie gehen Organisationen mit der Altersheterogenität von mehr als fünf Jahrzehnten um, die zwischen dem jüngsten und dem ältesten Mitarbeiter bestehen? An welcher Stelle ist die neurobiologische Sollbruchstelle für den Umgang und die Akzeptanz von Innovation unausweichlich erreicht?

Meiner Ansicht nach haben wir auf diese Frage gegenwärtig keine guten Antworten. Natürlich kann und muss man den Menschen beibringen, mit Digitalisierung und anderen disruptiven Innovationen kompetent umzugehen, wie sie vor allem auch durch die Verschmelzung von Informationswissenschaft und Biotechnologie gerade im Entstehen sind. Dazu zählen sicherlich mehr Lehrstühle für Technikfolgenabschätzung, denn diese braucht man, um gesellschaftliche Resilienz zu erhalten und herzustellen. Dabei muss man nur an die Eltern denken, die mit einiger Sorge und Unsicherheit beobachten, wie ihre Kinder zunehmend in eine digitale Parallelwelt abgleiten. Aus diesem Grund hat die chinesische Regierung gerade angekündigt, den Computerspielkonsum von Minderjährigen auf drei Stunden pro Woche zu beschränken. Doch machen wir uns nichts vor, Verbote bringen nicht viel, und das Rad des technologischen Fortschritts dreht sich immer schneller. Möglicherweise könnte man an dieser Stelle mehr erreichen, wenn man jedem Einzelnen gezielt beibringt, sich im Sinne des achtsamen Embodiments in der Existenz zu verankern, Ziele anzustreben, konstruktiver und reflektierter mit virtuellen Anomalien umzugehen, und die entsprechenden biologischen und psychologischen Grundlagen dazu vermittelt. Denn gerade durch die Digitalisierung werden wir mit Anomalien konfrontiert, für welche die jahrtausendealte Architektur unseres Gehirns schlicht nicht gemacht ist. Ein Beispiel hierfür ist die Möglichkeit zur augenblicklichen digitalen Kommunikation mit nahezu unbegrenzter Reichweite, die völlig anderen Regeln unterliegt als unsere evolutionsbiologisch über Äonen geformten räumlich begrenzten Interaktionsprozesse. Zehnjährige Kinder können an einem Nachmittag ohne Probleme mehr sexualisierte Bilderfahrungen in der digitalen Welt machen, als ihre Großelterngeneration in ihrem ganzen Leben in der analogen Welt erlebten. Aber Menschen können im Internet auch hochwertigen Expertenvorträgen, anspruchsvollen akademischen Debatten oder professionellen Fortbildungen beiwohnen und so lernen, wie man einen Computer zusammenbaut, eine Waschmaschine repariert oder ein Hochbeet anlegt. Insofern ist es nicht von der Hand zu weisen, dass Smartphone, Internet, Computer und Co. neurotransformative Technologien sind, die unsere Gehirnarchitektur und -funktionen bedeutsam verändern.

So ist auch bekannt, dass das Spielen mit dem Smartphone, Computer und Tablet durch das permanente Fokussieren des Bildschirms zu Kurzsichtigkeit bei Teenagern führen kann. Der fokussierende Brennpunkt des Auges liegt dann unmittelbar vor der Netzhaut, weswegen entfernte Objekte nur unscharf wahrgenommen werden. Denn durch permanente Fokussierung des Auges auf Objekte auf dem Bildschirm in naher Entfernung entsteht in den Randbereichen der Netzhaut ein unscharfes Bild. Dadurch wird das Längenwachstum des Auges angeregt, um im Nahbereich besser sehen zu können. Denn das wird ja gerade gebraucht, und das Gehirn reagiert entsprechend. Ein zu langer Augapfel führt aber zu einer Myopie, zu Kurzsichtigkeit. Auch das ist Neuroplastizität: Ein Nervensystem regiert auf sein natürliches oder in dem Fall künstliches Habitat. Kurzsichtigkeit ist vom Bildungsstand abhängig, bei Menschen ohne höhere Schulbildung sind laut Daten der von der Universitätsklinik Mainz durchgeführten großen Gutenberg-Gesundheitsstudie nur etwa ein Viertel kursichtig. Bei Menschen mit Abitur oder Berufsabschluss waren es rund 35 Prozent, bei den Hochschulabsolventen sogar mehr als die Hälfte. Das ganze Ausmaß des Problems wird aber offensichtlich, wenn man in asiatische Länder wie Südkorea, China und Taiwan schaut, in denen der Anteil der Menschen mit Kurzsichtigkeit binnen weniger Jahrzehnte extrem zugenommen hat. So wurde bei 19-jährigen Rekruten in Südkorea schon im Jahr 2010 festgestellt, dass mehr als 96 Prozent mit mindestens minus 0,5 Dioptrien zumindest leicht und 20 Prozent mit mehr als sechs Dioptrien schwer kurzsichtig waren (Jung et al. 2012).

Aber nicht nur das Auge, sondern auch der Daumen – das bewährteste und filigranste Werkzeug, das die Evolution uns mit auf unseren Lebensweg gegeben hat – scheint mittlerweile im Zusammenhang mit der Smartphone-Nutzung an die Grenzen seiner Belastbarkeit zu kommen. Ärzte sprechen deswegen schon von einer neuen orthopädischen Zivilisationskrankheit, dem Handy-Daumen, der durch die Überbeanspruchung des Daumens durch permanentes einhändiges Bedienen des Smartphones entsteht. Denn anatomisch ist der Daumen dafür gebaut, Greifbewegungen der Hand zu unterstützen. So ist der Pinzettengriff oder Faustschluss – im Gegensatz zu einer Dehn- oder Abspreizbewegung – eine natürliche anatomische Bewegung für den stärksten Finger der menschlichen Hand. Die permanenten atypischen Daumenbewegungen beim Wischen des Handy-Displays in Richtung kleiner Finger sind anatomisch hingegen nicht vorgesehen und strapazieren so das daumenseitige Handgelenk. Deswegen können Schmerzen und Entzündungen entstehen (Baabdullah et al. 2020). Aus dem Grund werden zunehmend jüngere Patienten mit entsprechenden Entzündungen beim Arzt vorstellig, während dies früher vorwiegend ältere Menschen mit vorwiegend handwerklicher Tätigkeit nach einem langen Arbeitsleben waren.

Dafür haben Benutzer von Smartphones allerdings auch eine verbesserte sensorische Repräsentation des Daumens im Gehirn. Seitdem Smartphones eingeführt wurden, hat sich laut dem Psychiater und Neurowissenschaftler Manfred Spitzer (*1958) in dem somatosensorischen Kortex – der Bereich unseres Gehirns, in dem unser Körperbild repräsentiert ist –, das Areal, welches den Daumen repräsentiert, bei handyaffinen Jugendlichen deutlich vergrößert. Auch das ist eine Konsequenz von Neuroplastizität, denn alles, was häufig gemacht wird, wird gelernt und muss deswegen strukturell im Gehirn verankert werden. Und das braucht eben mehr Platz! Auf Kosten welcher Kompetenzen geht das eigentlich?

Unsere Gehirne sind für diese neuen Technologien nicht geschaffen worden. Den Umgang mit diesen neuen digitalen Neurotechnologien kann man in meinen Augen deswegen nicht nur durch Aufklärungsarbeit im Sinne von Psychoedukation vermitteln, sondern man muss vielmehr an der Selbstwahrnehmungs- und Selbstregulationsfähigkeit ansetzen. Leider ist das in unseren Ausbildungssystemen noch nicht angekommen. Denn wenn ich ein bisschen besser in Selbstreflexion geschult bin, kann ich mir vielleicht doch einmal überlegen, ob die erboste abendliche Mail an die Chefin nach drei Glas Wein oder der rotzige, spontane Post mit Aufruf zur Eigenjustiz in den sozialen Medien angemessen ist oder eben nicht. Wer nur ein Telefon zur Verfügung hat, kommt sicher nicht auf die Idee, die Vorgesetzten abends um zehn Uhr zu kontaktieren oder das Telefonbuch durchzutelefonieren, um seinem Unmut Ausdruck zu verleihen. Einmal in die Welt beziehungsweise in das Internet gesetzt, kann man eine kommunikative Entgleisung fast nicht mehr ungeschehen machen, und die ganze Welt kann mitlesen.

Mind-Body-Techniken wie Yoga, Tai-Chi, Qigong oder achtsamkeitsbasierte Verfahren fördern die Selbstwahrnehmungs- und Selbstregulationsfähigkeit und sind somit sehr geeignet, nicht nur Resilienz, sondern auch ein Gespür für die richtige Balance im Erleben und Verhalten im Sinne der Selbstregulation zu entwickeln. An dieser Stelle zeigt sich meines Erachtens ebenso, dass der Wunsch vieler Organisationen nach aufgeschlossenen und agilen Mitarbeitern sich im Grunde auf die Frage nach der Entwicklung von Resilienz im Sinne von Selbstregulation in der Konfrontation mit Unsicherheit und folglich Stress herunterbrechen lässt. Denn resiliente Menschen haben die Zukunft im Blick und wollen diese in ressourcenschonender Weise verantwortungsbewusst, konstruktiv und prosozial gestalten. Deswegen sind resiliente Menschen offen, aber auch nicht unkritisch gegenüber neuen Impulsen eingestellt, denn sie haben gelernt, reflektiert und achtsam mit Anomalien umzugehen. »Führung ist die Absorption von Unsicherheit«, formulierte der Militärwissenschaftler Carl von Clausewitz (1780–1831) prägnant, und das fängt naturgemäß bei der Selbstführung an. Eigentlich wären solcherart reflektierte und reflektierende Menschen ideale Führungskräfte und Entscheider, wenn man nur den Mut und die Größe hätte, Individuen mit einer eigenen, möglicherweise abweichenden Meinung zuzulassen.

Wie wir aus eigener Erfahrung wissen, setzt die schnelle technologische Entwicklung uns zeitgenössische Menschen samt unserer neuronalen Architektur unter großen Anpassungsdruck. Jeder, der sich ein neues Handy zulegt oder nur schnell ein Software-Update auf eine neue, vermeintlich aktuellere und sicherere Version mitmacht beziehungsweise mitmachen muss, weiß, wovon hier die Rede ist. Wo hat man jetzt schon wieder die Kopierfunktion versteckt? Ich erinnere mich gut daran, wie skeptisch ich zunächst war, als ich das erste Mal den automatischen Abstandshalter in meinem neuen Auto aktiviert hatte. Meine Mutter verbietet mir bis zum heutigen Tag, diese Technologie zu benutzen, wenn sie in meinem Auto sitzt. Meine Kinder hingegen stellen das überhaupt nicht infrage. Menschen und ihre Gehirne müssen sich ja auf diese technologischen Veränderungen einstellen und lernen, damit umzugehen, oder die bewusste Entscheidung treffen, dies nicht zu tun. Ein für mich sehr anschauliches Beispiel dafür, wie schnell technologische Veränderung auch gesellschaftliche Realitäten verändert, sind die höchst unterschiedlichen Bilder von den Zuschauern auf dem Petersplatz während der Verkündung der Papstwahl im Jahre 2005 und dann 2013. Als Kardinal Joseph Ratzinger (*1927) im Jahr 2005 zu Papst Benedikt XVI. wurde und eine bekannte deutsche Boulevardzeitung mit der Schlagzeile *Wir sind Papst!* Aufsehen erregte, war auf dem Petersplatz noch kein einziges gezücktes Handy zu sehen. In die damalige Handytechnologie war eben schlicht noch kein Fotoapparat integriert.

Nicht einmal zehn Jahre später ergab sich ein völlig anderes Bild: Ein Meer von gezückten und leuchtenden Handys, hochgehalten von Tausenden Armen, um den feierlichen Moment der Verkündung – *habemus papam* auf Lateinisch – mit einem eigenen Foto festzuhalten, durch die der argentinische Erzbischof Jorge Mario Bergoglio (*1936) zum Papst Franziskus ausgerufen wurde. Warum eigentlich? Brauchte im Jahr 2013 jeder sein eigenes Bild, um dieses sofort ins Internet hochzuladen und auf seinem Social-Media-Channel zu posten? Ist es ein Zeichen von Individualität, wenn alle Menschen dasselbe Motiv fotografieren?

Der Unterschied zwischen den beiden Bildern ist auf jeden Fall bemerkenswert, obwohl gerade mal acht Jahre zwischen beiden Aufnahmen liegen. Auch die veränderte Gesamtatmosphäre auf dem Petersplatz zum Zeitpunkt der Verkündung des letzten und vorletzten Papstes belegt eindrucksvoll, wie stark technologische Entwicklung die Wahrnehmung und mediale Kontextualisierung gesellschaftlicher und welthistorischer Ereignisse verändert hat. Wie würden wohl isolierte, indigene Völker diese unterschiedlichen Bilder interpretieren, wenn man ihnen diese vorlegen würde? Wahrscheinlich wären sie – und das ist nicht ganz abwegig – der Meinung, die spätere Papstwahl im Jahr 2013 habe deutlich mehr Anklang bei den Menschen gefunden, weil sie Kerzen hochgehalten haben, wenn auch aus Sicherheitsgründen keine brennenden Wachskerzen. Und wie wird das Bild am Petersplatz bei der Verkündung des übernächsten Papstes aussehen? Menschenleer, weil epidemiebedingt alles nur noch digital übertragen wird, oder aus Sicherheitsgründen nur ein digitaler Avatar auf die Benediktionsloggia projiziert wird?

Sind wir nach einem halben Jahrhundert noch dieselben Menschen? Unterschätzte Entwicklungen über die Lebensspanne

Interessant ist es auch, auf die spezifische Verlängerung der Lebensspanne zu blicken, die zumindest den Bewohnern der westlichen Welt in den letzten zwei Jahrhunderten ermöglicht wurde. Denn für Menschen, die wie wir in Deutschland oder vergleichbaren Ländern leben, hat sich in den letzten 150 Jahren – das sind nach heutigem Standard gerade mal zwei Menschenleben – unsere Lebenserwartung statistisch gesehen quasi fast verdoppelt. Wenn wir jetzt in den meisten Ländern der westlichen Welt eine Lebenserwartung von etwa 80 Jahren haben, stehen uns genau 80-mal 365 Tage als Lebensspanne zur Verfügung. Das sind 29 200 Tage. Im direkten Vergleich zu unseren Vorfahren, die vor 150 Jahren im statistischen Mittel eine Lebenserwartung von etwa 40 Jahren hatten und somit circa 14 600 Tage zur Verfügung hatten, ist das faktisch eine Verdoppelung.

Wir können das Mehr an Zeit auch noch auf die dabei getätigten Atemzüge herunterbrechen. Ein erwachsener Mensch macht zwischen zwölf und 16 Atemzüge pro Minute, ein Kind atmet deutlich schneller. Säuglinge atmen sogar 40- bis 50-mal pro Minute, Teenager und junge Erwachsene brauchen etwa noch 20 Atemzüge. Ab dem 30. Lebensjahr bleiben die Normalwerte der Atemfrequenz weitestgehend konstant. An einem Tag einschließlich Schlafen und Ruhen atmen wir etwa 20 000-mal ein und aus, was pro Jahr etwa 7,5 Millionen Atemzügen entspricht. Auf die Lebenszeit von 80 Jahren hochgerechnet sind das ungefähr 600 Millionen Atemzüge, während unseren Vorfahren nur knapp 300 Millionen Mal ein- und ausatmen durften. Rechnerisch darf man sich zwar erst ab einem Lebensalter von etwa 120 Jahren als Atemmilliardär bezeichnen. Dennoch ist das doch schon mal ein sichtbarer Schritt nach vorne, zumindest was die reine Quantität der Atemzüge betrifft. Und es lässt natürlich auch mehr Zeit für Entwicklung und Potenzialentfaltung, aber auch für Hadern, Zweifeln und Grübeln!

Beispielsweise ist die Frage deutlich schwieriger zu beantworten, wie man angesichts der verdoppelten Lebenszeit eine erfüllte Partnerschaft oder eine langjährige Freundschaft nicht nur aufrechterhält, sondern diese auch im Angesicht individueller Veränderungen weiterentwickeln kann. Das war zu Zeiten des Sturm und Drangs um 1780, als die Idee der romantischen Liebe von jungen Autoren aufgebracht wurde, vermeintlich deutlich einfacher, weil man ja auf einen ganz anderen zeitlichen Erwartungshorizont blickte. Sind Sie nach 10, 15, 30 oder 60 Jahren Vermählung noch mit derselben Person zusammen und sind auch Sie noch dieselbe Person wie zu Beginn Ihrer Partnerschaft?

Wie man diesen Gewinn an Atemzügen nutzen kann, qualitativ anders zu atmen, zu lieben und zu erleben, ist eine Frage der Entwicklung von Achtsamkeit, Dankbarkeit, Demut und Ehrfurcht, vor allem vor natürlichen Lebens- und Alterungsprozessen. Dahinter steht allerdings ein Paradox, denn naturgemäß geht dieses Mehr an Lebenszeit mit sich exponentiell entwickelnden Verschleiß- und Abnutzungsprozessen und damit auftretenden Problemen, Einschränkungen und chronischen Erkrankungen einher. Denn die Biologie gibt mit zunehmendem Alter einfach nach, was auch ich – ich erspare Ihnen an der Stelle jedoch eine Aufzählung meiner, dem Alter geschuldeten Blessuren – ehrlich gesagt vor 30 Jahren so auch nicht geglaubt hätte.

Dieser erweiterte zeitliche Verfügungsrahmen für unsere Existenz betrifft dann irgendwann die psychologische Frage der Transformation des Selbstbildes über die Lebensspanne. Eng damit verbunden ist die Klärung der biografischen Identität vor dem Hintergrund der Endlichkeit des Lebens, denn irgendwann muss sich jeder eingestehen, dass man nicht ewig jung bleiben kann, und dies vielleicht auch gar nicht mehr will. Spätestens dann kommt die Frage auf, was für ein Mensch man – der Futur II macht es möglich – als sein zukünftiges Selbst im Alter gewesen sein möchte. Und wie kann man sich zu diesem Menschen entwickeln? Der Sozialpsychologe Harald Welzer (*1958) hat pointiert darauf hingewiesen, dass wir – wie mit der grammatikalischen Konstruktion des Futur II angezeigt – mental in die Zukunft reisen können. Denn so können wir uns – in der antizipierten Zukunft in die Vergangenheit umdrehend – die Frage stellen, wer wir als zukünftiger Mensch gewesen sein werden. Das erscheint auf den ersten Blick sehr merkwürdig. Diese Möglichkeit zeigt jedoch auf, dass Gehirne nicht nur Planungs- und Entscheidungs-, sondern auch Zeitmaschinen sind, die nicht nur in die Vergangenheit, sondern auch die Zukunft bereisen können, um dort sogar den Abschluss antizipierter Handlungen zu vollziehen, die noch gar nicht stattgefunden haben.

Mentalisieren, das meint kognitive Modelle einer Situation im Geiste durchzuspielen, ist nicht zuletzt aus evolutionsbiologischer Sicht sehr sinnvoll. Denn so können verschiedene Lösungsansätze für Probleme fiktiv durchgespielt werden, ohne sie real ausprobieren zu müssen. Das spart zwar Zeit und Energie und ist sicherer, entspricht aber in keinem Fall der erlebten Erfahrung, sondern ist nur ein kognitives Modell davon. Jedoch kann man mit dieser Technik emotional zukünftige Entwicklungsszenarien nachvollziehen und somit die Frage der wunschgerechten Vollendung der Biografie vorwegnehmen und mental ausprobieren. Vielleicht ist es sogar die einzige Methode, mit der Beschränktheit und Endlichkeit der eigenen Existenz zurechtzukommen, indem man sich diese Frage nach der ersehnten Erfüllung seines Lebens gezielt stellt, dann auf eine mentale Erprobungsreise geht und ein paar Szenarien gedanklich durchspielt. Wichtig ist es jedoch, die herbeigesehnten Szenarien nicht nur in rosaroten Farben auszumalen, selbst wenn es Ihnen gerade so erscheinen mag. Anders hat es der Club of Rome vor 50 Jahren ja auch nicht gemacht, nur waren das düstere Szenarien, und das hat damals keiner geglaubt oder wollte keiner wissen.

Wie sieht das Ganze in drei, fünf oder 15 Jahren aus und was passiert im Worst Case? Erscheint dann Ihr erträumtes Bauernhofprojekt in

Brandenburg oder Ihre Surfschule an der Küste Namibias immer noch reizvoll? Wenn das so ist, spricht das dafür, dass Sie das Vorhaben ernsthaft in Erwägung ziehen sollten! Denn die Akzeptanz der unvermeidlich im Leben auftretenden schmerzhaften Erfahrungen und die Annahme des Verlustes der eigenen Identität vor dem Hintergrund der zeitlichen Begrenztheit und letztlich auch eigenen Sterblichkeit ist für die Suche eines erfüllenden Lebensentwurfs bedeutsam. Dafür braucht es aber klare Entscheidungen für Lebensziele. Diese Aufgabe muss und kann nur jeder für sich selbst lösen. Denn wie hat der Schweizer Schriftsteller Friedrich Dürrenmatt (1921–1990) so treffend gesagt: »Jeder Tod eines Menschen ist ein kleiner Weltuntergang, sein Weltuntergang«, Resilienz hin oder her. Aus dieser Perspektive erscheint ein kollektiver Weltuntergang sogar etwas Tröstliches zu haben, weil dann keiner mehr Angst haben muss, etwas zu versäumen. Die Party ist nun für alle vorbei und nicht nur für Sie, also was soll's?!

Nur denken resiliente Menschen eben nicht so! Und wer Kinder oder Enkel hat, schon zweimal nicht! Deswegen gehen gerade viele Menschen der Großelterngeneration mit auf die Straße, um ihre Solidarität mit der nachkommenden Generation zu zeigen.

Resiliente Menschen wissen sehr wohl, dass das Leben fragil und endlich ist, und verdrängen dies nicht. Sie wissen, dass Lebenszeit kostbar ist, und gehen entsprechend behutsam mit ihr um. Dazu zählt der vorausschauende, nicht pessimistische, sondern realistische Blick in die Zukunft, immer verbunden mit der Frage, wie diese so verantwortlich wie möglich gestaltet werden kann. Allerdings führt die Frage, wie die Zunahme an Lebensjahren in Bezug auf die Lebensqualität über die Alterspanne konstruktiv genutzt werden kann, gegenwärtig auch zu einer breit angelegten Suchbewegung, um Struktur und Sinn in veränderten Lebenssituationen zu finden. Insofern kann man das gestiegene Interesse an Themen wie Resilienz, Achtsamkeit und Spiritualität sicherlich unter anderem als eine Konsequenz einer veränderten soziodemografischen Altersarchitektur ansehen. Weil wir für die im Zusammenhang mit Altern auftretenden Fragen, den damit verbundenen Krisen und letztlich der

Tatsache der Endlichkeit des Lebens als Gesellschaft gegenwärtig kein anderes Konzept als Verdrängung und Aufschieben haben, ist die individuelle Auseinandersetzung mit diesen Themen schwierig und erfolgt häufig erst, wenn sie nicht mehr weiter aufgeschoben werden kann. Sinnvoller wäre es, Menschen angemessen auf einige Altersentwicklungen möglichst früh vorzubereiten und sie darin zu unterstützen, die dafür notwendige Selbstregulationsfähigkeit und Akzeptanz zu entwickeln.

Auch um angemessen und in Würde altern zu können und die damit zusammenhängenden Prozesse reflektiert und achtsam zulassen zu können, braucht es Resilienz. So gesehen ist Resilienz beides: das achtsame Wahrnehmen eines Veränderungsprozesses bei sich selbst ebenso wie bei anderen, dessen Akzeptanz und letzten Endes die mit Würde und Gelassenheit getragene Annahme. Denn andernfalls bleibt das Altern eine bedrohliche Anomalie, mit der viele Menschen einschließlich ihrer Angehörigen nicht wirklich gut klarkommen, weil sie eine solche Veränderung von Fähigkeiten, Fertigkeiten und Kompetenzen gar nicht mitbekommen oder sie auch nicht zulassen können. Aber ein Fußballspieler, der das Ende der ersten Halbzeit nicht mitbekommen hat und deswegen nach Anpfiff der zweiten Halbzeit unverdrossen auf das gleiche Tor spielt, kann nur Eigentore schießen!

DAS YERKES-DODSON-GESETZ – EINE HANDFESTE GESETZMÄSSIGKEIT FÜR LEBENSLANGES LERNEN

Bisher haben wir das Yerkes-Dodson-Gesetz in einem Kontext kennengelernt, mit dem die Beziehung zwischen Stress und Leistung beziehungsweise Wirksamkeit beschrieben werden kann. Genauso können damit aber auch lebenslange Lernprozesse beschrieben werden. Wenn man das Yerkes-Dosdson-Gesetz nun über die Lebensspanne betrachtet, gibt es sowohl auf psychologischer wie auf biologischer Ebene eben nicht nur nach außen, in dem Diagramm nach oben gerichtete zentrifugale, sondern genauso nach innen beziehungsweise unten zeigende zentripetale Prozesse. Insofern ist es – vor allem in der Wachstumsphase des Lebens – schon gerechtfertigt, von einem *growth-mindset* zu sprechen, wie die an der Universität Stanford tätige Psychologin Carol Dweck (*1946) es tut. Damit meint sie, dass Kinder und Jugendliche vor allem an Schwierigkeiten wachsen und sich entwickeln können. Im Zuge des Alterns ergeben sich unweigerlich langsam zunehmende Abbauprozesse, die wir als Einschränkung beziehungsweise als Verlusterfahrungen wahrnehmen. So gesehen sind wir Menschen ein zum Selbstbewusstsein befähigter exponentieller zellbiologischer Zerfallsprozess mit einer Haltbarkeit von etwa 100 Jahren oder 36 000 Tagen, was etwa – wie wir schon gelernt haben – etwa einer dreiviertel Milliarde Atemzügen entspricht. Diesem Prozess muss stetig Sauerstoff, Energie, Wasser, Sinnhaftigkeit, und aus christlicher Sicht noch Glaube, Hoffnung und Liebe zugeführt werden.

Wie viele Schnaufer jedem Einzelnen von uns vergönnt sind, wissen wir zum Glück nicht. Stellen wir uns nur einmal einen Moment vor, Menschen hätten die Fähigkeit, intuitiv ihr Atemzugreservoir zu erahnen. Dann gebe es in jedem Leben eines Menschen einen spezifischen Augenblick, an dem er genauso viele Atemzüge bereits getätigt hat, wie er noch vor sich hat. Dies wäre entwicklungspsychologisch gesprochen genau der Scheitelpunkt der Kurve im Yerkes-Dodson-Modell, an dem nun nicht mehr die zentrifugalen, sondern die zentripetalen Kräfte anfangen, verstärkt zu wirken. An diesem fiktiv gedachten – einen Bogenwechsel einleitenden – Wendepunkt im Leben erleben manche Menschen eine Episode, die als Midlife-Crisis bezeichnet wird.

Fünf vor zwölf! Der Mittagsdämon und die zerbrechliche schattenlose Zeit in der Mitte

»Pass auf, es ist fünf vor zwölf!« Wir alle kennen diese warnenden Worte gut. Doch warum sollte man eigentlich Angst vor der Mittagspause haben? In der antiken Vorstellung existierten vor allem in den südlichen Ländern sogenannte Mittagsdämonen, die genau zu dem schattenlosen Zeitpunkt des höchsten Sonnenstandes auftauchten und als sehr gefährlich galten. Weil in der Mittagszeit die Gefahr eines Sonnenstichs oder Hitzschlags aufgrund der Hitze in den südlichen Ländern am höchsten ist, war es natürlich sinnvoll, während dieser Zeit zu entspannen und sich zu erholen. Man ist also in der Mitte des Tagewerks in einem veränderten, entspannten Bewusstseinszustand und erfrischt seine Kräfte für den Nachmittag.

In unserer heutigen Lebensrealität sieht es in der Mitte des Lebens häufig völlig anders aus: In der Rushhour des Lebens – einer Phase, die vom Ende einer Ausbildung bis zur Lebensmitte reicht – sehen sich viele Menschen zahlreichen Anforderungen ausgesetzt, die mit chronischen Stresserfahrungen einhergehen. Oft wird dann nicht die notwenige Zeit für Erholung gefunden. Mitunter rächt sich das aber erst später, da Menschen das Ausmaß ihrer Überforderung häufig nicht angemessen einschätzen können. In dieser Phase ihres Lebens müssen die meisten Menschen komplexe und weitreichende Lebensentscheidungen treffen und Familie, Beruf, Hobbys und Selbstverwirklichung in relativ kurzer Zeit unter einen Hut bringen. Naturgemäß bleiben dabei Fehlentscheidungen und Irrtümer nicht aus. Aufgrund von Unsicherheit und Angst stellt sich nicht selten die Tendenz ein, sich noch mehr anzustrengen und den Fokus häufig auf ein spezifisches Ziel wie beispielsweise die ersehnte Beförderung zu legen. Die damit einhergehende Überforderung und Vernachlässigung sozialer Kontakte bemerkt man aber nicht. Auch ein Tritt gegen das Schienbein beim Fußball fängt häufig erst in der Halbzeitpause oder sogar erst nach dem Spiel an zu schmerzen. Das ist eine typische Anpassungsreaktion auf chronischen Stress, und es kommt zu körperlichen und psychischen Symptomen, die als Stressindikatoren dienen sollen, aber nicht als solche erkannt werden. Aus diesem Grund sollte man gerade in der Mitte des Lebens auf sich und seine Gesundheit achten!

Man kann die mit Stresserleben einhergehenden, sich wiederholenden Feedbackprozesse im Sinne von Fehlerwahrnehmungen nicht nur als Lernprozesse, sondern auch als Merkmale natürlicher Selbstregulationsprozesse ansehen. Bekannt ist dies aus allen biologischen Systemen, die wir kennen. Das gilt vor allem für körperliche Erkrankungs- und psychische Erschöpfungszustände. Bei ihnen kann man – ausgehend von dem gegenwärtigen Ungleichgewichtszustand durch Regeneration, Heilung und auch Selbstfürsorge – das ursprüngliche Gleichgewicht wiederherstellen. Unser Körper nimmt dies weitgehend eigenständig vor, wenn er beispielsweise einen Infekt bekämpft oder wenn wir schlafen. Schlafen und Träumen scheinen übrigens für die Ausbildung von Verbindungen unterschiedlicher Nervenzellen im Zusammenhang mit der neuronalen Codierung von Lernerfahrungen von zentraler Bedeutung zu sein, weil in diesen Ruhephasen fast nur interne Reize verarbeitet werden und motorische Verhaltensreaktionen – außer beispielsweise beim Schlafwandeln – weitgehend blockiert sind. Durch die damit verbundenen internen Umbauarbeiten im Nervensystem werden aber nicht nur Lernerfahrungen codiert, das biografische Gedächtnis aktualisiert, sondern auch gleichzeitig unsere zwei Weltgeneratoren zurückgesetzt, um so mit möglichst viel Offenheit für den neuen Tag vorbereitet zu sein.

Auch wenn die Computermetapher im Zusammenhang mit der Beschreibung von Bewusstseinsprozessen sicherlich überstrapaziert ist, kann man sich das bildlich so vorstellen, dass im Schlaf Daten aus dem Arbeitsspeicher auf die Festplatte übertragen und mit bestehenden Informationen verknüpft werden, wenn sich diese als brauchbar erwiesen haben. Brauchbar wird dabei pragmatisch definiert als alles, was den Stresslevel gesenkt hat. Genau dies wird aufgehoben und gespeichert. Nur brauchen biologische Systeme dafür mehr Zeit als elektronische, die keine Erschöpfung und Alterungsprozesse kennen. Wir sind aber darauf angewiesen, regelmäßige Zeitfenster für Erholung zu haben, um uns biologisch sowie psychologisch zu regenerieren. Denn wir müssen unsere Lernerfahrungen erst einmal neuronal konsolidieren, um unsere mentalen Repräsentationskategorien auffrischen und aktualisieren zu können.

Die für Erholung und Regeneration erforderlichen Zeitfenster werden im Laufe des Lebens größer, weil wir altern und nicht mehr so gut regenerieren können. Dieser Prozess setzt im Grunde auf körperlicher Ebene schon mit Ende 20 ein, wenn sich gerade einmal das Gehirn voll entwickelt und die Persönlichkeit sich herausgebildet hat. Auf gesellschaftlicher Ebene institutionalisiert sind diese Zeitfenster für Regeneration beispielsweise in der gesetzlichen Festlegung von höchstzulässiger Tagesarbeitszeit, in Form von Mindestruhezeit und Anspruch auf Urlaub, aber auch das Recht auf Mutterschutz, auf den aus gutem Grund ein Anspruch besteht. Genauso sollen Feiertage und Wochenenden einen Rahmen für Erholung und Ablenkung von der Arbeit bieten. So gesehen durchlaufen wir alle im gesellschaftlichen Standardmodell der Wochenorganisation im Verlauf von sieben Tagen einmal den Yerkes-Dodson-Zyklus, weil wir uns an fünf Werktagen verausgaben, um uns dann am Wochenende als sinnbildlicher Erholungsoase zwei Tage lang davon zu erholen. So denken häufig Menschen, die einer Arbeit nachgehen, die sie nicht intrinsisch, sondern leider nur weitgehend extrinsisch motiviert. Seltsamerweise sind sie dann am Wochenende häufig noch ausgelaugter und frustrierter.

Resiliente Menschen hingegen wissen, dass Arbeit zwar anstrengend ist und Erholungsphasen deswegen notwendig sind, sie suchen sich aber langfristig eine Tätigkeit, die ihnen Freude macht und bei der sie stetig lernen können. Sie achten dabei außerdem auf ihre Grenzen und beuten sich und andere nicht aus. Deswegen suchen sie sich auch häufig interessante Hobbys und ehrenamtliche Tätigkeiten, die ihre Arbeitstätigkeit komplementär ergänzen. Diese sind wichtige Lernfelder.

So ist festzuhalten, dass das Yerkes-Dodson-Gesetz sowohl Unterforderung wie auch Überlastungserleben schlüssig zu erklären vermag. Denn wer sich nie aus seiner Komfortzone beziehungsweise dem Boreout hinausbewegt hat, kann nie die Erfahrung machen, dass Kompetenzzuwachs beziehungsweise Erwerb und Verbesserung von Fertigkeiten zwar anstrengend, aber gleichzeitig lohnend ist. Denn genau in dem Bereich zwischen Unter- und Überforderung liegt aus entwicklungspsychologischer Sicht die Zone der nächsten Entwicklung, in der neurotropische Prozesse im Gehirn ausgelöst und so wirksame Lernprozesse bewirkt werden.

Im Grunde starten wir alle an dieser Stelle, wenn wir in die Welt geboren werden, freilich mit unterschiedlich fördernden Rahmenbedingungen. Das ist genau das, was Eltern ihren Kindern ermöglichen sollten: Anforderungssituationen schaffen, die zwar herausfordernd, aber für das betreffende Individuum realisierbar und lohnenswert sind. Auf der anderen Seite können Überforderungserfahrungen dazu führen, dass wir in den Bereich des graduellen Leistungsabfalls geraten und danach in der chronischen Erschöpfung landen, also in das viel beschriebene Burn-out hineinfallen. Dies ist genau dann der Fall, wenn wir die Kurve im Yerkes-Dodson-Diagramm auf der rechten Seite hinunterstürzen und dann in die Abszisse hineinfallen. Scheinbar sind weder unsere Erziehungsarbeit noch die gegenwärtigen Bildungssysteme gut in der Lage, Menschen die Fähigkeit zu vermitteln, durch Introspektion und Selbstreflexion ein inneres Armaturenbrett zu errichten, das ihnen angemessen Aufschluss über ihre Eigenzustände gibt. Andernfalls hätten wir nicht die hohe Anzahl von Menschen, die an Erschöpfungs- oder Überlastungszuständen leiden.

Es gibt aber genügend Menschen, die nie einen Sinn darin gesehen haben, sich aus ihrer Komfortzone herauszubewegen. Ich habe im Laufe meines Lebens die Beobachtung gemacht, dass diese Menschen mit zunehmendem Alter häufig verbittert, zynisch oder zumindest reumütig werden, wenn sie zu lange in ihrer Komfortzone verweilen, und dadurch Entwicklungsaufgaben und -chancen verpasst haben. Dies zeigt sich häufig erst in der zweiten Hälfte des Lebens in vollem Ausmaß, beispielsweise in der Vorstellung, ein komplett falsches Leben gelebt zu haben oder zumindest wichtige Lebensentscheidungen wie Partnerwahl, Berufsausbildung oder Engagement für eine Sache gar nicht oder nicht richtig getroffen zu haben. Dazu zählt vor allem auch die Erkenntnis, nicht das Ausmaß an Verantwortung übernommen und getragen zu haben, wie man es hätte tun können. Dies kann zu Langeweile, Unterforderung und folglich zu Gefühlen der Sinnlosigkeit und zu Überdruss und dann in der Folge zu Süchten, Ängsten und Depressionen führen. Paradoxerweise ist dann eine Situation erreicht, in der ein Mensch in der Unterforderung überfordert ist, oder, moderner formuliert: Es kommt der Bore-out anstelle des Burn-out.

Doch resiliente Menschen haben ein sehr ausgeprägtes Gespür dafür, für welche Menschen, Aufgaben, Ideen, Orte oder Dinge sie bereit sind, Verantwortung zu übernehmen, welches Ausmaß an Verantwortung sie tragen können und wie sich diese Verantwortungsübernahme ausgestalten sollte. Die innere Stimme im Kopf, das Gewissen oder, wie Sokrates es nannte, das Daimonium weiß dies einfach. Diese Stimme im Kopf ist unbestechlich und ehrlich – mag sich diese nun aus dem Gewissen, Anstand, Pflichtgefühl oder aus der frühen psychosozialen Lernerfahrung speisen.

Von der Unsicherheit über die Sicherheit zur Meisterschaft und das erneute Einladen der Unsicherheit durch Virtuosität

Unsere Kompetenzkurven für unterschiedliche Bereiche können sehr unterschiedlich ausfallen und sie können sich im Laufe des Lebens durch Entwicklung und Training, Lebensereignisse oder Alterungsprozesse verändern. Wie schaut das denn bei Ihnen aus: Verfügen Sie über eine zentrale oder mehrere über verschiedene Bereiche verteilte Kurven? Und wie verteilen Sie Ihre begrenzten Energien und Ressourcen darauf? Die meisten Menschen entwickeln nicht nur eine, sondern unterschiedliche Kompetenzkurven, durch die naturgemäß nicht nur ihr Können, sondern auch ihr Status und Ansehen in Bezug auf den jeweiligen Lebensbereich bestimmt wird. Beispielsweise könnte eine Person wenig Wert auf ihre berufliche Entwicklung und Stellung legen, sondern die Erfüllung eher in der Familie, in den Hobbys oder im Sport suchen. Anderseits kann jemand, der nur eine Kompetenzkurve ausgebildet und es dort zu einer gewissen Meisterschaft gebracht hat, in anderen Bereichen dafür wenig souverän, unglücklich oder sogar tollpatschig erscheinen.

Fragen Sie sich doch einmal, welche Kompetenzkurven Sie in Ihrem Leben entwickeln wollten und welche Sie tatsächlich entwickelt haben. Bei welchen hat es nicht geklappt und wie hoch war der Preis dafür in beiden Fällen? Um in der Bogenmetapher zu bleiben: Worauf haben Sie gezielt, und wohin ist der Pfeil geflogen? Vielleicht haben Sie das Ziel gewechselt oder die Zielscheibe einfach umgestellt? Wenn ja, warum ist das so? Und wieso hat sich die Sichtweise in Bezug auf die Attraktivität der jeweiligen Kompetenzkurven verändert? Hat ein verfehltes Ziel Ihre Willenskraft langfristig gestärkt oder geschwächt?

Natürlich verschiebt sich im Laufe der Zeit der persönliche Kompetenzbereich und damit ändern sich auch die Bereiche von wahrgenommener Unter- und Überforderung. In psychologischer Fachsprache ausgedrückt: Das Verhältnis zwischen Belastung und Beanspruchung, also das Verhältnis zwischen objektiver Anforderungssituation und subjektiv empfundener Anstrengung, verändert sich transaktional, das heißt sowohl situativ als auch im Zeitverlauf. Damit wandelt sich die Wahrnehmung und Interpretation von Stressoren ebenfalls. So wissen wir aus unseren Studien, dass Menschen wie Kampfpiloten oder Soldaten, Notärzte und Rettungssanitäter oder andere Spezialkräfte, die lange in einem Hochstressumfeld gearbeitet haben, sich nach der Beendigung ihrer Tätigkeit mitunter ziemlich schwertun, in normalen Jobs zu arbeiten. Ihre neue Tätigkeit erscheint ihnen zunächst monoton und langweilig, und es braucht eine Zeit, bis sie sich daran gewöhnen können. Das liegt daran, dass auch deren individuelle Yerkes-Dodson-Kurve nicht statisch, sondern dynamisch ist. Durch lernförderliche Erfahrungen – wie systematisch und bewusst gesteuerte Lernprozesse – kann ihre Leistungskurve wachsen, also beispielsweise höher, breiter und stabiler werden. Andere Lebensereignisse wie Unfälle, Krankheiten oder Verlusterfahrungen wie Trennungen, Scheidungen oder sonstige negativen Ereignisse können hingegen dazu beitragen, dass die Leistungskurve kleiner und schmaler wird oder sogar ganz in sich zusammenfällt. So, wie wir leben und atmen und uns verändern, verändern sich auch die Kompetenzkurven.

Wie Sie sehen, kann man in diese invertierte U-Funktion mit ein bisschen psychologischem Wissen, Kreativität und natürlich auch Fantasie so einiges hineindeuten. Es ist fast ein wenig so wie beim Rorschachtest, bei dem Tintenklekse gedeutet werden. In einem 1994 erschienenen Übersichtsartikel über die Rezeptionsgeschichte des Yerkes-Dodson-Gesetzes innerhalb der Psychologie hatte der mittlerweile emeritierte Psychologieprofessor von der Universität Oslo Karl-Halvor Teigen (*1941) den provokativen, aber passenden Titel gewählt: *Yerkes-Dodson: A Law for all Seasons* (Teigen 1994). Er führt darin aus, dass das Gesetz ursprünglich den Zusammenhang zwischen Stimulusintensität und Verhaltensausformung bei unterschiedlich schwierigen Aufgaben beschrieb, während nachfolgende Generationen von Psychologen diese invertierte U-Kurve nutzten, um den Zusammenhang von so unterschiedlichen psychologischen Konstrukten wie Bestrafung, Belohnung, Motivation, Antrieb, Erregung, Ängstlichkeit, Anspannung, Stress und Belastung und Lernprozessen, Performanz- und Wirksamkeit, Problemlösefähigkeit und Coping-Verhalten zu visualisieren. Ich gehöre auch zu dieser nachfolgenden Generation und habe nun noch damit angefangen, religiöse Geschichten in das Yerkes-Dodson-Gesetz hineinzupacken. Letztlich deutet diese Vielzahl von psychologischen Variablen wohl darauf hin, wie komplex und nuancenreich die zu beschreibenden Phänomene sind. Viele dieser psychologischen Konstrukte lassen sich aber nur schwer voneinander abgrenzen und die empirische Erfassung ist nicht trivial.

Natürlich mache auch ich mir diese Randunschärfe zunutze. Ausgehend von diesen Überlegungen benutze ich das Yerkes-Dodson-Gesetz vor allem, um Fragen der individuellen Bedeutsamkeit und intrinsischen Motivation im persönlichen Leben im Wechselspiel mit selbst und fremd gewählten Herausforderungen und der daraus resultierenden Über- und Unterforderung herauszuarbeiten.

Die Kernaussage des Yerkes-Dodson-Gesetzes, jetzt als Lerngesetz gelesen, besagt in meinen Augen jedoch, dass jede Lernaufgabe darin besteht, aus der anfänglichen Unsicherheit im Umgang mit einer Anomalie zunächst Sicherheit aufzubauen. Dies kann man neurobiologisch nachvollziehen: Direkt hinter der Stirn im Frontallappen befindet sich mit dem anterioren cingulären Kortex ein Hirnareal, das darauf spezialisiert ist, den aktuellen Grad an Unsicherheit zu messen, um ihn so schnell wie möglich aufzuheben. Das geschieht, indem das Signal zur Stressantwort ausgelöst wird. Der Körper wird dann schnell in den Alarmzustand versetzt, wirksame Handlungsoptionen werden mental durchgespielt und Strategien gegen die Unsicherheit initiiert. Wenn die Handlungsstrategien sich als wirksam erwiesen haben, werden diese in den nächtlichen Tiefschlafphasen neuronal codiert und abgespeichert. Das ist genau das, was in der Auseinandersetzung mit einer Anomalie von Piaget mit den Prozessen der Assimilierung und Akkommodation beschrieben wurde. So kann nach Anlegen des Initialschemas durch das Wiederholen von Lernschleifen und Reflektieren von Fehlern schließlich die aus der Routine entstehende Sicherheit nach einiger Zeit in eine gewisse Meisterschaft weiterentwickelt werden, die sich wiederum durch einen souveränen und wirksamen Umgang mit zukünftigen Anomalien auszeichnet.

Menschen, die dieses Level der Kompetenzaneignung erreicht haben, gehen aber häufig noch einen Schritt weiter. Sie laden dann die Unsicherheit bewusst wieder in die Interaktion mit der Anomalie ein, um sich so weiter zu verbessern, mitunter aber auch, um auf diese Weise ihre Virtuosität zu demonstrieren. Ein gutes Beispiel dafür ist ein eloquenter Redner, der aus dem Stegreif in der Lage ist, einen Vortrag zu halten, oder der seine Ausführungen zeitgleich situativ im Dialog mit seinen Zuhörern entwickeln kann. Man merkt dies daran, dass die betreffende Person keine vorgefertigte Rede hält, sondern mit dem Publikum spontan in eine authentische Resonanz tritt, mittels der die momentanen Bedürfnisse und das Interesse der Anwesenden in authentischer, interaktiver und spielerischer Weise thematisiert werden. Naturgemäß läuft man Gefahr, in ein Fettnäpfchen zu treten oder sich durch Unkenntnis zu blamieren. Weil diese Gefahr nicht klein ist und weil dies den Zuhörern bewusst ist, kann die so agierende Person aber vom Publikum als kompetent und authentisch im souveränen Umgang mit der Unsicherheit wahrgenommen werden.

Welche Kompetenzen haben Sie denn bis zur Meisterschaft entwickelt und an welcher Stelle in Ihrem Leben laden Sie die Unsicherheit achtsam und verantwortungsbewusst wieder in Ihr Leben ein, indem Sie absichtlich die rechte Seite der Yerkes-Dodson-Kurve betreten?

INTRINSISCHE MOTIVATION: BULIMIELERNEN IN DER PAUSE UND SCHACH IM KRANKENHAUS

Im Grunde ist der im Yerkes-Dodson-Gesetz aufgezeigte Zusammenhang zwischen dem Grad der Aktiviertheit, psychophysiologischer Anspannung und Aufregung und in der Konsequenz mit dem Ergebnis im Sinne von Produktivität sowie Lernleistung sehr einfach nachzuvollziehen. Möglicherweise für Mäuse mitunter leichter als für Menschen. Es könnte sein, dass dieser Zusammenhang den meisten Menschen nicht in vollem Umfang bewusst ist: Jedoch könnten durch die Berücksichtigung dieser einfachen Gesetzmäßigkeit viele selbst verursachte Probleme, aber auch Leid und Unverständnis vermieden werden. Auch wenn dieser Zusammenhang etlichen Menschen theoretisch klar ist, wird diese Erkenntnis häufig nicht im Verhalten umgesetzt. Vermutlich liegt das daran, dass es bei diesem Gesetz im Kern um die reflektierte Wahrnehmung der eigenen Möglichkeiten und damit auch Verantwortlichkeiten geht, genauso wie um die demütige Einsicht der eigenen Begrenztheit. Im Sinne der Resilienz wird die Bereitschaft zu einer angemessenen Verantwortungsübernahme für die eigene Potenzialentfaltung, aber auch die Grenzen derselben aufgebaut, die über das ganze Leben hinweg kultiviert und adaptiert werden muss. Auch wenn es manchmal so aussehen mag, hat kein Mensch diese Lebenskompetenz frei von Anstrengung entwickeln können.

(R)eine Kopfsache: Vom trotzigen Pausenfüller zu ernsthaften Lateinstudien im Krankenhaus

Aber der Reihe nach. Versuchen wir, diesen Zusammenhang an einem anschaulichen Beispiel nachzuvollziehen. Nehmen wir der Einfachheit halber mich beziehungsweise mein früheres Ich, wie ich im Jahr 1986 im Alter von 14 Jahren als Gymnasiast zusammen mit meinen Mitschülern in der ersten Pause vor der bedrohlichen Lateinstunde auf dem frisch gebohnerten Linoleumflur vor unserem Klassenzimmer des Kurt-Huber-Gymnasiums im Münchner Vorort Gräfelfing stehe, mit der handlichen, gelb eingebundenen *Lateinischen Wortkunde* in der unruhigen Hand. Es ist 9.35 Uhr und wir haben noch genau zehn Minuten Zeit, uns auf den Unterricht vorzubereiten. Konzentriert starren einige von uns, darunter auch ich, in das Buch und saugen die Lateinvokabeln ein. Wir wissen, dass unser Lateinlehrer – ein kleiner älterer, strenger Mann mit Spitzbart und Leistungsanspruch, aber auch beseelt von einem humanistischen Bildungsverständnis – uns vermutlich gleich wieder einer seiner gefürchteten Extemporalen, also einem kleinen Leistungsnachweis überwiegend in Form eines Wortkundetests, unterziehen wird. Das macht er gerne und häufig, sehr zu unserem Verdruss. Aber zusammen mit einigen Mitschülern habe ich scheinbar eine adäquate Antwort darauf gefunden, nämlich gezieltes Bulimie-Powerlernen in der Pause, in besonders schweren Fällen sogar in der vorhergehenden Stunde. Ich habe dann üblicherweise eine schlechte Drei bekommen, was ich für den dargebotenen Einsatz, nämlich genau zehn Minuten meiner 20-minütigen Pause geopfert zu haben, absolut angemessen fand. Innerlich war mir dieses Ergebnis angesichts des geringen Aufwandes schon eine gewisse Genugtuung. Freude hat es mir aber nicht wirklich bereitet, sinnvoll fand ich es auch nicht, und ich habe mich nicht wirklich wohl mit meiner Strategie gefühlt. Wie auch? Aber ich habe sie trotzdem trotzig weitergeführt, weil es die bequemste Möglichkeit war, mit dem lästigen Problem des forcierten Leistungsnachweises umzugehen.

Auch in der Volkswirtschaft kennt man diesen Mechanismus als Pareto-Prinzip oder 80-zu-20-Regel. Diese besagt, dass 80 Prozent der Ergebnisse schon mit 20 Prozent des Gesamtaufwandes erreicht werden können, während die verbleibenden 20 Prozent mit 80 Prozent des Gesamtaufwandes die meiste Arbeit erfordern. Beschrieben wurde dieses Prinzip als Erstes von dem italienischem Ökonomen Vilfredo Pareto (1848–1923). Viele interpretieren dieses Prinzip als Aufforderung, die Aufgaben lieber kurz und bündig zu erledigen, statt sich zu verkünsteln. Diese Vorgehensweise ist natürlich effizient und deswegen auch in der Wirtschaft der Traum jedes Unternehmers und Investors. Quick and dirty eben! Zugegebenermaßen scheint dies für viele Menschen nicht nur eine erfolgreiche Problemlösungsstrategie, sondern vor allem ein Lebensprinzip zu sein, weil der Wirkungsgrad, und nicht die innere Haltung wie beispielsweise Freude am Perfektionismus, zählt.

Aus lernpsychologischer Sicht ist es jedoch schwierig, wenn – wie mein Vokabelbeispiel aufzeigt – intrinsische Motivation fehlt. Häufig liegt mangelnde Teilnahme nicht am Können, sondern am Wollen. Aber mal ehrlich: Warum um alles in der Welt sollte ich mit meinen 14 Jahren Lateinvokabeln lernen, um langweilige Texte zu übersetzen, die Jahrtausende alt sind? Anstrengung ja, aber nur so viel wie nötig. Zudem kamen zu diesem Zeitpunkt gerade die ersten Heimcomputer raus, und das war viel, viel interessanter.

Vermutlich wäre das auch so weitergegangen, hätte ich nicht aufgrund einer Knieoperation ein paar Wochen im Krankenhaus verbringen müssen. Mein besorgter und aufmerksamer Lateinlehrer hatte mir noch einen guten Rat mitgegeben: Mich in der Zeit ein bisschen mehr mit meinen Lateinbüchern zu beschäftigen, da er der Meinung war, ich sei »ein fauler Hund, der es eigentlich könne«. Wohlgemerkt, das war Mitte der 1980er-Jahre, es gab keine Handys und auch kein Fernsehen in der Münchner Klinik. Es war mir ziemlich langweilig nach der Operation, weil ich die ganze Zeit liegend im Bett verbringen musste. Als sich dann die Hoffnung auf eine schnelle Entlassung aufgrund von Komplikationen zerschlug, war ich untröstlich und wollte unbedingt nach Hause. Der mich betreuende junge Oberarzt erfasste feinfühlig meine Gemütslage und machte mir ein schlaues Angebot. Er bot an, mich nach Hause zu schicken, wenn ich ihn in einem Schachspiel besiegen würde. Hintergrund war, dass ich manchmal mit ihm – wenn es seine Zeit erlaubte – zu meinem Vergnügen bei ärztlichen Visiten eine schnelle Partie Blitzschach spielen durfte. Dadurch fühlte ich mich ernst genommen und wertgeschätzt. In meinem jugendlichen Leichtsinn rechnete ich mir ernsthafte Chancen gegen ihn aus, da ich schon das eine oder andere Mal gewonnen hatte. Irgendwie hatte ich aber auch eine intuitive Ahnung, dass er mitunter absichtlich verlor, um dann vermeintlich erstaunt auszurufen: »Hervorragender Zug, das habe ich so nicht gesehen!« Ob er im Rahmen seiner medizinischen Ausbildung schon von Jaak Panksepps früher Forschung zu emotionalem Sozialverhalten und neuronalen Spielkreisläufen gehört hatte oder über dieses Wissen intuitiv verfügte, kann ich freilich nicht beantworten, vermute aber eher Letzteres. Als es in dem entscheidenden Spiel darauf ankam, war ich natürlich chancenlos gegen ihn: Er hat mich das jedoch nicht spüren lassen und meinte nur mit etwas mich bedauerndem Ton: »Jetzt hast du wirklich Pech gehabt, das war wirklich knapp!« Und so fügte ich mich – wie wir es ausgemacht hatten – meinem Schicksal. Übrigens hat der menschliche, sowohl fachlich und sozial kompetente als auch empathische und fürsorgliche junge Arzt später nicht nur eine beeindruckende wissenschaftliche Karriere gemacht, sondern war zudem auch über viele Jahre ärztlicher Direktor des ganzen Klinikums. Hier ist eindeutig die richtige Person an die Spitze der Pyramide gestiegen.

Aber zurück zum Krankenhaus: Auf jeden Fall hatte ich jetzt wieder viel Zeit. Eine Zeit lang habe ich nur die hohe Zimmerdecke des Krankenzimmers angestarrt und bin meinen Tagträumen nachgehangen. Besser mit meiner Langeweile wurde es erst, als ich meine erstaunten Eltern bat, mir die Lateinbücher von zu Hause mitzubringen. In der Folge habe ich mich dann etwas intensiver damit auseinandergesetzt. Und siehe da, als ich nach sechs Wochen wieder zurück in die Schule kam und die erste Nachholschulaufgabe schrieb, war das Ergebnis eine gute Zwei. Das hatte ich nicht erwartet und war auch zugegebenermaßen stolz auf meine Leistung. Ich werde den zufriedenen Ausdruck im Gesicht meines Lateinlehrers nicht vergessen, als er mir die Arbeit etwas pathetisch aushändigte, verbunden mit den Worten »Na also, geht doch!« Was mich aber noch mehr erstaunt hat, war die Tatsache, dass es mir auf einmal Vergnügen bereitete, die gelernten Vokabeln in der Übersetzung anzuwenden. Ich bemerkte dabei zu meinem eigenen Erstaunen, dass ich beim Übersetzen der vermeintlich langweiligen Texte eine innere Genugtuung verspürte. Dieses Ereignis war ausschlaggebend dafür, Latein auch als Abiturprüfungsfach zu wählen. Natürlich habe ich seitdem viel von meiner damals erworbenen Kompetenz – vor allem was den Wortschatz angeht – eingebüßt, da ich meine Lateinkenntnisse nur selten gebrauche. Wenn ich aber über einen lateinischen Text stolpere und mir die Worte fehlen, schlage ich diese bis zum heutigen Tag nach, und der Erkenntnisgewinn beziehungsweise die Wiederauffrischung bereitet mir jedes Mal Freude. Nicht zuletzt, weil ich dann auch meinen geschätzten Lateinlehrer wieder vor mir sehe und ich damit wieder daran erinnert werde, wem ich das zu verdanken habe. Irgendwie ist Lernen schon (r)eine Kopfsache!

Cells that fire together, wire together – abweichende Erfahrungen ermöglichen Lernen über die Zeit

Aus heutiger Sicht weiß ich natürlich, dass bei der Entstehung und Entwicklung eines funktionsfähigen Nervensystems – einschließlich der dafür notwendigen Lernprozesse – sogenannte neurotrophe Prozesse eine wichtige Rolle spielen. Der kanadische Psychobiologe Donald O. Hebb (1904–1985), einer der Gründungsväter der Forschung zur Neuroplastizität, hatte schon in den 1940er-Jahren experimentell zeigen können, dass gleichzeitige neuronale Stimulierung von zwei oder mehreren Zellen die neurobiologische Grundlage für Lernprozesse ist, weil die Zellen dadurch beginnen, Verbindungen auszubilden. Oder um es mit Hebb prägnant in Reimform auf Englisch zu sagen: *Cells that fire together, wire together*, d. h. Zellen, die zusammen feuern, verdrahten sich miteinander. Dahinter steht die Beobachtung Hebbs, dass Zellverbände, die wiederholt zur gleichen Zeit neuronal aktiviert sind, dazu tendieren, miteinander assoziiert zu werden. So bedingt und erleichtert Aktivität in einer Zelle auch Aktivität in einer anderen Zelle, und umgekehrt. Vereinfacht gesagt, steuern diese hochkomplexen Prozesse die Ausbildung und Verdrahtung von Nervenzellen im ZNS untereinander, damit die Nervenfasern ihren Weg zu den entsprechenden Zellfortsätzen von Nervenzellen finden. Auf diese Weise werden die synaptischen Verschaltungen realisiert, die für die neuronale Codierung von Lernprozessen notwendig sind. So kann die gefundene Anomalie – in meinem Fall die neuen Lateinvokabeln – neuronal umfasst und schließlich psychologisch aufgehoben werden.

Diese Ausbildung von neuronalen Verbindungen wird emotional als überwiegend positiv stimulierend empfunden, weil mit dem zunehmenden Lernfortschritt nicht zuletzt das Dopaminsystem aktiviert wird, das uns signalisiert, dass wir auf einem guten Weg sind. Obwohl man sich anstrengen muss, gibt es einem ein gutes Gefühl zu wissen, dass man sich nicht nur psychologisch entwickelt, sondern im wahrsten Sinne des Wortes auch neurophysiologisch wächst.

Allerdings, und das ist Teil der Wahrheit, werden Verbindungen, die nicht benötigt werden, tendenziell abgebaut. Mein schrumpfender Lateinwortschatz erinnert mich jedes Mal schmerzlich daran. Diese Verbindungen werden zunächst schwächer, um dann Platz zu schaffen für Verbindungen, die relevanter sind, weil sie dringender gebraucht werden, so wie ein Weg im Wald langsam zu verschwinden beginnt, wenn er nicht regelmäßig benutzt wird. Das wirft natürlich eine andere Perspektive auf den Prozess des Vergessens oder Verlernens, der sich prägnant in dem englischen Satz *Use it or lose it!* fassen lässt.

Pragmatischer als das Gehirn kann man eigentlich nicht sein! Resiliente Menschen wissen das intuitiv und scheuen daher auch nicht die stete angemessene Auseinandersetzung mit mannigfachen Anomalien, wobei sie permanente Unterforderung genauso zu vermeiden suchen wie kontinuierliche Überforderung.

Doch Lernprozesse benötigen Zeit. Durch das wiederholte Durchlaufen derselben Lernschleifen – idealerweise jeweils mit leichten Modifikationen – baut sich allmählich ein kontinuierlicher Entwicklungsprozess auf, den wir gemeinhin als Lernen bezeichnen und als Kompetenzzuwachs wahrnehmen. Durch regenerative Phasen, Entspannungs- und vor allem Schlafprozesse wird dann die neuronale Bahnung konsolidiert und damit deren langfristige Codierung vorbereitet. Interessanterweise scheinen gerade unmittelbar nach dem Lernprozess Ruhe- und Entspannungsphasen wichtig, um die neuronale Codierung vor allem im Hippocampus – einem zentralen Bereich des Gehirns, der für Gedächtniskonsolidierung zuständig ist – vorzubereiten. Neuere Daten im Zusammenhang mit der Codierung von motorischen Lernprozessen sprechen dafür, dass vom Gehirn die ursprünglich beteiligten neuronalen Aktivitätsmuster in der unmittelbaren Erholungsphase nach dem Training rückwärts durchlaufen werden. Warum das so ist, wissen wir nicht, aber es scheint eine Art von vorbereitender Rückwärtsintegration zu sein. Erst in der folgenden Nacht während unterschiedlicher Schlafphasen werden die neuronalen Sequenzen in der richtigen Reihenfolge durchlaufen, um sie dadurch dauerhaft neuronal zu codieren. Das deutet darauf hin, dass es nach längeren und anstrengenden Lernprozessen nicht nur sehr wichtig ist, zu schlafen, sondern auch unmittelbar nach der Übung eine Pause zu machen und nicht gleich zur nächsten Tätigkeit überzugehen. Vermutlich sind deswegen kurze Phasen der Tiefenentspannung so wirksam für Erholung und Konsolidierung von Lernerfahrungen. Deswegen mache ich in längeren Vorlesungen nach 45 Minuten eine kurze Pause.

Auf der Grundlage dieser Forschungsbefunde lässt sich erklären, warum wir neben der zirkadianen Tagesperiodik außerdem über den Tag verteilt mehrere ultradiane Aufmerksamkeitsfenster von etwa 90 Minuten Dauer haben, in denen wir unsere Aufmerksamkeit gut fokussieren können. Denn die Fähigkeit zur Fokussierung von Aufmerksamkeit ist zeitlich begrenzt und wir brauchen danach einfach eine Pause. Deswegen sollte zwischen zwei Tätigkeiten eine Ruhe- und Übergangsphase eingeplant werden. Sollte es sich dabei um eine sitzende oder körperlich passive Tätigkeit handeln, ist es sehr empfehlenswert, dies durch Bewegungsabläufe aufzulockern. Auf der Grundlage dieser Erkenntnisse ist es auch einsichtig, dass etliche Menschen körperliche und sportliche Übungen intuitiv mit einer abschließenden Entspannungsübung von etwa fünf Minuten Dauer abschließen. Sie sitzen dann häufig versunken da und erholen sich offensichtlich, während ihr Gehirn die neuronale Codierung des Gelernten vorbereitet.

Gerade in der frühen Phase von motorischen Lernprozessen sind schnell aufeinander folgende Wiederholungen von Bedeutung. Denn das Durchlaufen von leicht veränderten Wiederholungen wird über Feedbackprozesse einer anfänglich noch ziemlich unkoordinierten Reizreaktion langsam, aber sicher in eine gezielte und dosierbare Verhaltensantwort umgewandelt, die graduell angepasst werden kann und dadurch zur Entwicklung einer Kompetenzkurve führt. Jedes Mal, wenn man sich mit der Anforderung oder Anomalie in konstruktiver Art und Weise beschäftigt, wird die Kompetenzkurve größer. Damit diese so groß wird, dass man Expertise in einem Bereich entwickelt, muss man natürlich auch dranbleiben an der Aufgabe und Aufmerksamkeit, also Energie und Zeit, investieren.

Die erfahrensten Meditierenden, die wir in unseren Studien unter der Leitung des Bewusstseinsforschers Thilo Hinterberger (*1968) befragt und vermessen haben, hatten übrigens über 13 000 Stunden Meditationserfahrung (Hinterberger et al. 2011). Aber haben diese Meditationsexperten noch das Gleiche gemacht wie zu Beginn ihrer kontemplativen Übungen, oder war das schon eine komplett andere Form von Meditation, weil die Gehirn-Geist-Körper-Verbindung sich durch die lange meditative Übungspraxis bereits bedeutsam verändert hat? In diesem Zusammenhang wird zudem häufig die Frage aufgeworfen, wie sich offene oder fokussierte Formen der Meditationen unterscheiden und welche besser ist. Auch kann diese Thematik nicht ganz einfach beantwortet werden kann, weil sie im Grunde der Frage ähnelt, ob das Attention- oder Awareness-Netzwerk relevanter ist. Wie kann dies eindeutig beantwortet werden? Es spricht jedoch vieles dafür, dass fokussierte Meditation mit Konzentration auf ein konkretes oder imaginiertes Objekt oder Wort zunächst einfacher zu erlernen ist als sogenannte offene Formen der Meditation, bei der man achtsam beobachtet, was im Geist geschieht. Die Frage bleibt: Praktiziert ein Meditationsadept, der am Anfang seines Trainings bewusst auf seinen Atem fokussiert, dieselbe Form von Achtsamkeit wie ein Meditationsmeister mit mehreren Tausend Stunden Meditationspraxis, der sachte die ankommenden Gedanken wegschiebt und in der dabei eintretenden inneren Stille kontemplierend eine umfassende Akzeptanz für die Existenz mit all ihren positiven wie negativen Aspekten entwickelt? Also ist Achtsamkeit streng genommen nicht gleich Achtsamkeit, sondern sie verändert sich im Verlauf der Zeit! Unsere Daten deuten darauf hin, dass sich zuerst die Fähigkeit herausbildet, im gegenwärtigen Moment zu sein, und der Aspekt des unvoreingenommenen Akzeptierens sich später herausbildet.

In der Literatur hält sich die Aussage, dass man für den untersten Level an Expertise etwa 10 000 Stunden Training benötigt. Das ist in etwa auch die Zeit, die man benötigt, um im Kampfsport als Weißgurt-Novize bis zum ersten schwarzen Gürtel zu kommen. In der Regel dauert das etwa zehn Jahre, wenn man jeden Tag durchschnittlich zweieinhalb Stunden trainiert. Wenn Studierende ein Vollzeitstudium absolvieren und wochentags im Schnitt acht Stunden pro Tag für Vorlesung und Selbststudium investieren, haben sie genau nach fünf Jahren diesen Grad der Expertise erreicht. Fünf Jahre ist auch der Zeitraum, den man früher für ein Diplomstudium benötigt hat, und es entspricht nun auch nach der Bologna-Reform genau der Zeit, die ein Bachelor- und ein darauf aufbauendes Masterstudium in Anspruch nehmen.

Aus neurobiologischer Perspektive geht es jedoch nicht um die Zeitspanne, die man für eine Lernaufgabe aufbringt, sondern um die Anzahl der bewusst durchgeführten Wiederholungen und damit um die

Lernintensität pro Zeiteinheit. Zentral für den Lernerfolg ist also, wie häufig die Lernspindeln mit bewusster Fokussierung durchlaufen worden sind. Möglicherweise kann diese Erkenntnis helfen zu erklären, warum nach der Bologna-Reform und der damit verbundenen Bachelor-Master-Reform die Bachelorabschlüsse häufig als qualitativ nicht hochwertig gelten. Die Studierenden haben nach sechs oder sieben Semestern, das heißt nach drei bis dreieinhalb Jahren weitgehend verschulten Lernens, nicht die Lerntiefe erreicht, die man für ein selbst gesteuertes Expertentum in einem spezialisierten Bereich braucht. Zudem habe ich festgestellt, dass sie häufig unsicher sind, ob sie den richtigen Studiengang ausgewählt haben, was angesichts der mittlerweile über 20 000 angebotenen Studienabschlüsse auch wirklich schwierig zu beurteilen ist. Denn wen würde dieses Überangebot nicht verunsichern? Wir haben ja schon Probleme, aus sieben Sorten Joghurt die richtige auszuwählen. Viele Studierende treffen aus diesem Grund erst mit dem weiterführenden Masterstudium die bewusste Entscheidung, in welche spezifische Richtung sie sich beruflich entwickeln wollen, und bringen erst dann – ich merke dies an ihrer emotionalen Beteiligung – mit dem nötigen Ausmaß an intrinsischer Motivation vollen Einsatz.

Ich hatte während meines Krankenhausaufenthaltes nur ein paar Wochen Zeit, die aber ausreichend waren, um meine Begeisterung für die lateinische Sprache zu wecken. Was ich in dieser schwierigen Zeit erfahren habe, waren drei wichtige Lektionen für mein weiteres Leben: Erstens, dass auch aus Unterforderung und Monotonie erheblicher Stress entstehen kann. Zweitens, dass sich auch die Wahrnehmung, Einschätzung und Wertigkeit der Dinge und Verrichtungen verändern, wenn sich die Rahmenbedingungen – zumeist einhergehend mit Stress – verändern. Drittens, dass man den Umständen nicht hilflos ausgeliefert ist, sondern seine Verhaltensweise verändern und somit eine komplett neue Perspektive auf einen Sachverhalt erlangen kann. Selbst wenn es sich dabei um Lateinvokabeln handelt. An diesem Punkt in meinem Leben habe ich begonnen, mich intensiver mit Resilienz zu beschäftigen, freilich ohne es damals zu wissen.

LERNEN ALS VERTREIBUNG
AUS DEM PARADIES

Bisher kennengelernt haben wir den Höllensturz als biblisches Narrativ im Zusammenhang mit dem in der völligen Überforderung endenden Stresserleben. Die rechte Seite der Kurve nach dem Yerkes-Dodson-Gesetz veranschaulicht uns das. Ein anderes fundamentales christliches Narrativ, das für mich im Zusammenhang mit der linken Seite dieser Kurve – den implizit behandelten Themen Lernen, Schweregrad der Aufgabe und dem Zusammenspiel von Motivation und Leistung – steht, ist das Motiv der Vertreibung aus dem Paradies. Ich greife gerne auf Gemälde der Alten Meister zurück, in denen psychische Konstellationen bildlich auf eindrucksvolle Weise dargestellt werden, weil sie bei den meisten Menschen ein tieferes Verständnis und nachhaltigere Wirkung erzeugen können. Das Ölgemälde *Vertreibung aus dem Paradies*, gemalt um 1610 von dem bekannten Maler Giuseppe Cesari (1568– 1640), scheint mir dafür besonders geeignet zu sein.

Auf dem Bild ist ein alter Bekannter, der Erzengel Michael, zu sehen. Das gezückte Flammenschwert, das ansatzweise in seiner Rechten zu sehen ist, ist eines seiner beiden Attribute. Der Himmelsfürst ist gerade dabei, das erste Menschenpaar – die Stammeltern aller Menschen –, Adam und Eva, nach dem Sündenfall aus dem Garten Eden zu vertreiben. Mit dem linken Arm weist der Erzengel dem erschrockenen Paar mit einem eher angespannten Gesichtsausdruck den Weg aus dem Paradies.

Wir erinnern uns kurz an die Vorgeschichte, die den meisten von uns ja seit Kindestagen bestens vertraut ist: Der erste Mensch, Adam, lebte zunächst allein im Paradies, nachdem Gott erst die Welt und dann auch ihn erschaffen hatte. Das war eine Zeit lang wohl ganz schön für Adam, bald fing der erste Mensch aber an, sich einsam und allein zu fühlen, und wurde darüber nachvollziehbarerweise ziemlich traurig. Um Abhilfe zu schaffen und ihn aufzumuntern, schuf Gott aus einer von

Giuseppe Cesari, Die Vertreibung aus dem Paradies
Quelle: AKG Images (Erich Lessing)

Adams Rippen eine Gefährtin, Eva. Eine Zeit lang lebte das erste Menschenpaar im Paradies zufrieden vor sich hin, aber die sorgenfreie Existenz war nicht von Dauer und endete in einem Zustand von gelangweilter Unzufriedenheit. Das Drama nahm seinen Anfang, als Eva von der hinterlistigen Schlange überredet wurde – trotz Gottes Verbot –, vom Baum der Erkenntnis zu essen. So lernte sie, gut von böse zu unterscheiden. Nach gängiger Interpretation ist die Schlange in der christlichen Tradition nicht nur Auslöser der Erbsünde, sondern auch eine Inkarnation des Satans. Als Eva dann auch noch Adam überredete, vom Baum der Erkenntnis zu essen, erkannten beide ihre Nacktheit und fühlten auf einmal Scham. Dieses Gefühl hatten sie zuvor nicht gekannt. Moderner ausgedrückt, nahmen sie aufgrund der Veränderung ihres Mindsets ihre Nacktheit plötzlich als Anomalie wahr. Deswegen bedeckten sie ihre Scham notdürftig mit einem Schurz aus Blättern vom Baum der Erkenntnis und versteckten sich vor Gott, woraufhin dieser den Sündenfall schnell an dem veränderten Verhalten erkannte. Als Gott sie zur Rede stellte, bezichtigte Adam Eva, während Eva der Schlange die Schuld zuschob. Daraufhin zürnte Gott beiden und beschloss, sie aus dem Paradies zu vertreiben. Dazu schickte der Himmelsvater seinen wichtigsten und stärksten Erzengel, Michael, um Adam und Eva aus dem Paradies zu vertreiben und fortan den Baum der Erkenntnis zu bewachen.

Wohl ziemlich genau diese Episode in der Vertreibungsgeschichte soll das Gemälde erfassen, das Cesari so meisterhaft gemalt hat. Es ist wahrlich keine angenehme Situation, wie auch unschwer dem Gesichtsausdruck des Paares anzusehen ist. Adam macht eine Abwehrhaltung und schaut beschämt auf den Boden, während Eva ängstlich über die Schulter zu dem Himmelsfürsten blickt, der gerade vom Himmel herunterfährt, um Gottes Auftrag auszuführen. Beide sind zudem nackt und ungeschützt, nur spärlich bedeckt ein Feigenblatt die Scham. Das ist keine gute Voraussetzung, um aus seiner sicheren und lieb gewonnenen Umgebung verbannt zu werden und Unbekanntem entgegenzugehen. Natürlich wussten Adam und Eva nicht, was sie nach der Verbannung erwarten würde, denn es war ein Aufbruch in die Unsicherheit. Was den beiden aber auf jeden Fall klar war: So anstrengungsfrei und unbeschwert, wie es im Paradies einst war, würde es nun sicherlich nicht mehr werden. Stattdessen würden Einsatz, Mühen und Anstrengungen und wohl auch das nötige Quäntchen Glück erforderlich sein, um das unbekannte Kommende meistern zu können.

Die kleine Psychologie der Verbannung aus dem Paradies und die Beschwerlichkeit des Lernens

Als Psychologe lese ich diese wohl bekannteste Geschichte vor allem als die Entwicklungsaufgabe, vor der jedes Kind steht, weil es irgendwann wie Adam und Eva aus der sicheren, geschützten Umgebung hinausgehen muss, spätestens dann, wenn es einen bestimmten Entwicklungsgrad erreicht hat. Dies ist der Fall, wenn das Kind in der Lage ist, richtig von falsch zu unterscheiden, also einen moralischen Kompass entwickelt und bereits die Zone der proximalen Entwicklung kennengelernt hat. Dann ist die Zeit gekommen, sich von den Eltern zu lösen, seine eigene Identität weiterzuentwickeln und entsprechend seinen eigenen Vorstellungen zu leben. Das ist sicherlich auf unterschiedlichen Ebenen – emotional, kognitiv, motivational, sozial und praktisch – schwierig, nicht nur für die betroffenen Heranwachsenden, sondern auch für diejenigen, die zurückbleiben. Das wissen alle Eltern, die irgendwann im leeren Haus sitzen, in dem sie ihre Kinder aufgezogen haben. Das Haus ist leer und es fehlt an Leben und glockenhellem Kinderlachen. Allerdings weiß jeder liebende, bangende und verantwortungsbewusste Elternteil intuitiv, dass irgendwann der Zeitpunkt kommt, an dem man die Kinder in die eigene Verantwortlichkeit entlassen muss, auch wenn man natürlich in Sorge um sie ist. Wie mag der Erzengel Michael sich gefühlt haben, als er Gottes Auftrag ausführte? Voller Zorn über das Vergehen? Nüchtern und pragmatisch wie ein pflichtbewusster Diener? Oder doch eher wie ein Elternteil, der voller Sorge ist, dass er die Kinder nun in das eigene Leben entlassen muss?

Mitunter entstehen bei dem Aufbau der Lernkurven auch Situationen, die bedrohlich und gefährlich sind oder zumindest so erscheinen. Diese müssen aber durchgestanden und gemeistert werden, um die Lern- und Selbstwirksamkeitserfahrungen gemacht zu haben, aus denen dann die spezifische Kompetenz entstehen kann. Wenn das Feedback zu negativ, um nicht zu sagen traumatisch wird, sei es aufgrund von Überforderung, Pech oder zu geringem Einsatz, besteht dagegen die Gefahr, dass die Arbeit an der Kompetenzkurve eingestellt wird. Man verliert aufgrund von Demotivation die Lust daran. Wie viele verlorene Fußballspiele oder Stürze beim Skirennen verträgt ein Kind, bevor es die Lust endgültig verliert? Die Antwort aus der tierischen Verhaltensforschung von Panksepp legt nahe, dass die Bereitschaft weiterzumachen und die Motivation aufrechtzuerhalten wackelig wird, wenn die positiven Lernerfahrungen unter einen Anteil von einem Drittel rutschen. Kein Wunder, dass der Erzengel Michael etwas angespannt dreinschaut. Sind ein Drittel positive Lernerfahrungen – noch dazu ohne große Vorbereitung – außerhalb des Paradieses realistisch?

Lernprozesse sind zudem anfällig für Abbrüche, weil sie üblicherweise langwierig und mühsam sind. Obwohl die initialen Lernfortschritte häufig relativ schnell sein können, schließt sich oft eine Plateauphase an, in der man das Gefühl hat, dass es nicht mehr weitergeht, was entsprechend demotiviert. Naturgemäß kommt es immer zu Misserfolgen und Verlusterfahrungen, die es zu integrieren gilt. Häufig können uns diese Misserfolgserfahrungen – wenn sie nicht katastrophal sind – jedoch mehr lehren als Triumphe und Siege, weil sie, wenn richtig reflektiert und integriert, das Potenzial zur Verbesserung beinhalten. Doch Gewissenhaftigkeit und Dranbleiben zahlen sich aus: Ab einem gewissen Kompetenzgrad kann dann ein als beglückend erlebter mentaler Zustand von aufmerksamer Konzentration und Absorption bei gleichzeitiger psychophysiologsicher Auslastung einsetzen.

Der ungarische Psychologe Mihály Csíkszentmihályi (1934–2021) hat diesen Zustand voll beseelter Schaffenskraft treffend als Flow bezeichnet, und wir haben beim Höllensturz schon engleiste Flow-Zustände kennengelernt. Auf neurochemischer Ebene sind am Anfang von Lernprozessen Neurotransmitter wie Noradrenalin und Cortisol – wir kennen diese bereits als Stresshormone – zur Aktivierung des Stresssystems und zur Auswahl und Markierung des angestrebten Lernziels bedeutsam. Im späteren Verlauf, bei dem man für den Lernprozess bereits motivational angewärmt ist oder sich sogar dafür begeistert hat, spielen Serotonin und Dopamin für stimmungsmodulierende und motivationserhaltende Faktoren eine wichtige Rolle. Diese sind auch für eine potenzielle Veränderung der Fokussierung – beispielsweise durch Verbreiterung oder Verschiebung des Aufmerksamkeitstrichters – bei gleichzeitiger Aufrechterhaltung der Lerntätigkeiten wichtig. Als effektive Lernerfahrung wird dabei vom Gehirn alles interpretiert, was den Stresslevel und die entsprechenden Hormone absinken lässt. Psychologisch bedeutet dies, dass Lernprozesse zunächst häufig schwierig und mühsam erscheinen. Dann kann aber aufgrund von Fokussierung und der damit verbundenen Setzung von Teilzielen das mesolimbische Belohnungserwartungssystem mit aktiviert werden. Dies gibt uns nach der Erreichung eines Etappenziels ein gutes Gefühl und hält uns in dem Prozess – denken Sie an den Belohnungsaufschub im Marshmallow-Experiment oder an Ihre letzte erfolgreiche Fastenwoche.

Resiliente Menschen wissen, dass es wichtig ist, sich realistische Teilziele zu setzen und dranzubleiben. Einfach formuliert: Noradrenalin – neurochemisch übrigens eng mit Dopamin verwandt – setzt schlagartig Energieressourcen für die bevorstehende Auseinandersetzung frei, reduziert die Schmerzwahrnehmung und zieht einen über Fokussierungsprozesse in den Aufmerksamkeitstunnel hinein. So ist durch die psychophysiologische Stressantwort mental gewissermaßen ein Bewusstseinsprojekt definiert worden, und der eigene Körper hat einen als Projektleiter eingesetzt. Dopamin hingegen sorgt bei vorhandener Zielerreichungserwartung oder wahrgenommener Teilzielerreichung für Freude an der Handlung selbst und stellt sicher, dass man weiterhin am Lernprozess dranbleibt. Dann stellt sich nämlich das Gefühl ein, auf dem richtigen Weg zu sein und bedeutsame Fortschritte bei der Bewältigung des mentalen Stressprojektes zu machen. Cortisol schließlich steuert die mittel- und langfristige Gelagertheit der Stressachse. Alle Handlungen, die dazu führen, dass der Cortisolspiegel sinkt, werden im Gehirn neuronal markiert und vor allem bei Ruhe, Entspannungs- und Schlafzuständen als effiziente Strategien im Gedächtnis abgespeichert. Man kann sich diese Wechselwirkung von Neurotransmittern ein bisschen wie den Erzengel Michael vorstellen, der mit der linken Hand das Ziel zeigt und mit der rechten das Flammenschwert schwingt, um die zu motivierende Person zunächst zu aktivieren und sie dann auf den rechten Lernpfad zu bringen, um schließlich die Quintessenz des Lernprozesses als Erinnerung zu destillieren.

Der Neurotransmitter Serotonin verschafft uns, wenn wir den Lernprozess abgeschlossen haben, beim Ausruhen und Entspannen ein gutes Gefühl, zumal wir selbst mit unserer intrinsischen Motivation am Lernvorgang konstruktiv gearbeitet haben. Die intrinsische Motivation hilft uns bei unserem selbst gesteuerten Entwicklungsprozess und steigert dadurch auch das Gefühl der Selbstwirksamkeit, weil durch die erworbene Kompetenz unser Ansehen sowohl in unseren eigenen, aber auch in fremden Augen steigt. Durch einen gelungenen Lernprozess werden wir deswegen nicht nur selbstsicherer, sondern wir haben gleichzeitig auch an unserem Status in der sozialen Hierarchie gearbeitet, das heißt, wir haben in einem gewissen Sinn eine bessere Version von uns selbst erzeugt. Insofern können wir nun als kompetentere und dadurch auch selbstsicherere Menschen den Blicken unserer Mitmenschen besser standhalten. Denn dem Blick eines anderen Menschen standzuhalten kostet ebenso Energie, wie kontinuierlich an einer Sache dranzubleiben, um zu lernen. Das ist der Grund, warum depressive Menschen häufig in einem Teufelskreis von Inaktivität und geringem Selbstwert gefangen sind und dann mitunter nicht mal mehr die Kraft haben, anderen Menschen in die Augen zu sehen.

Unterstützung und Hilfe bei gleichzeitiger Vermeidung von Unterforderung als lernpsychologische Gratwanderung

Im Kern beschreibt diese einprägsame Geschichte der Vertreibung aus dem Paradies nicht nur das für Entwicklungs- und Reifungsprozesse essenzielle dialektisch-produktive Spannungsverhältnis zwischen Beschützen, Fördern und Fordern auf eine eindrückliche Art, ganz nebenbei umreißt es damit die Aufgabe von jedem Menschen, der für Erziehung und Entwicklung anderer Menschen verantwortlich ist. Jedes bereichernde Vorbild und unterstützende Rollenmodell – seien es die Eltern oder Führungskräfte, Lehrende und Erziehende – erkennt man unmittelbar daran, dass es die ihnen anvertrauten Schutzbefohlenen fördert und zugleich fordert, um deren Kompetenzen und Fertigkeiten zu trainieren. Gleichzeitig müssen sie aber auch im Blick haben, dass das Mündel nicht überfordert wird. Im Grunde trifft dies auf institutioneller Ebene genauso auf jede Bildungs-, Sozial- und Gesundheitseinrichtung zu, egal ob Schule, Hochschule, Krankenhaus oder sonstige Aus-, Fort- und Weiterbildungsinstitution. Dabei gilt es, Kinder, Schüler, Klienten, Patienten und Schützlinge vor Überforderung zu bewahren, sie aber zum gegebenen Zeitpunkt entsprechend ihres Reife- und Entwicklungsstandes zu fordern und sie dadurch letztlich zu motivieren, ihre Wohlfühl- oder Komfortzone aus freien Stücken zu verlassen, um zu wachsen und sich zu entwickeln. Auch Rehabilitation nach Erkrankungen baut auf diesem Prinzip auf.

Aus motivationspsychologischer Sicht ist es von zentraler Bedeutung, dass Menschen sich irgendwann freiwillig den Anforderungssituationen stellen, in denen sie weder unterfordert noch völlig überfordert sind – wie es die rechte Seite der das Yerkes-Dodson-Gesetz veranschaulichende Kurve beschreibt. Dazu sind externe Belohnungsanreize zunächst mitunter sinnvoll, weil sie das Verhalten durch Ausschüttungen von Dopamin stabilisieren können und der betreffenden Person das Gefühl geben, auf einem guten und sozial anerkannten Weg zu sein. Dabei ist es jedoch nicht zweckmäßig, auf jeden gelungenen Lernvorgang eine externe Belohnung folgen zu lassen, weil dann intrinsische, aus sich selbst heraus generierte Motivation verhindert wird. So ist ja auch eine Auszeichnung nichts mehr wert, wenn jeder sie erhält. Wenn jede Handlung aber extrinsisch belohnt wird, wird damit automatisch die Belohnung entwertet. Gleichzeitig wird das lernpfadstabilisierende dopaminerge System nur extern, aber nicht mehr intern getriggert, wodurch es die Fähigkeit zur Selbstregulation zunehmend einbüßt. Das ist der Grund, warum die nicht regelmäßig stattfindende, einem klaren Muster folgende Stabilisierung eines Verhaltens mittels eines Verstärkers am schwierigsten aufzulösen oder zu löschen ist. Hierin liegt auch die Ursache, warum spielsüchtige Menschen so große Schwierigkeiten haben, von Spielautomaten wegzukommen, die ihr Leben ruinieren. Sie bekommen durch die einarmigen Banditen ein zufälliges Belohnungsmuster präsentiert, das sie glauben, durch gezielte Handlungen zu ihren Gunsten manipulieren zu können. In ihrer Wahrnehmung ist das auch so, weil ab und zu eine Belohnung erfolgt. Daraus erklärt sich die Faszination für die Spielsüchtigen, die so schwer zu löschen ist.

Wenn man aber lernt, dass eine sehr große Befriedigung in der Aktivität als solcher liegt – ungeachtet von einer von außen kommenden Belohnungserwartung –, kann irgendwann der Punkt kommen, an dem etwas nicht mehr aus externen Gründen getan wird, sondern die Motivation aus der Tätigkeit selbst heraus entsteht – auch im Angesicht von Schwierigkeiten. Die Psychologin Carol Dweck hat auf der Grundlage umfangreicher Forschungen den Begriff *growth mindset* vorgeschlagen. Menschen mit solchen Wachstumsüberzeugungen unterscheiden sich von Menschen mit fixierten Überzeugungen darin, dass sie fest davon überzeugt sind, sich entwickeln und vor allem an Fehlern wachsen zu können. Diese Menschen bleiben dran, auch wenn sie Rückschläge bei den Lernprozessen hinnehmen müssen. Deswegen können Sie das interne Belohnungssystem auch durch die Tätigkeit selbst aktivieren und sind weniger auf externe Anreize angewiesen.

Resiliente Menschen haben häufig tiefgehende Erfahrungen gemacht, durch die ihnen vermittelt wurde, dass es nicht so sehr auf die Einschätzung und Beurteilung anderer Menschen oder einer potenziell damit verbundenen externalisierten Belohnungserwartung ankommt. Sie haben erfahren, dass die persönliche kritisch-konstruktive Selbstbeurteilung, ob sie das in ihren Möglichkeiten Liegende getan haben und sie somit ihrer Verantwortung nachgekommen sind, viel bedeutsamer ist. Genau diese Perspektive ermöglicht es ihnen, eine interne Selbstregulationskompetenz aufzubauen, da sie sich nicht mehr vorrangig mit anderen Menschen, sondern nur mit sich selbst zu unterschiedlichen Zeitpunkten vergleichen. So steuern sie den weiteren Lernprozess möglichst aus einer inneren Gewissheit heraus. Insofern sind sie zu ihrem eigenen Referenzpunkt geworden. Irgendwann führt man eine Handlung nicht mehr aus, sondern man wird in einem gewissen Sinn zu der Handlung selbst und diese dann zu einem integralen Bestandteil der Identität. Mitunter wird es dadurch ziemlich schwer, mit der Handlung aufzuhören.

Neurobiologisch betrachtet sind ihre mit Aufmerksamkeits- und Motivationsprozessen zusammenhängenden Neurotransmittersysteme nicht mehr so sehr auf externe Anreize und Trigger angewiesen. Sie können sich besser von innen, das heißt bewusst selbstgesteuert, regulieren. Systemtheoretisch gesprochen geht es dabei um das permanente intern modulierte Ausbalancieren von Unter- und Überforderung über die Zeit, um dadurch einen dynamischen Gleichgewichtszustand zu erzeugen. Genau so macht es unser Motor, das Herz, weil es anforderungsspezifisch sowohl die Häufigkeit der Herzschläge als auch deren Abstand so reguliert, dass es am besten für die jeweilige Anforderung passt. Dieses Anstreben eines dynamisch regulierten Gleichgewichtszustands bezeichnet man auch als Homöostase.

Die Homöostase ist ein fundamentales biologisches Prinzip, welches Leben ermöglicht. Weil dieser Prozess jedoch offen und auf Entwicklung ausgerichtet ist, haben einige systemtheoretisch ausgerichtete Neurobiologen wie Francisco Varela (1946–2001) oder Humberto

Maturana (1928–2021) vorgeschlagen, den Begriff Homöostase durch den Begriff Homöodynamik zu ersetzen, um den Aspekt der konstruktiven Öffnung und Entwicklung zu betonen. Denn Verharren auf dem Status quo bedeutet streng genommen *stasis*, das heißt Stillstand, und damit kann kein Entwicklungsprozess vollzogen werden. Ein Fahrradfahrer, der auf der Stelle stehen bleibt und den Gleichgewichtszustand statisch und stetig im Sinne von Homöodynamik auszubalancieren versucht, bewegt sich schlicht nicht mehr vorwärts, sondern fällt irgendwann um. Um zu lernen, uns im Leben und mit dem Leben in Einklang zu bewegen, müssen wir anfangen, uns aktiv mit den Anomalien auseinanderzusetzen, vor allem wenn dies größere Veränderungen von uns verlangt, und uns somit auch dem dabei entstehenden Stress aussetzen. Klar, man bricht meistens nicht ganz freiwillig aus dem Paradies auf, sondern der Erzengel Michael muss mitunter schon deutliche Hinweise geben. Daher hat er ja nicht nur seine zum Ziel zeigende linke Hand, sondern auch ein Flammenschwert in seiner Rechten! Denn außerhalb des geschützten Paradieses wird es nicht nur interessant und lehrreich, sondern auch ambivalent und gefährlich, wie das nun einmal so ist, wenn man Neuland betritt und naturgemäß erst einmal unsicher ist. Wenn wir Stress aber nicht nur als Störgröße, sondern als einen notwendigen Frühwarnindikator einer Anomalie und somit als natürliche Begleiterscheinung von Lernprozessen wahrnehmen, durch den wir nicht mehr nur zu einer quantitativen, sondern auch einer qualitativen Einstellungs- oder auch Verhaltensveränderung aufgefordert werden, haben wir den Schritt von einer homöostatischen zu einer heterostatischen Sichtweise vollzogen. Denn dann sind wir in der Lage, Stresssignale als psychophysiologisch induzierte Lernhilfen zu begreifen, die es uns ermöglichen, auch mit sprunghaften Veränderungen im Sinne einer dynamisch-adaptiven Antwort umzugehen. Insofern bedeutet Resilienz, die Meta-Lernkompetenz zu entwickeln, mit Stress und Stressoren konstruktiv, wirksam und ressourcenschonend umzugehen und sich so den Möglichkeiten zu öffnen, die in dem Aufheben von Anomalien potenziell liegen.

KOMPLEMENTARITÄT – ACHTSAMKEIT – SPIRITUALITÄT

Auf der Grundlage der bisherigen Ausführungen ist es relativ einfach, die Grundidee von Resilienz zusammenzufassen und diese auch im eigenen Leben zur Anwendung zu bringen. Kultivieren und praktizieren Sie einfach das, wofür Ihr Gehirn und Ihr ganzer Organismus gedacht und auch gemacht wurde, das heißt so, wie Sie evolutionär oder auch von der Schöpfung gemeint sind! Seien Sie offen und neugierig, durchaus auch konstruktiv-kritisch, gehen Sie sorgsam mit Ihren eigenen empathischen Ressourcen und denen Ihrer Mitmenschen um, achten Sie fürsorglich auf sich und andere! Kultivieren Sie deswegen die elf Eigenschaften, die Sie im ersten Kapitel als die Merkmale resilienter Menschen kennengelernt haben. Mit diesem tiefen intuitiven Wissen kamen Sie bereits auf die Welt. Denn Resilienz ist nichts anderes als die bemerkenswerte Fähigkeit eines auf Offenheit ausgelegten Lebewesens zur Selbstregulation und damit ein kontinuierliches, neugieriges Wechselspiel von Lernen und Lehren mit anderen Menschen und der Umwelt. Und vergessen Sie nie: Die Kennzeichen von Resilienz sind bemerkenswert, aber nicht außerordentlich, denn jeder Mensch trägt das Potenzial in sich.

Resiliente Menschen haben allerdings nicht vergessen, dass Lernen ein lebenslanger, selbst initiierter dynamischer Prozess ist, der sich zwischen Vertreibung aus dem Paradies und dem Höllensturz abspielt. Im Sinne einer achtsamen Selbstfürsorge sind sie bemüht, eine Balance zwischen Unter- und Überforderung herzustellen. Suchen Sie sich deswegen mindestens ein Lern- beziehungsweise Lehrfeld, das Sie begeistert. Die Idee vom lebenslangen Lernen muss man nur den Menschen nahebringen, die vergessen haben oder denen niemals vorgelebt oder beigebracht wurde, was Resilienz ist: ein grundlegendes Merkmal von Leben. Man kommt diesem Lebensgefühl mitunter am nächsten, wenn Erinnerungen aus frühester Kindheit wiederbelebt werden, einer Zeit, in der Lernen ein kontinuierlich sich einstellender, scheinbar müheloser Prozess zu sein schien, wenn er denn von Erfolg gekrönt war. So geschehen war es die beginnende Motivation für lebenslanges Lernen und die Kultivierung der daraus folgenden Fähigkeiten mit dem Ziel, Lebenskompetenz zu erwerben, und damit nicht nur mit Widrigkeiten umgehen zu lernen, sondern auch den Sinn des eigenen Lebens erfassen zu können. Der britische Schauspieler Tom Hiddleston (*1981) hat es treffend wie folgt beschrieben: »Wir alle haben zwei Leben. Das zweite beginnt, wenn wir realisieren, dass wir nur eins haben.«

Resiliente Menschen wissen darüber hinaus, dass wir nicht nur ein Leben, sondern auch nur einen Planeten mit begrenzten Ressourcen haben. Denn resiliente Menschen sind – häufig aus eigener schmerzlicher Erfahrung – zu der wertvollen, aber durchaus schmerzhaften Erkenntnis gelangt, dass das Leben ein dynamischer Prozess mit begrenzten Ressourcen und von begrenzter Dauer ist. Hierbei muss permanent ein auf Entwicklung und Lernen ausgerichteter Gleichgewichtszustand – die Homöostase – zwischen dem Organismus und seiner Umwelt stabilisiert werden. Dies ist nur möglich, wenn der betreffende Organismus durch eine prinzipielle Offenheit in der Lage ist, im Sinne der Heterostase konstruktiv mit Anomalien unter sparsamem Einsatz von Ressourcen umzugehen. Er muss lernen, sich, aber auch andere – das schließt den Planeten Erde ein – nicht zu überfordern. Das ist nichts anderes als achtsames Stressmanagement und bewusste Ressourceneinteilung.

In der griechischen Mythologie gibt es dafür die lehrreiche Geschichte von Dädalus, der für sich und seinen Sohn Ikarus Flügel baute, indem er Federn mit Wachs an ein hölzernes Gestänge klebte. Vor dem

Start schärfte er Ikarus ein, nicht zu hoch und nicht zu tief zu fliegen, da sonst die Hitze der Sonne, beziehungsweise die Feuchte des Meeres, die Federn von den Flügeln lösen und so unweigerlich zum Absturz führen würde. Der Ausgang der Geschichte ist bekannt und ähnelt dem Höllensturz. Die Botschaft ist jedoch die gleiche wie in den christlichen Narrativen: »Vermeide sowohl Unter- und Überforderung, sei nicht maßlos und hebe so viel Verantwortung auf, wie du tragen kannst, aber nimm dich selbst dabei nur so wichtig, wie es notwendig ist!«

Aus dieser Perspektive heraus liegt der Sinn des Lebens darin, den Umgang mit Anomalien angemessen in Bezug zu den individuellen Möglichkeiten und Begrenzungen zu gestalten, um letztlich möglichst viel Erfüllung, Sinn und Lebensfreude in der Existenz durch die richtige Balance zu finden. Und dafür braucht es den konstruktiv-fürsorglichen Dialog mit sich selbst, mit anderen Menschen und mit der Welt.

Das Wiegen der Seelen im Jenseits und wie Medizin und Meditation die Psychophysiologie schon im Diesseits ausbalancieren

Meines Erachtens gehen die aktuellen neurowissenschaftlichen Erkenntnisse mit den biblischen Narrativen von der Vertreibung aus dem Paradies wie auch dem Höllensturz schlüssig zusammen. Denn durch diese Erzählungen ist ein metaphorischer Rahmen für die psychophysiologischen Vorgänge im Zusammenhang mit Lernen und Stress im Sinne einer sinnvollen narrativen Einbettung gegeben, die universelle Konstanten in jedem menschlichen Leben sind. Im Laufe unseres Lebens kommen wir alle mit den Themen dieser Geschichten in Berührung und müssen unsere persönlichen Lösungen dafür suchen. Dabei sind wir jedoch nicht ganz allein: So wie in den biblischen Geschichten der Erzengel Michael nach dem Sturz Luzifers als wichtigster Himmelsfürst omnipräsent ist, sind in unserem Leben physiologische, hormonelle und endokrinologische Prozesse die Grundlage dafür, uns durch einprogrammierte Erlebens- und Verhaltensantworten im Sinne des allgemeinen Anpassungssyndroms am Leben zu halten. Sie ermöglichen uns bewusste Lernerfahrungen, um die überlebensnotwendigen Anpassungsmechanismen stetig zu verbessern. Hier kommt neben dem Schwert das zweite Attribut des Erzengels Michael ins Spiel, nämlich die Balkenwaage, mit der der Himmelsfürst die guten und schlechten Taten verstorbener Seelen sorgfältig abwägt, und die Verstorbenen dann an den ihnen gebührenden Platz ins Jenseits geleitet.

Das um 1450 von dem flämischen Maler Rogier van der Weyden (1400–1464) gemalte Bild *Das Jüngste Gericht* zeigt den Erzengel Michael mit einer Waage, in der er die Seelen der Verstorbenen wiegt.

Es ist Teil des aus neun Tafel bestehenden Flügelaltars, der von dem Künstler für die Kapelle im Krankensaal des Hôtel-Dieu im burgundischen Beaune angefertigt wurde. Die sogenannte Festtagsseite, zu der dieses Bild gehört, wurde nur an Sonn- und Feiertagen geöffnet, sodass die Kranken die Darstellung des Jüngsten Gerichtes betrachten konnten. Man sieht den Himmelsfürsten – diesmal ohne Flammenschwert und Rüstung –, wie ein Diakon in einem reinen weißen Gewand und einem prunkvollen goldbesetzten roten Umhang bekleidet, achtsam die Seelen der Toten wiegen, während die anderen Gerichtsengel die Posaunen blasen.

Die Idee des Seelenwägens ist deutlich älter als das Christentum. Der Gedanke des achtsamen Haltens der Seele, das heißt Psychostasie – vom griechischen *psyche* für Seele, und *stasis* für Stabilität –, um die moralische Essenz eines gelebten Lebens abzuwägen, findet sich bereits im altägyptischen Totenbuch. Das durch den Wiegevorgang ermittelte moralische Gewicht wurde dort stellvertretend für die Schwere der negativen Taten des Verstorbenen gedeutet. Ein zu schweres Herz wurde dementsprechend an die Totenfresserin Ammit verfüttert, deren Schlund als Symbol für die Hölle steht.

Im Laufe der Zeit hat sich dann die Deutung ins Gegenteil verkehrt; ein schweres Herz stand nun für ein moralisch gut gelebtes Leben. Deswegen haben auch einige Angehörige des christlichen Glaubens noch

Rogier van der Weyden, Das jüngste Gericht
Quelle: Bridgeman (Paul Maeyaert)

im Mittelalter den Brauch praktiziert, das Herz eines verstorbenen Menschen durch etwas Schwereres zu ersetzen. Dabei wurde – wie bei Einbalsamierungsprozeduren nicht unüblich – das organische Herz entnommen und durch ein künstliches Objekt in Herzform aus einem möglichst schweren Material wie Stein oder, im Fall von Adeligen, sogar Gold ersetzt. Man erhoffte sich damit, den Verstorbenen eine bessere Ausgangsposition dafür zu geben, ihre irdischen Taten im Jenseits gewichtiger aussehen zu lassen. Ein Herz aus Gold bedeutete demzufolge, dass der betreffende Mensch zu Lebzeiten liebenswürdig, ehrlich, zuverlässig und hilfsbereit gewesen war. Später ist daraus dann in einer erneuten Umkehrung der Begriff ein Herz wie Stein entstanden.

Unsere Vorfahren hatten keine Geräte zur Messung von Gehirnaktivitäten wie das von dem Coburger Neurologen Hans Berger entwickelte EEG oder wie die modernen Gehirnscanner. Sie wussten auch nicht allzu viel über Neuroanatomie und -physiologie sowie von der neurochemischen Wirkung der Neurotransmitter wie Dopamin, Serotonin, Oxytocin, Adrenalin oder Cortisol. Aber sie konnten äußerst genau beobachten. Ihnen war klar, dass geheimnisvolle Kräfte beständig präsent waren, die sie motivierten und auf der Spur hielten, sie zeitweise aber auch antrieben, nötigten und peinigten. Sie erkannten ebenso, dass diese geheimnisvollen, omnipräsenten Kräfte sich häufig ihrer Kontrolle entzogen und durchaus ambivalent, bisweilen sogar destruktiv sein konnten. Sie äußerten sich im wahrsten Sinne des Wortes in Zuständen der Beseelung, die wiederum bis zur Besessenheit getrieben werden konnten. Das führte die Altvorderen dazu, diese Kräfte zu personifizieren und spezifische Ideen von Engeln und Dämonen zu entwickeln. Auch die Idee vom Erzengel Michael als allgegenwärtigen Schutzengel, als demjenigen, der Adam und Eva aus dem Paradies vertreibt, die Verdammten in die Hölle stürzt und die Seelen wiegt, steht im Einklang mit dem funktionellen Spektrum der psychophysiologischen und biochemischen Mechanismen, die sowohl für generische Lern- und Motivationsprozesse als auch spezifische und unspezifische Stressreaktionen zuständig sind. Wie die Schutzengel in der religiösen

Vorstellung omnipräsent sind, so werden auch wir über neurotransmitter- und hormongesteuerte Selbstregulationsmechanismen auf Verhaltensbahnen geleitet, mitunter sogar gezwungen, aber genauso gehalten, geschützt und aufgehoben. All diesen Reaktionen ist gemein, dass sie unser Überleben und Lernen gleichermaßen gewährleisten sollen.

Heutzutage versuchen wir die Idee der Schutzengel zu externalisieren, indem wir beispielsweise in unsere technologischen Entwicklungen – wie Autos, Flugzeuge, aber auch Uhren und Telefone – Überwachungs-, Feedback- und Assistenzsysteme einbauen. Dabei vergessen wir häufig, dass wir selbst in uns uralte, evolutionsbiologisch geformte Schutzmechanismen haben. Erst seit relativ kurzer Zeit haben wir jedoch angefangen, diese systematisch zu erforschen, und etliche zugrunde liegende Prinzipien verstehen wir bis zum heutigen Tag nur ansatzweise. Die Frage ist, ob es wirklich sinnvoll und angemessen ist, unsere internen Selbstregulationssysteme und Steuerungsmechanismen zu überwachen und sogar zu ersetzen. Sollen wir die Funktionsweise unserer Selbstregulationsfähigkeit beispielsweise mithilfe einer Smartwatch externalisieren, um uns selbst zu optimieren und dadurch in Kauf zu nehmen, dass unsere internen Mechanismen und Anlagen anfangen, sich zurückzubilden? Oder geben wir damit nicht einen wesentlichen Teil der menschlichen Identität auf, der mit dem Bestreben um innere Balanceprozesse im Sinne von emotionaler Selbstregulationskompetenz stetig im Ringen mit sich selbst ist? Ist dies bereits eine beginnende Aufkündigung der um Selbstregulation und Balance bemühten Kultivierung menschlicher Tugenden? Oder ist es der Anfang eines neuen Kapitels in der Menschheitsgeschichte im Sinne des Transhumanismus?

Die Begriffe Meditation und Medizin leiten sich vom gleichen Wortstamm *medi* ab, der »in der Mitte liegend« bedeutet und als Prozessgeschehen das kontinuierliche Bemühen um Gleichgewicht und Balance bezeichnet. Die Fähigkeit zur internen Selbstregulation von Körper und Bewusstsein ist daher bei allen höheren Organismen eine evolutionsbiologische und im Fall des Menschen darüber hinaus eine kulturanthropologische Konstante. Diese kann sich ausdrücken, wenn komplementäre Mechanismen zusammenwirken, und so ein Ganzes erzeugen, das mehr als die Summe der Teile ist. Komplementarität kann sich immer dann manifestieren, wenn eine Beziehung oder Konstellation entsteht, in der zwei oder mehrere unterschiedliche – auf den ersten Blick häufig sogar gegensätzliche erscheinende – Prinzipien die Eigenschaften des jeweils anderen Prinzips ergänzen und so auch verbessern oder hervorheben und das Gesamtsystem auf diese Weise stabilisieren.

Ich weiß natürlich nicht, ob die Seelen der Toten im Jenseits wirklich abgewogen werden, und würde mir darüber kein Urteil anmaßen. Mit Sicherheit weiß ich dagegen, dass es für Menschen zu Lebzeiten notwendig und sinnvoll ist, ihren psychophysiologischen und vor allem existenziellen Gleichgewichtszustand regelmäßig mit ihren eigenen Bordmitteln kritisch zu reflektieren und zu balancieren. Dies schließt den Aufbau innerer Landkarten, Befindlichkeitskurven oder Armaturenbretter im Sinne der Selbstregulationskompetenz ein, wie ihn das Yerkes-Dodson-Gesetz repräsentiert. Dies berührt unter anderem die Frage, welche konkreten, sozialen, aber auch existenziellen Verbindungen wir zur Welt und damit zur Verortung in Zeit und Raum haben.

Wie kann man nun anfangen, diese inneren Armaturenbretter oder Seelenwaagen bereits im Diesseits zu errichten, um so seine Verortung in der Welt zu reflektieren und gegebenenfalls zu balancieren? Von großer Bedeutung ist hier die Selbstfürsorge, beispielsweise in Form von Bewegung, Ernährung, Entspannung sowie ausreichend Schlaf. Für viele Menschen stellt sich das jedoch als nicht ausreichend heraus, weil für sie sowohl der kleine als auch der große Sinnzusammenhang fehlt. Eine naheliegende Antwort darauf kann die Kultivierung von Bewusstsein im Sinne von Achtsamkeit und Spiritualität sein.

ACHTSAMKEIT ALS ANOMALIENAUFFINDUNGS-
UND BEWUSSTWERDUNGSPROGRAMM

In den letzten 25 Jahren ist das Interesse an Achtsamkeit und deren Zusammenhang mit Gesundheit in den Gesundheitswissenschaften, aber auch in der Psychologie und Medizin beträchtlich angestiegen. Wurden in den 1990er-Jahren vereinzelt erste wissenschaftliche Studien in der Fachliteratur publiziert, kam es bald nicht nur zu einem exponentiellen Anstieg der Studien, sondern auch zur Etablierung spezieller Fachzeitschriften wie *Mindfulness.* Das ist ein qualitätsgesichertes wissenschaftliches Journal, das im Jahr 2010 – anfangs noch etwas skeptisch beäugt – etabliert wurde, und mittlerweile zu den hochwertigsten Publikationsorganen in der gesamten akademischen Psychologie zählt. Die Effekte von Achtsamkeit auf die Gesundheit sind mittlerweile in einer nahezu unüberschaubaren Anzahl von wissenschaftlichen Studien dokumentiert und lassen sich wie folgt zusammenfassen: Achtsamkeit ist sowohl für psychische wie körperliche Gesundheit und Wohlbefinden bedeutsam, steigert die Lebensqualität, senkt Stress und reduziert die Symptome von Depression und Angst.

Juckende Anomalien: Achtsamkeit als gesundheitsförderliche Maßnahme bei Schuppenflechte

Manchmal sind die gesundheitsbezogenen Effekte von Achtsamkeit augenscheinlich paradox und scheinen sogar zunächst mitunter sogar mehr Schmerz und Stress zu verursachen. Dies haben wir beispielsweise erst unlängst wieder in einer kleinen klinischen Pilotstudie gesehen, in deren Rahmen wir zusammen mit den Hautärzten des Klinikums der TU München Patienten eine achtsamkeitsbasierte Intervention als gesundheitsförderliche Maßnahme angeboten haben (Offenbächer et al. 2021). Die teilnehmenden Personen litten seit vielen

Jahren unter Psoriasis, das ist die medizinische Bezeichnung für Schuppenflechte. Darunter versteht man eine nicht ansteckende Hautkrankheit, bei der zumeist unter Stress rote, mit silbrigen Hautschuppen bedeckte Flecken auf der Haut entstehen. Diese führen zu starkem Juckreiz und können so die Lebensqualität extrem beeinträchtigen. Häufig haben die Patienten über Jahre gelernt, das Jucken zu dissoziieren, das heißt mental so weit wie möglich wegzuschieben. Aber damit ist es – wie ein unsichtbarer Elefant – immer irgendwie präsent, und das Wegschieben kostet viel mentale Energie. In der Achtsamkeitsschulung hat ihnen der Trainer nun beigebracht, die Wahrnehmung erst einmal zuzulassen und vielmehr auf den damit verbundenen Schmerz zu achten. Das macht diesen zunächst intensiver, und manche Patienten schreckt dies zunächst verständlicherweise ab. Wenn sie aber durch diese Strategie wahrnehmen können, dass der Juckreiz nicht immer gleichbleibend schlimm erfahren wird, weil er in Etappen kommt und geht, dann haben sie eine wichtige Erkenntnis im Umgang mit dieser Erkrankung gewonnen. Durch diese achtsamkeitsbasierten Strategien können Patienten dann lernen, ihren Schmerz zumindest teilweise zu verändern und so auch kleiner werden zu lassen, statt ihn nur wegzuschieben.

Eine Patientin fasste ihre Lernerfahrung wie folgt zusammen: »Erstens: Ich merke, dass es juckt. Zweitens: Ich muss diesem Reiz nicht unbedingt nachgehen. Drittens: Oft geht es vorbei, wenn ich mir dies klarmache!« Auch wenn die Achtsamkeit sicherlich kein Allheilmittel ist, lernen die Patienten, dass sie nicht passive Opfer ihrer Schmerzwahrnehmung sein müssen, sondern diese aktiv beeinflussen können. Das ist extrem wichtig für ihre Selbstregulationsfähigkeit, aber ebenso für die Selbstwirksamkeitsüberzeugung und das dazugehörige Selbstbewusstsein.

Mindful statt *Mind full* –
Achtsamkeit als Bewusstseinszustand

Aber was ist denn Achtsamkeit nun genau, und wie kann man sie trainieren? In der buddhistischen Weisheitslehre ist Achtsamkeit ein zentrales Konzept, das aus psychologischer Sicht als ein spezifischer, trainierbarer Bewusstseinszustand beschrieben werden kann. Achtsamkeit zielt auf das direkte und nicht wertende Gewahrsein dessen ab, was im gegenwärtigen Augenblick geschieht. Präsenz und Akzeptanz sind demzufolge die beiden zentralen, kognitiven und emotionalen Aspekte von Achtsamkeit. Folglich kann man Achtsamkeit als eine Form der Bewusstseinskultivierung bezeichnen, bei der ein Individuum eine Situation so unvoreingenommen wie möglich wahrnimmt. Dabei lässt es sich – soweit möglich – nicht zu bewertenden Interpretationen, die potenziell unbewusst ablaufen, und daraus resultierenden Verhaltensreaktionen hinreißen.

Obwohl die Fähigkeit, den gegenwärtigen Moment möglichst direkt und unverfälscht in einer akzeptierenden Weise zu erleben, auf den ersten Blick als eine triviale Angelegenheit erscheint, ist das Erreichen und die Aufrechterhaltung dieses Bewusstseinszustands der Achtsamkeit – nicht nur in der meditativen Übung, sondern gerade im Alltag – alles andere als trivial. Denn im Grunde arbeiten wir hier sowohl gegen automatisierte Wahrnehmungsmechanismen als auch gegen die Wirkprinzipen der Wahrnehmungs- und vor allem Stresspsychophysiologie an. In der Meditation versuchen wir demnach, einen scheinbar trivialen Moment mit all seinen phänomenologischen Facetten genau so wahrzunehmen, wie er eben ist. Dadurch wird der Versuch unternommen, eine künstliche Anomalie aus dem gegenwärtigen Moment des Erlebens zu kreieren, durch die dieser als einzigartiges Ereignis wahrgenommen und zeitgleich auch genau so kultiviert wird. Klingt anstrengend und ist es auch. Aber es wird dadurch eine neue Qualität von Erleben geschaffen, durch die es leichter wird, die innere Balance zu finden.

Einer der Pioniere der Achtsamkeitsforschung, der amerikanische Molekularbiologe Jon Kabat-Zinn (*1944), der die Achtsamkeit vor über 30 Jahren zurück in die moderne Medizin brachte, bezeichnet sie als den Anfängergeist *(beginners mind)* und die bekannte Harvard-Psychologin Ellen Langer (*1947) sieht Achtsamkeit als die Fähigkeit an, mit frischem Blick auf die Dinge zu schauen *(looking freshly at the things)*. Lange genug einübt, hat dies natürlich auch Auswirkungen auf die Entwicklung achtsamer Persönlichkeitseigenschaften: Ausgeglichenheit, Freundlichkeit, Mitgefühl, Lebensfreude und Weitblick wie auch Unsicherheitstoleranz können dadurch entwickelt und kultiviert werden.

Von achtsamen Patienten über achtsame Therapeuten, Pfleger und Ärzte zu Achtsamkeit in Organisationen

Bisher haben wir uns mit Anomalien, Lernen und Stress beschäftigt und herausgefunden, dass vor allem Krisen ein großes Entwicklungspotenzial für Wahrnehmungs- und Verhaltenstransformation freisetzen können. Aus dieser Perspektive gesehen ist Achtsamkeit der willentlich unternommene Versuch, aus normalen Situationen in der Wahrnehmung bewusst und intentional Anomalien zu machen. Hierzu wird die Fähigkeit trainiert, diese mit einem frischen Blick – und nicht erdrückt von der Macht der Gewohnheit, beispielsweise im Sinne von mentalen Repräsentationskategorien und Stereotypen – als so einzigartig wahrzunehmen, wie sie sind. Dies ermöglicht es, selbst in gewöhnlichen und bekannten Situationen Aspekte der Neuartigkeit und Verschiedenheit sowie Möglichkeiten der Akzeptanz zu erkennen. So wird die Wahrnehmung geschult und der Umgang mit emotional schwierigen Situationen erlernt. Denn Empathie und Theory of Mind erlauben uns, nicht nur in emotionale Resonanz mit anderen zu treten sowie einen mentalen Perspektivwechsel vorzunehmen und die Welt dadurch aus den Augen des Gegenübers wahrzunehmen. Darüber hinaus kann authentische Fürsorge entstehen. Insofern ist es auch nicht verwunderlich, dass Psychotherapeuten, die in Achtsamkeit geschult werden, bessere Ergebnisse bei ihren Patienten erzielen als Therapeuten ohne eine solche Schulung (Grepmair et al. 2007). Achtsamkeit verbessert in der Folge Kreativität, Lernfähigkeit sowie Entscheidungsfindungsprozesse und steigert soziale und moralische Kompetenzen.

Das ist mittlerweile auch im Bildungssystem und in der Wirtschaft angekommen. In vielen Unternehmen und Organisationen werden achtsamkeitsbasierte Interventionen nicht nur zur Stressreduktion, sondern auch zur Verbesserung von Interaktions- und Entscheidungsprozessen eingesetzt. Im Frühjahr 2012 haben meinen Kollegen und ich angefangen, in Kooperation mit den Organisationsentwicklern und Achtsamkeitsexperten Chris Tamdjidi (*1970) und Liane Stephan die Auswirkung achtsamkeitsbasierter Programme in Unternehmen systematisch zu untersuchen. Hierzu wurden Achtsamkeitsprogramme über einen Zeitraum von acht bis zwölf Wochen in den Unternehmen durchgeführt und dann die Effekte sowohl mithilfe von Fragebogeninstrumenten, aber auch neuropsychologischen Experimenten untersucht (Kersemaekers et al. 2018). Im Grunde orientieren sich diese Programme an dem vor mehr als drei Dekaden von Jon Kabat-Zinn für den klinischen Kontext entwickelten *Mindfulness-Based Stress Reduction Program*, sind jedoch für den Kontext der Arbeitswelt adaptiert worden. Ursprünglich wollten wir nur ein paar Unternehmen untersuchen, aber nachdem eine große überregionale Wochenzeitung über unser Forschungsprogramm berichtet hatte, stand das Telefon bei uns nicht mehr still. Die Resultate waren eindeutig, obwohl wir keine Vergleichsgruppe hatten. Die Teilnehmenden waren nicht nur weniger gestresst und hatten ein geringeres Burn-out-Risiko, sondern berichteten neben einer Steigerung von Achtsamkeit auch über die Verbesserung des Team- und Organisationsklimas sowie der persönlichen Leistungsfähigkeit.

Nach der Teilnahme an speziell entwickelten Programmen zur achtsamen Führung berichteten nunmehr achtsamkeitsgeschulte Füh-

rungskräfte in qualitativen Interviews in einer von den Wissenschaft-
lerinnen Silke Rupprecht (*1978) und Wendy Kersemaekers (*1967)
federführend durchgeführten Studie über ähnliche Entwicklungen
(Rupprecht et al. 2019). So wurde in ihrer Selbstwahrnehmung nicht
nur die achtsame Verrichtung von Tätigkeiten, Selbstreflexion und
Selbstfürsorge im Sinne der Selbstführung verbessert, sondern auch die
Beziehungsqualität zu Mitarbeitenden sowie die Veränderungsbereit-
schaft wurden gestärkt. Die Berichte der Teilnehmenden zeigten auf,
dass sich diese positiven Entwicklungen auch auf die Ebene des Teams
und der Organisation ausweiten konnten.

Ähnliches berichten mir auch immer wieder die Teilnehmenden an
den Mindfulness Leadership-Ausbildungen, die der Pädagoge, Organi-
sationsberater und Mediator Rudi Ballreich (*1955) seit einigen Jahren
in Kooperation mit der Universität Witten am Benediktushof in der
Nähe von Würzburg durchführt und in deren Rahmen ich regelmäßig
über meine Forschungsergebnisse berichten darf. Aber auch in anderen achtsamkeitsbasierten Ausbildungen, wie sie von der Tanz- und
Gestalttherapeutin Susanne Breuninger-Ballreich (*1952) oder dem
Psychologen und Psychotherapeuten Gerd Metz (*1948) – übrigens
während der Coronakrise auch digital – angeboten werden und an den
denen ich seit Jahren als Dozent mitwirken darf, berichten die teilnehmenden Personen über ganz ähnliche Erfahrungen. Sie alle haben
einen thematischen Kern: Die Menschen fangen nach einer gewissen
Zeit an, ruhiger, authentischer und zentrierter zu werden, tiefer und
offener wahrzunehmen, aber sie werden dabei auch sensibler, freundli-
cher und in einem konstruktiven Sinne kritischer sich selbst und anderen gegenüber.

Gerade wegen der letzten Eigenschaft habe ich kein schlechtes Gewissen, wenn mir – was mitunter geschieht – der Vorwurf gemacht
wird, dass ich mit den achtsamkeitsbasierten Programmen doch eigentlich auch nur dazu beitrage, ein neoliberales Selbstoptimierungspro-
gramm unter dem Deckmantel des Gutmenschentums zu befeuern.
Ich weise dann ganz beiläufig darauf hin, dass ich erst einmal empfeh-

len würde, den phänomenologischen Beipackzettel von achtsamkeitsbasierten Programmen eingehend zu studieren. Was meine ich damit? Vielleicht kann ich das am besten an einer realen Begebenheit verdeutlichen, die mir unter die Haut gegangen und so auch in guter Erinnerung geblieben ist.

Vor einigen Jahren wurde ich vom Chefarzt einer Klinik gebeten, ein achtsamkeitsbasiertes Programm für das gestresste Personal seiner Intensivstation durchzuführen; der Krankenstand und die Unzufriedenheit seien leider groß, der Arbeitsdruck zu hoch. Mein Hinweis, dass die naheliegende Lösung doch wäre, mehr Personal einzustellen, um den Arbeitsdruck zu reduzieren, wurde nur mit einem gequälten Lächeln quittiert; dies sei immerhin angedacht, aber schwierig zu finanzieren. Immerhin konnten wir uns darauf einigen, das Programm über acht Wochen zumindest mit einem Teil der Belegschaft durchzuführen. Dabei gab es durchaus organisatorische Schwierigkeiten, denn man kann auf einer Intensivstation nicht mal einfach so alle Pflegekräfte und Ärzte während der Arbeitszeit zum Meditieren schicken. Wir haben schließlich vereinbart, dass eine Achtsamkeitstrainerin zwei Monate lang jede Woche eine halbe Stunde während der Schichtübergabe in die Klinik kommt, um mit dem gestressten Personal ein paar alltagstaugliche Achtsamkeitsübungen wie die Bauchatmung oder eben den achtsamen Dialog zu trainieren. Nach dem zweiten Termin ist dann eine geschätzte, langjährige Pflegekraft mit den Worten »Ich kann und will so nicht mehr arbeiten!« aufgestanden, geradewegs in die Personalstelle gegangen und hat gekündigt. Warum hat sie das getan? Ihren eigenen Worten nach war sie ursprünglich aus christlich-karitativen Gründen in die Pflege gegangen, hatte dann aber zunehmend Probleme bekommen, den – wie sie selbst sagte – »Spagat zwischen Ethik und Monetik« mit ihrem Gewissen zu vereinbaren. Es hatte also bereits über Jahre in ihr gearbeitet, und die Achtsamkeitsübungen haben wohl wie ein psychohygienischer Katalysator gewirkt. Sie fasste daraufhin den Entschluss zu kündigen, was alle Beteiligte ziemlich betroffen machte. Ihren Entschluss konnten alle nachvollziehen, denn es war ihr sichtbar schon seit einiger Zeit nicht gut gegangen. Ein anschließendes Gespräch mit dem Team hatte zur Folge, dass die Mitarbeitenden der Intensivstation daraufhin eine Art Petition verfassten und an die Geschäftsleitung übermittelten. Darin hatten sie die aus ihrer Sicht notwendigen und wünschenswerten Veränderungen zur Verbesserung der Arbeitsqualität in meinen Augen gut begründet dargestellt. Leider hat sich – nach anfänglicher Gesprächsbereitschaft – die Geschäftsführung an dem Punkt, wo es nun an die Umsetzung gegangen wäre, nicht weiter auf den Prozess eingelassen, sodass Unmut und Frust das magere Resultat waren.

Dieses Erlebnis zeigt für mich auf, dass man Achtsamkeit in Organisationen nicht nur als Schnellreparaturkit für Stressproblematiken und als Mittel zur Leistungssteigerung sehen sollte. Vielmehr sollten die Verantwortlichen sowohl die Bereitschaft, aber vor allem den Mut mitbringen, neue Diskurse mit allen beteiligten Personen ernsthaft zu diskutieren, wenn solche durch den Prozess des Empowerment ausgelöst werden. Ebenso wichtig wäre die aufrichtige Bereitwilligkeit, diese Vorstellungen auch zu realisieren (Kohls, Berzlanovich & Sauer 2013). Andernfalls kann das Ganze aus Sicht der Organisation ziemlich negative Nebenwirkungen haben, was ich grundsätzlich beruhigend finde.

Ich habe seitdem viele Organisationen gesehen, in denen ein achtsamkeitsbasierter Veränderungsprozess wunderbar geklappt hat. In all den Fällen konnte eine von Vertrauen und Wertschätzung getragene Unternehmenskultur entstehen, von der sowohl die betreffenden Organisationen als auch die Mitarbeitenden materiell wie immateriell profitieren konnten.

Doch zurück zur individuellen Achtsamkeit. Auf der Grundlage der bisherigen Ausführungen können wir Achtsamkeit als eine Form der erfahrungsbasierten Bewusstseinsschulung und -kultivierung speziell für die Wahrnehmung und den Umgang mit Anomalien, aber auch für Wahrnehmungsprozesse generell auffassen. Denn durch Achtsamkeit versuchen wir, unsere mühsam erlernten mentalen Repräsentationskategorien willentlich, zumindest temporär beiseitezuschieben, um möglichst nahe und unverfälscht mit einer Haltung von unvoreingenommener Neugierde und Staunen, aber auch Dankbarkeit, Ehrfurcht und Demut an unseren Wahrnehmungen zu bleiben. Wir lassen diese zunächst einmal auf uns wirken, ohne gleich in den aktionsgetriebenen Handlungsmodus zu kommen. Wenn wir in der Meditation sitzen und eine unangenehme Körperempfindung wie etwa einen Juckreiz verspüren, unterdrücken wir zunächst den Impuls, uns zu kratzen, und verharren darin, bis wir wahrnehmen, wie die körperliche Empfindung sich verändert oder sogar ganz von allein verschwindet. Dabei muss man versuchen, für einige Zeit sowohl aus dem Projekt- als auch aus dem Kampagnenmodus zu kommen. Das bedeutet nichts anderes, als den beflissenen Soldaten genauso wie den stummen General für einen Moment im wahrsten Sinne des Wortes auszublenden. Das versetzt uns in die Lage, eine nicht so subjektiv-individualistisch verzerrte und auf unmittelbare Handlungsabsichten abzielende Perspektive auf die Objekte unserer Wahrnehmung zu entwickeln, zu der wir – zumindest in unserem Kulturkreis – seit Kindesbeinen erzogen wurden. Spitz formuliert könnte man sagen, wir deprojektieren die Welt. Dadurch wird neben der Zeit- und Raumwahrnehmung auch die Selbstwahrnehmung verändert und die Grenzen unseres Ichs werden verschoben.

Am Beispiel der Zeitwahrnehmung kann man dies leicht veranschaulichen. Menschen sind in einem beständigen Strom des Zeiterlebens eingebettet. Die Erkenntnisse der neurobiologischen und psychologischen Forschung zum Identitäts- und Zeiterleben weisen darauf hin, dass sie nun den gegenwärtigen Moment im Wachzustand – das heißt das, was wir als Jetzt bezeichnen – immer als eine im jeweiligen Moment schwebende phänomenale Ereignisinsel wahrnehmen, die stets zwischen Vergangenem und Zukünftigem vermittelt. Durch Rückgriff auf das autobiografische und episodische Gedächtnis wird ein spezifischer wahrgenommener Reiz oder eine aus einem Reizbündel bestehende konkrete gegenwärtige Situation auf der Basis von vergangenen Lernerfahrungen eingeordnet und beurteilt. Dies ist erforderlich, um die wirksamsten oder vielversprechendsten Verhaltensweisen in der jeweiligen Situation auszuwählen, damit ein gewünschtes zukünftiges Ereignis eintritt oder umgekehrt ein unerwünschtes ausbleibt. Auf der einen Seite sind diese kognitiv-emotionalen Rückgriffe in die Vergangenheit über das episodische Gedächtnis sowie das antizipierende, auf einen zukünftigen Zustand bezogene Handeln aus evolutionsbiologischer Sicht äußerst sinnvolle Mechanismen. Sie tragen dazu bei, Problemlösefähigkeiten zu entwickeln oder zu erweitern und erhöhen somit letztlich auch die Wahrscheinlichkeit für das individuelle Überleben. Andererseits dienen diese Strategien der Komplexitätsreduktion vor allem der Optimierung der Wahrnehmungsgeschwindigkeit. Sie reduzieren die Genauigkeit des Gegenwartserlebens zugunsten von effizienten Mustererkennungsprozessen auf ein für das Überleben erforderliches Maß. Deswegen werden nur so viele sensorische Reize verarbeitet, wie für schnelle und hinreichend akkurate Entscheidungsprozesse und sich daran anschließende Verhaltensweisen absolut notwendig sind. Der unsichtbare Gorilla, Sie erinnern sich? Durch mentale Repräsentationskategorien, die genetisch angelegt oder in früheren Lernerfahrungen ausgebildet wurden, wird die Klassifikation der beobachteten Phänomene ermöglicht, sodass sie entweder als gefährlich, interessant oder belanglos eingeschätzt und beurteilt werden können.

Achtsamkeit kann vor diesem Hintergrund auch als Versuch beschrieben werden, die individuell erlernten – und zum Teil auch angeborenen – Stereotypen und Vorurteile bewusst kleiner zu machen, um Raum für neue Erlebens- und Reaktionsweisen zu machen. Wenn man jedoch die Zeitwahrnehmung auf die Gegenwart fokussiert, zentriert sich die Raumwahrnehmung sowohl auf die Umgebung als auch auf den Körper, ganz im Sinn des Embodiments (Kohls et al. 2019). Wir sind im viel beschriebenen Zustand des Hier und Jetzt und erleben eine neue Offenheit.

Erreichen können wir dies beispielsweise, indem wir uns nur auf unseren Atem konzentrieren und ganz bewusst unsere gerade stattfindenden Ein- und Ausatemprozesse verfolgen. Einatmen, beobachten! Ausatmen, beobachten! Einatmen, beobachten! Normalerweise schenken wir dem Atem keine große Beachtung, weil er – obgleich er unser steter Begleiter von der Wiege bis zur Bahre ist – scheinbar wie von selbst erfolgt. Ausnahmen sind Momente, wenn wir seufzen oder einen tiefen Atemzug nehmen. Deswegen fokussieren viele Meditationsformen – wie die Achtsamkeit – eben auf den Atemprozess. Indem wir einen der 600 Millionen Atemzüge beobachten, die wir bei einer normalen Lebenserwartung von etwa 80 Jahren zu tätigen haben, können wir so jederzeit unsere innere Befindlichkeit und Gestimmtheit wahrnehmen. Interessant erscheinen in diesem Zustand also nur noch die Gegenwart und unsere augenblickliche körperliche Verortung darin, denn mehr ist in dem jeweiligen Moment streng genommen nicht existent. Genau das ist mit dem Begriff *mindful embodiment,* das heißt achtsame Verkörperung, gemeint, nämlich das kongruente zentrierende Ausrichten von Denken, Fühlen und Verhalten mit dem Ziel, mit der Haltung und im Geiste der Achtsamkeit offen und akzeptierend das wahrzunehmen, was da gerade in und um uns ist. Nicht mehr, aber auch nicht weniger. Wissenschaftlich ausgedrückt ist dies genau das Gegenteil von *mind wandering.*

Wenn Sie so wollen, ist Achtsamkeit ein absichtlich etabliertes Gegenprogramm gegen unsere Wahrnehmungs- und Verhaltenskonditionierung, mental in der Vergangenheit zu wühlen oder die Zukunft zu antizipieren sowie fremde Orte im Geiste zu bereisen, oder eben sofort aktiv eine Handlung zu initiieren. Es ist ein existenzieller Urlaub mit sich selbst, einhergehend mit Distanzierung von den eigenen mentalen Repräsentationskategorien durch bewusste, intentionale Kultivierung von Bewusstsein. Wenn bereits in frühen religiösen Texten – so auch im Christentum – auf das Abbildungsverbot in Bezug auf Gott hingewiesen wird, spricht dies dafür, dass schon die Altvorderen wussten, dass das Ausbilden von bildhaften mentalen Repräsentationskategorien zwar dem Bedürfnis des menschlichen Geistes nach Anschaulichkeit entspricht, aber auch die Gefahr birgt, schnell Opfer dieser mentalen Kategorien zu werden: Denn die Landkarte entspricht nicht der Landschaft.

KIPPENDE WÜRFEL, ERFRISCHENDES BLINZELN UND DIE STABILISIERUNG DER GEGENWARTSWAHRNEHMUNG

Durch Achtsamkeitsschulung kann man nicht nur lernen, seine Wahrnehmungsprozesse zu beobachten, sondern auch, diese bewusst zu stabilisieren. Wir haben bereits gesehen, dass Wahrnehmung nichts Statisches, sondern ein komplexer und stets dynamischer Konstruktionsprozess des Gehirns ist. Dies betrifft vor allem die Wahrnehmung der Gegenwart, und die meisten achtsamkeitsbasierten Interventionen setzen folglich im Hier und Jetzt an. Dies lässt sich ebenfalls für das visuelle Wahrnehmungssystem wissenschaftlich belegen, indem man sogenannte Kippfiguren benutzt, die im Englischen auch als *bistable images* bezeichnet werden. Das sind spezielle Abbildungsfiguren, die zwei oder sogar mehrere visuelle Interpretationsoptionen zulassen und dadurch zu einem spontanen oder absichtlich produzierten Umkippen der Gestalt im Sinne von Wahrnehmungswechseln führen können. Prominente Beispiele sind der anonym geschaffene *Hasen-Enten-Kopf* oder die von dem dänischen Gestaltpsychologen Edgar J. Rubin (1886–1951) geschaffene *Vasen-Gesichter-Abbildung*.

Anonym, Hasen-Enten-Kopf;
Quelle: Wikimedia (cc/N.N.)

Edgar J. Rubin, Vasen-Gesichter-Abbildung;
Quelle: Adobe Stock (Fiedels)

William E. Hill, Meine Frau und meine Schwiegermutter;
Quelle: Granger

Bekannt ist aber auch das von dem englischen Cartoonisten William E. Hill (1887–1962) gemalte Bild *Meine Frau und meine Schwiegermutter*, bei dem je nach Betrachtungsmodus eine alte oder eine junge Frau zu sehen ist. Sehen Sie beide Frauen? Nach Ansicht des Gestaltpsychologen Rubin kann man diese Bilder und die darin enthaltenen Wahrnehmungsoptionen im Sinne von unterschiedlichen Betrachtungsweisen als eine visuelle Veranschaulichung des Prinzips der Komplementarität ansehen. Komplementarität steht für zwei sich scheinbar ausschließende, aber gleichzeitig auch nicht aufeinander reduzierbare Beschreibungs- oder Betrachtungsweisen. Beide Interpretationsalternativen sind jedoch in ihrer wechselseitigen Bezogenheit erforderlich, um ein komplexes Phänomen im Ganzen ausdeuten und manifestieren zu können. So sind die Kippbilder eben weder Ente noch Hase, Gesicht noch Vase oder alte und junge Frau, sondern irgendwie immer beides, auch wenn immer nur eine Gestaltfigur wahrnehmbar ist.

Ursprünglich im Kontext der Gestaltpsychologie verortet, wurde das Konzept der Komplementarität dann auch von dem berühmten dänischen Physiker Niels Bohr (1885–1962) auf den rätselhaften, scheinbar gegensätzlichen Dualismus von Welle und Teilchen im mathematischen Formalismus der Quantentheorie übertragen, ohne jedoch die psychologischen Vordenker groß zu erwähnen. Aber wenn die Welt auf einer fundamentalen Ebene, wie sie die Quantenphysik beschreibt, komplementär organisiert ist, müssen auch in unserer Biologie, Neurologie, Physiologie und Psychologie entsprechende Mechanismen vorhanden sein, die uns befähigen, damit umzugehen.

Phänomenale Zeitgestalten, Zeiträume der Freiheit und Orientierung in der Zeit

Vor einigen Jahren haben meine Kollegen und ich ein interessantes Experiment durchgeführt, bei dem wir Versuchspersonen gebeten haben, den sogenannten Necker-Würfel zu betrachten (Sauer et al. 2012).

Der Necker-Würfel ist eine von dem Schweizer Physiker Louis Necker (1786–1861) entwickelte optische Kippfigur auf der Basis eines dreidimensionalen Würfels, der in der folgenden Abbildung dargestellt ist.

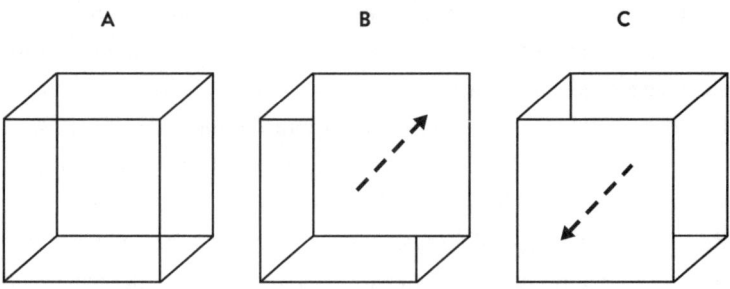

A   B   C

Der Necker-Würfel und seine Wahrnehmungsoptionen;
Quelle: Eigene Darstellung angelehnt an Sauer et al. (2012)

Der Würfel in der Figur A stellt eine klassische Kippfigur eines Kubus dar, den man entweder von unten links, wie in der Figur B, oder von oben rechts, wie in der Figur C durch die gestrichelten Pfeile angedeutet, betrachten kann. Wenn Sie Schwierigkeiten haben, den Necker-Würfel in einer der beiden Positionen zu sehen beziehungsweise ihn entsprechend umzukippen, seien Sie nicht irritiert. Das passiert häufig, und für manche Menschen kann das Kippen gerade zu Anfang etwas schwierig sein.

In diesem Fall probieren Sie einfach mal aus, schnell zu blinzeln, dann sollte es klappen! Das liegt daran, dass durch das Schließen der Augenlider Hornhaut und Bindehaut vollständig bedeckt sind, und so für einen Augenblick keine Reize mehr von extern in das visuelle System zur Weiterverarbeitung eingespeist werden. Dieser kleine Moment der Pause reicht dem visuellen System schon, um sich etwas zu erholen, und so auch beispielsweise Nachbilder auf der Netzhaut verschwinden zu lassen sowie das visuelle System neu einzustellen, sodass eine neue Offenheit für alternative Interpretationen der Reize geschaffen wird. Dann werden Stimuli wie der Necker-Würfel mit einem frischen Blick betrachtet und können so alternativ interpretiert werden. Es wird also Potenzial für eine neue Offenheit geschaffen.

Wenn Sie sich schon immer gefragt haben, warum Menschen sich mitunter beim In-die-Augen-Sehen zublinzeln, können Sie jetzt den Grund erahnen. Sie signalisieren durch das Zwinkern nicht nur Vertrauen, sondern vor allem eine achtsame Offenheit und Freundlichkeit der anderen Person gegenüber, weil sie vor der weiteren Interaktion absichtlich eine kleine Wahrnehmungspause gemacht haben. Die nonverbale Botschaft lautet: »Ich sehe dich, vertraue dir und will nichts Böses!«

Was hier nur für einen Augenblick durch Blinzeln passiert, ermöglicht es unserem Gehirn im nächtlichen Schlaf, spezifische Erholungs-, Regenerations-, Konsolidierungs- sowie Codierprozesse vorzunehmen, nach deren Durchlauf wir morgens mit neuen körperlichen und psychischen Kräften fast wie neue Menschen erwachen. Absichtlich die Augen für eine Zeit zu schließen, zu blinzeln oder diese rhythmisch zu bewegen, ist insofern eine mächtige Wirkstrategie für Dekonditionierung, das heißt für das Abstreifen von Wahrnehmungsschablonen.

Die von der amerikanischen Psychologin Francine Shapiro (1948–2019) Ende der 1980er-Jahre entwickelte *Eye Movement Desensitization and Reprocessing*-Therapie (EMDR) gilt als eines der wirksamsten Verfahren zur Behandlung von Traumafolgestörungen bei Erwachsenen und Kindern. Häufig kann ein schweres Trauma nicht verbal angesprochen werden und es kommt zu sprachlosem Entsetzen, weil die traumarelevanten Erinnerungen dissoziiert, das heißt mental abgespalten, werden und nicht mehr erreicht werden können. Selbst der beflissene Soldat ist sprachlos und der General ratlos, weil die erinnerten emotionalen Anteile einfach zu bedrohlich sind, um sprachlich ausgedrückt und deswegen auch mental verarbeitet zu werden. Auf der sprachlichen Ebene kann man nun keinen direkten Zugriff erhalten. So versuchte Shapiro, durch bestimmte rhythmische Augenbewegungen – mitunter auch unter Einbeziehung taktiler und akustischer Reize – eine bilaterale Stimulation der Augen zu erzeugen und so eine Synchronisation der beiden Gehirnhälften anzuregen, um damit eine innere Reorganisation der dysfunktionalen Traumaerfahrung zu erreichen. Der General und sein beflissener Soldat werden auf diese Weise dazu gebracht, die Erinnerung an das traumatische Erlebnis gemeinsam nichtsprachlich aufzuheben, um sie dann in Worte zu fassen, sprachlich zu verarbeiten und sie zuletzt in entschärfter Form wieder neuronal und psychologisch abzuspeichern.

Achtsamkeit verändert aber auch unser Zeitgefühl im Sinn der Gegenwartswahrnehmung. Fixieren Sie jetzt noch einmal den Würfel in der Figur A und versuchen Sie, ihn möglichst lange in einem der beiden Zustände mental zu stabilisieren. Was stellen Sie fest? Lassen Sie mich raten: Es gelingt Ihnen eine gewisse Zeit lang, doch dann kippt der unverschämte Kubus einfach in den anderen Wahrnehmungsmodus um, obwohl Sie das gar nicht wollen! Es ist wie verhext, als würde der Würfel ein Eigenleben entwickeln und einfach umkippen, wann er will. Jedoch ist hierfür nicht der Necker-Würfel, sondern allein Ihr Gehirn, genauer gesagt, Ihr visuelles System verantwortlich. Dieses bindet unterschiedliche Reizkonstellationen zu einer phänomenalen Zeitgestalt zusammen, probiert aufgrund von psychophysiologischen Bahnungs-, aber auch Ermüdungsprozessen sowie einer prinzipiellen Offenheit für alternative Mustererkennungsprozesse, nach einer gewissen Zeit – auch ohne Ihr Blinzeln – einfach neue Interpretationsoptionen. Und Sie können das nicht kontrollieren! Genau wenn das passiert, kippt der Würfel in Ihrer Wahrnehmung um und Sie ärgern sich vielleicht ein bisschen, weil es gegen Ihren Willen geschehen ist.

Exakt diese Aufgabe haben wir insgesamt 76 Versuchspersonen aus England, Deutschland und der Schweiz gestellt. Die Versuchspersonen bestanden aus 38 meditationserfahrenen Individuen mit einem Durchschnittsalter von 51 Jahren und mindestens fünfjähriger achtsamkeitsbasierter, täglicher Meditationspraxis, sowie einer Kontrollgruppe mit gleicher Altersstruktur, aber ohne jegliche Meditationserfahrung.

Im ersten Teil des Experiments haben wir alle unsere Versuchspersonen gebeten, den Necker-Würfel für drei Minuten einfach nur anzuschauen und jedes Mal einen Knopf zu drücken, wenn die Wahrnehmung des Würfels umkippte. In diesem ersten Teil des Experiments gab es keine signifikanten Unterschiede zwischen den beiden Gruppen in der durchschnittlichen Zeitdauer von knapp fünf Sekunden, innerhalb derer der Würfel stabil in einem der beiden Zustände fixiert werden konnte. Dieser Wert von fünf Sekunden liegt übrigens in dem Erwartungswert für das Zeitfenster der Gegenwartswahrnehmung.

Im zweiten Teil des Experiments haben wir dann unsere Versuchspersonen gebeten, den Würfel auch wieder für drei Minuten zu betrachten, ihn diesmal aber willentlich so lange wie möglich in einer der beiden möglichen Wahrnehmungszustände zu fixieren. Dies sollte dadurch erreicht werden, dass sich die meditationserfahrenen Teilnehmer in den Zustand der Achtsamkeit versetzen. Die Kontrollpersonen sollten ebenfalls versuchen, achtsam zu sein. Und siehe da, die Meditationserfahrenen waren in der Lage, den Würfel durchschnittlich für fast acht Sekunden stabil zu halten, während es den nicht meditationserfahrenen Versuchspersonen nur für etwas über sechs Sekunden gelang. Die beste Versuchsperson in der Meditationsgruppe konnte den Würfel durchschnittlich sogar für fast 20 Sekunden mental stabil halten, während es in der anderen Gruppe nur etwa 13 Sekunden waren. Wir haben aus den signifikanten Unterschieden geschlossen, dass Personen mit kontinuierlicher Achtsamkeitspraxis in der Lage sind, die zeitlichen Grenzen ihres Gegenwartswahrnehmungsfensters zu verlängern, wenn dies erforderlich ist und sie deswegen achtsam sind.

Vermutlich kann durch Achtsamkeit die Gegenwartswahrnehmung nicht nur stabilisiert werden, sondern auch die Dauer der subjektiven Gegenwartszeitspanne erhöht werden. So wird unter Umständen die Wahrnehmung und mentale Konstruktion von subjektiv neuartigen und vielleicht komplexeren Zeitgestalten ermöglicht. In diesem Zusammenhang ist es interessant, dass die Arbeitsgruppe um meine Kollegen Marc Wittmann und Stefan Schmidt in Freiburg in einem methodologisch hochwertigen Folgeexperiment mithilfe der EEG-Methode in der Lage war, in den Gehirnen von meditationserfahrenen Versuchspersonen ein sogenanntes ereigniskorreliertes Potenzial (ERP) im Frontallappen – etwa 160 Millisekunden nach der Betrachtung des Stimulus – nachzuweisen (Kornmeier et al. 2019). Meine Freiburger Kollegen interpretieren diesen Befund dahingehend, dass intensive Meditations-praxis es scheinbar ermöglicht, die Kontrolle der Frontalhirnbereiche über frühe Schritte der Sinnesverarbeitung zu erhöhen. Neurobiolo-gisch gesprochen heißt das dann Top-down-Modulierung.

Vergegenwärtigen wir uns daher an dieser Stelle noch einmal die scharfsichtige Erkenntnis des Psychiaters Viktor Frankl, die im Höl-lenfeuer des Holocaust geboren wurde:»Zwischen Stimulus, Reiz und Reaktion gibt es einen Raum. In diesem Raum liegt unsere Möglichkeit, unsere Reaktion zu wählen. In unserer Reaktion liegt unser Wachstum und unsere Freiheit.« Zu erkennen, dass es diesen Raum gleichsam in einem psychophysiologischen, aber auch existentiellen Sinne gibt, und dann den systematischen Versuch zu unternehmen, ihn bewusster und umfassender werden zu lassen, ist Bewusstseinskultivierung im Sinne der Achtsamkeit. Die neuronalen Korrelate im Gehirn lassen sich dabei messen.

Wie die Zeitforscher Anna Sircova und Marc Wittmann ausgeführt haben, leben wir Menschen in drei Zeitsträngen: Vergangenheit, Ge-genwart und Zukunft. Existent im eigentlichen Sinne ist aber immer nur der aktuelle Moment in Form der Gegenwart, während Vergangen-heit und Zukunft nur als mentale Vorstellungen existieren. Während depressive und traumatisierte Menschen häufig mit einer dunklen Ver-gangenheit ringen, neigen Individuen mit hedonistischen und impul-siven Gegenwartsorientierungen häufig nicht nur zu gesundheitsris-kanten, sondern auch zu wenig nachhaltigen und wenig prosozialen Verhaltensweisen. Eine hoffnungsvolle, aber auch realistisch ausgerich-tete Zukunftsorientierung, vor allem aber eine achtsame Gegenwarts-orientierung – in Verbindung mit einer fruchtbaren, Verankerung bie-tenden Vergangenheitsorientierung – sind jedoch Voraussetzungen für die Entwicklung einer ausgewogenen Zeitperspektive. Eine derartig ausbalancierte zeitliche Orientierung ist nicht nur gesundheitsförder-lich, sondern zieht auch eine Reihe von nachhaltigen und prosozialen, Lebensfreude stiftenden Einstellungen und Verhaltensweisen nach sich (Wittmann & Sircova 2018). Dazu gehören die Fähigkeit zum Belohnungsaufschub und ressourcenschonendes Verhalten, die als komplementäre Ordnungs- und Orientierungsprozesse in der Zeit zur Ausbildung von Resilienz führen können.

Das Prinzip des komplementären Aufbaus von Wahrnehmungsprozessen wird konzeptionell, aber auch methodologisch in psychotherapeutischen Settings schon lange genutzt. Beispielsweise hat die Psychotherapeutin Marsha Linehan (*1943) schon in den 1980er-Jahren die an den philosophisch-dialektischen Prinzipien des Zen-Buddhismus angelehnte dialektisch-behaviorale Therapie (DBT) für Patienten entwickelt, die an schweren Persönlichkeitsstörungen leiden, wie der häufig durch Traumatisierungen hervorgerufenen Borderline-Persönlichkeitsstörung. Hier lernen die Patienten die Komplementarität von kognitiven und emotionalen Aspekten wahrzunehmen und die sich daraus ergebenden komplexeren Gefühlszustände auszuhalten. Sie können so auch eine gewisse Ambiguitätstoleranz entwickeln, mit deren Hilfe sie mehrdeutige Situationen und ambivalente Gefühle, Gedanken und Handlungsweisen ertragen können. Aber auch in der durch Sigmund Freud (1856–1939) entwickelten Psychoanalyse wird die Komplementarität des bewussten Erlebens zwischen Patient und Therapeut in Form der Artikulation von Übertragung und Gegenübertragung systematisch als therapeutisches Instrument genutzt.

Wie meine Kollegen Siobhan Lynch (*1979), Sebastian Sauer (*1978), Harald Walach und ich einmal ausgearbeitet haben, ist es von entscheidender Bedeutung zu erkennen, dass die grundlegenden Eigenschaften von Achtsamkeit nur auf einer scheinbar paradoxen, eigentlich aber komplementären Wahrnehmungsweise beruhen, die man – ähnlich wie die vermeintlich sinnlosen Kōans in der Zen-Tradition – systematisch schulen und trainieren kann. Unter Kōans versteht man kurze augenscheinlich widersprüchliche Anekdoten, die der Meister den Schülern vorträgt, damit diese die Paradoxie auflösen und so ihren spirituellen Entwicklungszustand zeigen können. Wir haben versucht, dies an den fünf dialektischen Positionen Aktivität versus Passivität, Wollen versus Nicht-Wollen, Verändern versus Nicht-Verändern, Nicht-Urteilen versus Nicht-Reagieren und aktive Akzeptanz versus passive Akzeptanz zu veranschaulichen (Sauer et al. 2011). Man muss diese zunächst als paradox erkennen und dann in einem zweiten Schritt ihren inhärenten Gehalt durch achtsame Wahrnehmung als komplementär erfassen, um so ihre tiefe Bedeutung im Bewusstsein kultivieren zu können. Das bekannteste Kōan ist wohl die Frage nach dem Geräusch einer einzelnen klatschenden Hand. Dialektisches Denken und Fühlen sind ein zentrales Werkzeug, um diese Kunst zu entwickeln. Wie groß ist denn Ihr Bewusstseinsraum, wie dialektisch denken Sie und seit wann arbeiten Sie daran, Komplementaritäten wahrzunehmen und diese auch zu kultivieren?

Sie können diese Offenheit für Ihre Zeitorientierung einfach schulen. Eine praktische Übung besteht beispielsweise darin, dreimal täglich für eine Minute achtsam zu atmen. Machen Sie das mal einen Monat lang! Oder fragen Sie sich jeden Abend, bevor Sie die Augen schließen, ob – und wenn ja, welche – Formen der sich ergänzenden Komplementarität Ihnen im Verlauf des zu Ende gegangenen Tages begegnet sind. Meistens erkennt man diese Momente an körperlichen und psychischen Reaktionen wie Ehrfurcht, Demut, Respekt oder Wertschätzung, die uns signalisieren, dass wir gerade ein essenzielles Merkmal des Lebens im Sinne der kunstvollen Vereinigung und somit auch konstruktiven Aufhebung von scheinbaren Gegensätzen erleben durften. Das komplementäre Ganze ist eben mehr als die Summe seiner Bestandteile.

EIN ABC FÜR DIE PSYCHE – DUNKLERE ODER HELLERE ZWERGE IM RINGEN MIT IRRATIONALEN GLAUBENSÜBERZEUGUNGEN

Unser Bewusstseinsraum hat nicht nur eine bestimmte Form und Größe, sondern auch in jedem Moment eine spezifische phänomenologische Färbung. Er ist also nicht nur kognitiv ausgerichtet, sondern auch emotional und motivational angestrichen. Damit ist gemeint, dass wir eine Form von innerer Befindlichkeit haben, die sich sowohl zustandsabhängig als auch situativ schlagartig verändern kann. Es ist jedoch notwendig, selbige erst einmal zu erkennen, um diese emotionale und motivationale Gelagertheit im Sinne von Selbstregulation ausbalancieren zu können. Insofern kann Achtsamkeit auch als Entwicklung eines inneren Armaturenbrettes verstanden werden, das genau dies leistet.

Der amerikanische Psychotherapeut und Begründer der sogenannten Rational-Emotiven Verhaltenstherapie (REVT), Albert Ellis (1913–2007), hat dazu das bekannte ABC-Modell entwickelt. Mithilfe dieses Modells wollte er die Denkmuster und zugrunde liegenden Überzeugungen psychischer Störungen erklären. Ellis war übrigens ein Spätberufener, der zunächst Betriebswirtschaft studiert und dann zunächst einige Jahre im kaufmännischen Bereich gearbeitet hatte. Mit Ende 20 fing er dann an, Psychologie zu studieren, was sowohl für ihn als auch andere Menschen, denen er helfen konnte, eine sehr gute Entscheidung war. Bei der Entwicklung des ABC-Modells ging Ellis von der Annahme aus, dass es drei Ebenen gibt, die bei der Wahrnehmung und Verarbeitung eines Reizes relevant sind:

A steht für *activating event* oder *adversity*, das heißt für das jeweilige auslösende Ereignis beziehungsweise die Widrigkeit oder den Stressor selbst;

B steht für *belief system*, das heißt für die Glaubensüberzeugungen, mit denen das Ereignis beziehungsweise der Stressor wahrgenommen und interpretiert und so quasi durch die Psyche durchkanalisiert wird;

C steht für *consequences*, das heißt für die Konsequenzen, die die Wechselwirkung von Stressor und Glaubenssystem auf kognitiver, emotionaler sowie auf der Verhaltensebene nach sich zieht.

Auch bei diesem Modell ist eine Nähe zum psychomotorischen Reflexbogen spürbar: Ein unangenehmes oder stressbehaftetes, äußeres oder inneres Ereignis (A) wird aufgrund spezifischer bewusster oder unbewusster Überzeugungen (B), die durch das Ereignis aktiviert werden, in einer spezifischen Form wahrgenommen, interpretiert und bewertet. Erst im Zuge der – durch die Bewertung erfolgte – Bedeutungserteilung des Ereignisses kommt es in der Konsequenz (C) zu kognitiven, emotionalen und motivationalen Reaktionen sowie korrespondierenden Verhaltensweisen.

Ellis ging allerdings davon aus, dass Menschen von Geburt an eine Disposition zu irrationalem Denken haben und diese unter Stress und Misserfolg noch verstärkt werden kann. Folglich war er besonders daran interessiert, negative irrationale Überzeugungen, das heißt destabilisierende und krank machende Bewertungsmuster sowie deren Wechselwirkungen zu untersuchen. Als negative irrational sah er dabei solche Überzeugungen an, die in ihrer rigiden Überzogenheit und Einseitigkeit dogmatisch, destruktiv oder selbstsabotierend, auf jeden Fall aber nicht im Einklang mit den physikalischen und sozialen Realitäten sind. Somit führen diese negativen irrationalen Überzeugungen – Ellis zufolge – zu ungesunden und letztlich langfristig selbstschädigenden Emotionen und dementsprechenden Verhaltensweisen wie Wut, Groll, Scham, Kränkung. Aber auch chronische Angst und Depression, ungerechtfertigter Neid und Eifersucht können dadurch entstehen, vor allem aber Verbitterung, Argwohn und Misstrauen.

Dem gegenüber stellte Ellis rational-negative Überzeugungen, die Gefühle und Verhaltensweisen umfassen, die seiner Ansicht nach zwar ebenfalls unangenehm, aber zielführend, hilfreich und gesund sind. Dazu zählen beispielsweise berechtigte Enttäuschung, Verdruss, Trauer oder ehrliches Bedauern und aufrichtige Reue beziehungsweise gerechtfertigte Skepsis. Als gesunde, wenn auch negative Emotionen fasst Ellis alle Gefühle auf, die Menschen dazu bringen, das zu ändern, was geändert werden kann, und das zu akzeptieren, was nicht geändert werden kann. Das erinnert sehr an die ersten Zeilen des von dem amerikanischen Theologen Reinhold Niebuhr (1892–1971) im Zweiten

Weltkrieg verfassten Gelassenheitsgebets: »Gott, gib mir die Gelassenheit, Dinge hinzunehmen, die ich nicht ändern kann, den Mut, Dinge zu ändern, die ich ändern kann, und die Weisheit, das eine vom anderen zu unterscheiden.« Aber auch das haben wir ja bereits als ein Wesensmerkmal resilienter Menschen identifiziert.

Um seine grundlegende Idee zu veranschaulichen, hat Ellis die irrationalen Überzeugungen in vier Grundkategorien und später dann noch in mehr als 20 Unterkategorien eingeteilt, die sowohl in konstruktiv-flexibler als auch destruktiv-rigider Form vorhanden sein können. Meine ehemalige Chefin und Kollegin, die Freiburger Psychologin Claudia Kollmann, hat dieses Modell didaktisch sehr nachvollziehbar aufbereitet, weswegen es in Seminaren bei den Teilnehmenden häufig zu Aha-Momenten kommt. In leicht abgewandelter Form entspricht dies entweder einem dunkleren oder einem helleren Zwergengehäuse, welches in unserem Kopf aus den Ziegelsteinen unserer subjektiven Wahrnehmungsschablonen und Glaubensüberzeugungen gebaut ist.

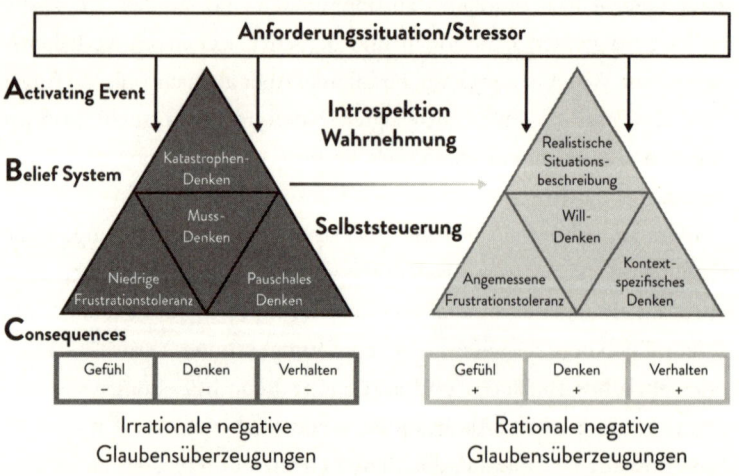

Das ABC-Modell als dunklere und hellere Zwergengehäuse;
Quelle: Eigene Darstellung nach Kollmann

In dem dunkleren bzw. helleren Dreieck wohnen jeweils vier dunkelgraue dysfunktionale, beziehungsweise vier hellgraue funktionale Zwerge, die stellvertretend für die zentralen irrationalen und rationalen negativen Glaubensüberzeugungen stehen. Ellis hat diese dann noch in 23 Unterannahmen aufgeschlüsselt. Im Zentrum des dysfunktionalen dunkleren Zwergengehäuses stehen die drei folgenden basalen Muss-Annahmen (»Du musst die Statistikprüfung jetzt mit einer sehr guten Note bestehen, denn da schauen die guten Arbeitgeber vor allem ganz genau drauf!«):

1. Ich muss gut sein und die Anerkennung der anderen gewinnen, sonst bin ich nicht gut.

2. Andere müssen mich fair und freundlich behandeln, und zwar so, wie ich von ihnen behandelt werden möchte. Wenn sie mich nicht auf diese Weise behandeln, sind sie keine guten Menschen und verdienen es, bestraft zu werden.

3. Ich muss immer bekommen, was ich will und wann ich es will. Genauso darf ich nie bekommen, was ich nicht will. Wenn ich nicht bekomme, was ich will, bin ich halt unglücklich.

Um diesen dunklen Muss-Zwerg (»Du musst jetzt dies mit einer herausragenden Note beim ersten Mal bestehen!«) gruppieren sich das Katastrophendenken (»Wenn du das nicht schaffst, wirst du auf dem Arbeitsmarkt keine Chance haben!«), die niedrige Frustrationstoleranz (»Du armer Pechvogel, das ist einfach zu viel und das hältst du nicht aus!«) und das Globaldenken (»Dieser ganze Mist passiert einfach immer nur dir, du bist eben vom Pech verfolgt oder vielleicht auch einfach zu blöd!«). Die Zwerge fangen schnell an, stressige Situationen und unvorteilhafte Ereignisse zu kommentieren, schaukeln sich dabei gegenseitig hoch und werden folglich auch immer lauter. Die Konsequenz ist dann, dass nicht nur dysfunktionale Kognitionen und Emotionen, sondern auch selbstschädigende Verhaltensweisen entstehen, die unseren Selbstwert angreifen und uns in eine gedrückte Stimmung voller Selbstzweifel bringen.

Demgegenüber steht das funktional orientierte hellere Zwergengehäuse mit dem Will-Denken oder Darf-Denken (»Statistik ist nicht mein Sternchenfach, aber ich will mein Bestes probieren, dann habe ich es hinter mich gebracht!«) als funktionaleres Pendant zum dunkleren Muss-Denken. Analog zum Katastrophendenken gibt es – als hellere Zwerge – die realistische Situationseinschätzung (»Das ist jetzt sicher nicht gut gelaufen, aber die werden dir deswegen nicht den Kopf abreißen!«), eine angemessene Frustrationstoleranz (»Zweimal in Statistik durchgefallen ist schon blöd, aber aller guten Dinge sind eben drei und diesmal nehme ich es nicht ganz so auf die leichte Schulter!«) sowie eine differenzierte Situationseinschätzung (»Beim ersten Mal hattest du einfach auf Lücke gelernt und Pech gehabt, und die zweite Klausur war extrem schwer, das haben alle Kommilitonen gesagt!«).

Wenn man gelernt hat, sich selbst zu beobachten, stellt man fest, dass manche Zwerge lauter und größer sind als andere und – in bestimmten Situationen – gerne die Kontrolle übernehmen und am lautesten schreien. Es gibt auch typische Situationen, in denen hellere Zwerge einige Zeit dunkel blinken und fluktuieren, bevor sie dann abrupt den Grauton wechseln und sich auf einmal verdunkeln. Im schlimmsten Fall explodieren sie. Dann ist die ganze Binnenpsyche erst mal ziemlich dunkel und manchmal sogar pechschwarz.

Es ist jedoch nicht so, dass wir das Erscheinen der dunkleren Zwerge um jeden Preis vermeiden sollten. Denn auch sie haben uns etwas zu sagen, und häufig ist es etwas Wichtiges! Wenn diese dunkel und im Extremfall sogar schwarz eingefärbten Bewohner unserer Binnenpsyche über einen längeren Zeitraum auftauchen, sollten Sie sich allerdings die Frage stellen, ob Sie sich im Sinne der Selbstfürsorge gerade gut behandeln und das Richtige tun. Gehen Sie mit sich gerade so um, wie Sie einen guten Freund behandeln würden, oder sind Sie dabei, sich über Gebühr zu fordern? Es sind wichtige Warnsignale, ähnlich wie die Öllampe beim Motor. Man kann sie zwar eine Zeit übersehen oder sogar abklemmen, aber irgendwann führt das zu größeren Problemen. Andererseits gibt es kein Menschenleben, in dem permanent nur helle oder sogar weiße Zwerge vorhanden sind. Und das ist auch nicht wünschenswert, außer vielleicht in stabilen Erleuchtungszuständen, aber die sind bekanntlich eher die Ausnahme. Jedenfalls sollten wir ernsthaft aufpassen, wenn wir feststellen müssen, dass wir in bestimmten Situationen über einen längeren Zeitraum nur dunkle Zwerge in unseren inneren Händen halten. Denn das Signal ist jetzt, dass wir unsere Einstellung und möglicherweise auch Verhalten überdenken und adaptieren sollten.

Aus motivationspsychologischer Sicht kann man vor allem am Eindämmen des Muss-Denkens arbeiten und die entsprechende motivationale Einstellung im Sinne von Wollen und Dürfen durch neuronale Top-down-Regulation vom Frontalhirn auf das mesolimbische System positiv verstärken. Wie das geht? Versuchen Sie, an einer ungeliebten Aufgabe oder unangenehmen Person etwas Gutes zu finden! Was Sie wollen und ersehnen, weil es einen Wert hat, geht auch leichter von der Hand. Genau hier sind die Quellen der Willenskraft, das heißt Motivation und Intention, verortet, durch die Menschen absichtsvoll initiierte Prozesse positiv beeinflussen und stabilisieren können. Die Neurobiologie tut dann ihr Übriges. Denn in dem Moment, in dem wir anfangen, den Prozess der Handlung um seiner selbst willen und weniger der anschließenden Belohnung wegen auszuführen, haben wir unsere Haltung zu Stress, Bedrohungen und Schwierigkeiten auf eine bedeutsame Weise verändert (»Ich mach die Prüfung jetzt einfach zum dritten Mal und werde das Ding schon rocken!«). So kann auf psychologischer Ebene aus Distress auf einmal Eustress werden. Damit ändern sich zwar nicht die physiologischen und biochemischen Stressmechanismen, aber Sie sehen einen tieferen Sinn in der Auseinandersetzung mit der Anomalie, und Ihre sensiblen Neurotransmittersysteme und Hormone reagieren dementsprechend. Das bedeutet jedoch nicht, dass die dunklen Zwerge alle auf einen Schlag hell oder sogar weiß werden und

Sie sofort in einen beseelten Flow-Zustand rutschen, aber es wird häufig spürbar leichter. Die zu verrichtenden Tätigkeiten bleiben zwar anstrengend, aber die Einstellung hat sich von einem Müssen zu einem Wollen verändert. Deswegen fliegen Sie mit den Flügeln der Motivation und gehen nicht mehr unmotiviert barfuß über spitze Steine.

Unter- und Überforderung:
Resonanz und Dissonanz mit sich selbst und anderen

In der folgenden Abbildung sind die dunklen und hellen Zwergengehäuse in das Yerkes-Dodson-Gesetz-Diagramm hineingelegt worden. Im Bereich der Unter- und Überforderung finden wir so sehr häufig ein dunkel eingefärbtes Zwergengehäuse, das durch Dissonanz mit sich selbst und der Umgebung – sei sie physikalisch oder sozial – charakterisiert ist. Hier kommt es häufig zu Unverständnis, Streit, Wut oder bedauerlichen Missverständnissen und folglich auch häufig zu dysfunktionalen, ermüdenden und mitunter aggressiven Auseinandersetzungen. In der Zone der proximalen Entwicklung hingegen kann es bei der Hinwendung an eine als sinnvoll empfundene Herausforderung häufig zu Resonanz mit sich und anderen Menschen kommen. So kann mitunter sogar ein Zustand der beseelten Getragenheit oder ein gemeinsamer Flow-Moment mit anderen Menschen entstehen. Es sind dies wertvolle Momente, in denen wir uns mit unserer Existenz, der Welt, anderen Menschen und unseren Aufgaben auf einer tiefen und existenziellen Ebene verbunden fühlen. Viel häufiger erleben wir Gemeinschaftsarbeit als zwar intensiv und anstrengend, aber trotzdem lohnend und befriedigend. Es ist beispielsweise das schöne Gefühl, nach einem anstrengenden Arbeitstag müde, aber trotzdem gut gelaunt nach Hause zu gehen, weil alle kollegial zusammengeholfen haben, um ein dringliches Problem zu lösen. Das ist in meiner Arbeitsgruppe beispielsweise der Fall, wenn alle länger an der Hochschule geblieben sind, um einen wichtigen Forschungsantrag noch rechtzeitig einzureichen.

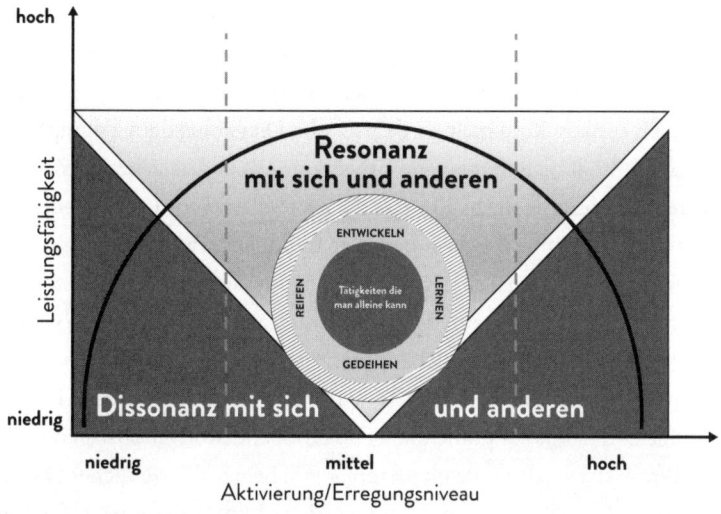

Resonanz und Dissonanz im Yerkes-Dodson-Gesetz;
Quelle: Eigene Darstellung

Vielleicht werden Sie sich jetzt fragen, warum die Zwerge im Sweet Spot nicht einheitlich hellgrau oder sogar weiß, sondern changierend hellgrau wenn auch mit Betonung der sichtbar helleren Nuancen sind. Auf der Grundlage seines Wissens um die Beschaffenheit der neurobiologischen Architektur hielt Ellis die Annahme für überzogen, dass negative Glaubensüberzeugungen sich vollständig in positive Glaubensüberzeugungen umwandeln lassen können. Letzten Endes bleiben es negative Glaubensüberzeugungen. Nur liegt es an uns zu entscheiden, ob diese rational bleiben oder ins Irrationale abgleiten – und damit Gefahr laufen, nicht nur unseren Selbstwert zu zerstören, sondern auch die Beziehungen zu anderen Menschen zu schädigen.

Mit Ellis' Modell ist jedoch nicht gesagt, dass keine beseelten Glücks- und ekstatischen Freudenzustände eintreten können. Doch diese sind – die Amygdala lässt grüßen – selten und dann üblicherweise nur von kürzerer Dauer. Resiliente Menschen versuchen diese Zustände deswegen so lange und intensiv wie möglich zu genießen. Denn sie wissen, dass das pflichtbewusste dopaminerge System ihre Befindlichkeit nach einer kurzen Zeit wieder auf den Ausgangszustand oder sogar darunter drücken wird, um ihren Organismus so wieder für neue Aufgaben vorzubereiten. Auch im antiken Rom hielt ein Sklave oder Diener bei dem Triumphzug durch die Stadt nicht nur einen Lorbeerkranz über den siegreichen Feldherren, sondern flüsterte ihm ständig *memento mori!* ins Ohr – Bedenke, dass du sterblich bist! Damit nahm er freundlicherweise dem dopaminergen System einen Teil der Selbstregulationsaufgabe ab, die internen Motivationssysteme abzufedern und Entgleisungen im Sinne von sich positiv aufschaukelnden Rückkopplungsschleifen zu verhindern.

Genauso wie wir sterbliche Wesen sind, sind auch unsere Glücksgefühle und damit zusammenhängend erhobene Motivationslagen – wie alle Bewusstseinszustände überhaupt – von begrenzter zeitlicher Dauer. Im Sinne der Selbstregulation müssen sie sich immer wieder auf einen Referenzwert rekalibrieren. So kennt jeder von uns wohl die große innere Leere nach einem schon lange herbeigesehnten und schlussendlich erreichten Erfolgserlebnis. Dies hängt aber auch damit zusammen, dass nicht wenige Menschen Probleme damit haben, wenn sie zu lange auf einer Erfolgsspur sind und das gewünschte Ziel in erreichbare Nähe rückt. Dann muss schnell eine neues Ziel her! Personen, die ein Problem mit der Impulskontrolle haben – etwa eine bestehende oder bereits bewältige Suchtthematik –, fallen dann mitunter auf einmal für Außenstehende völlig unverständlich zurück in die alten Verhaltens- oder Suchtmuster. Man fragt sich dann ungläubig: Warum gerade jetzt, wo doch alles so gut für den Menschen lief? Die einfache Antwort ist: Weil das dopaminerge System durch die den Erfolg nährende Tätigkeit als solche und die antizipierte Belohnung am Ende nicht mehr hinreichend getriggert wurde, und deswegen eine Ersatzbefriedigung gefunden werden musste. So kann es zu unerwarteten Rückfällen in bereits überwunden gewähnte dysfunktionale Verhaltensmuster kommen.

Aus diesen Überlegungen heraus wird klar, dass resiliente Menschen ihr Selbst- und Weltbild aus einer tiefen selbstreflexiven Erkenntnis heraus entwickeln. Durch eine konstruktiv-kritische Auseinandersetzung fällt es ihnen leichter, mit Anomalien umzugehen. Außerdem kann sich ihre Identität erfüllender entwickeln und entfalten. Der Umgang mit Enttäuschungen, Rückschlägen und Schwierigkeiten und die Frage, wie diese langfristig die eigene Identität beeinflussen, spielen ebenfalls eine zentrale Rolle.

In der aktuellen psychologischen und psychotherapeutischen Entwicklung sind dies zentrale Themen. Beispielsweise hat die Psychologin und Therapeutin Stefanie Stahl (*1963) ein wirksames Modell entwickelt, um mit negativen Glaubenssätzen aus Kindheitstagen sowie den daraus resultierenden negativen Gefühlen umzugehen. Damit gelingt es, aus dem inneren Schattenkind ein Sonnenkind werden zu lassen. Die Voraussetzung dafür ist die achtsame Beobachtung der Innenwelt und ein aufrichtiger und ernsthafter Dialog mit der inneren Stimme, die vielschichtig, aber auch äußerst kritisch und mitunter schneidend wie ein Scharfrichter sein kann.

Resiliente Menschen haben deswegen das ABC ihrer Binnenpsyche ergründet, und reflektieren dieses zuverlässig und regelmäßig. So können sie in der konstruktiven Auseinandersetzung mit Anomalien und Problemen Verantwortung für ihre eigenen Glaubenssätze übernehmen. Das ist sicher nicht immer einfach, kann aber Zufriedenheit und somit langfristig eine tief empfundene und aufrichtige Lebensfreude erzeugen.

KOHÄRENZGEFÜHL – WENN DER PHÖNIX DER SALUTOGENESE AUS DER ASCHE DES HUMANISMUS STEIGT

Kohärenzgefühl, oder im Englischen *sense of coherence* (SOC), ist ein vom israelischen Medizinsoziologen Aaron Antonovsky (1923–1994) Mitte der 1970er-Jahre eingeführtes Konstrukt, das er auf der Grundlage seiner langjährigen Forschung zu Lebensqualität und Wohlbefinden entwickelt hat. Antonovsky untersuchte ab Anfang der 1960er-Jahre in Israel die psychische Gesundheit und Lebensqualität von Frauen, die

317

während und kurz nach dem Ersten Weltkrieg in Mitteleuropa geboren wurden. Etliche von ihnen waren Opfer des Naziregimes, darunter vor allem Überlebende aus deutschen Konzentrationslagern.

In seinen Daten fand Antonovsky den uns mittlerweile schon gut bekannten Befund: Vielen der ehemals internierten Frauen ging es sehr schlecht, aber ein knappes Drittel beschrieb sich trotz der gravierenden Stressoren, denen sie ausgesetzt waren, subjektiv als gesund und zufrieden. Als er die Daten das erste Mal begutachtete, soll Antonovsky angeblich ausgerufen haben: »Wie zur Hölle kann das sein?« Zunächst war er davon ausgegangen, die Assistenten hätten bei der Auswertung Fehler gemacht. Nach mehrmaliger Überprüfung und Neuberechnung stellte sich dann aber heraus, dass sowohl Daten als auch Auswertungsstrategie korrekt waren. Das gab Antonovsky den entscheidenden Impuls, seine ursprünglich pathogenetische Forschungsfrage – nämlich was Menschen krank macht – umzudrehen und seine Forschungsbemühungen anstelle von Risikofaktoren nunmehr auf Protektivfaktoren zu fokussieren: Was erhält Menschen sogar unter Extrembedingungen gesund und am Leben?

Auch wenn andere Wissenschaftler wie Julian Rotter mit seinen Kontrollüberzeugungen oder auch Suzanne Kobasa mit *hardiness* ähnliche Konstrukte erarbeitet haben, kann Antonovskys Forschung als die Geburtsstunde der Salutogeneseforschung bezeichnet werden, die später auch zur Etablierung der Gesundheitsförderung geführt hat.

Salutogenese – ein pessimistischer Blick auf die Spezies Mensch gibt Anlass zu gesundem Optimismus

Wer war dieser innovativ denkende Forscher, der diese erstaunlichen Befunde erhoben hatte? Aaron Antonovsky wurde 1923 in New York als Sohn russisch-jüdischer Einwanderer in die Weltwirtschaftskrise der 1930er-Jahre hineingeboren. Nachdem er im Zweiten Weltkrieg auf der Seite der Amerikaner gekämpft hatte, studierte er in den Vereinigten

Staaten Soziologie und erlangte die Doktorwürde an der Yale University. Anfang der 1960er-Jahre emigrierte Antonovsky nach Israel und arbeitete an der Hebrew University of Jerusalem, genauer am Hadassah Medical Center. Schon früh in seiner Karriere, zu einer Zeit, als das vorherrschende Paradigma in der Public-Health-Forschung auf Krankheiten und Risikofaktoren fokussiert war, begann Antonovsky, sich für den Zusammenhang von sozialen Klassenunterschieden und Gesundheit sowie für die Auswirkung von Stress auf die Gesundheit zu interessieren. Nachdem er sich als einer der führenden Medizinsoziologen etabliert hatte, war er Anfang der 1970er-Jahre einer der Wegbereiter, der federführend die medizinische Fakultät an der Ben-Gurion-Universität aufbaute. Dort sollte er dann als Inhaber des Kunen-Lunenfeld-Lehrstuhls für medizinische Soziologie auch seine Ideen zur Salutogenese entwickeln und die Theorie des Kohärenzgefühls ausarbeiten. Als er 1993 nach über 20-jähriger Tätigkeit an der School of Medicine in den Ruhestand ging, hatte er zahlreichen Studierenden der Medizin einen neuen Weg des salutogenetischen Denkens aufgezeigt, der die pathogenetische Sichtweise komplementär ergänzt.

Antonovsky war aber auch sein Leben lang an politischen und gesellschaftlichen Problemen interessiert. So hat ihn beispielsweise die Fragestellung, wie eine Aussöhnung Israels mit seinen Nachbarn zu bewerkstelligen sei, intensiv beschäftigt. Antonovsky, der den Holocaust im Gegensatz zu Freunden und Angehörigen nicht persönlich erleiden musste, war tief betroffen von den menschenverachtenden Gräueltaten des Naziregimes und dem grauenhaften Schicksal der europäischen Juden, die im Holocaust systematisch ermordet wurden. So ist es wohl kein Zufall, dass er auf einer seiner letzten Reisen nach Europa die Gedenkstätte des ehemaligen Konzentrationslagers in Auschwitz besuchte. Obwohl er über viele Jahre gezögert hatte, nach Deutschland zu reisen, war Antonovsky 1990 vier Jahre vor seinem Tod bereit, eine Einladung anzunehmen und auf dem Kongress für Klinische Psychologie und Psychotherapie in Berlin einen Vortrag über sein Lebenswerk zu halten.

In einem persönlich gefärbten Teil seines Vortrages führte er aus, dass er, »der sich dem Judentum tief verpflichtet fühlt«, das Resümee gezogen habe, dass »die 2000 Jahre jüdischer Geschichte, die in Auschwitz und Treblinka kulminierten, zu einem tiefgreifenden Pessimismus gegenüber der menschlichen Spezies geführt haben«. Angesichts eines perfekt und im industriellen Maßstab organisierten Massenmordes in eigens dafür errichteten Tötungsfabriken, der trotz eines Mehrfrontenkrieges mit viel Ressourceneinsatz kompromisslos über Jahre hinweg bis zum Kriegsende betrieben wurde, ist Antonovskys Pessimismus mehr als nachvollziehbar. Denn wie viele Menschen haben als willfährige Handlanger eines kranken, menschenverachtenden Regimes an diesem industriell unternommenen Massenmord an Juden, Sinti, Roma und anderen Ethnien mitgewirkt, den man ihnen als bedeutsames eugenetisches Programm zur Sicherstellung der Rassenhygiene verkauft hat? Waren das alles Psychopathen oder metaphorisch gesprochen nur willfährige linkshemisphärisch fokussierte Soldaten? Menschen, die als Befehlsempfänger an einem Eugenetik-Programm mitarbeiteten, das ihnen als vorgeblich wichtig und dringlich verkauft wurde, ohne das bestialische Ausmaß der Dehumanisierung zu sehen? Haben diese Menschen reinen Herzens unter dem Weihnachtsbaum gesessen und mit ihren Kindern gespielt? War da keine innere Stimme des Gewissens zu hören, durch die sie – auch mithilfe ihrer rechten Hemisphäre – eine humanistisch-moralische Kontextualisierung ihres mörderischen Handels hätten erhalten können?

Zurück zu Antonovskys früher Forschung. Bei den Frauen, die ihr Martyrium – im Gegensatz zu den vielen traumatisierten Zeitzeuginnen – günstig für ihre Gesundheit und Wohlbefinden verarbeiten konnten, fand Antonovsky heraus, dass sie ihr Leben aktiv angingen und es als lohnenswerte und bedeutsame Herausforderung ansahen. Zudem erschienen viele von ihnen zutiefst dankbar dafür, noch am Leben sein zu dürfen. Sie haderten nicht mit ihrem grausamen Schicksal, sondern hatten es irgendwie geschafft, damit zurechtzukommen, manchmal sogar Frieden zu schließen. Viele von den Frauen lebten zu dem

Zeitpunkt der Befragung ein äußerst engagiertes, aktives und selbstbestimmtes Leben, und nicht wenige sahen es als ihre zentrale Lebensaufgabe an, prosozial und gesellschaftlich – auch und vor allen im Namen der vielen Ermordeten – von ihren Erlebnissen als Zeitzeuginnen zu berichten. Vor allem durch den Austausch mit der jungen Generation sollte verhindert werden, dass ein so grauenhaftes Verbrechen wie der Holocaust sich jemals wiederholen könnte.

Das aufrichtige und ehrliche Interesse an jungen Menschen ist ein weiteres Merkmal resilienter Menschen, denn sie wissen, dass hier das Potenzial für die Gestaltung einer positiven Zukunft zu finden ist. KZ-Überlebende wie die in Kaiserslautern geborene Erna de Vries (1923–2021), die in Berlin geborene Margot Friedländer (*1921) oder die aus Debrecen stammende Éva Fahidi-Pusztai (*1925) stehen stellvertretend für überlebende Frauen der Schoah, die sich dieser Aufgabe auch im hohen Alter noch mit aller Kraft widmen. Diese Frauen wissen und fühlen aus eigener leidvoller Erfahrung, dass ihr Überleben nicht selbstverständlich war. Gerade deswegen konnten sie jedoch nicht nur mehr Wertschätzung für ihr Leben, ihre Mitmenschen und die Welt aufbringen, sondern sie waren darüber hinaus bereit, mehr Verantwortung für die Gesellschaft und vor allem die Aufklärung der kommenden Generationen zu übernehmen. Viele Zeitzeugen des Holocaust waren also nicht nur nachdenklicher, prosozialer und empathischer geworden, sondern auch persönlich und charakterlich in der Auseinandersetzung mit dem Leid gereift. Viele traumatisierte Menschen – Männer wie Frauen – sorgten sich als Konsequenz der Überwindung ihres Traumas nicht nur ernsthaft um die Zukunft der Menschheit, sondern sie taten das in ihrer Macht Stehende, die zukünftige Entwicklung des menschlichen Schicksals positiv zu beeinflussen. Und sie alle wissen: Die Kinder sind der Schlüssel dazu, denn sie sind die gegenwärtigen Träger des größtmöglichen Entwicklungspotenzials. Was liegt da näher, als an Schulen und Universitäten zu gehen und authentisch das Erlebte zu berichten?

Kohärenzgefühl als Fähigkeit,
im Fluss des Lebens schwimmen zu können

Antonovskys zentrale Forschungsergebnisse zu Stress und Coping fasste er dann in der Theorie des Kohärenzgefühls zusammen. Man kann die Frage nach dem Kohärenzgefühl als Suche nach den psychologischen Quellen der geheimnisvollen Kraft zum Leben auch als Resilienz beschreiben, mit der jeder Organismus die allgegenwärtigen Belastungsfaktoren zu kompensieren versucht, die ihm durch seine Lebensbedingungen auferlegt werden. Die zentrale Leitfrage war dabei, um es in Antonovskys Worten zu sagen, wie ein Individuum es lernen kann, im Fluss des Lebens zu schwimmen und nicht unterzugehen: »... meine fundamentale philosophische Annahme ist, dass der Fluss der Strom des Lebens ist. Niemand geht sicher am Ufer entlang. Darüber hinaus ist für mich klar, dass ein Großteil des Flusses sowohl im wörtlichen als auch im übertragenen Sinn verschmutzt ist. Es gibt Gabelungen im Fluss, die zu leichten Strömungen oder in gefährliche Stromschnellen und Strudel führen. Meine Arbeit ist der Auseinandersetzung mit folgender Frage gewidmet: ›Wie wird man, wo immer man sich in dem Fluss befindet, dessen Natur von historischen, soziokulturellen und physikalischen Umweltbedingungen bestimmt wird, ein guter Schwimmer?‹ (Antonovsky 1997, S. 92)«.

Bei dem von ihm beobachteten Kohärenzgefühl handelt es sich, ähnlich wie bei der Resilienz, nicht um einen spezifischen und besonders erfolgreichen Copingstil. Vielmehr ist es die Fähigkeit eines Individuums, aus den zur Verfügung stehenden und erlernten Copingmechanismen die für eine bestimmte Anforderungssituation am besten geeignete auszuwählen. Insofern ist es gerechtfertigt, das Kohärenzgefühl als eine Art von Meta-Copingstrategie im Sinne einer individuellen Lebensphilosophie, -haltung und -kompetenz zu verstehen. Als die Grundvoraussetzungen für das Entstehen von Kohärenzgefühl gab Antonovsky drei Komponenten an, nämlich Verstehbarkeit, Handhabbarkeit und Bedeutsamkeit. Man kann diese drei Faktoren als die drei Seiten eines Dreiecks ansehen, dessen Fläche das Kohärenzgefühl symbolisiert. Dieses kann sich entwickeln, wenn weder Unter- noch Überforderung dauerhaft eintritt.

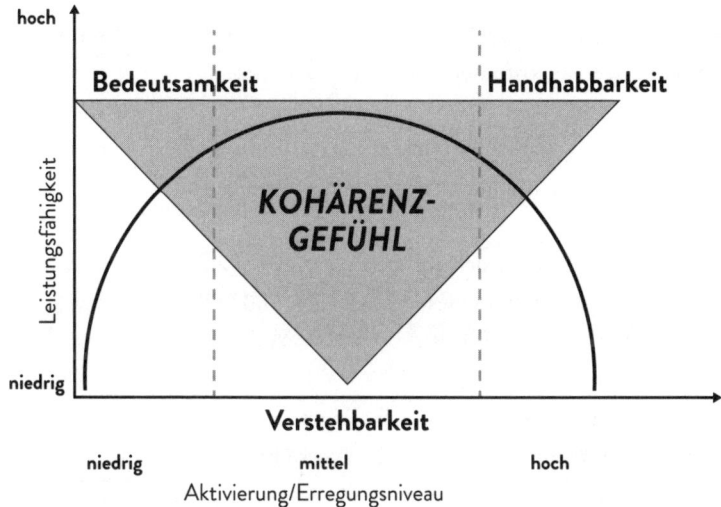

Verortung des Kohärenzgefühls im Yerkes-Dodson-Gesetz; Quelle: Eigene Darstellung

Das Kriterium der Verstehbarkeit ist erfüllt, wenn die äußere und innere Welt rational, strukturiert, konsistent und ergo vorhersagbar erscheint. Der Aspekt der Handhabbarkeit ist erfüllt, wenn ein Individuum über die nötigen externen und internen Ressourcen verfügt oder Zugriff zu diesen erlangen kann, um mit Problemen und Anforderungen fertigzuwerden, mit denen es sich konfrontiert sieht. Hierbei sind auch das soziale Netzwerk und vor allem die Unterstützung durch andere Menschen wesentlich. Der Aspekt der Bedeutsamkeit, den Antonovsky als wichtigste Eigenschaft seiner Theorie ansah, kann entstehen, wenn eine Person die an sie gestellten Aufgaben und Anforderungen als eine Herausforderung begreift, die lohnenswert erscheint. Verkürzt gesagt, bezeichnet Verstehbarkeit die kognitive Komponente,

Handhabbarkeit die instrumentelle oder Verhaltenskomponente und Bedeutsamkeit das zentrale motivationale Element.

Die folgenden Einstellungen und Eigenschaften können als Beispiele für ein ausgeprägtes Kohärenzgefühl gelten:

- Das Leben als Herausforderung begreifen, für die es sich lohnt, Anstrengungen zu unternehmen (Bedeutsamkeit).

- Die Fähigkeit, sich selbst Ziele zu setzen und auf diese hinzuarbeiten, statt sich passiv treiben zu lassen (Bedeutsamkeit).

- Die Bereitwilligkeit, sich für sich und andere zu engagieren, und so aktiv an der Gestaltung des individuellen und kollektiven Lebens teilzunehmen (Bedeutsamkeit).

- Der Eindruck, dass die Umwelt einigermaßen geordnet und vorhersagbar und nicht nur chaotisch ist (Verstehbarkeit).

- Vertrauen in soziale Beziehungen und kommunikative Prozesse sowie konstruktiv-kritisches Zutrauen in gesellschaftliche Strukturen und Institutionen (Verstehbarkeit).

- Optimismus, Neugierde und Offenheit gegenüber Veränderungen im Leben (Verstehbarkeit).

- Fähigkeit, Konflikte und schwierige Situationen auszuhalten (Handhabbarkeit).

- Das Gefühl, Einfluss auf wichtige Lebensentscheidungen nehmen zu können (Handhabbarkeit).

- Die Überzeugung, auch schwierige Lebensphasen meistern zu können, und die Kontrolle nicht völlig zu verlieren (Handhabbarkeit).

Die Forschung zum Umgang mit schweren Krisen und Traumatisierungen, wie beispielsweise die Internierung im Konzentrationslager, hat gezeigt, dass vor allem dem Aspekt der Bedeutsamkeit eine zentrale Rolle zukommt, insbesondere wenn die Situation weder verstehbar noch handhabbar ist. Auch der große Psychiater, Humanist und KZ-Überlebende Viktor Frankl hat das gleiche Resümee gezogen: »Ein Wort von Nietzsche war es, das man als Motto über die ganze psychotherapeutische Arbeit im Konzentrationslager hätte setzen können: Wer ein Warum zu leben hat, erträgt fast jedes Wie.« Frankl hat seine Erfahrungen und Erlebnisse im Konzentrationslager in dem Buch *... trotzdem Ja zum Leben sagen. Ein Psychologe erlebt das Konzentrationslager* veröffentlicht, das er nach dem Krieg in kürzester Zeit niederschrieb und zunächst sogar anonym veröffentlichen wollte (Frankl 1993). Dieses Buch hat mich so aufgewühlt und beeindruckt, dass ich es allen Studienanfängern in der ersten Vorlesung ans Herz lege. Auch Ihnen würde ich die Lektüre dringend empfehlen, wenn Sie es nicht schon kennen. Wenn Sie etwas über Resilienz und Bedingungen oder Umstände des Menschseins lernen wollen, lesen Sie unbedingt Frankl. Er beschreibt als psychologisch geschulter Beobachter anhand von Selbst- und Fremdbeobachtungen von Mithäftlingen, dass es unter gewissen Umständen auch noch unter bestialischen Bedingungen möglich ist, einen tieferen Sinn im Leben zu sehen. So fand er heraus, dass diejenigen Häftlinge, die wussten, dass andere Menschen auf sie angewiesen waren oder warteten, bessere Überlebenschancen hatten, während sich andere irgendwann schlicht selbst aufgaben. Frankl selbst hielt die Idee und der Gedanke aufrecht, dass er in der Zukunft wissenschaftliche Vorträge über die psychologischen Folgen des Lageraufenthalts geben würde. Und die hielt er danach, und zwar nicht nur fachlich brillant, sondern auch in mit einer wohlwollend-humanistischen Haltung, die ihresgleichen sucht. Wenn ich morgens an die Hochschule gehe, kommt es gelegentlich auch vor, dass ich schlechter Dinge bin. Es liegen dann meistens administrative Aufgaben an, oder ein schwieriges, kräftezehrendes Gespräch liegt vor mir. Ich habe mir irgendwann angewöhnt, in solchen Situationen an Frankl zu denken, und muss mir dann selbst etwas betreten eingestehen, wie privilegiert ich bin. Dann merke ich, wie mein Schritt schneller und meine Haltung bestimmter wird, und ich gehe meinen bevorstehenden Aufgaben mit einer veränderten Haltung mit erkennbar mehr Dankbarkeit und Demut entgegen.

Als wesentliche Leistung des menschlichen Organismus kann aus Sicht der Salutogenese die Fähigkeit zur Selbstregulation angesehen werden. Durch sie wird es Individuen ermöglicht, den jedem Leben durch die Gesetze der Entropie unausweichlich aufgebürdeten Zerfalls-prozessen zumindest temporär erfolgreich entgegenzuarbeiten. Infolge-dessen kann die notwendige Resilienz entstehen, den lebensimma-nenten Verfallsprozess zumindest zeitweilig zu widerstehen, ihn vor allem aber zu akzeptieren und zu integrieren. Entsprechend ist die Fä-higkeit eines Individuums, herausfordernde innere und äußere Gege-benheiten dynamisch auf allen benannten Ebene auszubalancieren. Von der Warte der Salutogenese ist dies eine wichtige Fähigkeit für das individuelle Überleben. Antonovsky vertrat die Ansicht, dass Krank-heit nicht durch eine Störung der Homöostase gekennzeichnet ist, wie es die klassische Sichtweise lehrt, die von der Pathogenese ausgeht, sondern dass Heterostase ein notwendiger Zustand bei der Anpassung an Stresssituationen ist. Der Fluss Leben ist selten nur ruhig und glatt, häufig ist er reißend und mit gefährlichen Stromschnellen und Strudeln versehen, manchmal ist er sogar verschmutzt. Mit dieser Sichtweise wird auch in Zweifel gezogen, dass Krankheit sich als eine normative und funktionale Abweichung von Gesundheit definieren lässt. Die Frage, wie ein angemessener lehrbuchartiger Umgang mit Traumatisie-rungen aussehen könnte, ist nicht immer hilfreich, weil jeder Mensch in seiner speziellen Anforderungssituation nur für sich selbst herausfin-den kann, wie er wieder zu (s)einer richtigen Balance gelangen kann.

Die Quellen des Kohärenzgefühls: Gesellschaft, Familie und individuelle Lernerfahrungen

Um den Kreis zu schließen, müssen wir uns nun noch mit der Frage beschäftigen, wie Kohärenzgefühl entstehen kann. Antonovsky hat mehrfach darauf hingewiesen, dass die Ausbildung des Kohärenzgefühls nur als eine Reaktion auf eine individuelle Lebensgeschichte verstanden werden kann. Diese beruht letztlich auf den subjektiv-bilanzierenden Rückschlüssen von bisherigen Lernerfahrungen. Als wichtigster Faktor für die Entwicklung eines starken Kohärenzgefühls wird vor allem die psychosoziale Sozialisierungserfahrung in einer Kultur mit einem fest definierten, aber gleichzeitig nicht zu rigiden Regelkanon angegeben. Antonovsky fragte dabei jedoch weniger danach, wie spezifische Lebensereignisse zur Herausbildung und Festigung des Kohärenzgefühls beitragen können, sondern konzentrierte sich auf die von ihm so bezeichneten übergeordneten psychosozialen generalisierten Widerstandsressourcen und -defizite. Dabei bezog er die Ergebnisse der Stressforschung mit ein.

Wie ausgeprägt unser Kohärenzgefühl ist, zeigt sich letztlich in unseren gesammelten psychosozialen Lernerfahrungen, die wir im Umgang mit Anomalien gemacht haben, genauer in den dabei erworbenen Fähigkeiten und den daraus resultierenden Kontroll- und Selbstwirksamkeitsüberzeugungen. Dies ist immer vom individuellen Handlungsspielraum abhängig. Dieser variiert von Mensch zu Mensch, je nachdem, welche immateriellen und materiellen Ressourcen dem Einzelnen zur Verfügung stehen, genauso je nachdem, inwieweit soziale Unterstützung gegeben ist. Vertrauen und Verlässlichkeit spielen dabei eine wichtige Rolle.

Antonovsky hat in seiner empirischen Arbeit nicht nur das Kohärenzgefühl einzelner Personen untersucht, sondern auch personenübergreifend das Kohärenzgefühl von Familien, Gruppen und Gesellschaften betrachtet. In einer Studie konnte er beispielsweise zeigen, dass bei Personen am Ende des Berufslebens im Übergang zur Pensionierung das familiäre Kohärenzgefühl den Grad der Anpassung auf die neue Lebenssituation besser vorhersagen konnte als das individuelle Kohärenzgefühl der betreffenden Person (Antonovsky & Sourani 1988). Dies lässt unter anderem die Schlussfolgerung zu, dass stabile Familienstrukturen und sozioökonomisch ausbalancierte Gesellschaften über ein höheres systemisches Kohärenzgefühl verfügen und so auch Individuen stabilisieren können. In dieser Lesart ist eine Gesellschaft, die ihre Mitglieder entsprechend ihrer individuellen Möglichkeiten angemessen fordert und fördert, eine bedeutsame Voraussetzung, um auf individueller wie kollektiver Ebene Kohärenzgefühl entwickeln zu können. Wichtig ist jedoch zu betonen, dass damit noch nichts über den moralischen Reifegrad einer Gesellschaft ausgesagt ist, da das Kohärenzgefühl davon weitgehend unabhängig ist. So hätte die empirische Untersuchung des Kohärenzgefühls bei Mitgliedern der Hitlerjugend in den 1930er-Jahren – wenn die Messinstrumente damals schon vorhanden gewesen wären – sicherlich keine geringe Ausprägung ergeben. Die Idee von einem gesunden und kräftigen Volkskörper ist zwar vermeintlich hochgradig identitätsstiftend für diejenigen, die sich ihm zugehörig fühlen, erlaubt aber gleichzeitig die dehumanisierende Behandlung aller vermeintlich nicht dazugehörigen Menschen.

Vielleicht ist dies ein Grund, warum Antonovsky davon abgesehen hat, das Kohärenzgefühl in Richtung einer spirituellen Form von Transzendenz auszudeuten und als Kernkomponenten seiner Theorie von der Salutogenese lediglich das Vorhandensein von Verstehbarkeit, Handhabbarkeit und Bedeutsamkeit angab. Dennoch können neben individuellen Faktoren, die sich aus dem eigenen Leben ergeben, auch historische, kulturelle und soziale Parameter dazu beitragen, das Gefühl von Bedeutsamkeit für das eigene Leben zu entwickeln oder es zu verlieren. Läge es da nicht nahe zu spekulieren, ob die Dimensionen der individuell und sozial erlebten Sinnhaftigkeit allein ausreichend sind, um das Zustandekommen von Kohärenzgefühl zu erklären? Muss man dabei außerdem eine andere, möglicherweise transzendente

Dimension von Spiritualität berücksichtigen? Denn Sinnhaftigkeit und Verbundenheit können vor allem als ein Resultat von spirituellen Erfahrungen und Überzeugungen angesehen werden. Der konstante Bestand von mystischen, spirituellen und religiösen Aspekten und Dimensionen in der menschlichen Kultur könnte uns gerade vermuten lassen, dass diese in Bezug auf die individuelle wie kollektive Beantwortung der Sinnfrage eine zentrale Rolle spielen. Jedoch fehlen in der von Antonovsky zusammengestellten kurzen Liste der über den postkartesianischen Dualismus hinausgehenden Konstrukte, die zur Entstehung eines Kohärenzgefühls beitragen können, spirituelle oder transzendente Gesichtspunkte völlig. Genauso wenig verwendet er den Begriff Liebe. Vielleicht war es der nachvollziehbare große Pessimismus und Skeptizismus gegenüber der menschlichen Spezies, der Antonovsky von dem eigentlich naheliegenden Schritt abhielt, das Kohärenzgefühl in einen transzendenten Bereich hochzuheben. Trotzdem ist es gerechtfertigt zu sagen – weil die frühe Resilienzforschung aus der Auseinandersetzung mit dem Holocaust entstanden ist –, dass der salutogene Phönix aus der Asche des Humanismus auferstanden ist.

SPIRITUALITÄT – TRANSPERSONALES VERTRAUEN, ZEITWAHRNEHMUNG UND PSYCHOLOGISCHE WIEDERGEBURT

In den letzten Jahrzehnten hat das gesellschaftliche Interesse an Fragen der individuellen Sinnhaftigkeit menschlicher Existenz spürbar zugenommen. Damit einhergehend hat sich auch in der Medizin sowie in den Gesundheitswissenschaften ein tiefgreifender Einstellungswandel in Richtung Salutogenese vollzogen. Waren Wissenschaftler – zunächst überwiegend von der Pathogenese aus denkend – vor allem interessiert, die Ursachen von Krankheit sowie Wege zu deren Bekämpfung zu erforschen, so stehen heutzutage viel stärker Fragen nach den aufrechterhaltenden Faktoren von Gesundheit, Wohlbefinden und Lebensqualität im Fokus des Forschungsinteresses.

Dieser Paradigmenwechsel, der in Deutschland langsamer vollzogen wurde als in den angloamerikanischen Ländern, lässt sich nicht zuletzt am zunehmend an Bedeutung gewinnenden Bereich der integrativen Medizin im Gesundheitssystem aufzeigen. Interessanterweise setzte diese Entwicklung in den Sozialwissenschaften und der Psychologie, beflügelt von der Humanistischen und später Positiven Psychologie, bereits etwa 20 Jahre früher ein als in der strukturkonservativer ausgerichteten Medizin. Innerhalb dieser integrativen Orientierung der Medizin bemüht man sich inzwischen um einen Brückenschlag zwischen konventioneller Medizin und der Integration von weichen, von der Schulmedizin in früheren Zeiten zunächst skeptisch betrachteten Therapien wie Qigong, Tai-Chi, Akupunktur, Homöopathie, Yoga oder Meditation. All diesen Interventionen und Techniken ist gemeinsam, dass die Bedeutsamkeit der Kultivierung von Bewusstseinszuständen, -techniken und -haltungen sowie häufig auch der therapeutischen Beziehung hervorgehoben wird.

Im Kern zielen derartige Interventionen nicht nur auf die Linderung von belastenden Symptomen, sondern vor allem auf die Verbesserung von Wohlbefinden und Lebensqualität. Viele Mind-Body-Techniken setzen deswegen auf der psychologischen Ebene an und therapeutische Beziehung und rituelle Handlungen spielen eine große Rolle. Trotzdem können sie auf körperlicher Ebene wirken, allerdings nicht immer über spezifische Wirkfaktoren, sondern über unspezifische Effekte wie beispielsweise durch die Entspannungsantwort ausgelöste Heilungs- und Regenerationsprozesse. Das bedeutet nicht, dass diese unspezifischen Effekte weniger real und wirksam sind als spezifischen Reaktionen. Sie haben – anders als ein Medikament oder eine medizinische Intervention – keinen pharmakologischen oder physikalischen Träger, sondern wirken über neuronale Top-down-Modulation, die wir auf psychologischer Ebene als Glaube, Hoffnung, Optimismus wahrnehmen. So können mithilfe von Affirmation, Meditation und Kontemplation Entspannungs-, Balancierungs- und Heilungsprozesse ausgelöst werden.

Andere Formen der inneren Sammlung finden wir in Mentalisierungsstrategien wie Autosuggestion oder Selbsthypnose, aber auch Fantasiereisen, Gesang, Tanz oder in der Rezitation von Gedichten und sakralen Texten.

Heute wissen wir, dass die sogenannten Placeboeffekte reale psychophysiologische Reaktionen sind. Vermutlich sind die psychophysiologischen Mechanismen von Mind-Body-Maßnahmen und Placebo-Reaktionen einander ähnlich oder sogar identisch mit Formen der Selbsthypnose und Autosuggestion (Kohls et al. 2011). Empirische Studien weisen darauf hin, dass bei spirituell orientierten Menschen unter bestimmten Rahmenbedingungen unspezifische Effekte leichter ausgelöst werden können. Ich bin deswegen innerlich häufig zusammengezuckt, wenn Medizinstudierende zu Beginn des Studiums in den Seminaren über Medizinische Psychologie gesagt haben: »Das ist doch nur Placebo, Herr Kohls!« Meine Antwort war dann stets: »Was ist denn genau der Placeboeffekt und was heißt hier nur? Ein Mediziner setzt auf spezifische Maßnahmen, ein Arzt, der neben der evidenzbasierten Herangehensweise zudem die Kunst des Heilens praktiziert, weiß sich auch die unspezifischen Effekte für seine Patienten nutzbar zu machen!« Mitunter gab es dann eine angeregte Diskussion.

Academia öffnet sich für ein vormals unstatthaftes Thema: Spiritualität

Dieses neu erwachte Interesse an Bewusstseinszuständen und -haltungen geht mit einem steigenden Interesse am Zusammenhang von Achtsamkeit, Spiritualität und Gesundheit einher (Walach & Kohls 2019; Walach 2021). Ich selbst habe die zarten Anfänge dieser Entwicklung in den 1990er-Jahren miterleben dürfen, als die ersten Achtsamkeitsstudien im deutschsprachigen Raum auch von unserer Arbeitsgruppe durchgeführt und publiziert wurden. Spiritualität war innerhalb von Academia aber noch ein schwierigeres Thema als Achtsamkeit.

Ende der 1990er-Jahre durfte ich das selbst im Rahmen meiner Diplomarbeit erfahren. Die Anfrage bei psychiatrischen und psychosomatischen Fachkliniken und deren verantwortlicher Leitung, Patienten mittels eines Fragebogens zur Häufigkeit und Bewertung spiritueller oder mystischer Erfahrung befragen zu dürfen, löste keine nennenswerte Resonanz aus. Der Chefarzt einer Psychiatrie war sogar so erbost, dass er in einem Brief meinem damaligen Chef mitteilte, dass er die Arbeit an unserem Institut immer sehr geschätzt hätte, sich nun aber ernsthaft fragen müsse, was hier gegenwärtig Unwissenschaftliches vor sich gehen würde. Es sei aus wissenschaftlicher wie klinischer Sicht völlig unvertretbar, Patienten zum Thema Spiritualität zu befragen. Man wäre mühsam bemüht, diese mit den wirksamen Werkzeugen einer aufgeklärten Psychiatrie von ihren irrationalen Überzeugungen und Einstellungen zu befreien, und jetzt das. Sein Vertrauen reiche aber so weit, dass eine zukünftige gemeinsame Kooperation wieder vorstellbar wäre, vorausgesetzt, man würde sich vornehmen, sich wieder auf wissenschaftlich fundiertem Boden zu bewegen. Nebenbei bemerkt, die einzigen von über 100 von mir angeschriebenen Institutionen, die unsere Forschung damals unterstützten, waren die vom medizinischen Pionier, Arzt und für Spiritualität offenen Psychotherapeuten Joachim Galuska (*1954) gegründete Fachklinik Heiligenfeld, die sozialpsychiatrischen Dienste in Basel und ein Netzwerk von Psychosynthese-Therapeuten. Dafür sei an dieser Stelle noch einmal explizit Danke gesagt! Zu diesem Zeitpunkt und auch später, als es um die Veröffentlichung meiner Forschungsergebnisse in Fachzeitschriften ging, war ich mehrmals kurz davor, die Flinte ins Korn zu werfen: Oft genug wurden meine Manuskripte von der Chefredaktion wissenschaftlicher Zeitschriften mit der Bemerkung zurückgewiesen, das Thema passe nicht oder die Ergebnisse seien – wenn überhaupt – wackelig und als vorläufig anzusehen, und es wären viel mehr Replikationsstudien notwendig. Nur wie sollen Replikationsstudien entstehen, wenn man seine Ergebnisse nicht veröffentlichen und so mit den Kollegen kommunizieren kann?

Alles in allem war es eine schmerzhafte, aber heilsame Erfahrung, dass es in der Wissenschaft auch thematische Tabuzonen gibt, die sich aber ändern, wenn der Zeitgeist sich wandelt. Der Atomphysiker Werner Heisenberg (1901–1976) hat es treffend im Anfangssatz seiner Autobiografie formuliert: »Wissenschaft wird von Menschen gemacht.« Eigentlich sollte jedes moralisch legitimierbare Thema untersucht werden, wenn die methodologische Herangehensweise den Kriterien der Wissenschaftlichkeit entspricht. Ohne die Unterstützung meines damaligen Chefs und Doktorvaters, dem Psychologen und Philosophen Harald Walach, sowie einer langjährigen finanziellen und auch ideellen Unterstützung des US-amerikanischen Samueli-Instituts hätte ich vermutlich irgendwann aufgegeben.

Ein gutes Jahrzehnt später und beruflich gefestigter habe ich im Jahr 2008 mit den Wissenschaftlern Karin Wilkening, Arndt Büssing (*1962) und Harald Walach die Transdisziplinäre Arbeitsgruppe Spiritualität und Krankheit (TASK) ins Leben gerufen (Büssing & Kohls 2011). Die Gründungsveranstaltung wurde damals an einem Think Tank der Ludwig-Maximilians-Universität München am Standort Bad Tölz durchgeführt, an dem ich meine Arbeitsgruppe *Psychophysiologie des Bewusstseins* etabliert hatte. Diese Institution, das Generation Research Program (GRP) des Humanwissenschaftlichen Zentrums (HWZ), wurde von dem Neurowissenschaftler und langjährigen Ordinarius für Medizinische Psychologie, Ernst Pöppel, geleitet. Als wir die Einladungsschreiben verschickten, gingen wir davon aus, dass sich nicht viel mehr als eine Handvoll interessierter Wissenschaftsbetreibende melden würden. Als sich insgesamt fast 80 Forscherinnen und Forscher aus ganz Deutschland, Österreich und der Schweiz für den Kongress anmeldeten, wurde mir klar vor Augen geführt, dass sich in einem Zeitraum von etwas mehr als 15 Jahren eine große gesellschaftliche Veränderung vollzogen hatte. Als deren Konsequenz hatten offensichtlich auch viele etablierte Vertreter des akademischen Systems begonnen, sich für Fragen im Zusammenhang mit Bewusstsein und Spiritualität zu interessieren. Auch Academia hatte unübersehbar angefangen, sich den innerlichen Seiten der Existenz und damit dem Bewusstsein selbst zuzuwenden. Viele Organisationen und Unternehmen folgten dieser Entwicklung. »Nichts ist stärker als eine Idee, deren Zeit gekommen ist!«, formulierte es der französische Schriftsteller und Politiker Victor Hugo (1802–1885) treffend.

Vier Jahre später konnte ich mich dann an der Medizinischen Fakultät der Universität München unter dem Mentorat von Ernst Pöppel zu dem Thema *Achtsamkeit und Spiritualität als potenzielle Gesundheitsressourcen* habilitieren, und ein Jahr später wurde ich als Professor für Gesundheitswissenschaften mit dem Schwerpunkt Gesundheitsförderung an die Hochschule Coburg auf Lebenszeit berufen. Diese Entwicklung hätte ich zwei Jahrzehnte früher noch kaum für möglich gehalten, weil meine Themen Achtsamkeit und Spiritualität damals als viel zu randständig, unwissenschaftlich und esoterisch galten. Neben einer guten Portion Glück hatte sich zuletzt die stetige Unterstützung meiner akademischen Mentoren ausgezahlt – in Verbindung mit dem nötigen Durchhaltevermögen, am Thema trotz anfänglicher Misserfolge dranzubleiben.

Was ist nun Spiritualität genau? Obwohl es keine allgemeingültige Definition von Spiritualität – von lateinisch *spiritus*, das heißt »Geist«, »Hauch« – gibt, besteht doch weitgehend ein Konsens darüber, dass darunter die erfahrungsbasierte Kenntnis einer Dimension verstanden werden kann, durch die die objektive Alltags- und individuelle Lebenswelt transzendiert wird und sich dabei aus Sicht der Erlebenden häufig ein universales, sinnvoll-schöpferisch tätiges Prinzip offenbart. Damit unterscheidet sich Spiritualität von Religiosität, weil die damit im Zusammenhang stehenden Erfahrungen, Überzeugungen und Praktiken nicht notwendigerweise im Rahmen eines traditionell religiösen Systems praktiziert und kultiviert werden müssen oder gar sanktioniert werden. Vielmehr entspringt aus Spiritualität eine über die unmittelbaren Ziele, Motive und Bedürfnisse des Ichs hinausgehende Lebenshaltung, die sowohl im Bewusstsein als auch Verhalten kultiviert wird. Der Züricher Psychiater Christian Scharfetter (1936–2012) hat Spiritualität in diesem Sinne definiert als »eine Haltung, eine Lebensführung der Pflege, Entwicklung, Öffnung des eingeschränkten Alltagsbewusstseins hinaus über den Ego- und Personbereich in einen individuumsüberschreitenden, transzendierenden, deshalb transpersonal benannten Bewusstseinsbereich« (Scharfetter 1991).

Transpersonales Vertrauen, psychologische Wiedergeburt und Transliminalität

Durch eine derartige von Scharfetter treffend beschriebene Bewusstseinshaltung, die über die ichbezogene Haltung des Alltagsbewusstseins hinausgeht, kann eine Lebensorientierung entwickelt werden, die der Oldenburger Psychologe Wilfried Belschner (*1941) Transpersonales Vertrauen nennt. Sie zeichnet sich durch ein starkes Verbundenheitsgefühl gegenüber einer höheren Wirklichkeit aus und könnte genauso als Vertrauen in ein Prinzip transzendenter Führung beschrieben werden. Man kann das Konstrukt Transpersonales Vertrauen deswegen auch im Rahmen eines Konzepts von Lebenskunst sehen, in welchem die zwei komplementär zueinander stehenden Lebensformen Tun und Lassen vom Individuum in einem ausgeglichenen Gleichgewicht realisiert werden (Belschner 2001). In westlich geprägten Kulturen herrscht nach Belschner überwiegend die Form des Tuns vor: Menschen nehmen sich innerhalb dieses soziokulturellen Kontextes als voneinander separierte Individuen wahr, die im Zustand des Alltagsbewusstseins eine Wirklichkeit erfahren, der ein linearer Zeitbegriff sowie ein dreidimensional erfahrbares Raumkonzept zugrunde liegt. Im Alltagsbewusstsein ist für den westlichen Menschen vor allem das Kriterium des rational gefassten Verständnisses sowie der Kontrolle zentral. Verkürzt gesagt: Der moderne Mensch will sich und die Welt verstehen und seine Handlungen aktiv steuern. Folglich sind Copingstrategien lange Zeit vor allem handlungs- und aktivitätsorientiert gewesen. So hat man mir das im Psychologiestudium in den 1990er-Jahren auch noch beigebracht.

Die neurobiologischen Grundlagen für diesen soziokulturellen Entwicklungsprozess wurden von McGilchrist auf der Grundlage der beiden unterschiedlich operierenden Hemisphären umfassend erörtert. Der durch die linke Gehirnhälfte repräsentierte, beflissene Soldat konnte individuell und gesellschaftlich eine Dominanz entwickeln. Denn im Gegensatz zu dem durch die rechte Gehirnhälfte repräsentierten stummen General kann er sich sprachlich ausdrücken. Zudem ist er in der Lage, die Welt mit seiner Art des fokussierten Wahrnehmens wirkmächtig in einen relevanten und einen irrelevanten Bereich aufzuteilen und so auch in seinem Sinne zu manipulieren. Durch eng umrissene Problemwahrnehmungen können mentale Betätigungsfelder definiert werden, deren Lösung man sich dann mit ganzer Kraft widmen kann, ohne dabei auf relevante Bereiche außerhalb des definierten Problemraumes zu achten. Das ist psychophysiologisch nichts anderes als die Stressantwort, systemisch betrachtet eine ressourcenschonende Partitionierung von Wahrnehmung durch Fokussierung auf den Stressor. In dieser Lesart sind Projekte artifiziell definierte Bewusstseinsenergiefelder, die möglichst effektiv und effizient bearbeitet werden müssen.

Dem Pol des Tuns stellt Belschner jedoch den Gegenpol des Lassens beziehungsweise Nicht-Tuns gegenüber, der in seinen Augen das Vorhandensein von transpersonalem Vertrauen impliziert. Denn damit ist keineswegs eine fatalistische oder resignative Haltung und genauso wenig eine ausweichende Passivität gemeint, sondern die bewusste Aufgabe der eigenen Kontrollüberzeugungen und aktiven Handlungen. So kann Raum für ein Gemacht-Werden entstehen, das vertrauensvoll angenommen werden kann. Es handelt sich also alles andere als um aktiv kontrollierendes Projektmanagement.

Nur, womit fängt ein Nicht-Tun an? Wie kann dies gelingen? Die pragmatische Antwort lautet: Man reduziert zunächst seine Wahrnehmung, indem man absichtlich die Sinne zu verschließen versucht. Vor allem die Augen und Ohren verschließt, und dann auch das Reden einstellt, um schweigend in die Stille zu gehen. Nicht umsonst leitet sich der Begriff Mystik von dem griechischen Wortstamm *myein* ab, der gleichbedeutend ist mit »den Mund oder die Augen schließen«. Insofern ist jedes Blinzeln, aber auch jeder Moment des Innehaltens, Ruhens und Schlafens ein Prozess des Loslassens, in dem wir Kontrolle abgeben.

Ich mache beim Spazierengehen mitunter die Augen zu und versuche trotzdem, auf dem Pfad zu bleiben. Ähnliche Kontrollverluste erleben wir während des Träumens, denn wir können unsere Trauminhalte nicht beeinflussen, außer wir lernen, luzide zu träumen. Das heißt, dass wir uns der Tatsache bewusst sind, dass wir träumen, weswegen wir aktiv in das Traumgeschehen eingreifen können. Dennoch sind Traumphasen üblicherweise Zustände der Erholung, obwohl – oder in diesem Fall gerade weil – sie sich der Kontrolle entziehen. Auch durch eine schwere Traumatisierung wird häufig die Erfahrung des totalen Kontrollverlusts gemacht, einhergehend mit einem Gefühl der kompletten Ohnmacht und Schwäche. Jedoch kann nach einer Verletzung durch eine schwere Traumatisierung durch den Prozess der Katharsis – metaphorisch gesprochen – eine psychophysiologische Wiedergeburt erfolgen, in deren Folge die gesamte Selbstidentität eines Menschen in einer bedeutsamen Weise transformiert wird.

Mit anderen Worten: Weil die Identität an den harschen Kalamitäten des Lebens zerbrochen ist, muss sie neu aufgebaut werden. Eindrucksvolle Beispiele dafür haben wir ja bereits kennengelernt. Leicht ist dies nie, da solche Prozesse immer ein Ringen mit den Ich-nahen Aspekten unserer Existenz sind, also mit der eigenen Identität. Insofern kann man diesen Prozess der Identitätshäutung im Sinne einer von C. G. Jung beschriebenen reinigenden, schmerzvoll erlebten Nachtmeerfahrt auch als Metapher für eine psychologische Wiedergeburt begreifen, in deren Verlauf die bisherige Identität und Sicht auf die Welt durch einen Höllensturz zunächst aufgehoben und dann eine reifere Identität kreiert oder aus den Trümmern der Psyche geborgen wird. Dabei wird es häufig notwendig, sich mit den dunkleren, verdrängten Aspekten der eigenen Psyche zu beschäftigen, die der Schweizer Arzt und Bewusstseinsforscher C. G. Jung den Schatten nannte.

Der Schatten ist ein wichtiger, aber verdrängter und somit unbewusster Bestandteil der individuellen Persönlichkeit. Gleichzeitig stellt er einen archetypischen Aspekt des kollektiven Unbewussten dar. Die systematische Auseinandersetzung mit diesen verdrängten Anteilen und der Versuch der Integration in das Bewusstsein im Sinne der Individuation ist nach Jung ein zentraler Aspekt von individueller und kollektiver psychologischer Entwicklung. Bei der damit einhergehenden Schattenarbeit wird in Jungs Verständnis der Ego-Anteil und damit einhergehend auch der sichtbare Persona-Aspekt (nach den Masken der Schauspieler im griechischen Theater) beschnitten oder sogar zerstört. Das heißt, der Anteil, der die Einheit von Denken, Fühlen und Handeln hervorbringt und mit diesem das bewusste Ich-Gefühl erzeugt und damit für eine Kongruenz mit den Anforderungen der Umwelt sorgt (oder auch nicht), wird beschnitten oder zerstört. Im Fall des positiven Krisenwachstums findet eine Rückbeziehung auf tiefere Anteile statt, die Jung das Selbst nennt und auf deren Basis eine neue und reifere Ego-Struktur geschaffen werden kann, durch die wieder Kohärenz mit der Umwelt hergestellt werden kann.

Aus lernpsychologischer Sicht wird beispielsweise durch Adaptions- und Habituationsmechanismen ein neues kongruentes Set von Wahrnehmungsschablonen, Einstellungen und Verhaltensweisen geschaffen, die besser geeignet sind, die jeweiligen Aufgaben und Herausforderungen anzugehen. In diesem Modell entspricht die Persona quasi der Schnittstelle zur Welt, während das Selbst dem tiefen Wesenskern entspricht, für die frühere Zeiten den Begriff Seele reserviert hatten. Der mit Schattenarbeit und häufig auch Traumabewältigung einhergehende Prozess der Dekonstruktion und Transformation von Identität ist häufig intensiv, langwierig und emotional belastend, aber auch klärend. Nicht selten gehen die betreffenden Personen aber sowohl innerlich wie auch äußerlich gestärkt aus diesem Entwicklungsprozess hervor, der aufgrund seiner existenziellen Tiefe und gleichzeitiger Ich-Nähe nicht selten als tiefer spiritueller Transformationsprozess erlebt wird.

Transformation der Identität durch Katharsis –
der Ausweg aus einem psychologischen Höllensturz

Einige Theologen werden mich jetzt möglicherweise schelten, weil ich bisher den Begriff der Hölle metaphorisch für die Beschreibung eines psychophysiologischen Erschöpfungszustandes verwendet habe. Denn streng genommen gibt es aus theologischer Sicht kein Entrinnen aus der Hölle, wohl aber – und zum Glück – aus dem Burn-out. Wie kommt man nun wieder aus diesen psychologischen Höllenzuständen heraus, wenn man nun einmal dort gelandet ist? Auf den ersten Blick gibt es zwei Möglichkeiten, der rechten Seite Kurve im Yerkes-Dodson-Diagramm zu entrinnen. Welche Möglichkeit die passende ist, hängt von der Tiefe des Falls ab. Beide Optionen sind in der nachfolgenden Abbildung mit der gestrichelten und gepunkteten Linie schematisch dargestellt.

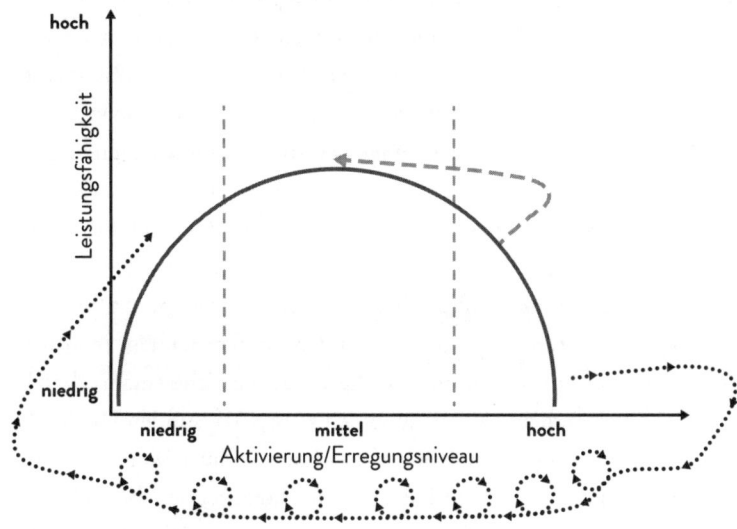

Katharsis im Yerkes-Dodson-Gesetz;
Quelle: Eigene Darstellung

Über die Bedeutsamkeit der grauen gestrichelten Linie für Lernprozesse im Zusammenhang mit Fehlern und Scheitern ist bereits gesprochen worden. Dies hat hoffentlich auch mit dazu beigetragen, das problematische Image des rechten Teils des Yerkes-Dodson-Gesetzes zumindest teilweise zu verbessern. Denn dieser Bereich läuft schnell Gefahr, in ein schlechtes Licht gerückt zu werden, weil er vorschnell als überwiegend negativ besetzt im Überlastung, Burn-out und Höllensturz gesehen wird. Die Lektüre der *Göttlichen Komödie* hilft uns an dieser Stelle noch einmal weiter: Im zweiten Teil der *Divina comedia* beschreibt der Poet Dante nämlich den Reinigungsprozess durch das Fegefeuer, lateinisch *purgatorium*. Im Gegensatz zur Hölle, in der man zur ewigen Verdammnis verurteilt ist, gibt es im Fegefeuer Hoffnung auf Vergebung, wenn ein ernsthafter und ehrlicher Läuterungsprozess durchlaufen wird. Also ist, zumindest psychologisch gesehen, das Fegefeuer der Hölle immer vorzuziehen. Diesen Ort der Läuterung beschreibt Dante als einen sich auf der südlichen Halbkugel befindlichen und aus dem Ozean aufragenden Berg.

Der Süden ist auf Landkarten bekanntlich unten eingezeichnet, und das kann man auch auf das Yerkes-Dodson-Diagramm übertragen. Deswegen ist in der Abbildung die gepunktete Verbindung in invertierter Richtung mit sieben kreisförmige Selbstreflexionsbewegungen, die um die eigene Achse rotieren, von rechts unten nach links oben gezeichnet. Die Seelen derjenigen Sünder, die noch auf Vergebung hoffen könnten, müssen auf ihrem Weg zum irdischen Paradies sieben Bußbezirke auf einem spiralförmigen Weg durchlaufen. Das spricht für einen intensiven, mehrfach zu durchlaufenden, tiefgreifenden iterativen Selbstreflexions- und Lernprozess. Die sieben Bereiche entsprechen in Dantes mittelalterlicher Vorstellung den sieben Todsünden Hochmut, Neid, Jähzorn, Trägheit, Habgier, Völlerei und Wollust. Wer eine dieser schweren Sünden begangen hat, muss im betreffenden Bereich eine spezifische Form der Buße und Abbitte leisten. Beispielsweise müssen die Neidzersetzten mit zugenähten Augen und Kleidern umherwandern, durch die ihre Seelen nicht vom Erdboden unterschieden werden können. Dadurch sollen sie lernen, andere nicht zu beneiden und ihre Liebe wieder zu Gott zu lenken. So kann durch ernsthafte Sühne eine tiefgreifende Umwandlung der Identität erreicht werden.

Was Dante uns hier beschreibt, ist der Prozess, den Experten in der Psychotherapiewissenschaft Katharsis nennen. Ursprünglich wird damit im Griechischen eine symbolische, rituelle oder kultische Form der Reinigung beschrieben, mit der durch Identitätstransformation ein Trauma aufgehoben werden kann. Interessanterweise steht dieser Prozess der Katharsis in einem engen Zusammenhang mit der Tragödie im Theater: Die Theaterbühne bietet am Anfang einen leeren Raum, der sich im Verlauf eines tragischen Schauspiels für den Zuschauer als Gestaltungsraum für die Entwicklung einer meist unvorhergesehenen Geschichte erweist, die alle seine Sinne anspricht und die er mit ambivalenten Gefühlen verfolgen kann. Als Zuschauer kann er nicht in das Geschehen eingreifen und ist so zur Passivität verdammt. Aber als Beobachter des Geschehens und vor allem dank seiner eigenen Reaktionen darauf kann er die dabei auftauchenden Gefühle achtsam registrieren und reflektieren, um so einen angemessenen gesundheitsförderlichen und sozial akzeptablen Umgang mit ihnen auszubilden.

Weil das Schauspiel mit der darin enthaltenen Botschaft wie ein Katalysator auf die Emotionen der Zuschauer wirkt, kann man diese Form des Theaters als einen Vorläufer der lebensweltorientierten Gesundheitsförderung und Psychotherapie bezeichnen. Zum Zweck der Emotionsregulation wurde psychoemotionales Lernen am Modell auf diese Weise früh kulturell und künstlerisch ausgestaltet und in eigenen dramaturgischen Gattungen wie der Tragödie, dem Drama oder der Tragikomödie sicherlich auch aus Gründen der Psychohygiene institutionalisiert. Soziales Lernen im medialen Sweet Spot ist eben unterhaltsam! Statt dem Theater vermitteln heutzutage *Harry-Potter*-Filme oder Mystery-Serien die Essenz der alten Narrative.

Auch um aus schwierigen Zuständen wie dem Burn-out-Syndrom herauszukommen, muss ein solcher Läuterungsprozess durchlaufen werden. Während dieser im Theater überwiegend durch äußerliches Betrachten eines Schauspiels vollzogen wird, aber trotzdem innerlich wirken kann, läuft beispielsweise beim Tagebuchschreiben die emotionale Aufarbeitung im Sinne einer innerlichen Bilanzierung nur im Inneren ab. Bei Letzterem ist man beides in einer Person: Autor und Leser seiner selbst. Beides sind wirksame Strategien: Das Schauspiel muss man aufsuchen, doch die innere Zwiesprache steht beispielsweise in Form des inneren Dialogs oder auch Tagebuchschreibens jederzeit zur Verfügung. Schreiben kostet zunächst Überwindung, aber ist der Anfang einmal gemacht, übernimmt eine innere Instanz die Regie im Sinne einer Klärung.

Durch den so initiierten kathartischen Prozess kann es zu umfassenden und einschneidenden Veränderungen kommen. Mitunter ist dies jedoch nicht ausreichend, um aus einem Burn-out herauszufinden, da dies mitunter recht lange dauert und nur mit professioneller externer Unterstützung gelingt. Fachexperten gehen davon aus, dass der Zeitraum, um aus dem Zustand des Burn-outs wieder herauszukommen, ungefähr dem Zeitraum entspricht, über den man in die Krise gerutscht ist. Die Rede ist von Tagen, Wochen oder Monaten, mitunter braucht es sogar Jahre. Längerfristige stationäre Aufenthalte in Fachkliniken, einhergehend mit einem vollständigen Kontextwechsel, können notwendig sein. Dies bedeutet, dass man sein gewohntes Umfeld für eine gewisse Dauer komplett verlässt und gegebenenfalls den Kontakt zu Angehörigen, Freunden und anderen Bezugspersonen einschränkt oder sogar vollständig unterbricht. Das gleicht einem längeren Augenschließen, nur nicht als Blinzeln, Zwinkern oder Schlafen, sondern im Sinne einer zeitlich befristeten psychosozialen Dekontextualisierung aus freien Stücken.

Häufig hilft gerade eine solche Phase des Abstands, der Abgrenzung und Reflexion der psychophysiologischen Neuausrichtung und der sich damit ergebenden Neugestaltung des Lebens. Gelingt dies nicht, droht der Rückfall in den alten Zustand mit der Gefahr, sich resigniert mit dem eigenen Schicksal abzufinden und möglicherweise alle Hoffnung aufzugeben. Dieser Prozess ist für die Betroffenen selbst sprichwörtlich die Hölle, aber auch für Angehörige häufig extrem schwierig. Am Ende dieses katalysatorischen Prozesses können Trennungen oder Scheidungen stehen, also soziale Abbrüche, Abkapselungen von Themen, Orten und Hobbys. Eine weitgehende Neuausrichtung des Lebens kann die Folge sein, eben eine grundlegende Verwandlung in einen neuen Menschen, wie von William James beschrieben. Für die betreffende Person kann dies zwar eine äußerst positive Entwicklung, aber für Angehörige, Verwandte, Freunde und Kollegen gleichzeitig extrem belastend sein. Deswegen hat man auch eine moralische Verpflichtung, wenn nicht aus Selbstfürsorge, dann zumindest aus Fürsorge gegenüber den Nächsten, der Entwicklung von derartigen, chronischen Erschöpfungszuständen nach Möglichkeit mit allen Kräften vorzubeugen. Eine Möglichkeit besteht darin, zu erkennen, dass das Wort Nein bereits ein ganzer Satz ist. Den so können wir kleine Abgrenzungen im Alltag erschaffen, die uns später eine große Abgrenzung ersparen können.

Nicht immer kann der Fall in den Burn-out abgewendet werden. Wer im ausgewachsenen Burn-out landet, dem hilft normalerweise nur der aufrichtige und ehrliche Weg durch den Prozess der Katharsis, die in der Mythologie und Mystik auch als symbolische Verwandlung einer Raupe in einen Schmetterling beschrieben wird. Denn nur durch die tiefe Auseinandersetzung mit Emotionen wie Trauer, Sorge, Angst und Wut kann ein bedeutsamer Transformationsprozess im Sinne einer psychophysiologischen Wiedergeburt vollzogen werden. So taucht in den älteren mythologischen Texten die Sonne jeden Abend im Meer unter, um am Morgen, mit frischen Kräften ausgestattet, wieder am Himmel aufzusteigen. Dazu muss der Sonnengott, sei es der sumerische Gilgamesch oder der ägyptische Re, sich auf eine Nachtmeerfahrt durch das Reich der Dunkelheit begeben. Bei den Griechen ist es der Held Odysseus, der das Totenreich besucht und wieder zu den Lebenden zurückkehrt.

C. G. Jung beschreibt die Nachtmeerfahrt in seiner Psychologie als etwas, das man nicht freiwillig unternimmt, sondern das vielmehr mit einem – ähnlich einem Schauspiel – geschieht. Es ist ein nach innen gerichteter Prozess im Sinne eines In-sich-Versenkens und Abtauchens in die Tiefe des eigenen Selbst, die kräftezehrende Auseinandersetzung mit dem Schatten in der Hoffnung und Ahnung, am Ende wieder die aufsteigende Sonne mit neuen Augen sehen zu dürfen. Wir kennen das auch, wenn wir so müde werden, dass wir nicht mehr wach bleiben können, sondern uns aus Erschöpfung schlafen legen müssen.

In der Abbildung auf Seite 339 ist dieser Transformationsprozess durch den gepunkteten Linienverlauf angedeutet. Nach Durchlaufen dieses Transformationsprozesses kann der Eindruck entstehen, eine Art Wiedergeburt der Person wäre geschehen, als deren Konsequenz sich eine neue Sicht auf die Welt entwickelt oder eine neue Persönlichkeit geformt hätte. In diesem Zusammenhang wird auch häufig von dem Phänomen des posttraumatischen Wachstums gesprochen. George Bonanno, Professor an der Columbia-Universität, hat diesen Begriff geprägt. Er geht davon aus, dass posttraumatisches Wachstum nicht die Ausnahme, sondern die Regel ist. Nach seinen Studien sind 60 bis 80 Prozent der Menschen, die eine tiefgreifende Krise, wie beispielsweise einen Burn-out, durchlebt haben, danach langfristig zufriedener und stärker geworden. Gibt es einen eindrucksvolleren Beleg dafür, dass Resilienz in uns allen angelegt ist?

Achtsamkeit, Spiritualität und Katharsis sind Phänomene, durch die sich – genauso wie bei der psychophysiologischen Stressantwort – die Wahrnehmung und damit auch die Zeit- und Selbstwahrnehmung bedeutsam verändern können. Während aber bei der Stressantwort Aufmerksamkeitsprozesse auf einen engen Wahrnehmungstrichter fokussiert werden, um mit einem begrenzten Problem in Form einer Anomalie fertigzuwerden, wird durch Achtsamkeit und Spiritualität das Bewusstsein absichtsvoll und mit Wachsamkeit zeitlich und räumlich geweitet. Eine neue Offenheit ist nun möglich, die für die Transformation jedoch unverlässlich ist.

Achtsamkeit und Spiritualität können in beiden Richtungen Offenheit erzeugen: Nicht nur eine Offenheit nach außen, sondern auch eine nach innen gerichtete Form, die Zugang zu unbewussten Inhalten, ebenso zu Kreativität und intuitiver Erkenntnis mit sich bringen kann. Der australische Psychologe Michael Thalbourne (1955–2010) hat dies ausführlich untersucht und auf der Grundlage seiner empirischen Studien einen als Transliminalität bezeichneten Faktor postuliert, der bei spirituell und kontemplativ praktizierenden Menschen häufig in besonderem Ausmaß vorhanden ist (Thalbourne & Delin 1998). Er sieht darin eine weitgehend unwillkürlich vorhandene Empfänglichkeit für innerlich erzeugte psychologische Phänomene ideeller und affektiver Art, die mit einem schöpferischen und fantasievollen Innenleben korrespondieren.

Die Folgen sind eine Veränderung der über die unmittelbaren Bedürfnisse des Ichs in einen lokal-historischen Kontext hinausgehende Wahrnehmungsfähigkeit in Richtung einer prosozialeren, spirituellen Haltung, die durch Lebensfreude und Optimismus sowie Kreativität und Innovationskraft charakterisiert ist. Die damit verbundenen Wahrnehmungsprozesse sind aus evolutionsbiologischer Sicht von zentraler Bedeutung für das individuelle und kollektive Überleben. Vermutlich aus diesem Grund beinhaltet Bewusstseinskultivierung in Form von Achtsamkeit und Spiritualität zwei kulturanthropologische Konstanten, in denen die Besonderheit der *conditio humana* als einem angstvollen und verletzlichen, stets getriebenen und letztlich gefallenen, aber prinzipiell durch Selbstreflexion, Empathie und Mitgefühl lernfähigen Wesen besonders deutlich ist.

Wir wissen alle, dass die Existenz in vielerlei Hinsicht und auf vielen Ebenen anstrengend ist. Daher müssen wir uns regelmäßig ausruhen, erholen und uns auch von Zeit zu Zeit überdenken und neu zentrieren. Dies ist vor allem der Fall, wenn unsere physischen und psychischen Energien erschöpft sind und regeneriert werden müssen, oder wenn wir Lernerfahrungen verarbeiten, Krisen durchstehen und Anomalien integrieren. Manchmal dauert dieser Augenblick der Regeneration nur einen Wimpernschlag oder Atemzug lang, beispielsweise wenn wir absichtlich blinzeln oder die Bauchatmung praktizieren. Mitunter kann dies auch eine kurze Erholungspause, ein Nickerchen oder auch eine praktizierte Form von Tiefenentspannung im Tagesverlauf sein. Vor allem aber in den nächtlichen Schlafphasen wird nicht nur unser Körper und Geist regeneriert, sondern auch unsere Lernerfahrungen werden währenddessen konsolidiert. Ebenso dient der Urlaub als Kulturtechnik der bewussten Erholung und Regeneration. Viele Menschen verbinden damit auch Sport und Bewegung oder Naturerlebnisse wie neuerdings das Waldbaden. Mit kulturell tradierten Bewusstseinstechniken wie Meditation, Kontemplation oder spirituellen Praktiken können wir absichtlich die Augen und Ohren schließen, uns auf den Atem konzentrieren, uns so in eine neue Mitte bringen und heilen. Dies kann, wie beim Tai-Chi oder Qigong, durch Energiearbeit geschehen, oder indem wir Zwiesprache mit der inneren Stimme, dem Daimonium oder einem höheren Wesen oder einer transzendenten Kraft halten, oder indem wir einfach nur achtsam der Stille lauschen. Bisweilen dauern die damit verbundenen Regenerations- und Heilungsprozesse, ähnlich wie Überwinterungszustände bei Tieren, unter unwirtlichen Bedingungen deutlich länger. Vor allem wenn ein längerer Erschöpfungszustand aufgrund einer Krise in Form eines Burn-outs oder auch eines erlittenen Traumas vorliegt und die Identität neu zusammengesetzt oder transformiert werden muss. In diesen Fällen ist es gerechtfertigt ist, von einer psychologischen Wiedergeburt zu sprechen.

VEREINIGUNG DER GEGENSÄTZE –
KOMPLEMENTARITÄT ALS LEBENSPRINZIP

Durch die gesamten bisherigen Ausführungen zieht sich ein Thema wie ein roter Faden, bei dem das koordinierte und konstruktive Wechselspiel vermeintlicher Antipoden immer wieder ersichtlich wird. Doch die vermeintlichen Gegensätze können in einem konstruktiven Zusammenspiel etwas erzeugen, was mehr ist als die Summe der Bestandteile. Bei näherer Betrachtung wird offensichtlich, dass nur in der wechselseitigen, aufeinander abgestimmten und auf vielen Ebenen stattfindenden Interaktion komplexe Lebensphänomene entstehen können. Dies ist die Grundlage für die Existenz von sich selbst regulierenden biopsychosozialen Organismen im Zusammenspiel mit der Umwelt. Diese Sichtweise ist gewöhnungsbedürftig und sie wird bis in unsere Zeit nicht immer verstanden. Dies wird in den zum Teil erbittert geführten Leib-Seele-Kontroversen und Natur-Umwelt-Debatten offensichtlich, ob der Mensch vorrangig als biologisch, geistig oder sozial geprägtes Wesen zu definieren ist. Ist er frei in seinen Entscheidungen oder neurobiologisch festgelegt? Diese Frage zeigt sich beispielsweise in den Diskussionen um Genetik und Epigenetik, die sich auch in vielen Fragen der Krankheitsentstehung zunehmend zugunsten der Epigenetik verschieben. Wenn man nicht eindimensional und somit reduktionistisch denkt, muss man diesen Ebenen ihre Existenzberechtigung zusprechen.

Auch in uns selbst ist diese vermeintliche Gegensätzlichkeit ganz konkret biopsychophysiologisch hineingelegt worden, beispielsweise in Form des Wechselspiels zwischen Sympathikus und Parasympathikus. Auf dieser Grundlage entsteht in unserem Nervensystem etwa die Stress- und Entspannungsantwort. Im Immunsystem wirken ebenfalls komplementäre Prinzipien, die den Organismus von externen schädlichen Substanzen und Erregern wie Bakterien oder Viren abschirmen: Teilweise ist die Immunantwort angeboren, teilweise wird sie in der Auseinandersetzung mit Erregern erworben, und beide Komponenten sind notwendig, um eine Balance zwischen dem Körper und der Umwelt zu erreichen. Durch Impfen kann das Immunsystem gegen spezifische Krankheitserreger aktiviert werden, während durch Maßnahmen der Gesundheitsförderung die unspezifische Immunantwort unterstützt werden kann. Aber auch im permanenten Zusammenspiel von bewussten und unbewussten, expliziten und impliziten psychologischen Prozessen, dem Umschalten der Aufmerksamkeitsnetzwerke von Attention zu Awareness und den sich ergänzenden psychologischen Funktionen von Kognition, Emotion und Motivation zeigen sich aufeinander bezogene, konstruktive Interaktionsprozesse. Schließlich vermögen mehrere Komponenten und Prinzipien in ihrem Wechselspiel mehr zu realisieren als die jeweiligen Einzelmechanismen.

Die unterschiedlichen, von McGilchrist ausgearbeiteten Wahrnehmungsschablonen von rechter und linker Hemisphäre des Gehirns, die ich in Ermangelung einer besseren Metapher als beflissener Soldat und sprachloser General bezeichnet habe, sind ebenfalls ein Beleg dafür. McGilchrist bezeichnet sie ja diplomatisch als den Meister und seinen Emissär, aber ich finde, das trifft nicht den imperialistischen Kontroll-impetus unseres gegenwärtigen Mindsets, mit dem wir uns, unsere Mit-menschen und unsere Umwelt zu kontrollieren versuchen. Vielleicht wäre die fürsorgliche Haltung der gebrechlichen, aber lebenserfahrenen Großeltern um das Wohlergehen der lebenslustigen, aber unerfahrenen Enkel ein geeigneteres Bild.

Allerdings können wir auch hier eine ganz basale Einsicht von der fundamental dialektisch ausgerichteten Architektur biopsychosozialer Systeme erhalten, die uns zu dem machen, was wir sind. Denn keines dieser Prinzipien, so wichtig und wirkmächtig es auch sein mag, kann für sich allein genommen langfristig eine komplexe Wirkweise entfal-ten, die es im Sinne von balancierender Selbstregulationsfähigkeit er-möglichen würde, das System Mensch über verschiedenste Situationen hinweg durch die Zeit zu stabilisieren und das inhärent vorhandene Entwicklungspotenzial zu entfalten. Dafür ist offensichtlich genau das koordinierte, orchestrierte und konstruktiv-balancierende Wechselspiel der vermeintlichen Gegenspieler auf unterschiedlichen Ebenen die ele-mentare Voraussetzung. Durch diese Vorgänge kann das entstehen, was mein amerikanischer Kollege James Giordano und ich das »biolo-gisch verkörperte, sinnhaft psychologisch und sozial eingebettete Selbst« nennen (Giordano & Kohls 2008).

Weil sowohl unser psychophysiologischer Wahrnehmungsapparat als auch unser Nerven- und Immunsystem auf der Grundlage von dialek-tischen Funktionsmechanismen operieren, kann man die zugrunde lie-gende Idee von komplementär zueinander stehenden Systemkompo-nenten zur Erzeugung holistischer Systemeigenschaften auch im Sinne von Ernst Pöppel als »generatives Lebensprinzip« bezeichnen (Pöppel 2005). Das wird besonders deutlich in der Architektur unseres visuellen Systems und kann am Beispiel der Farbwahrnehmung veranschaulicht werden. Wir haben in der Netzhaut unseres Auges unterschiedliche

Typen von lichtempfindlichen Sinneszellen, die uns zwei Arten des Sehens ermöglichen. Während wir drei spezialisierte Arten von Zapfen dafür haben, Farben zu sehen, gibt es außerdem hell-dunkel empfindliche Fotorezeptoren, die sogenannten Stäbchen, die uns das Schwarz-Weiß-Sehen und die Wahrnehmung von Grautönen in der Dämmerung und Dunkelheit ermöglichen. Bei den Zapfen hingegen gibt es solche, deren Sehpigment am stärksten auf Rot beziehungsweise Grün oder Blau anspricht. Diese drei Farben sind sogenannte Komplementärfarben, die sich auflösen, wenn sie miteinander im gleichen Verhältnis gemischt werden. Bei der Absorption mehrerer Lichtfarben kombiniert das Auge so das Restlicht zu einer Farbe. Treffen die Wellenlängen in der Frequenz der Komplementärfarben gleichzeitig durch die Überlagerung vieler Wellen mit unterschiedlicher Wellenlänge auf die Rezeptoren im Auge, nehmen wir dies als weißes Licht wahr. Denn die roten, gelben und grünen Farbanteile heben sich in unserer Wahrnehmung gegenseitig auf, da das Gehirn bei der neuronalen Verschaltung der visuellen sensorischen Signale die Komplementärfarben in unserer Wahrnehmung zu Weiß verbindet. Die Farbe Weiß ist insofern ein Wahrnehmungskonstrukt, welches sich aus dem Übereinanderlegen dreier komplementärer Farbeigenschaften ergibt. Weil wir visuelle Wesen sind und bei hellem Licht am besten sehen können, wird die Farbe Weiß mit Reinheit, Makellosigkeit, Erkenntnis und höheren Bewusstseinszuständen verbunden. Wer weißes Licht sieht, ist deswegen näher an den Zuständen der Erleuchtung und kann diese Reinheit aus diesem Grund selbst wieder abstrahlen. Jetzt wissen Sie, warum tatsächlich oder vermeintlich erleuchtete Menschen in der ikonografischen Darstellung häufig einen hellen Heiligenschein über ihrem Kopf oder eine strahlende Aura haben: Sie sind aufgrund des Grades ihrer Erleuchtung in der Lage, das Licht – als Metapher für die äußere Umgebung – wie ein Spiegel aufzunehmen und dann wieder zu reflektieren.

Sonnenlicht ist aber nicht nur zum Sehen erforderlich, sondern es wärmt uns, liefert Energie und erlaubt uns, im Körper das lebensnotwendige Vitamin D herzustellen. Darüber hinaus synchronisiert es unsere chronobiologischen Prozesse so, dass wir im wahrsten Sinne des Wortes in der Zeit schwingen können. Unser visuelles System bedient sich komplementärer Prozesse, um einerseits Tag- und Nachtwahrnehmung zu ermöglichen, andererseits uns in der Weltwahrnehmung auch die Farbe Weiß wahrnehmen zu lassen, die es streng genommen nur als Wahrnehmungskonstrukt gibt.

Die irdische Zweigstelle des Erzengels Michael, gestörte Rhythmen des Lebens und vier altbekannte Fragen

Wenn Sie ein Gefühl für die Rhythmik des Lebens bekommen wollen, besuchen Sie den Erzengel Michael auf seiner irdischen Dependance, dem an der Grenze von Normandie und Bretagne gelegenen Mont-Saint-Michel. Gehen Sie am besten zu Fuß dahin, fahren Sie mit dem Zug, fliegen Sie nach Möglichkeit nicht! Dort angekommen, bleiben Sie auf den Wegen und fassen Sie nach Möglichkeit nichts an. Andere Reisende, die nach Ihnen an die ehemalige Pilgerstätte kommen, wollen dieses Heiligtum genauso wie Sie auch noch bestaunen. Denn seit 1979 ist das dort auf einer Gezeiteninsel errichtete ehemalige Kloster auch Teil des UNESCO-Kulturerbes der Menschheit. Die Ursprünge des Gotteshauses sind alt und gehen auf das Jahr 708 n. Chr. zurück. Dort errichtete der Bischof Aubert von Avranches († 725) ein Heiligtum, nachdem ihm der Erzengel Michael der Legende nach dreimal im Traum erschienen war und in relativ harschem Ton den Bau einer Kirche zu seiner Ehre auf einer unwirtlichen Felseninsel vor der Küste der Normandie angeregt hatte. Als sich der Gottesmann dieser Weisung zunächst widersetzte und ihm der erzürnte Himmelsbote deswegen mit einem Finger ein Loch in den Schädel gebrannt haben soll – möglicherweise ein stressbedingter Migräneanfall –, befahl der Bischof den Bau einer Kapelle auf dem Mont Tombe. Die dort errichtete und im Zuge der Französischen Revolution wieder aufgelöste Benediktinerabtei entwickelte sich im Mittelalter zu einer der bedeutendsten Pilgerstätten für reuige Sünder.

Die Bucht ist Schauplatz der stärksten Gezeitenaktivitäten Europas und erreicht einen Tidenhub von regelmäßig mehr als zwölf Metern. Als ich dies als Kind im Sommerurlaub sah, war ich absolut fasziniert von diesem Naturschauspiel. Gibt es einen besseren Ort, um eine Weihestätte für den Erzengel Michael zu bauen als diesen, wo die Rhythmen des Lebens durch die schnell einsetzende Gezeitenaktivität für jeden sichtbar und der Zugang zum Klosterberg bei einsetzender Flut durch das Gezeitenwasser mit atemberaubender Geschwindigkeit aufgehoben wird? Als die Bucht durch den Parkplatz für Autos zu versanden drohte, wurde dieser rückgebaut und zusätzlich noch eine Stauanlage errichtet. Durch diese wird das bei Flut angesammelte Wasser mit Druck abgelassen, und der Sand wird aus der Bucht gespült. Es ist also durch externe Maßnahmen eine künstliche Balance geschaffen worden. Das ist ein bisschen so, wie wenn man depressiven Menschen Psychopharmaka verabreicht, damit ihre Gehirne wieder zu einem balancierten Neurotransmitterhaushalt kommen können. Seit 2015 wird der berühmte Klosterberg in der Normandie an etwa 70 Tagen im Jahr wieder zur Insel. Vielleicht hätte man von Anfang an auf den Parkplatz im Meer verzichten sollen, um das komplementäre Spiel der Gezeiten nicht aus der Balance zu bringen.

Weil die Verankerung der Komplementarität auf so vielen Ebenen in uns hineingelegt wurde, ist sie eben nicht nur ein theoretisches Anschauungs- und psychologisches Wahrnehmungs-, sondern vor allem ein biopsychosoziospirituelles Lebens- und vermutlich auch ein Seinsprinzip. Erleben und Verhalten bauen genauso auf dem Prinzip der Komplementarität auf, wie psychophysiologische Vorgänge im Gehirn und Geist auf komplementäre Weise mentale und neuronale Ordnungsstrukturen schaffen. Seitdem dies als Leib-Seele-Prinzip identifiziert wurde, schlägt man sich mit diesem vermeintlichen Rätsel herum, weil bis zum heutigen Tag keiner schlüssig erklären kann, wie aus Materie Bewusstsein entsteht. Für jemanden, der komplementär denkt und die Existenz mentaler Phänomene – im Sinne von Komplementarität – genauso anerkennt wie neuronale Prozesse, existiert dieses

Problem in dieser Form jedoch nicht. Es entpuppt sich vielmehr als eine Folgeerscheinung eines Weltbildes, das alle Erscheinungen und Phänomene auf der Grundlage einer materialistischen Weltanschauung erklärt, dabei jedoch vernachlässigt, dass Bewusstsein benötigt wird, um Materie wahrnehmen zu können.

Die mit der kopernikanischen Revolution einhergehende Einsicht, dass die Erde nicht das Zentrum des Sonnensystems ist, leitete in der Mitte des 16. Jahrhunderts nicht nur den Übergang vom Mittelalter zur Neuzeit ein, sondern veränderte auch unwiderruflich die Stellung des Menschen im Kosmos. Lange Zeit wurden diese Einsichten weder von Protestanten noch Katholiken akzeptiert. Etwa ein Vierteljahrtausend später kam es in der Philosophie und der Epistemologie ebenfalls zu einer Revolution, die von dem Königsberger Philosophen Immanuel Kant ausging. Kant stellt dabei die folgenden berühmten Fragen: Was kann ich wissen?, Was soll ich tun?, Was darf ich hoffen? und letztlich Was ist der Mensch? Erst wenn die Antworten auf diese relevanten Fragen vorliegen, kann man nach Ansicht von Kant seiner Existenz eine gezielte Ausrichtung und Sinn geben und letztlich Erfüllung im Leben finden. Je unbewusster diese Auseinandersetzung geschieht, umso mehr gibt man sein Schicksal aus den Händen der Selbstbestimmung.

Mit der ersten Frage »Was kann ich wissen?« stellt Kant gleich die epistemologische Frage nach den Grenzen der menschlichen Erkenntnisfähigkeit unverkennbar an den Anfang seiner philosophischen Untersuchungen. Er geht dabei davon aus, dass es sowohl »das Ding an sich« als auch »die Welt der Erscheinung« gibt. Seine Erkenntnistheorie ist folglich dualistisch aufgebaut und lässt zwei Lesarten beziehungsweise Interpretationsmöglichkeiten zu. Entweder kann man von den – vermeintlich durch die faktische Realität – gesetzten Gegebenheiten ausgehen; das ist die erste Möglichkeit. Oder man betrachtet das Ich, das mit seinen erfahrungsunabhängigen, apriorischen Anschauungsformen – biophysikalische Wahrnehmungsschablonen und evolutionsbiologisch angelegte mentale Repräsentationskategorien – erst durch die konkrete Anwendung derselben auf die Gegebenheiten Erkenntnis über Wahrnehmungsprozesse realisieren kann. Insofern muss man nach Kant die empirische – das heißt die über Wahrnehmung vermittelte – Erkenntnis von der apriorischen Erkenntnis unterscheiden, die unabhängig von allen Sinneseindrücken gewonnen wird. Durch die apriorische Erkenntnis wird nach Kant die reine Mathematik realisiert, die erst durch ihre konkrete Anwendung die reine Naturwissenschaft ermöglicht. Je nachdem, welchem Aspekt der Kant'schen Philosophie man den Vorzug gibt, kommt man zu zwei vermeintlich entgegengesetzten Gedankenfiguren, die in der Philosophie des 19. Jahrhunderts sowohl in Form des Idealismus als auch des Materialismus zu den maßgebenden Strömungen avancieren. Während der Idealismus den Geist als ursprünglich ansieht, nimmt der Materialismus an, dass nur die Materie existent ist und den Geist hervorbringt.

Kant ging davon aus, dass der Wahrnehmungsapparat die Wahrnehmung bestimmt und dass dies weitgehend unveränderlich ist. Wie wir jedoch gesehen haben, kann man sowohl die biophysikalischen Wahrnehmungsschablonen – beispielsweise die Flimmerverschmelz-Frequenz – als auch die mentalen Repräsentationskategorien – beispielsweise die Wahrnehmungsdauer von Kippbildern – gezielt verändern, indem man sie durch intentional und achtsam unternommene Bewusstseinsübungen kultiviert und entwickelt. Aus diesem Grund führen die von Kant als unveränderbar und a priori gesetzten Anschauungsformen nicht in eine starre und statische Philosophie. Kants Ansatz ist meiner Ansicht nach im evolutionären Sinne vielmehr als philosophisch-epistemologisches Forschungsprogramm von äußeren und inneren Wahrnehmens- und Erkenntnisprozessen zu verstehen, das durch Bewusstseinskultivierung entfaltet werden kann.

Eine Möglichkeit, die in Kants Philosophie angelegten vermeintlichen Gegensätze zu überwinden, besteht exakt darin, das von Niels Bohr knapp 150 Jahre später in die Atomphysik eingeführte Prinzip der Komplementarität auf die Wahrnehmung als solche wie auch auf Kants ganze Philosophie anzuwenden. Damit können vermeintliche Gegensätze in der atomaren Welt, wie der Teilchen-Welle-Dualismus, aufgelöst werden.

Das, was in der Quantenmechanik als Anomalie im Sinne von These und Antithese als Teilchen oder Welle wahrgenommen wurde, kann aufgehoben werden.

Stress als situatives und zeitliches Beanspruchungserleben und die Veränderung der Stresswahrnehmung durch Achtsamkeit

Rufen wir uns doch noch einmal das am Anfang des Buches vorgestellte Modell zum Umgang mit Anomalien beziehungsweise Aufheben von Krisen im Sinne der Resilienz ins Gedächtnis. Es wird ersichtlich, dass dieses dem Prinzip der Komplementarität sowohl als Wahrnehmungsprinzip, aber auch als generativem Lebensprinzip frappierend genau entspricht. Somit können wir für uns festhalten, dass Resilienz die Herstellung und Manifestation von Komplementarität im Wahrnehmen, Denken, Fühlen und Handeln ist, dank der wir eine (heraus-)fordernde Situation – eine Anomalie –, mit der wir uns konfrontiert sehen, aufheben, sprich meistern können.

Erinnern wir uns noch einmal an das erste Kapitel: Dort habe ich den dialektischen Dreiklang von These, Antithese und Synthese als logischen, schlüssigen Pfad aus einer durch eine Anomalie verursachten Krise beschrieben, bei dem drei Phasen durchlaufen werden. In einem ersten Schritt wird die vermeintliche Normalität durch eine Anomalie aufgehoben, was in einem zweiten Schritt dazu zwingt, die Anomalie als solche aufzuheben, das heißt, sie wahrzunehmen, anzuschauen, quasi hochzuheben oder verschwinden zu lassen. Dieser Prozess wird schließlich im dritten Schritt im Aufbewahrungsbehältnis der Identität, dem episodischen Gedächtnis, als wichtiges und bedeutsames biografisches Ereignis bewahrt und gleichzeitig in implizites Handlungswissen übersetzt. Dadurch ergibt sich ein Lernprozess und ein erinnerter Lernerfolg oder auch ein Mißerfolgserlebnis. In diesem Sinne bleibt unsere Vergangenheit in Form von Erinnerungen erhalten und wird durch den Prozess des Erinnerns komplementär mit der Gegenwart verschränkt. So wird das System nicht nur stabilisiert, sondern auch aktualisiert. Wir können unsere Potenziale entfalten und damit die Zukunft bestmöglich gestalten. Genau dadurch, also durch Rückbeziehung auf frühere Lernerfahrungen, gelingt uns nicht nur das Überleben besser. In einem weiteren Schritt schaffen wir in diesem Prozess außerdem die Voraussetzung zu einer Identitätstransformation, die unseren Organismus wieder in ein neues biopsychologisches Gleichgewicht kommen lässt. Anomalien werden durch die Rückbesinnung auf die biografische Erinnerungsspur implizit und explizit aufgehoben. Der Mensch als Individuum findet psychologisch wie physiologisch auf einer neuen Ebene eine neue Balance, in der er sich richtig aufgehoben fühlt. Im letzten Schritt werden Anomalien dann lebenslang aktiv aufgesucht, weil die Gewissheit gefestigt ist, über die Kompetenz zu verfügen, sie potenziell aufheben und/oder andernfalls akzeptieren zu können. Der ganze beschriebene Vorgang ist nichts anderes als die Fähigkeit, mit Stresssignalen besser umgehen zu können, sie als einen kontinuierlichen, lebenslangen Lernprozess zu realisieren, der durch Erfahrungen aus der Vergangenheit gespeist wird und uns sowohl fit macht für das weitere Überleben in der Gegenwart als auch für das konstruktive Gestalten der Zukunft. Wir können auf diesem Weg vor allem eine funktionale Offenheit für die konstruktive und verantwortliche Gestaltung der Zukunft erzielen.

Wie wir gesehen haben, ist der Prozess des Lernens mit einem psychophysiologischen Aktivierungsprozess verbunden, der oft als Stress bezeichnet wird, und den wir in der individuellen wie gesellschaftlichen Wahrnehmung in ein schlechtes Licht gerückt haben. Durch Stress wird der Wahrnehmungsfokus verengt und das Bewusstseinsfeld auf den Stressor fokussiert. Dessen Aufhebung oder Beseitigung ist Ziel eines Projekts, das sich vom lateinischen Begriff *proiectum*, das heißt »nach vorne geworfen« ableitet. Projekte sind so gesehen künstliche Partitionierungen der Welt, um ein isoliertes Problem bestmöglich wirksam zu lösen. Der Preis, den man dafür zahlen muss, ist die Vernachlässigung der holistischen Panoramawahrnehmung. Die heutige Bildschirmarbeit ist ein Beispiel dafür, wie sich Blickfeld und Augen dazu verhalten und verändern, indem sie sich ganz auf etwas fokussieren, wobei das Ganze leicht verloren gehen kann. Wer sich das bewusst macht, kann wiederum ganz gezielt seine Wachsamkeit auch für das Ganze wecken und in die eigene Wahrnehmung integrieren.

Stress ist aber nur eine Voraussetzung für Lernen. Für das Aufheben von Lernerfahrungen im Sinne der neuronalen Codierung sind vor allem auch Entspannung und Schlaf von Bedeutung. Diese Zustände können durch chronischen Stress beeinträchtigt oder sogar verhindert werden. Umso wichtiger ist es daher, den Augen, Ohren und auch dem Geist kürzere oder längere Auszeiten zu gönnen, um so die eigenen Wahrnehmungsschablonen durch Achtsamkeit zu erfrischen. Wenn wir gestresst sind, wird unser Zeitkorridor und unser Problemraum kleiner, damit einhergehend nimmt das subjektive Belastungserleben aber zu. Wenn dieser Zustand chronisch wird, bleibt die Empfindung von Stress auch dann bestehen, wenn der Stressor längst verschwunden ist: Wir sind dann gestresst, weil wir Stress haben.

Wir sollten diesbezüglich im Hinterkopf behalten, dass die zeitliche Stabilität der Stresswahrnehmung von meditativer, kontemplativer und spiritueller Praxis beeinflusst wird. In einer Studie konnten wir zeigen, dass spirituell und meditativ praktizierende Menschen ihre selbst eingeschätzten Stresszustände nach sechs Monaten uneinheitlicher einschätzen als Menschen ohne eine derartige Praxis (Kohls & Walach 2008). Wissenschaftlich ausgedrückt ist die Test-Retest-Reliabilität in dieser Gruppe nach sechs Monaten signifikant niedriger. Im gesamten Stresserleben werden mehr und größere Abweichungen nach unten wie auch nach oben erfahren. Daraus ist zu folgern, dass Personen, die meditieren und ihre Spiritualität leben, Stress nicht so sehr als zeitlich stabiles, also dauerhaftes, sondern eher als situatives Phänomen erleben. Vermutlich liegt dies unter anderem daran, dass sie ihren psychophysiologischen Zustand häufiger reflektieren, zuverlässiger einschätzen und so auch besser angemessen regulieren können. Sie verfügen häufig über eine positive Grundhaltung dem Leben gegenüber, weil sie sich existenziell aufgehoben fühlen. Ihre Stressantwort lässt mehr Veränderung zu, sie haben eine größere Palette, um angemessen mit Anomalien umzugehen. Das bedeutet, das sie ihr Stresserleben vermutlich auch leichter auf den jeweiligen situativen Kontext anpassen und somit Resilienz bestmöglich entfalten können.

Stress und Lernen – zwei Seiten einer psychophysiologischen Medaille und die Kultivierung von Komplementarität

Wir können Stress und Lernen als die zwei Seiten eines psychophysiologischen Prozesses ansehen, die sich komplementär zueinander verhalten. Dies erklärt, warum anstrengungsfreies Lernen schlechterdings unmöglich ist: Aufgrund mangelnder emotionaler Qualitäten besitzt es schlichtweg zu wenig Bedeutsamkeit und Ich-Bezug, um als wichtig markiert zu werden. Wer den Stress jedoch für sich zu nutzen weiß, kann in den Flow-Zustand kommen. Wichtig ist, dauerhafte Überforderung zu meiden, weil sie, wie uns die rechte Seite der Yerkes-Dodson-Kurve gezeigt hat, zu keinem fruchtbaren Lernerfolg, sondern langfristig nur in die Hölle führt. Anforderungen können schnell zu schwer werden, eine Aufgabe kann zu schwierig sein, um sie real umzusetzen und sie zu erledigen, aber auch, um sie für die Zukunft nutzbringend neuronal und psychologisch zu integrieren und damit aufzuheben. Genauso, wie wir mit unseren Händen nicht alles aufheben können, etwa weil ein Gegenstand zu groß, zu klein, zu kalt, zu heiß oder zu flüssig ist.

Lernerfahrungen werden im Sinne der Yerkes-Dodson-Kurve am besten gemacht und behalten, wenn in der Lernsituation im Mittel ein angemessenes Stressniveau vorherrscht und eine Phase der Entspannung folgt. Nicht das Paradies, auch nicht die Hölle sind Orte, an denen beseelte Wesen aus Fleisch und Blut zu lange verweilen sollen. Vielmehr sind sie in die Welt hineingeworfen und einem ständigen Wechselspiel von Unter- und Überforderung, Stress und Erholung, Tun und Lassen ausgesetzt. Die nicht einfache Aufgabe ist: Komplementarität von Gehirn und Geist, im mentalen Bereich außerdem Kognition, Emotion und Motivation wahrzunehmen, sich bewusst zu machen, sie anzuerkennen und all diese Faktoren schließlich über das Erleben im eigenen Verhalten auf eine gute Weise zu integrieren. Wenn das gelingt, kann im besten Sinne von achtsamem Embodiment gesprochen werden.

Was schade ist: In unseren etablierten westlichen Schul- und Bildungssystemen finden wir zunehmend eine einseitige Überbetonung kognitiv-rationaler Aspekte. Das bedeutet zugleich die Vernachlässigung emotionaler, motivationaler und auch körpernaher Bewusstseinsvorgänge. Letzteres ist vor allem für die frühkindliche Entwicklung extrem ungünstig, weil Selbstregulationsprozesse bei (kleinen) Kindern noch nicht stabil entwickelt sind. Kinder müssen sie motorisch ableiten. Sie müssen sich deshalb bewegen. Still über Stunden auf einem Platz zu sitzen, ist kontraproduktiv. Indem wir in angemessenem Umfang Kindern körperorientierte Bewusstseinsprozesse und Achtsamkeit ermöglichen, können wir dazu beitragen, sie für die Herausforderungen ihrer Zukunft vorzubereiten. Wenn dies gelingt, hat es zur Entwicklung ihrer Resilienz beigetragen, und dies wird sich in einem achtsamen Umgang mit sich selbst, mit den Mitmenschen sowie mit der Umwelt niederschlagen. Denn auch Mutter Erde, unser blauer Planet, besitzt eine planetarische Resilienz, die Voraussetzung für unsere individuelle Gesundheit ist.

Angesichts der Probleme, auf die wir zusteuern, brauchen wir daher meines Erachtens nicht nur ein Überdenken unserer Art und Weise zu wirtschaften, sondern genauso einen bedeutsamen Umbau des Bildungssystems. Durch diesen müssen die kommenden Generationen in die Lage versetzt werden, Komplementarität nicht nur als Wahrnehmungs-, sondern auch als generatives Lern-, Lebens- und Seinsprinzip zu erkennen. Dann können Erkenntnisse endlich in Verhalten umgesetzt werden. Wenn wir jeden Schaden, den wir unserer Umwelt, unseren Mitmenschen und -geschöpfen zufügen, auch gleichzeitig uns selbst antun, wäre schon viel gewonnen.

Komplementäres Denken und Handeln ist immer weit und umsichtig, gleichzeitig sollte es stringent und lokal fokussiert sein. Viele Konflikte und Probleme könnten durch komplementäres Denken zumindest graduell entschärft werden. Beispielsweise würden komplementär denkende Menschen in Organisationen und Unternehmen sich sehr genau überlegen, wie sie mit externalisierten Kosten – das heißt Belastungen, die zwar vom produzierendem System verursacht, aber von der Gesamtgesellschaft getragen werden müssen – umgehen. Die eigenen Vorteile beispielsweise in Form der einseitigen Gewinnmaximierung stünden dann nicht an vorderster Stelle, weil die mittel- und langfristigen Konsequenzen des Handelns oder Nichthandelns immer angemessen mitbedacht werden könnten.

Ohne Zweifel brauchen wir zukünftig Menschen, die darin geschult sind, Komplementarität in ihrem Erleben und Verhalten zu manifestieren – das Schicksal der Menschheit könnte entscheidend davon abhängen. Um ein Beispiel aus der politischen Psychologie zu nehmen, könnten wir die politischen Orientierungen liberal und konservativ als zwei komplementäre Einstellungen der Wahrnehmungsspezialisierung im Sinne eines engeren Attention- und weiteren Awareness-Netzwerks ansehen, und weniger als miteinander unvereinbare Ansichten voneinander trennen.

Das spiegelt sich auch in den empirischen Forschungsergebnissen wider: Bei liberal eingestellten Personen findet man ein Persönlichkeitsprofil, bei dem eine höhere Offenheit und niedrigere Gewissenhaftigkeit vorliegt, während es sich bei den konservativer eingestellten Personen genau umgekehrt verhält. So gesehen fungieren die Liberalen als flexible Innovatoren und die Konservativen als Halt gebende Stabilisatoren. Beide sind wichtig, um reflektierte und ausbalancierte Entscheidungen treffen zu können. Erst durch den achtsam geführten konstruktiv-kritischen Diskurs kann so in einem längeren Prozess die beste Lösung für ein spezifisches Problem gefunden werden, weil durch die respektvolle Interaktion eine komplementäre Sichtweise entwickelt werden kann. Mit einem solchen achtsamen Diskurs kann auch die Ausbildung von extrem einseitigen und extremistischen Haltungen und Einstellungen verhindert oder gehemmt werden. Diese sind häufig gefährlich, weil durch sie komplementäre Denkstile zu unvereinbaren Gegensätzen erklärt werden und als Konsequenz noch mehr Spaltung entsteht. Davon haben wir genug!

In entwickelten Gesellschaften wird Komplementarität aber auch in Form von Natur- und Geisteswissenschaften repräsentiert: Gerade die Künste, beispielsweise Musik, Ästhetik, Architektur oder Bildhauerei, sind nichts anderes als ein Indikator für den inneren Reifegrad einer Gesellschaft. Außerdem offenbart ein authentischer, nicht ins Sarkastische abgleitender Humor als Reaktion auf schwierige Situationen den Charakter und ist ein Hinweis auf das Vorhandensein komplementärer Sichtweisen. Dies kann auf scheinbar lustige, manchmal auch doppelbödige Weise realisiert werden. Humor vermag so die in einer Situation liegende inhärente Spannung aufzuheben. Komplementäres Denken ist schließlich ein Werkzeug, das zeigt, dass moderne neurowissenschaftliche Erkenntnisse und alte biblische Motive sich nicht ausschließen, sondern sich vielmehr wechselseitig ergänzen können, was wiederum einen Rückbezug zu den kulturellen Symbolen und Traditionen im Sinne von *religio* erlaubt. In diesem Sinne können Achtsamkeit als Bewusstseinszustand und Spiritualität als korrespondierende Lebens- und Geisteshaltung als komplementär zueinander stehende Aspekte die Entwicklung von Individuum und Gesellschaft auf allen Ebenen bereichern.

Im Lichte der Komplementarität können wir erkennen, dass der Wissenschaftler und der Mystiker genau dieses Prinzip auf unterschiedliche Bereiche anwenden. Der Mystiker führt in seinem Inneren mit sich selbst und seinem Bewusstsein ein Experiment durch, indem er durch Achtsamkeit Anomalien erzeugt, um dadurch das Geschenk einer mystischen Erfahrung zu erleben: Die Vereinigung der Gegensätze zu einem Ganzen, einer Einheit. Der Bewusstseinsforscher C. G. Jung bezeichnete dies mit dem lateinischen Begriff als *coniunctio oppositorum*, das heißt die Vereinigung der Gegensätze. Die mystische Einheitserfahrung ist genau der Prozess, bei dem der Beobachter, das Ego, sich in der Wahrnehmung auflöst und so mit ihr zusammenfällt und verschmilzt. Das bedeutet die willentliche Aufgabe des Ichs, und dieser Prozess ist naturgemäß angstbesetzt. Ich bin mir aber ziemlich sicher, dass in nicht allzu ferner Zukunft die neuronalen Korrelate der absichtsvoll herbeigeführten Ich-Aufgabe auch mithilfe moderner Bildgebung gefunden werden können und somit die Angst davor zumindest ein Stück weit genommen werden kann.

Der Wissenschaftler hingegen sucht im Äußeren durch gezielte Manipulation der Welt – nichts anderes bedeutet es, ein Experiment durchzuführen – Zusammenhänge zwischen Phänomenen zu erkennen und durch eine geeignete Interpretation in eine erkennbare Ordnung zu bringen. Deswegen sind die wissenschaftlichen Untersuchungen von Achtsamkeit und spirituellen Erfahrungen auch so aufschlussreich und wichtig.

Während der Wissenschaftler die Phänomene im Außen beobachtet und strukturiert, bringt der Mystiker seine Beziehung zu sich selbst oder einem höheren Prinzip im Innen in Ordnung. Dabei wird ihm auch klar, dass – wie der russische Schriftsteller und Systemkritiker Alexander Issajewitsch Solschenizyn (1918–2008) es formulierte – »die Grenze zwischen Gut und Böse durch das Herz eines jeden Menschen verläuft«. Dies bedeutet, den eigenen Schattenanteil anzuerkennen. Im Schlusswort von Immanuel Kants Kritik der praktischen Vernunft lauten die berühmt gewordenen letzten Zeilen: »Zwei Dinge erfüllen das Gemüt mit immer neuer und zunehmender Bewunderung und Ehrfurcht, je öfter und anhaltender sich das Nachdenken damit beschäftigt: der bestirnte Himmel über mir und das moralische Gesetz in mir.« Der bestirnte Himmel synchronisiert uns in der externen Zeit, dem Chronos, indem er über chronobiologische Prozesse unsere zirkadiane Rhythmik steuert. So steigen – durch die Fotorezeptoren im Auge ausgelöst – früh am Morgen, wenn wir den Morgenstern am südöstlichen Himmel als das letzte vor Sonnenaufgang auftauchende Gestirn anschauen, unsere Cortisolwerte an, um uns für den Tag vorzubereiten. Wenn wir nach verrichtetem Tagwerk uns für die Nacht vorbereiten und diesmal die Venus als Abendstern ansehen, sinken diese wieder und Melatonin wird ausgeschüttet, um uns müde zu machen und für den lebenswichtigen Schlaf vorzubereiten. Während uns also die Gestirne im Äußeren in der Zeit strukturieren, müssen wir auch eine Ordnung in uns finden und unsere innere Zeit, den Kairos, ordnen. Man kann nämlich nicht nur eine äußere Entwicklung durchlaufen, sondern muss sich auch innerlich in eine Ordnung bringen.

Spätestens seit dem Aufstieg der Wissenschaft und der Aufklärung handeln wir als Gesellschaft diesbezüglich jedoch nur sehr einseitig, weil wir keine soziokulturellen Rezeptorzellen für die Kultivierung von Achtsamkeit, Innerlichkeit und Bewusstheit zur Verfügung haben, die es uns erlauben würden, systematisch an unserer inneren Stimme sowie unserem moralischen Kompass zu arbeiten. Ob wir diese Rezeptorzellen jemals hatten und der Zugang zu den damit verbundenen Bewusstseinszuständen früher einfacher war, weil weniger Ablenkungsmöglichkeiten und Freiheitsgrade vorhanden waren, sei dahingestellt. Sicherlich sind Eigenschaften wie Ehrfurcht und Demut dafür hilfreich, die uns als positiv besetzte Emotionen erscheinen, obwohl sie uns in Relation kleiner und unbedeutender erscheinen lassen. Doch wo, in welcher Institution lernt man diese heutzutage außerhalb der Kirche – und auch dass man es dort lernt, darf man anzweifeln – zu kultivieren? Es lässt sich durchaus darüber debattieren, ob Religionen in institutionalisierter Form jemals dafür geeignet waren, Spiritualität zu kultivieren, oder ob sie dies – wovon die Brandmarkung der Mystiker als Häretiker Zeugnis gibt – nicht sogar verhindert haben. Denn auch eine innere und äußere, kulturell manifestierte Form von Innerlichkeit, eben Spiritualität und Religion, stehen in einem Spannungsverhältnis, das in der Vergangenheit oft destruktiv war. Im Fall des Christentums rührt dies sicherlich unter anderem daher, dass die Geburt von Jesus Christus ein einmaliges historisches Ereignis darstellt, das nicht durch Aussagen der Mystiker relativiert werden durfte.

Wir sind zwischenzeitlich zum Mond geflogen und haben Forschungssonden weit in entfernte Galaxien entsandt. Wie weit sind wir aber bei der Erforschung und Entdeckung des Weltinnenraums gekommen? Ich fürchte, nicht allzu weit. Wer von seinen eigenen technologischen Erfindungen und Errungenschaften nicht in den Abgrund gerissen werden will, muss auch eine innere Entwicklung vollziehen. Der französische Mathematiker Blaise Pascal (1623–1662) hat es völlig richtig gesehen, als er behauptete, dass »das ganze Unglück der Menschen allein daher rührt, dass sie nicht ruhig in einem Zimmer zu bleiben vermögen«. Eine Bestätigung desselben könnte man in der Lebensweise des modernen Menschen suchen und finden.

Eine Kopenhagener Revolution nicht nur für die Physik, sondern auch für Bildungssysteme

Die Entdeckung des Weltinnenraums oder die Kultivierung des Bewusstseins müssen moderne Bildungssysteme leisten, wenn sie ihrer gesellschaftlichen Verantwortung nachkommen und junge Menschen resilient für eine herausfordernde Zukunft machen wollen. Die Entwicklung von Resilienz ist nicht nur für Individuen und Organisationen, sondern vor allem auch für das Bildungssystem eine der fundamentalen, wenn nicht die zentrale Aufgabe. Denn Resilienz ist der Versuch, über einen dialektischen Prozess im Sinne des Dreiklangs von These – Antithese – Synthese Komplementarität in Wahrnehmung, Motivation und Verhalten in einem prosozialen Sinne zu kultivieren und dies als Bewusstseinstechnik und -haltung vor allem jungen Menschen beizubringen.

Aus diesem Grund setze ich mich seit vielen Jahren dafür ein, dass Achtsamkeit im Sinne von Bewusstseinskultivierung einen bedeutenderen Stellenwert in unseren Schul- und Bildungssystemen bekommt. Zu diesem Thema habe ich beispielsweise Studien in Kooperation mit der Pädagogin Vera Kaltwasser, die das Programm *Achtsamkeit in der Schule* (AISCHU) entwickelt hat (Kaltwasser 2016), durchgeführt. Mein Kollege Andreas de Bruin (*1965) hat mit dem *Münchner Modell* ein fundiertes Programm für Hochschulen entwickelt, um die Bewusstseinsentwicklung von zukünftigen Lehrern und Pädagogen zu fördern. In dessen Rahmen wird den Studierenden Meditation und Achtsamkeit systematisch nahegebracht (de Bruin 2021). Auch meine Kollegen Mike Sandbothe (*1961) und Reyk Albrecht (*1975) in Jena haben zusammen mit vielen anderen Hochschulangehörigen vor einigen Jahren die überregionale Kooperationsplattform *Achtsame Hochschulen* ins Leben gerufen, bei der bereits mehr als 400 Menschen aus über 100 Hochschulen in Deutschland, Österreich und der Schweiz zusammenarbeiten.

In Coburg betreiben wir seit vielen Jahren den Bachelorstudiengang *Integrative Gesundheitsförderung,* der von dem Arzt und Neurowissenschaftler Tobias Esch (*1970) und dem Ökonomen Eberhard Nöfer (*1965) aufgebaut wurde und in dessen Rahmen unsere Studierenden systematisch mit Achtsamkeit, Spiritualität und Positiver Psychologie in Berührung kommen. Hier versuchen wir, das Programm der Gesundheitsförderung umzusetzen, das die Weltgesundheitsorganisation (WHO) im Jahr 1986 mit der Ottawa-Charta ins Leben gerufen hat. Diese fordert schon in der besagten Gründungscharta sowohl eine individuelle Form der Gesundheitsförderung als auch auf gesellschaftlicher Ebene eine Neuausrichtung der Krankheitssysteme zu Gesundheitssystemen. Mit der komplementären Verschränkung von auf Individuen bezogene Verhaltens- und strukturelle Kontextfaktoren der Verhältnisprävention sowie den Prinzipien von Empowerment und Partizipation wird so auf individueller, gesellschaftlicher und environmentaler Ebene der Versuch unternommen, die Selbstregulationsfähigkeit zu verbessern und die individuelle wie gesellschaftliche Resilienz zu verbessern. Um dies systematisch zu erforschen, habe ich mit meinen geschätzten Kolleginnen und Kollegen Jameson Hirsch, Martin Offenbächer, Fuschia Sirois, Jörg Schelling (*1972) und Loren Toussaint das *International Consortium for Health Interventions & Promotion in Medicine and Psychology* (CHIPMAP) gegründet. Dabei wird auch die Frage relevant, wie die Umgebung aus Sicht von Architektur und Design gestaltet sein muss, um Empowerment, Partizipation und die Ausbildung von Resilienz bestmöglich zu unterstützen. Diese Frage bearbeite ich mit meinem Kollegen Michael Heinrich (*1966). Mit meinem amerikanischen Kollegen James Giordano versuche ich, ethische Fragen wie die der gesundheitsförderlichen Ressourcenallokation oder die schwierige Frage nach der Unterscheidung von Prävention, Selektion und Optimierung zu beantworten.

Aber am wertvollsten erscheinen mir die Veranstaltungen, in denen meine Studierenden und ich zusammen Achtsamkeitsübungen praktizieren. Wohlgemerkt sind das in unserem Studiengang reguläre Veranstaltungen im Studiumsverlauf, für die die Studierenden reguläre Credit-Points bekommen. Das ist sehr wichtig, denn die Botschaft lautet: Diese Themen sind genauso wichtig wie die fachlichen Veranstaltungen und gehören dazu, wenn man Gesundheitsförderung studiert. Es sind – auch wenn ich dort nicht viel sagen muss – ohne jeden Zweifel die wichtigsten Veranstaltungen, die ich in meinem Leben gehalten habe und halten werde: In der Stille gemeinsam das Essenzielle lernen. Wenn ich im Bildungssystem etwas zu sagen hätte, würde ich Achtsamkeitsseminare in jedem Studiengang als integrative Studienprogramme anbieten.

Der Wind der Veränderung bläst also sowohl im Gesundheits- als auch im Bildungssystem, und zu hoffen bleibt, dass die Entwicklungen schnell genug voranschreiten, um eine Veränderung in Richtung zeitgemäßer Resilienzentwicklung noch rechtzeitig zu erzielen. Denn das, was heute in den Universitäten als Mindset gilt, ist oft (erst) fünf Jahre später in der Gesellschaft angekommen und prägt dann für Jahrzehnte den Zeitgeist. Andererseits müssen wir berücksichtigen, dass die modernen digitalen Technologien unsere Gehirne in noch nie da gewesener Weise verändern, und wir nicht wissen, was dies bezüglich unserer Neuroplastizität bewirken wird. Im Vergleich dazu wirken die Versuche, durch Bewusstseinskultivierung wie Achtsamkeit eine eigengesteuerte, intentional herbeigeführte Veränderung zu bewirken, häufig fast bedeutungslos. Jedoch sind die Effekte dieser Programme sowohl bei Schulkindern als auch Lehrenden erstaunlich groß (Kraft, Kaltwasser & Kohls 2021; Kaltwasser, Sauer & Kohls 2014).

Das ist aber leider noch nicht überall angekommen: So hat mir mal ein Kollege süffisant lächelnd entgegengehalten, als wir über die Achtsamkeitsprogramme an Schulen sprachen: »Lieber Herr Kohls, wenn Sie die Schüler dreimal die Woche für 15 Minuten Achtsamkeitsübungen machen lassen, dann haben diese in acht Wochen genau sechs Stunden meditiert. Das wiegt dann einen Nachmittag digitalen Medienkonsum auf!« Das stimmt, und dagegen kann man nur schlecht argumentieren. »Aber trotzdem sehen wir schon nach dieser kurzen Zeit erstaunliche Effekte und irgendwann muss man ja anfangen«, habe ich dann entgegnet, um dann noch etwas trotzig hinterherzuschieben: »Vielleicht ändert sich das ja irgendwann mal. Dazu müssten wir aber erkennen, dass ein kognitiv-rationalistisches, kompetitives Mindset nicht ausreichend ist, um eine ganzheitliche Bildung zu vermitteln, in deren Zentrum die Komplementarität von Kognition, Emotion, Motivation und folglich auch Achtsamkeit und Spiritualität stehen müssen.«

Möglicherweise werden sich spätere Zeitgenossen verwundert die Augen reiben, wenn sie unsere Auswahl- und Beurteilungssysteme rückblickend analysieren, und sich fragen, warum wir Menschen hauptsächlich nach ihrer kognitiven Leistungsfähigkeit und ihrem Durchsetzungsvermögen, nicht aber nach der Lebenskompetenz, Komplementarität durch Achtsamkeit und Spiritualität zu manifestieren, für verantwortliche gesellschaftliche Aufgaben ausgewählt haben.

Mit am meisten beeindruckt war ich, als ich im Herbst 2018 an eine der weltweit größten und führenden Wirtschaftsuniversitäten, die Copenhagen Business School, zu der Konferenz *The Mind, Meditation and Innovation Conference* eingeladen wurde. Die Kopenhagener Kollegen um den Wirtschaftswissenschaftler Sudhanshu Rai (*1968) berichteten mir, dass sie darüber nachdenken würden, etwa ein Fünftel ihrer curricularen Programme durch Meditation und Bewusstseinskultivierung zu ersetzen. Es ginge nicht mehr darum, ihren Studierenden abstraktes Wissen zu vermitteln, sondern vor allem die Beziehung zu sich selbst, anderen Menschen und der Welt in den Vordergrund des Lernens zu rücken, um sie so für die Unternehmen für morgen vorzubereiten.

Denn der Sweet Spot des Lernens – oder in Wygotskis Worten die Zone der proximalen Entwicklung – kann nur entstehen, wenn eine Komplementarität zwischen Lehrenden und Lernenden, Führungskräften und Mitarbeitenden realisiert wird.

Präzise dieselbe Einsicht hatte 90 Jahre zuvor der dänische Physiker Niels Bohr, als er feststellte, dass man Vorgänge auf atomarer Ebene nicht direkt, sondern nur indirekt über die Relation der Teile und ihrer Veränderung beobachten könne. Dies führte ihn zu der berühmten Kopenhagener Interpretation der Quantenmechanik, für die Beobachtungsprozesse von zentraler Bedeutung sind. Denn erst in dem Moment der Beobachtung eines Quantensystems kollabiert in Bohrs Vorstellung die Wahrscheinlichkeitswelle durch den Beobachtungsprozess und kann nun als manifestierter Partikel an einem spezifischen Ort erscheinen. Man kann das so verstehen, dass erst durch bewusste Beobachtung unscharfe Potenzialität in klar erkennbare Aktualität verwandelt wird und sich folglich in Quantensystemen immer nur das als beobachtet zeigen kann, was tatsächlich beobachtet wird.

Eine ähnliche Konstellation haben wir mit der fokussierten Aufmerksamkeit und der komplementär dazu stehenden unspezifischen ungerichteten Gegenwärtigkeit kennengelernt. In späteren Ausführungen zur Übertragbarkeit dieser Einsicht auf psychologische Phänomene führte Bohr dann in einem Aufsatz mit dem Titel *Physical Science and the Problem of Life* aus: »In Bezug auf die Beziehungen zwischen bewussten Erfahrungen stoßen wir auch auf Merkmale, die an die Bedingungen für das Verständnis von atomaren Phänomenen erinnern. Das reiche Vokabular, das in den Mitteilungen über die Zustände unseres Geistes verwendet wird, verweist in der Tat auf einen typischen komplementären Beschreibungsmodus, der dem ständigen Wechsel des Inhalts entspricht, auf den die Aufmerksamkeit gerichtet ist (Bohr 2010, S. 101, eigene Übersetzung)«.

Einen Absatz weiter unten fährt Bohr mit seinen Erläuterungen fort: »Verglichen mit der Erweiterung der mechanischen Beschreibungsweise, die die Darstellung der Individualität der atomaren Phänomene erfordert, stellt uns die Integrität der atomaren Phänomene, die Integrität des Organismus und die Einheit der Persönlichkeit natürlich vor eine Verallgemeinerung des Rahmens für den rationalen Gebrauch unserer Kommunikationsmittel. In diesem Zusammenhang muss betont werden, dass die für eine eindeutige Beschreibung notwendige Unterscheidung zwischen Subjekt und Objekt in der Weise beibehalten wird, dass wir in jeder Kommunikation, die sich auf uns selbst bezieht, sozusagen ein neues Subjekt einführen, das nicht als Teil des Inhalts der Kommunikation erscheint. Es braucht kaum betont zu werden, dass gerade diese Freiheit in der Wahl der Subjekt-Objekt-Unterscheidung der Vielfältigkeit der Bewusstseinsphänomene und dem Reichtum des menschlichen Lebens Raum gibt (Bohr 2010, S. 101, eigene Übersetzung)«.

Bohr postuliert an dieser Stelle, dass wir als psychophysikalische Organismen in jedem Akt der Kommunikation mit uns selbst, anderen Menschen und der Welt die Grenzen zwischen innen und außen, Ich und Du, fremd und vertraut neu verhandeln, um so auch auf mentaler Ebene operative Geschlossenheit herzustellen. Der Logiker George Spencer-Brown (1923–2016) hat es noch prägnanter formuliert: »Wenn man eine Unterscheidung trifft, entsteht ein Universum.« Und wenn man diese Markierungslinie verschiebt, verändert sich die Wahrnehmung des Universums und damit das Universum selbst.

Bei jedem Wahrnehmungsakt, sei er bewusst oder unbewusst, wird eine solche Unterscheidung gemacht, ohne dass uns dies augenfällig ist. Wir kennen das aus langweiligen, aber energieraubenden Meetings und Streitgesprächen; ständig werden hier die Subjekt-Objekt-Grenzen neu verhandelt, häufig ohne dass dies den beteiligten Personen bewusst wird: »Die müssen doch verstehen, dass …«. Im Gebet, in der Kontemplation und in der meditativen Übung, aber auch in der achtsamen Interaktion mit sich selbst und anderen wird an dieser Unterscheidung und ihrer Aufhebung bewusst und intentional gearbeitet. Somit wird ein Prozess, der sonst weitgehend autark abläuft, durch Bewusstseinskultivierung reflektiert, wodurch Selbsterkenntnis und Selbstregulationsfähigkeit zunehmen und Resilienz entstehen kann. Denn die Ich-Grenzen können absichtlich größer, aber auch kleiner gemacht werden. Dies berührt die Frage, wie empathisch, mitfühlend und fürsorglich jeder Mensch sein will und auch kann. Darüber hinaus stellt sich die Frage, ob eine prosoziale humanistische Haltung als ausreichend erachtet wird, oder doch eine Form der Verbundenheit und Sinnhaftigkeit als gegeben angenommen werden muss, die man als transzendentale Spiritualität bezeichnen kann und die auch die Fürsorge für die nächsten Generationen beinhaltet. Vielleicht sind wir in manchen Bereichen unseres Lebens mitunter dazu verdammt, nur eigennützige Ichlinge oder auf Selbstfürsorge bedacht zu sein, während an anderen Stellen eine andere Haltung zur Geltung kommen kann und darf? Wir erinnern uns an das Zitat von Viktor Frankl, der im lodernden Höllenfeuer des Holocaust entdeckte, dass zwischen Reiz und Reaktion ein Raum liegt, der eine Wahlmöglichkeit aufzeigt, sich zu entscheiden. Und wir wissen nun, dass durch Achtsamkeit und Spiritualität Resilienz entwickelt werden kann, durch die Anomalien in uns und außerhalb von uns aufgehoben werden können. Funktional kann man das als ein Kultivieren von Komplementarität im Erleben und Verhalten auffassen. Es wird Zeit, dass wir diese Erkenntnisse in unseren Bildungs- und Gesellschaftssystemen umsetzen und so eine Kopenhagener Revolution nicht nur auf der Mikro-, sondern auch auf der Makroebene realisieren. Denn dann erhalten wir eine Bewusstseinsbildung, die William James schon vor Augen hatte, als er in seinem Grundlagenwerk von 1890 ausführte: »Das Vermögen, eine wandernde Aufmerksamkeit willkürlich zurückzubringen, wieder und immer wieder, ist die eigentliche Wurzel von Urteilsvermögen, Charakter und Willen. Niemand ist bei klarem Verstand, der dieses Vermögen nicht besitzt. Eine Erziehung, die das Vermögen ausbildet, wäre die Erziehung par excellence. Doch es ist leichter dieses Ideal zu definieren, als praktische Anleitungen zu seiner Verwirklichung zu geben (James, 1890, S. 424, eigene Übersetzung)«. Dem ist nichts hinzuzufügen. Allerdings haben wir mittlerweile hinreichende Kenntnisse über die Wirksamkeit und

Mechanismen von bewusstseinskultivierenden Techniken wie Meditation, Yoga oder spirituelle Praxis erlangt. Wir wissen deswegen auch, dass Achtsamkeit eine Eigenschaft ist, die dem menschlichen Bewusstsein von Natur aus gegeben ist, die jedoch aktiv entwickelt und gefördert werden kann. Deswegen können wir nützliche, wissenschaftlich fundierte Erläuterung geben und mit Gewissheit sagen: Wer diese Fähigkeit ausbildet und beherrscht, kann für sich nicht nur eine stimmige Antwort auf die vier Kant'schen Fragen finden, sondern eine profunde Resilienz ausbilden und somit nicht nur selbstbestimmter, sondern auch fürsorglicher gegenüber sich selbst und anderen an der Erfüllung seiner Lebensaufgabe mitarbeiten. Der Lohn all der Bemühungen ist dann eine tief empfundene, durch Staunen, Dankbarkeit und Offenheit getragene Lebensfreude, die durch Selbstregulation immer wieder in eine richtige Balance gebracht wird.

SYNOPSIS UND EINE TO-DO-LISTE

Ich habe in diesem Buch versucht, die Wurzeln der Resilienz auf der Grundlage neurowissenschaftlicher und psychologischer Erkenntnisse offenzulegen. Vor allem aus Gründen der Verständlichkeit musste ich komplexe neurobiologische Sachverhalte mitunter mit einem recht groben Pinsel malen. Dabei habe ich sicherlich manche physiologischen und biochemischen Vorgänge ziemlich vereinfacht dargestellt. Dafür bitte ich um Nachsicht und Verständnis, denn ich hoffe, dass ich die Botschaft in Zusammenhang mit dem Umgang mit Krisen, Lernen und Stress dadurch leichter transportieren konnte. Als Professor an einer Hochschule für Angewandte Wissenschaften weiß ich um die Wichtigkeit des Praxisbezugs, der komplementär zur Grundlagenforschung steht, aber eben für die Umsetzung, die Anwendung essenziell ist. In meinen Ausführungen habe ich versucht, sowohl der evidenzbasierten Forschung, aber auch der praktischen Anwendung ihrer Erkenntnisse möglichst viel Raum zu geben.

Darüber hinaus war es mir ein Anliegen, das Yerkes-Dodson-Gesetz nicht als isolierte, abstrakte Gesetzmäßigkeit einzuführen, sondern es anschaulich an Bezugs- und Orientierungspunkten zu beschreiben. Deswegen habe ich es auf der Basis von bekannten biblischen Narrativen ausgedeutet, bei denen der Erzengel Michael erscheint: Sowohl beim Höllensturz, der Vertreibung aus dem Paradies als auch beim Seelenwägen geht es – modern gelesen – um unterschiedliche Aspekte von Selbstregulation, die durch den Erzengel eingefordert, teils durch Bestrafung erzwungen, teils auch mit Belohnung in Aussicht gestellt wird. Die darin enthaltene Essenz lautet meiner Ansicht nach: Das bewusste, konstruktive und gemeinsam unternommene Aufheben von Anomalien mithilfe eines Bezugs zu uns selbst und anderen Menschen ist eine wesentliche Voraussetzung dafür, Lebenskompetenz in Form der Resilienz zu ent-wickeln, die als grundlegende Fähigkeit in uns allen angelegt ist. Funktional kann diese verstanden werden als das Herbeiführen und Aushalten eines konstruktiven dialektischen Spannungsverhältnisses. In einer solchen bewusst analysierten Komplementarität kann schließlich in bestimmten Situationen operative Geschlossenheit hergestellt werden. Ein System, das nicht in Kohärenz mit seinen Bestandteilen und in Resonanz mit seiner Umwelt ist, kann nicht lange stabil in der Zeit bestehen.

Vielleicht empfinden Sie diese um den Erzengel Michael orientierten Bezugspunkte für Sie nicht als stimmig und Sie finden, dass für Ihr Leben andere Orientierungsanker stimmiger und relevanter sind. Das kann gut sein, denn jeder Mensch muss diese für sich selbst bestimmen und verorten. C. G. Jung hat beispielsweise in Auseinandersetzung mit seinem Unbewussten seine inneren Gefühle, Reflexionen und Geschehnisse in Form von subjektiven mythischen Geschichten in seinem *Roten Buch* beschrieben und ausgedeutet. Mir sind Jungs Kreativität und sein unmittelbarer und unversperrter Zugang zum Unbewussten nicht gegeben, und so habe ich mich an bekannten biblischen Narrativen orientiert, die in meinen Augen einen Bezug zur Stressphysiologie haben. Daneben gibt es sicherlich auch andere Möglichkeiten der Ausdeutung. In der auf der nächsten Seite gezeigten Abbildung *Flammarions*

Holzstich, der von einem unbekannten Künstler wohl gegen Ende des 19. Jahrhunderts geschaffen und in einem populärwissenschaftlichen Band über Meteorologie abgedruckt wurde, ist im Stil der mittelalterlichen Malerei ein suchender Mensch abgebildet. Der Pilger versucht, durch den die Grenzen seiner Welt markierenden Horizont mit seinen Händen in die Himmelssphäre zu greifen, um diese so auseinanderzuziehen und auf diese Weise dahinter Liegendes sichtbar zu machen.

Un missionaire du moyen âge raconte qu'il avait trouvé le point
où le ciel et la Terre se touchent...

Unbekannter Künstler, Flammarions Holzstich;
Quelle: Adobe Stock (FlammarionWoodcut)

Im 20. Jahrhundert wurde diese Abbildung von vielen Zeitgenossen als eine passende Darstellung eines mittelalterlichen Weltbildes angesehen, deswegen häufig vervielfältigt und sogar nachkoloriert. Auch wenn wir heutzutage mehrheitlich sicherlich keinem mittelalterlichen

Weltbild mehr anhängen und das schwierige 20. Jahrhundert seit einiger Zeit zu Ende gegangen ist, sind viele von uns ebenfalls Suchende, die hinter den uns bekannten Strukturen Neues zu finden hoffen. Insofern sind wir alle aufgerufen, selbst hinter unsere Stress- und Lebenskurven zu schauen, um herauszufinden, was jeden Einzelnen bewegt, motiviert und treibt. Denn wer auf der Suche nach Neuem ist, findet immer Anomalien – innen wie außen! Wenn Sie sich um Neues bemühen, werden Sie mit der Zeit feststellen, dass Sie Anomalien – sei es allein oder zusammen mit anderen – früher entdecken und auch leichter aufheben oder zumindest akzeptieren können. Achtsamkeitsübungen erleichtern diesen Prozess ungemein. Denn der zentrale Schlüssel zur Lösung von Krisensituationen ist zunächst die Bereitschaft, die Dinge so wahrzunehmen, wie sie eben sind. Das schließt unsere ehrliche Selbstwahrnehmung als aufrecht gehende vulnerable, weitgehend unbehaarte und deswegen bekleidete, potenziell zur Problemlösung und Kooperation befähigte, aber auch mit einem unverkennbaren Hang zur Destruktion ausgestattete Gewohnheitstiere ein, die häufig Risikovermeidung, Gewinnmaximierung mit (Selbst-)Fürsorge und prosoziales Verhalten in ein unausgewogenes Verhältnis stellen. Durch unseren häufig unreflektierten Umgang mit Komplementaritäten entstehen leider große Probleme. Das beginnt auf der Ebene der Wahrnehmung, setzt sich in unserem Verhaltens fort, vor allem aber in der Haltung. Dies bezieht sich auch auf unseren Umgang mit Unsicherheit und Monotonie. Eine mithilfe unseres Frontallappens formulierte Erkenntnis könnte folgendermaßen lauten: Dinge zu ändern, die man ändern kann, und die Dinge zu akzeptieren, die sich nicht ändern lassen – und die Weisheit das eine vom anderen zu unterscheiden. In dieser Aussage ist sowohl die Beziehung zu sich selbst als auch zu anderen Lebewesen, letztlich das Verhältnis zur Welt und zur Existenz als solcher enthalten. Innere Potenziale können mit äußeren Ressourcen ergänzt und gemeinsam ent-wickelt werden.

Vor dem Hintergrund der Zone der proximalen Entwicklung erscheint eine Krise erst dann unlösbar und zu groß, wenn nicht nur individuelle, sondern auch konzentrierte kollektive Versuche, mit dieser umzugehen, nicht zum gewünschten Erfolg führen. Mit anderen Worten: Wir sind erst dann am Ende unserer Möglichkeiten, wenn sich unsere internen Kompetenzen und externen Ressourcen als nicht ausreichend für den Umgang mit einer spezifischen Anomalie erwiesen haben. Dies ist auch eine Frage des gesellschaftlichen Kohärenzgefühls und eines kollegialen und solidarischen Umgangs miteinander.

In Zeiten einer globalen Krise rückt die Bedeutsamkeit von sinnvoller und fokussierter Kooperation immer mehr in den Vordergrund und der Aspekt der Kompetitivität immer mehr in den Hintergrund. Hierfür ist jedoch eine Erweiterung des individuellen Problem- und Verantwortungsraums hin zu einer kollektiven Verantwortlichkeit und Solidarität erforderlich. Genau darauf zielen Achtsamkeit und Spiritualität ab: Hier können wir etwas sehr Gewichtiges gegen isolierende Kompetitivität in die Waagschale werfen, das nicht nur unser Denken und Fühlen weitet, sondern auch unseren Problemraum und den Horizont unserer Verantwortung erweitert. Genau hier liegt die große Chance, achtsam neue Individual-, Familien-, Organisations- und Gesellschaftsidentitäten zu entdecken und diese mit Leben zu füllen. Darin kann ein systemisches Kohärenzgefühl integriert sein – wenn Sie Spiritualität noch immer nicht so mögen. Krisen können, so verstanden und wenn man mit ihnen auf diese Weise konstruktiv umgeht, für viele Menschen, Organisationen und Gesellschaften eine einmalige Chance zur Neuausrichtung sein, auch und gerade weil es in diesem Prozess an die Essenz gehen kann.

Was ist nun konkret zu tun? Dafür habe ich Ihnen abschließend noch eine To-do-Liste mit zwölf Punkten geschrieben, die Sie abarbeiten können, und nach jedem erfüllten Punkt zur Belohnung hoffentlich eine angemessene Dopaminausschüttung wahrnehmen:

1. **Blinzeln Sie häufiger mal sich selbst und anderen zu.** Nutzen Sie diese kurze Pause, um Menschen und Situationen danach neu und achtsam im Sinne des Anfängergeistes zu betrachten.

2. Achten Sie auf Ihren Atem und fokussieren Sie häufiger mal auf den gegenwärtigen Moment: Die Vergangenheit gibt es nicht mehr, und die Zukunft noch nicht. Alles, was existiert, ist gerade die Gegenwart. Eine bewusste Bauchatmung hilft immer!

3. Weiten Sie Ihren Bewusstseinsraum zeitlich und räumlich so oft wie möglich, sodass Ihre unmittelbaren selbstbezogenen Bedürfnisse kleiner werden. Wenn Sie in Resonanz mit sich selbst sind, fällt Ihnen der Umgang mit anderen leichter! Vergessen Sie dabei nicht den Unterschied zwischen Empathie, Mitgefühl und Fürsorge und denken Sie daran, dass Sie den Bewusstseinsraum auch wieder kleiner machen können, wenn Sie die Weite überfordert. Mit jeder Grenzziehung kreieren wir psychologische Universen.

4. Praktizieren Sie gesundheitsförderliche Aktivtäten, die Sie in Balance bringen. Achten Sie auf Bewegung, Ernährung, Entspannung, hinreichend positive Gedanken und vor allem auch auf Ihren Schlaf und Ihre Träume.

5. Suchen Sie bewusst nach dem »Sweet Spot« und spüren Sie gezielt Menschen auf, mit denen Sie die Zone der proximalen Entwicklung erreichen können, um so eine für Sie richtige Balance zwischen Unterforderung und Überforderung zu finden. Von manchen Menschen bekommen Sie Unterstützung, andere bekommen diese von Ihnen. Verlieren Sie sich aber nicht in der Gegenwart anderer Menschen und lernen Sie vor allem auch, allein sein zu können, gerne in der Natur.

6. Suchen Sie Anomalien und lernen Sie, diese zu unterscheiden. Manche können Sie aufheben, andere müssen Sie lernen, zu akzeptieren. Manchmal sind wir dabei Lehrende, aber immer Lernende.

7. Suchen Sie nach Komplementaritäten in Ihrem Äußeren und Inneren und versuchen Sie, diese zu stabilisieren und zu schützen.

Helfen Sie allen Menschen und Organisationen, die versuchen, entgleiste Komplementaritäten in eine neue Balance zu bringen. Seien Sie kritisch gegenüber solchen Menschen und Systemen, die keine Komplementaritäten zulassen, sondern diese als unvereinbare Gegensätze behandeln.

8. Wenn Sie sich für eine Bildungseinrichtung oder einen Arbeitgeber interessieren, fragen Sie gezielt nach, wie dort darauf geachtet wird, individuelle und kollektive Resilienz zu entwickeln, kultivieren und zu schützen.

9. Fokussieren Sie sich nicht zu stark auf Projekte, sondern fragen Sie sich lieber, was komplementär zu Ihren Projekten noch Bedeutung im Leben hat. Steht das, was hinter und neben Ihren Projekten steht, in einem ausgewogenen Verhältnis zu Ihnen?

10. Reflektieren und kontemplieren Sie regelmäßig, an welchen Narrativen Ihre psychophysiologische Stresskurve aufgehängt ist. Erzählen Sie sich diese Geschichten immer wieder selbst, um sie und sich selbst zu bestärken, aber auch, um kritisch zu überprüfen, ob die Erzählungen Ihres Lebens und Sie noch stimmig sind.

11. Lesen Sie den Bericht des Club of Rome samt Updates und fragen Sie sich, wie Sie Ihre Subjekt-Objekt-Trennung verschieben können, um einen persönlichen Beitrag für die damals darin skizzierten Probleme zu leisten, von denen nach 50 Jahren nunmehr leider bereits etliche unübersehbar manifest geworden sind.

12. Setzen Sie sich nicht nur persönliche Ziele, sondern auch solche, die über Sie selbst hinauszeigen. Es gibt keinen besseren Weg, um Sinn, Erfüllung und Lebensfreude zu finden! Spielen Sie dabei immer mit der angemessenen Ernsthaftigkeit und achten Sie auch auf Anomalien außerhalb Ihres Spielfeldes! Serio Ludere!

EIN BESTÄRKENDER AUSKLANG:
CHANCEN IM SINNE DER RESILIENZ AUFHEBEN

Abschließend sei noch die Frage aufgeworfen, warum es uns so schwerfällt, individuell, aber auch gesellschaftlich inhärente Wachstumspotenziale von Krisen anzuerkennen. An dieser Stelle will ich versuchen, meine persönliche Sicht zu skizzieren.

Unsere modernen, ausdifferenzierten westlichen Gesellschaften verabscheuen – mit wenigen Ausnahmen – Diskontinuitäten und aufgrund der damit einhergehenden Risikoaversion werden Zustände angestrebt, die eindeutig, stabil, robust und vorhersagbar sind. Die linke Hirnhälfte, der beflissene Soldat, hat hier ganze Arbeit geleistet. Dieser Wunsch nach Klarheit und Strukturiertheit ist der Tatsache geschuldet, dass Unsicherheit vor allem Stress verursacht, den es jedoch nach unserer heutigen Auffassung zu vermeiden gilt. Eine Lösung dafür bietet die Verengung des Bewusstseins und das effizienzorientierte Denken in eng definierten Problembereichen, die man als spezifische Projekte definiert hat. So gesehen sind Projekte eng umrissene Partitionierungen um ein Problem, das zunächst aus seinem Kontext herausgelöst werden muss, um es in einem zweiten Schritt lösen zu können. So wie bei medizinischen Operationen alle Bereiche des Körpers außerhalb des Eingriffsbereichs mit einem OP-Tuch abgedeckt werden. Dekontextualisierung eben!

Meiner bescheidenen Ansicht nach liegt dieser Entwicklung vermutlich – nach der Säkularisierung und dem von Nietzsche diagnostizierten (psychologischen) Tod Gottes – ein säkulares Substitut von Spiritualität im Sinne einer Letztbegründung in Form von internalisiertem Kontrollstreben zugrunde. Befeuert wird dies auch durch einen von technologischen Entwicklungen beflügelten Allmachbarkeitsanspruch, der mit einer menschzentrierten Kontrollillusion einhergeht. Mitunter mündet das in technologisch geprägten Erlösungsszenarien, die vor allem durch die Hoffnung auf wirkmächtige Gen-, Bio-, und Informationstechnologien genährt werden. Bei genauerer Betrachtung zeigt sich hier möglicherweise aber, dass das Narrativ einer metaphysisch verorteten Jenseitsvorstellung mit einer technologisch realisierbaren, verheißungsvollen und stabilen irdischen Zukunft vertauscht wurde. Das ist verständlich, denn ohne den Stabilitätsgedanken würde es uns individuell und gesellschaftlich extrem schwerfallen, eine weitgehend chaotische Zukunft ohne Antizipation und Planung hinzunehmen. Die zeitliche, räumliche, mentale und spirituell-existenzielle Verankerung ist für Menschen und ihr Wohlbefinden jedoch von essenzieller Bedeutung. Wir alle sind Ordnungssuchende in einem Meer aus chaotischen Signalen; unser Gehirn ist unser Schiff, Hormone und Neurotransmitter agieren als Ruder und Kompass zugleich. Obwohl diese Fokussierung auf Stabilität und Struktur sicherlich extrem viele Vorteile mit sich bringt, birgt sie als Kehrseite der Medaille die Gefahr der Gleichförmigkeit, Monotonie, und Langeweile – vor allem, wenn man nicht achtsam ist! Im Gegensatz zum Habitus des *Sensation-Seeking* zielt die Achtsamkeit darauf ab, im vermeintlich Alltäglichen immer wieder das Einzigartige zu finden und zu kultivieren. So kann der durch Bore-out verursachte Burn-out vermieden werden!

»Jung stirbt, wen die Götter lieben«, stellte der antike Philosoph Menander (342–291 v. Chr.) fest. Denn er entgeht den ewigen, ermüdenden Wiederholungen – sei es in Beziehungen, Gesprächen, bei der Arbeit oder auch bei Hobbys. Schließlich ist der junge Mensch noch näher an den Anfängen, denen ein spezieller Zauber innewohnt. Mit zunehmendem Alter müssen Menschen gezielt lernen, sowohl dem Prozess des Alterns etwas entgegenzusetzen als auch der Monotonie zu entgehen. Dies kann man realisieren, indem man den Tagen, die uns gegeben sind, mehr Essenz verleiht. Bewusstseinskultivierung in Form von Achtsamkeit ist der Schlüssel dazu.

Vielleicht haben gerade die gegenwärtigen Krisenkonstellationen – mit Achtsamkeit betrachtet – das Potenzial, uns aus unserem Normalitätsschlummer zu befreien. Es bietet sich jetzt die Möglichkeit, die Einzigartigkeit jeden Moments, jeder Begegnung und jedes Gesprächs zu erleben und wertzuschätzen, ohne uns dabei jedoch zu überfordern. Betrachten wir die Krise daher konsequent als eine für alle sichtbare Anomalie, die uns helfen kann, aus den etablierten Schablonen unserer Alltagswahrnehmung auszubrechen: weil die seit Millionen von Jahren in unseren Organismen angelegte und neurobiologisch eingeschliffene Stressantwort ausgelöst wird, und zwar nicht nur bei uns individuell, sondern kollektiv! Dies eröffnet bei allen Schwierigkeiten auch neue Möglichkeiten in Bezug auf einen individuellen sowie gesellschaftlichen Transformationsprozess, der die Fragen von Individualität, Solidarität und somit auch Spiritualität neu bestimmt. Denn gerade in der Auseinandersetzung mit dem Außergewöhnlichen, Unvorhersehbaren und Bedrohlichen kann der Mensch mitunter erst sein Entwicklungspotenzial entdecken und realisieren, das ihm unter den geordneten Alltagsbedingungen nicht zugänglich ist. Dazu gehört auch die Erkenntnis, nicht dauerhaft alle Ressourcen auf ein bestimmtes Problem auszurichten, sondern offen zu sein für neu auftauchende Anomalien.

Anfang November 2021 wurde in Glasgow die 26. UN-Klimakonferenz in Glasgow über einen Zeitraum von zwei Wochen abgehalten, die von informierten Beobachtern als extrem wichtig für das Verabreden verbindlicher Klimaziele betrachtet wurde. Deswegen waren Klimaaktivisten und Umweltschützer aus aller Welt angereist, um mit ihren Protesten angesichts herrschender Missstände auf die Notwendigkeit einer weltweiten politischen Umsteuerung hinzuweisen. Es ist interessant zu beobachten, dass die Protestbewegung außerhalb des Konferenzgebäudes vor allem aus jüngeren Frauen bestand, während von den über 130 angereisten Präsidenten und Premierministern im Gebäude gerade einmal zehn weiblich und mehr als die Hälfte älter als 60 Jahre waren. Wir erinnern uns: Es hat den Anschein, dass die Gehirne von Frauen sensibilisierter für das gesellschaftliche und environmentale Wohlbefinden und den Umweltschutz als männliche Gehirne sind. Vielleicht wollen viele dieser protestierenden Frauen auch für eine lebenswerte Welt für ihre noch nicht geborenen Kinder und Enkelkinder einstehen. Deswegen erheben viele junge Frauen – allen voran die schwedische Klimaaktivistin Greta Thunberg (*2003) – ihre Stimme, um die Menschheit vor der Klimakatastrophe zu bewahren.

Bei Greta Thunberg wurde eine Depression diagnostiziert und im Alter von zwölf Jahren auch die Diagnose Asperger-Autismus gestellt. Dieser Befund ist häufig von Wahrnehmungsproblemen aufgrund einer engen Fokussierung auf spezifische Themen bei gleichzeitiger Schwierigkeit mit der Reizfilterung gekennzeichnet, kann aber auch mit genialen Inselbegabungen und speziellen Fähigkeiten einhergehen. In einem Interview in *The New Yorker* erklärte die junge Frau dazu im Jahr 2018: »Ich sehe die Welt ein bisschen anders, aus einer anderen Perspektive«, und fuhr dann fort: »Ich habe ein besonderes Interesse. Es ist sehr üblich, dass Menschen auf dem Autismus-Spektrum ein besonderes Interesse haben.« Schon der Entdecker und Erstbeschreiber dieses Symptoms, der österreichische Kinderarzt und Heilpädagoge Hans Asperger (1906–1980), beschrieb die fast schon unheimliche Tatsache, dass viele der mit dieser Form von Autismus diagnostizierten Menschen seit frühester Kindheit an für bestimmte Themen- und Problemfelder sensibilisiert erscheinen, weil ihr Interesse und ihre Faszination dafür »schicksalhaft aus ihren besonderen Anlagen herauswächst«.

Vielleicht vermag dies zu erklären, warum die junge Greta Thunberg das für die Menschheit existenzielle Klima- und Umweltproblem aufgrund ihres besonderen Interesses deutlicher als andere Menschen sehen konnte und eines Tages beschloss, wegen der Zukunftsignoranz der Erwachsenen nicht mehr in die Schule zu gehen. Wie auf ihren Flugblättern zu lesen ist, begründet sie dies wie folgt: »Wir Kinder tun oft nicht das, was ihr Erwachsenen von uns verlangt. Aber wir ahmen euch nach. Und weil ihr Erwachsenen euch nicht für meine Zukunft interessiert, werde ich eure Regeln nicht beachten.« Sind das die Worte einer jungen Frau, die einen zu engen Wahrnehmungstrichter hat, oder spricht hier nicht auch das innere Gewissen der Menschheit, Sokrates' Daimonium, aus dem Mund einer mutigen und vor allem resilienten jungen Frau?

»Menschen haben keine Ideen. Ideen haben Menschen«, meinte C. G. Jung einmal. Die Frage, wie das in diesem Fall ist, muss jeder Mensch für sich selbst beantworten, genauso wie die daraus möglicherweise resultierenden Konsequenzen in Bezug auf soziales Modelllernen. Denn resiliente Menschen versuchen, auch schwierige Fragen zu beantworten, und verdrängen diese nicht.

Ich beantworte diese komplexe Frage für mich wie folgt: In diesem Buch kommen bisher viele Menschen vor, die philosophisch, theologisch oder wissenschaftlich neugierig, aufgrund ihrer Lebenserfahrungen und schicksalhafter Konstellationen auf der Suche nach Sinn, Bedeutsamkeit, Geborgenheit, Frieden und somit auch nach den Quellen der Resilienz sind oder waren. Ich habe – wo mir dies möglich war – ihre Lebensdaten in Klammern angegeben. Man mag mir das nachsehen, aber ich finde das hilfreich, denn dies verortet die Menschen in der Zeit. Denn alle Menschen, die nach den Quellen der Resilienz suchten und suchen, sind auch Kinder des vorherrschenden Zeitgeistes, häufig aber auch dessen Opfer. Mir ist beim Gegenlesen des Manuskriptes ins Auge gesprungen, dass unter den erwähnten Persönlichkeiten der Männeranteil deutlich überwiegt, etliche bereits verstorben sind und unter den zitierten Lebenden nur wenig junge Menschen sind.

Weil ich als ein Struktursuchender vor allem auch Empiriker bin, wollte ich diesen Sachverhalt aber nicht auf sich beruhen lassen, sondern ihm systematisch auf den Grund gehen. Daher habe ich einen entsprechenden Datensatz angelegt und das Verhältnis der Geschlechter, den Anteil der bereits Verstorbenen und das Durchschnittsalter der in diesem Buch angeführten lebenden Personen bestimmt und bin dabei zu einem bemerkenswerten Ergebnis gekommen: Von den knapp 200 in diesem Buch genannten Personen waren etwas über 100 bereits verstorben; das ist sicherlich auch meinem Hang zur Philosophie, Geschichte und Latein geschuldet. Das Durchschnittsalter der zeitgenössischen, lebenden Persönlichkeiten betrug zum Zeitpunkt, als ich das Buch schrieb, immerhin 65 Jahre, und nur acht Personen sind jünger als ich. Von allen darin vorkommenden Personen sind oder waren nur knapp ein Viertel Frauen.

Ich habe dieses Buch aber so unbefangen wie mir möglich geschrieben. Deswegen hoffe ich, für mich in Anspruch nehmen zu können, auch die Literatur neutral gesichtet zu haben, ohne mich von Alters- und Geschlechtsaspekten in irgendeiner Form – zumindest bewusst – beeinflussen zu lassen. Natürlich ist dabei auch mein soziales und berufliches Umfeld zu berücksichtigen. Dies vorausgesetzt, sprechen die Ergebnisse mit einer gewissen Wahrscheinlichkeit dafür, dass in diesem Buch – wie vermutlich auch in der Resilienzforschung und demzufolge auch meiner mentalen Landkarte davon – ein geschlechtsspezifischer sowie ein altersbezogener Verzerrungseffekt vorhanden ist, der berücksichtigt werden muss.

Sollte ich noch einmal ein Buch über Resilienz schreiben, werde ich den Gebrauch des generischen Maskulinums vor diesem Ergebnis vermutlich noch einmal überdenken müssen. Zudem müsste ich überlegen, wie ich die Ansichten, Vorstellungen und Wünsche jüngerer Menschen besser berücksichtigen kann. Viele von ihnen haben zwar noch keinen gesellschaftlichen Status erlangen können, der ihre Stimme gewichtig genug erscheinen lässt, wie das bei Greta Thunberg der Fall ist. Aber wie hoffentlich in diesem Buch deutlich geworden ist, liegt das meiste Potenzial für Zukunftsgestaltung immer bei den Kindern und jungen Menschen. Statt ihrer haben wir vermeintlich lebenskluge, ältere Menschen – vornehmlich männlich – gehört, die Zeit hatten, ihre Erfahrungen zu machen und systematisch nach den Quellen der Resilienz zu forschen. Dies hat aber wahrscheinlich auch bedeutsame Implikationen für die Interpretation der bisherigen Resilienzforschung, zumindest wie ich sie dargestellt habe: Vielleicht haben die vorwiegend männlichen und älteren Experten und Kapazitäten auf ihrer Suche nach den Quellen der Resilienz – als Kinder ihrer Zeit eingebettet in ein spezifisches Welt- und Menschenbild – vermehrt die individuellen Resilienzen im Blick gehabt und nicht so fürsorglich wie notwendig auf die familiäre, gemeinschaftliche und planetarische Resilienz geblickt. Wahrscheinlich sind Frauen aufgrund einer tendenziell höheren Ausprägung von Mitgefühl und Fürsorge häufig besser in der Lage, diese größere, über das

Individuum hinausreichende Form der Resilienz zu sehen und zu kultivieren, die viele Berührungspunkte mit Spiritualität und Achtsamkeit aufweist. Die Fähigkeit zur Empathie ist aber sowohl in männlichen als auch weiblichen Gehirnen angelegt, muss aber durch die Kultivierung von Mitgefühl und Fürsorge gefördert und in die Welt gebracht werden.

Die gesellschaftlichen, technologischen und ökologischen Entwicklungen nehmen unübersehbar an Fahrt auf und vermeintlich altbewährte Konzepte müssen jetzt auf den Prüfstand. Das gilt auch für Resilienz. Denn die jungen Menschen, vor allem aber die kommenden Generationen, werden mit den Konsequenzen unseres Handelns beziehungsweise Nichthandelns leben müssen. Deswegen müssen zukünftig diejenigen verstärkt gehört werden, die bisher unterrepräsentiert sind und nicht gehört wurden.

Der jüngste noch lebende Mensch, der in diesem Buch vorkommt und sich weniger um die individuelle, sondern vielmehr um die planetarische Resilienz bemüht, ist Greta Thunberg. Gesellschaftliche und planetarische Resilienz können jedoch – durch Veränderung des Mindsets – nur gemeinschaftlich entwickelt, vor allem aber geschützt werden. Diese junge Frau hat einmal einen bedenkenswerten Satz gesagt: »Ich habe gelernt, dass man nie zu klein dafür ist, einen Unterschied zu machen.« Die junge Klimaaktivistin hat – wie viele andere Menschen auch – verstanden, dass es eine neue Form der Resilienz erfordert, wenn wir als Spezies auf diesem Planeten – um die 50 Jahre alte Schlussbemerkung im Bericht des Club of Rome aufzugreifen – zukünftig eine »Existenzform haben wollen, die lebenswert ist«. Ehrfurcht, Respekt und Demut vor Leben und Natur sind wesentlicher Bestandteil davon. Im Gegensatz zu den vielen anderen Menschen, die ebenfalls um diese Tatsache wissen, hat Greta Thunberg jedoch trotz – oder vielleicht auch gerade wegen – ihrer psychologischen Probleme Konsequenzen gezogen und angefangen, beherzt zu handeln und sich aktiv für den Klimaschutz einzusetzen. Zunächst war sie ganz allein mit ihrem Entschluss zum Schulstreik, dann kamen immer mehr Schülerinnen und Schüler und später Menschen aus allen Ländern und Altersgruppen dazu. Schließlich entwickelte sich schnell die globale soziale Umweltbewegung *Fridays for Future*. So wichtig dieses Anliegen ist, es wird nur gelingen, das Klima zu schützen, wenn wir einen Weg finden, ohne die gesellschaftliche Kohärenz zu gefährden. Das wird nur mit einer Veränderung des Mindsets möglich sein, und daran müssen wir arbeiten. Denn wie wir gesehen haben, beruht gelungene Wahrnehmung auf einem Wechselspiel von Fokussierungs- und Weitungsprozessen der Aufmerksamkeit.

Auch ein alter Mann hat seine Antwort auf die gerade gestellte Frage gefunden und mit einer Gegenfrage beantwortet. Der 95-jährige britische Dokumentarfilmer und Umweltschützer, Sir David Attenborough (*1926) hielt zum Auftakt der Klimakonferenz eine bewegende Rede, in der er folgende Frage aufwarf: »Soll unsere Geschichte so enden – eine Geschichte über die klügste Spezies, die durch die allzu menschliche Eigenschaft, bei der Verfolgung kurzfristiger Ziele das große Ganze zu verkennen, zum Scheitern verurteilt ist?« Obwohl ich mit allem, was Sir David sagte, völlig übereinstimme, glaube ich, dass Klugheit allein nicht ausreichend ist, um das durch die Frage aufgeworfene Problem zu lösen. Vielleicht ist die vermeintlich klügste auch gleichzeitig die inkonsequenteste Spezies, weil sie nicht genügend mitfühlend und fürsorglich ist und sich – eine klassische Stressreaktion – angewöhnt hat, nicht mehr das Verbindende, sondern vor allem das Trennende wahrzunehmen sowie in kurzfristigen Zeithorizonten zu denken. Denn die meisten Menschen sind wohl zu der kognitiven Einsicht gelangt, dass unsere individuelle und kollektive Lebensweise nicht dauerhaft und nachhaltig sein kann. Um dies zu ändern, braucht es vermutlich nicht nur Mitgefühl und Fürsorge, sondern vor allem eine von Achtsamkeit und Spiritualität getragene Bereitwilligkeit zum entsprechenden Handeln. So können wir Bereitschaft aufbringen, die persönlichen Interessen hintanzustellen und sich mit Mut, Demut, aber auch Offenheit zum Wohle aller zu verkleinern, was den Ressourcenbedarf angeht. Wertvolle Entwicklungen – Eltern wissen, wovon die Rede ist – setzen eben erst ein, wenn die einzelnen Elemente eines Systems bereit sind, mehr in das

System hineinzugeben, als sie herausnehmen. Nur muss jemand den Anfang machen, und das sind üblicherweise diejenigen, die an der Spitze der Pyramide oder zumindest recht weit oben stehen. Hoffen wir also, dass die Zahl an resilienten Menschen zunehmen wird.

Wir erinnern uns an die Botschaft der Komplementarität: Das Ganze ist mehr als Summe seiner Bestandteile. Eine neue Form der Resilienz könnte von sehr großer Bedeutung für den Fortbestand der Menschheit sein, weil sie über das einzelne Individuum hinausweist. So wie sich Bewusstsein der Menschheit entwickelt, bildet sich auch eine neue Form der Resilienz aus.

Der Begriff Materialismus bezeichnet ein Weltbild, in dem zum einen nur die stofflich-physikalische Substanz als wirklich existierend angesehen wird; Psyche, Geist und Seele werden hingegen als bloße Funktionen dieser Substanz betrachtet. Zum anderen wird damit eine Lebenseinstellung bezeichnet, in der das Streben nach Gewinn, Besitz und Wohlstand zentral ist. Interessant ist jedoch, dass das Wort Materialismus sich auf einen Urstoff bezieht, der sich begriffsgeschichtlich aus den lateinischen Ausdrücken *mater*, das heißt »Mutter«, und *matrix*, das heißt »Gebärmutter«, entwickelt hat. Damit ist klar, dass die Urmutter das schöpferisch-mütterliche Prinzip ist, aus dem wir alle kommen.

Jeder von uns hat sowohl einen Vater als auch eine Mutter. Wer uns aber alle aufhebt, ist Mutter Erde, Gaia, die große Erdenmutter, die so gesehen die Ressource und Quelle von Leben ist. Die amerikanische Biologin Lynn Margulis (1938–2011) und der britische Biophysiker und Mediziner James Lovelock (*1919) haben diese Interpretation in ihrer in den 1970er-Jahren entwickelten Gaia-Hypothese dargelegt. Sie gehen davon aus, dass unser Planet mit seiner Biosphäre wie ein Lebewesen aufgefasst werden kann. Denn die Biosphäre – als die Ganzheit aller Organismen – schafft durch Selbstregulation zum einen die Voraussetzung für Leben und ermöglicht zum anderen die Evolution komplexerer Organismen. Unser Planet kann somit als ein dynamisches Gesamtsystem angesehen werden, das durch komplementäre Prozesse die gesamte Biosphäre balanciert und stabilisiert, vorausgesetzt, man greift nicht zu stark ein, wie der Mensch es beispielsweise am Mont-Saint-Michel getan hat. So gesehen braucht es auch jetzt Achtsamkeit und Spiritualität, um das materielle Substrat der großen Mutter, unsere Existenz, zu retten.

Gegenwärtig nimmt jedoch die Bedeutung einer anderen Matrix rapide zu, durch die der Fokus der Aufmerksamkeit durch Digitalisierungsprozesse zunehmend in eine virtuelle Realität verlagert wird. Viele Menschen, darunter auch viele jüngere, verbringen einen nicht unerheblichen Teil ihrer Arbeits- und Lebenszeit im Internet. Dadurch haben sie immerzu von jedem Ort der Welt aus – vorausgesetzt es besteht eine Verbindung in das weltweite Netz – Zugang zu dem Wissen und Nichtwissen der Menschheit. Es können einerseits Verbindungen hergestellt werden, die in der physikalischen Welt niemals zustande gekommen wären beziehungsweise die gar nicht existieren. Andererseits besteht gerade deswegen eine nicht unerhebliche Gefahr, sich in einer virtuellen Illusion zu verlieren.

Durch virtuelle Figuren, auch Avatare genannt, können Menschen in virtuellen Welten miteinander interagieren und kommunizieren. So wird eine entkörperlichte Realität geschaffen, die auf viele Menschen eine hohe Faszination ausübt. Intelligente Software wie Siri oder Alexa fungieren dabei bereits heute als intelligente Schnittstellen in die digitale Welt und stellen einen bedeutsamen Zwischenschritt auf der Entwicklung künstlicher Intelligenzen dar. Interessanterweise sprechen die meisten dieser Spracherkennungssysteme mit weiblicher Stimme. Dies wirft die Frage auf, ob hier etwa die digitale Version der großen Mutter mit uns kommuniziert, oder das, was wir dafür halten. Dies muss jeder für sich allein beantworten, genauso wie letztlich die Frage, wie mit der neu entstandenen Komplementarität von Virtualität und Realität umgegangen werden soll. So werden wir künftig sicherlich klären müssen, an welchen Stellen die neue digitale Welt nachteilig oder vorteilhaft für die Entwicklung von individueller, gesellschaftlicher und planetarischer Resilienz sein kann und wie wir damit umgehen wollen.

Unabhängig von Geschlecht, Alter, Herkunft, Bildung oder auch sozioökonomischem Status stellt sich uns jedoch die Frage: Wo stehen wir, gerade in Bezug auf persönliche, gesellschaftliche und planetarische Resilienz, und welchen Beitrag kann ich gegenwärtig oder zukünftig zur Ausbalancierung der Systeme leisten? Die Zeit zum Handeln scheint gekommen, und die Veränderung der Gegenwart kann nur jetzt beginnen.

Der Dichter Alanus ab Insulis (um 1120–1202) stellte im 12. Jahrhundert die dem Christentum eigentlich fremde Fortuna-Figur als doppelköpfig dar, nämlich vorne mit langen Haaren, hinten kahl. Die Botschaft ist klar: Man muss die Gelegenheit beim Schopf packen, denn Fortuna ist hinten kahlköpfig. Genau diesen speziellen Moment, den Kairos, gilt es nun achtsam, umsichtig, aber nicht panisch und hyperagitiert zu nutzen: persönlich für uns, in unseren Familien; in Gruppen, Organisationen, Unternehmen und Gesellschaften sowie letztlich auch innerhalb der gesamten Menschheitsfamilie und schließlich der Schöpfung.

Was Anomalien und Krisen auslösen und aufheben können, ist in diesem Buch zur Genüge betont worden. Oftmals bedeutet dies jedoch weniger sichtbares Wachstum nach außen als vielmehr eine Reise nach innen anzutreten, um auf diesem beschwerlichen Weg die Quellen für Resilienz und Lebensfreude zu finden. Oder um es mit den Worten von C. G. Jung zu sagen: »Das einzig lebenswerte Abenteuer kann für den modernen Menschen nur noch innen zu finden sein.« Im Grunde genommen gibt es nur eine einzige, wahre Reise: die Lebensreise. Alle anderen, große wie kleine, beeindruckende, aufregende, belastende, bereichernde, bildende – alle münden in ihr oder sind bereits in ihr enthalten. Am Ende dieser Reise könnte sich ihr Sinn offenbaren, wie ein Schatz, der lange im Verborgenen ruhte, um zuletzt doch noch geborgen zu werden. Die Ent-wicklung von Resilienz macht diese Reise leichter und interessanter. Dazu gehört es zu lernen, mit der notwendigen Achtsamkeit wahrzunehmen. Ich wünsche Ihnen eine gute Reise!

DANKSAGUNG

Beim Schreiben dieses Buches ist mir bewusst geworden, wie viel ich anderen Menschen zu verdanken habe. Der Dank dafür geht vor allem an meine Familie, meine Frau Dani sowie meine Kinder, Finn und Jonna. Sie sind die Mitte meines Lebens, haben mich stets unterstützt und gefordert, vor allem aber meinem Tun einen Sinn gegeben und mir Zeit zum Schreiben gegeben.

Die Liste meiner akademischen Lehrer und langjährigen Förderer ist lang. Danken möchte ich vor allem meinem Doktorvater und langjährigen Unterstützer, Harald Walach, sowie meinem konstruktiv-kritischen, stets hilfsbereiten Habilitationsmentor Ernst Pöppel. Ohne die Unterstützung dieser beiden akademischen Lehrer zu unterschiedlichen Zeitpunkten in meiner akademischen Entwicklung und auf ganz unterschiedliche – gleichsam komplementäre – Weise wäre es mir nicht möglich gewesen, meinen Weg so zu gehen. Nicht zuletzt wurde mir der Eintritt in die akademische Welt ermöglicht durch die Unterstützung meiner Eltern und Großeltern, aber auch meiner Tante. Sie alle haben mich gefördert, mitunter auch gefordert. Die aufrichtige Fürsorge an mir sowie ihr zugeneigtes Interesse waren beständige Wegbegleiter und eine unentbehrliche Stütze auf meinem Weg.

Ein Promotionsstipendium des Instituts für Grenzgebiete der Psychologie und Psychohygiene (IGPP) in Freiburg ermöglichte mir nach dem Abschluss meines Psychologie-Diploms nach einem Ausflug in die Welt der Unternehmensberatung, an den Themen Anomalistik, Spiritualität und Gesundheit weiterzuarbeiten. Durch die mir damit ermöglichte langjährige Auseinandersetzung konnte ich das Fundament für ein vertieftes Verständnis von Achtsamkeit, Spiritualität und Resilienz legen. Dafür sei den damaligen akademischen Direktoren, Johannes Mischo (†), Dieter Vaitl und Eberhard Bauer an dieser Stelle noch einmal aufrichtig gedankt. Forschungsunterstützung zu meinen Themen war in Deutschland in den frühen Jahren fast nicht zu bekommen, und deswegen wären die Forschungsaktivitäten meiner Postdoktorandenzeit ohne die langjährige Unterstützung des von Susan und Henry Samueli gegründeten Samueli-Institutes nicht möglich gewesen. Dafür gebührt vor allem dem Direktor des Institutes, Wayne Jonas, sowie den Leitern des Brain, Mind & Healing Programs, John Ives, James Giordano und Harald Walach, mein aufrichtiger Dank.

Der kontinuierliche Austausch mit vielen achtsamen, aufrichtigen und balanciert in die Welt blickenden Menschen ist nicht nur unentbehrlich für den fachlichen Austausch, sondern vor allem für die Ausbildung des inneren Kompasses. Stellvertretend für viele seien hier die folgenden Personen genannt: Andrea Berzlanovich, Andreas de Bruin, Arndt Büssing, Astrid Herold-Majumdar, Axel Endriss, Bernhard Frenzel, Chris Tamdjidi, Christian Geissler, Christina Röhrich, Christiane Horn, Claudia Kollmann, Daniela Münch, Daniela Nolte, Eberhard Nöfer, Fuschia Sirois, Gerd Metz, Harald Lucius, Herbert Plischke, Jameson Hirsch, Joachim Galuska, Jörg Schelling, Jörg Vitovec, Johannes Steinthaler, Karin Andert, Karin Meissner, Kevin FitzGerald, Liane Stephan, Loren Toussaint, Marcus Majumdar, Marc Wittmann, Maria Kuhn, Martin Irmler, Martin Offenbächer, Michael Heinrich, Michael Seitlinger, Mike Sandbothe, Monika Schnabel, Ralf Wargener, Rudi Ballreich, Sabine Rieckhoff, Sebastian Horn, Sebastian, Sauer, Stefan Schmidt, Susanne Ballreich-Bräuninger, Thilo Hinterberger, Thomas Berwing, Thomas Loew, Thorsten Voigt, Tobias Esch, Stefan Schmidt, Ulrich Körner, Ursula Kodjoe, Vera Kaltwasser, Wilfried Belschner. Sie alle leisten – auf sehr komplementäre Weise – ihren Anteil, Achtsamkeit, Spiritualität, Resilienz und Lebensfreude an unterschiedlichen Stellen der Gesellschaft ins Bewusstsein zu bringen und zu kultivieren.

In einer persönlich und beruflich sehr schwierigen Zeit hatte ich das große Glück, im Jahr 2013 als Professor für Gesundheitswissenschaften mit dem Schwerpunkt Gesundheitsförderung nach Oberfranken an die Hochschule Coburg berufen zu werden. Hier darf ich zusammen mit meinen Kolleginnen und Kollegen im Fachbereich Gesundheitsförderung mitwirken. Ich bin mir der Tatsache sehr bewusst, dass es nicht nur ein großes Privileg ist, sondern gleichzeitig auch eine große Verantwortung darstellt, junge Menschen in der Gesundheitsförderung unterrichten zu dürfen.

Für das konstruktive Feedback und die Mithilfe am Entstehen dieses Buches und Gegenlesen möchte ich Claudia Kollmann, Eberhard Nöfer, Karin Andert, Michael Heinrich, Jörg Vitovec und meiner Mutter explizit danken.

Abschließend will ich noch die vertrauensvolle, wertschätzende und angenehme Zusammenarbeit mit dem Südwest Verlag, vor allem in der Person des Programmleiters Harry Kämmerer erwähnen. Er hatte nicht nur stets ein offenes Ohr, Zeit und Verständnis für die Sorgen, Nöte und Ängste eines Autors, sondern auch ein aufrichtiges, spürbares und somit achtsames Interesse an dem Thema Resilienz. Herzlichen Dank in diesem Zusammenhang an Olaf Barken, der den Kontakt zum Verlag hergestellt hat.

Mein aufrichtiger Dank gilt auch der Lektorin Susanne Schneider, da sie meinen Text kompetent mit viel achtsamen Gespür und Geduld redigiert hat.

AUSGEWÄHLTE LITERATUR

Bemerkung: Die folgende Publikationsliste enthält ausgewählte Quellenangaben, die für die interessierten Leserinnen und Leser von Interesse sein könnten. Im Buch ist darauf an den jeweiligen Stellen ein Verweis darauf zu finden.

Antonovsky, A. (1997). *Salutogenese: Zur Entmystifizierung der Gesundheit.* Tübingen: DGVT-Verlag.

Antonovsky, A., & Sourani, T. (1988). Family sense of coherence and family adaption. *Journal of Marriage and the Family, 50,* 79–92.

Baabdullah, A., Bokhary, D., Kabli, Y., Saggaf, O., Daiwali, M., & Hamdi, A. (2020). The association between smartphone addiction and thumb/wrist pain: A cross-sectional study. *Medicine, 99* (10), e19124–e19124.

Belschner, W. (2001). Tun und Lassen: Ein komplementäres Konzept der Lebenskunst. *Transpersonale Psychologie und Psychotherapie, 7* (2), 85–102.

Binkley, C. J., Beacham, A., Neace, W., Gregg, R. G., Liem, E. B., & Sessler, D. I. (2009). Genetic variations associated with red hair color and fear of dental pain, anxiety regarding dental care and avoidance of dental care. *Journal of the American Dental Association (1939), 140* (7), 896–905.

Bohr, N. (2010). *Atom Physics and Human Knowledge.* New York: Dover

Brothen, T. (2012). What ever happened to John Dodson? *History of Psychology, 15* (1), 100–105.

Büssing, A., & Kohls, N. (Eds.). (2011). *Spiritualität transdisziplinär: Wissenschaftliche Grundlagen im Zusammenhang mit Gesundheit und Krankheit* Heidelberg: Springer.

Carmona-Torres, J., Kohls, N., Hood, R., Silver, C., & Walach, H.

(2018). The association between different spiritual practices and the occurrence of Exceptional Human Experiences in a non-clinical sample. *Journal for the Study of Spirituality, 8* (1), 49–64.

Cimiotti, J. P., Aiken, L. H., Sloane, D. M., & Wu, E. S. (2012). Nurse staffing, burnout, and health care–associated infection. *American Journal of Infection Control, 40* (6), 486–490.

Costa, R. M., Madeira, A., Barata, M., & Wittmann, M. (2021). The power of Dionysus – Effects of red wine on consciousness in a naturalistic setting. *PLoS ONE, 16* (9), e0256198.

de Bruin, A. (2021). *Achtsamkeit und Meditation im Hochschulkontext: 10 Jahre Münchner Modell:* transcript Verlag.

Frankl, V. E. (1993). ... *trotzdem Ja zum Leben sagen. Ein Psychologe erlebt das Konzentrationslager.* München: DTV.

Freudenberger, H. J. (1974). Staff Burn-Out. *Journal of Social Issues, 30* (1), 159–165.

Galatzer-Levy, I. R., Huang, S. H., & Bonanno, G. A. (2018). Trajectories of resilience and dysfunction following potential trauma: A review and statistical evaluation. *Clinical Psychology Review, 63*, 41–55.

Giordano, J., & Kohls, N. (2008). Spirituality, Suffering, and the Self. *Mind & Matter, 6 (2),* 179–191.

Grepmair, L., Mitterlehner, F., Loew, T., Bachler, E., Rother, W., & Nickel, M. (2007). Promoting Mindfulness in Psychotherapists in Training Influences the Treatment Results of Their Patients: A Randomized, Double-Blind, Controlled Study. *Psychotherapy and Psychosomatics, 76* (6), 332–338.

Hinterberger, T., Kohls, N., Kamei, T., Feilding, A., & Walach, H. (2011). Neurophysiological correlates to psychological trait variables in experienced meditative practitioners In: H. Walach, S. Schmidt, & W. Jonas (Eds.), *Neuroscience, Consciousness and Spirituality* (Vol. 1, S. 129–157). Berlin: Springer.

James, W. (1890). *Principles of Psychology.* London: Macmillan.

James, W. (1904). *The Varieties of Religious Experiences – A Study in Human Nature* London: Longmans, Green & Co.

Jung, S.-K., Lee, J. H., Kakizaki, H., & Jee, D. (2012). Prevalence of Myopia and its Association with Body Stature and Educational Level in 19-Year-Old Male Conscripts in Seoul, South Korea. *Investigative Ophthalmology & Visual Science, 53* (9), 5579–5583.

Kaltwasser, V. (2016). *Praxisbuch Achtsamkeit in der Schule.* Weinheim: Beltz

Kaltwasser, V., Sauer, S., & Kohls, N. (2014). Mindfulness in German Schools (MISCHO): A Specifically Tailored Training Program: Concept, Implementation and Empirical Results. In: S. Schmidt & H. Walach (Eds.), *Meditation – Neuroscientific Approaches and Philosophical Implications* (Vol. 2, S. 381–494): Springer International Publishing.

Kersemaekers, W., Rupprecht, S., Wittmann, M., Tamdjidi, C., Falke, P., Donders, R., Speckens, A., Kohls, N. (2018). A Workplace Mindfulness Intervention May Be Associated With Improved Psychological Well-Being and Productivity. A Preliminary Field Study in a Company Setting. *Frontiers in Psychology, 9* (195).

Kiser, D., Steemers, B., Branchi, I., & Homberg, J. R. (2012). The reciprocal interaction between serotonin and social behaviour. *Neuroscience & Biobehavioral Reviews, 36* (2), 786–798.

Kocher, E., Beyer, T., Blome, E., Bonin, H., Klammer, U., Meier-Gräwe, U., Rainer, H., Rixen, S., Schildmann, C., Wippermann, C. (2017). *Zweiter Gleichstellungsbericht der Bundesregierung.* Abgerufen von https:// www.bmfsfj.de/bmfsfj/service/publikationen/zweiter-gleichstellungs bericht-eine-zusammenfassung-deutsch-122402

Kohls, N. (1998). *Konstruktion und Validierung eines Fragebogens zur Identifizierung von stabilisierenden bzw. destabilisierenden »mystischen« Erfahrungen.* (MSC). Freiburg i. Br., Freiburg.

Kohls, N. (2004). *Außergewöhnliche Erfahrungen – Blinder Fleck der Psychologie? Eine Auseinandersetzung mit aussergewöhnlichen Erfahrungen und ihrem Zusammenhang mit geistiger Gesundheit.* Münster: Lit-Verlag.

Kohls, N., Berzlanovich, A., & Sauer, S. (2013). Achtsamkeit in Organisationen: Vom Stressmanagement über das achtsame Interagieren und Führen zur bewussten Gestaltung von Veränderungsprozessen.

In: W. Kersten & J. Wittmann (Eds.), *Kompetenz, Interdisziplinarität und Komplexität in der Betriebswirtschaftslehre* (S. 163–177). Wiesbaden: Springer

Kohls, N., Esch, T., Gerber, L., Adrian, L., & Wittmann, M. (2019). Mindfulness Meditation and Fantasy Relaxation in a Group Setting Leads to a Diminished Sense of Self and an Increased Present Orientation. *Behavioral Sciences, 9* (8), 87.

Kohls, N., Sauer, S., Offenbächer, M., & Giordano, J. (2011). Spirituality: an overlooked predictor of placebo effects? *Philosophical Transactions of the Royal Society B: Biological Sciences, 366* (1572), 1838–1848.

Kohls, N., & Walach, H. (2008). Validating four standard scales in spiritually practicing and non-practicing samples using propensity score matching *European Journal of Psychological Assessment, 24* (3), 165–173.

Kohls, N., Walach, H., & Lewith, G. (2009). The impact of positive and negative spiritual experiences on distress and the moderating role of mindfulness *The Archive for the Psychology of Religion, 31*, 1–18.

Kornmeier, J., Friedel, E., Hecker, L., Schmidt, S., & Wittmann, M. (2019). What happens in the brain of meditators when perception changes but not the stimulus? *PLoS ONE, 14* (10), e0223843.

Kraft, J., Kaltwasser, V., & Kohls, N. (2021). Achtsamkeit in der Schule (AISCHU) – Evaluation der Weiterbildung für Lehrkräfte zur Stressreduktion. *Prävention und Gesundheitsförderung.*

Kunzler, A. M., Röthke, N., Günthner, L., Stoffers-Winterling, J., Tüscher, O., Coenen, M., Rehfuess, E., Schwarzer, G., Binder, H., Schmucker, C., Meerpohl, J., Lieb, K. (2021). Mental burden and its risk and protective factors during the early phase of the SARS-CoV-2 pandemic: systematic review and meta-analyses. *Globalization and Health, 17* (1), 34.

MacLean, K. A., Johnson, M. W., & Griffiths, R. R. (2011). Mystical experiences occasioned by the hallucinogen psilocybin lead to increases in the personality domain of openness. *Journal of Psychopharmacology, 25* (11), 1453–1461.

Masten, A. S. (2001). Ordinary magic: Resilience processes in development. *American Psychologist, 56* (3), 227–238.

McGilchrist, I. (2019). *The master and his emissary:* Yale University Press.

Meadows, D. L. (1972). *Die Grenzen des Wachstums: Bericht des Club of Rome zur Lage der Menschheit:* Deutsche Verlagsanstalt.

Offenbächer, M., Seitlinger, M., Münch, D., Schnopp, C., Darsow, U., Harfensteller, J., Schmid-Grendelmeier, P., Ring, J., Kohls, N. (2021). A Pilot Study of a Mindfulness-Based Stress Reduction Programme in Patients Suffering from Atopic Dermatitis. *Psychology, 3* (4), 663–672.

Pahnke, W. N. (1963). *Drugs and Mysticism: An Analysis of the Relationship Between Psychedelic Drugs and the Mystical Consciousness.* Harvard University, Boston MA.

Petrovich, G. D. (2018). Lateral Hypothalamus as a Motivation-Cognition Interface in the Control of Feeding Behavior. *Frontiers in Systems Neuroscience, 12* (14).

Pöppel, E. (2005). Complementarity as a generative principle in visual perception. *Visual Cognition, 12,* 665–670.

Pruetz, J. D., Ontl, K. B., Cleaveland, E., Lindshield, S., Marshack, J., & Wessling, E. G. (2017). Intragroup Lethal Aggression in West African Chimpanzees (Pan troglodytes verus): Inferred Killing of a Former Alpha Male at Fongoli, Senegal. *International Journal of Primatology, 38* (1), 31–57.

Rupprecht, S., Falke, P., Kohls, N., Tamdjidi, C., Wittmann, M., & Kersemaekers, W. (2019). Mindful Leader Development: How Leaders Experience the Effects of Mindfulness Training on Leader Capabilities. *Frontiers in Psychology, 10* (1081).

Sato, N., Tan, L., Tate, K., & Okada, M. (2015). Rats demonstrate helping behavior toward a soaked conspecific. *Animal Cognition, 18* (5), 1039–1047.

Sauer, S., Lemke, J., Wittmann, M., Kohls, N., Mochty, U., & Walach, H. (2012). How long is now for mindfulness meditators? *Personality and Individual Differences, 52* (6), 750–754.

Sauer, S., Lynch, S., Walach, H., & Kohls, N. (2011). Dialectics of mindfulness: Implications for Western medicine. *Philosophy, Ethics, and Humanities in Medicine 6*.

Scharfetter, C. (1991). *Der spirituelle Weg und seine Gefahren*. Stuttgart: Enke.

Schmied-Knittel, I., & Schetsche, M. (2003). PSI-Report Deutschland. In: E. Bauer & M. Schetsche (Eds.), *Alltägliche Wunder: Erfahrungen mit dem Übersinnlichen – wissenschaftliche Befunde*. Würzburg: Ergon.

Simons, D. J., & Chabris, C. F. (1999). Gorillas in our midst: sustained inattentional blindness for dynamic events. *Perception, 28* (9), 1059–1074.

Simons, D. J., & Schlosser, M. D. (2017). Inattentional blindness for a gun during a simulated police vehicle stop. *Cognitive research: principles and implications, 2* (1), 37–37.

Techniker-Krankenkasse. (2016). Entspann dich, Deutschland! TK-Stressstudie 2016. Abgerufen von https://www.tk.de/techniker/ unternehmensseiten/unternehmen/broschueren-und-mehr/stress studie-2016-2026692

Techniker-Krankenkasse. (2021). Ein Jahr Corona-pandemie: Wie geht es Deutschlands Beschäftigten? Abgerufen von https://www.tk.de/ presse/themen/praevention/gesundheitsstudien/gesundheits report-2021-2108392

Tedeschi, R., & Calhoun, L. (1996). The Posttraumatic Growth Inventory: Measuring the positive legacy of trauma. *Journal of Traumatic Stress, 9* (3), 455–471.

Tedeschi, R. G., & Calhoun, L. G. (1995). *Trauma and Transformation*: Sage.

Tedeschi, R. G., & Calhoun, L. G. (2004). Posttraumatic growth: conceptual foundations and empirical evidence. *Psychological Inquiry, 15* (1), 1–18.

Thalbourne, M. A., & Delin, P. S. (1998). Transliminality: Its relation to dream-life, religiosity and mystical experience. *International Journal of Religion*.

Underhill, E. (1967). *Mysticism.* London: Methuen.

Vani, P. R., Nagarathna, R., Nagendra, H. R., & Telles, S. (1997). Progressive increase in critical flicker fusion frequency following yoga training. *Indian Journal of Physiology and Pharmacology, 41* (1), 71–74.

Walach, H. (2021). *Brücken zwischen Psychotherapie und Spiritualität.* Stuttgart: Schattauer.

Walach, H., & Kohls, N. (2019). Challenges and Criticisms in the Field of Spirituality, Religiousness, and Health. In: G. Lucchetti, M. F. Prieto Peres, & R. F. Damiano (Eds.), *Spirituality, Religiousness and Health: From Research to Clinical Practice* (S. 33–48). Cham: Springer International Publishing.

Werner, E., & Smith, R. S. (1982). *A Longitudinal Study of Resilient Children and Youth.* New York: McGraw Hill.

Wittmann, M., & Schmidt, S. (2014). Mindfulness Meditation and the Experience of Time. In: S. Schmidt & H. Walach (Eds.), *Meditation – Neuroscientific Approaches and Philosophical Implications* (S. 199–209). Cham: Springer International Publishing.

Wittmann, M., & Sircova, A. (2018). Dispositional orientation to the present and future and its role in pro-environmental behavior and sustainability. *Heliyon, 4* (10), e00882.

Yerkes, R. M., & Dodson, J. D. (1908). The relation of strength of stimulus to rapidity of habit-formation. *Journal of Comparative Neurology and Psychology, 18* (5), 459–482.

BILDNACHWEIS

– SERIO LUDERE –